성공하는 리더의
식사 인사 연설
스피치
일신서적출판사

머리말

「스피치」를 의미에 따라 엄밀하게 나누어 보면 식사(式辭) · 인사 · 연설 등으로 나눌 수 있습니다.

구체적으로 「졸업식에서의 식사」라든가 「결혼 피로연에서의 인사」, 「정견 발표회에서의 연설」 같은 것이 돼 있는데 어느 경우고 '많은 사람들 앞에서 말한다.' 는 점에서는 다를 것이 없습니다.

그런데 많은 사람들 앞에서 말하는 것을 직업으로 하지 않는 한, 자진해서 말하려고 하는 사람은 거의 없을 것입니다. 대중 앞에서 말하는 경우, 대부분의 사람들은 「긴장하지는 않을까…」, 「어떤 내용으로 할 것인가…」라고 머리를 싸매고 고민하며, 그런 것을 피하고 싶어 합니다.

그러나 남성의 경우에는 그런 정해진 좌석에서의 스피치 외에도 업무상 여러 사람 앞에서 말할 기회는 있기 마련입니다. 「될 수만 있으면 피하고 싶다…」는 것이 솔직한 심정이지만 스피치를 부탁받게 되는 경우가 많을 것입니다.

무슨 일에서도 다 그렇지만 '피하고 싶은 의식' 은 피하면 피할수록 마이너스로 작용하게 됩니다. 그러므로 우선은 이 「피하고 싶다」는 회피의식에서 벗어나야 하겠는데 문제는 '적(敵)' 을 모르고 있다는 점에 있는 것 같습니다.

스피치에 대한 약간의 지식과 요령만 있으면 겁낼 필요는 없습니다.

이 책 I 에서는 스피치의 기본과 요령을 말하고, II부터는 스피치를 필요로 하는 여러 사례를 묶은 사례집으로 되어 있습니다.

I 을 읽어보면 「스피치가 어렵다」든가 두려운 것이 아니라는 것을 알게 될 것입니다. 이 책의 I 부터 VI 까지에서 소개한 사례를 응용하면 누구나 스피치에 성공할 수 있습니다.

차 례

II. 약혼식 · 결혼식과 관련된 스피치

4. 만혼 · 재혼 때의 축하 인사 / 107

5. 내빈에 대한 감사의 인사 / 112

· 주최자측의 감사의 말 −기본과 포인트

3. 취임 · 환영회 · 송별회 때의 인사말 / 209

4. 친목회 · 동창회 때의 인사말 / 238

5. 신년회 · 망년회 때의 인사말 / 249

6. 조례(朝禮) · 영업회의 · 연구회 · 주주총회 때의 인사말 / 264

Ⅳ. 입학식 · 졸업식 · 교내 행사 · 기타

 V. 완쾌 · 위문 · 문병 · 위로의 인사말

Ⅵ. 문상(問喪)·조사(弔辭)·영결식 때의 인사말

4. 유족의 인사 기본과 포인트 / 432

5. 추도회에서의 추도사(追悼辭) / 447

좋은 스피치를 하기 위한 기본

I. 좋은 스피치를 하기 위한 기본

1. 좋은 스피치의 기본은 「마음」

사회에는 관혼상제를 비롯하여 다양한 의식이나 행사가 있는데 그러한 자리에서는 반드시 스피치가 따르기 마련입니다. 요즘에는 「〇〇 기념파티」 같은 모임도 많아지고 있어서 스피치를 해야 할 기회가 점점 많아지고 있습니다.

특히 남성인 경우 업무상의 인사나 스피치를 하지 않으면 안 될 기회가 많아지고 있습니다. 「사람들 앞에서 말하는 것은 고역이다……」라고 할 수만은 없게 되었습니다.

하지만 말하기의 프로가 아닌 이상 사람들 앞에서 인사나 스피치를 하려면 긴장하게 되는 것도 사실입니다. 하물며 불특정 다수 앞에서 스피치를 하려면 무척 긴장하게 되는 것은 당연합니다.

그런데 이 「당연한 심리」를 차분히 분석해 보면 의외로 긴장을 자기 스스로 만들어내고 있지는 않은가 하는 생각도 듭니다. 「절대로 실수하면 안 된다.」라든가, 「완벽한 솜씨로 해야겠다.」 혹은 「듣는 이에게 감명을 줄 수 있는 스피치를 해야겠다.」고 지나친 자기방위나 우쭐한 기분이 긴장감을 갖게 한다고 할 수 있습니다. 그러므로 너무 긴장하지 말고 실패를 두려워하지 않는 것이 중요합니다.

스피치에서 무엇보다도 중요한 것은 그 내용입니다. 물이 흐르듯 유창한 스피치라도 그 안에 말하는 사람의 마음이 담겨 있지 않으면 듣는 사람들에게 감동을 줄 수 없습니다. 즉 말은 좀 서툴더라도, 또는 더듬거리는 말솜씨라도 스피치에 말하는 사람의 진실이 담겨져 있다면 사람의 심금을 울릴 수 있습니다. 남의 말을 이것저것 차용하여 짜깁기한 스피치나 시종 예의만 차리는 듯한 인사는 듣는 이를 따분하게만 합니다.

그렇다면 좋은 스피치가 되기 위해서는 어떻게 하는 것이 좋은지 중점만 간추려 보겠습니다.

우선 자기는 무엇을 말하고 싶은가, 무엇을 호소하고 싶은지를 정리해 봅니다. 이것이 스피치의 테마가 됩니다. 테마가 정해졌으면 다음에는 그 내용에 적합한 표현 방법을 생각해 봅니다. 매우 의식성이 강한 자리에서 할 때는 약속 사항 등을 자세히 살펴보고 표현상 틀린 것이 없는지 체크해 보는 것도 필요합니다. 여기까지가 다음 항에서 말하게 될 「스피치의 원고」 작성 단계입니다.

다음에는 원고에 기초해서 목소리의 크기나 스피드를 생각하면서 몇 차례 연습해 봅니다. 이 단계에서 자기에게 맞는 자기다운 스피치의 촉감을 캐치해 둡니다.

이상과 같은 것을 사전에 해두면 결코 어렵거나 두려운 것은 아닙
니다.

2. 반드시 스피치할 원고를 작성한다

● 스피치할 원고의 필요성

좋은 스피치, 생동감이 넘치는 스피치를 하기 위해서는 우선 스피치
할 원고를 만들어 보는 것입니다.

스피치할 내용을 실제로 문장으로 써보는 것인데, 이것은 간단한 메
모 형식으로 작성하는 것이 아니라, 처음부터 끝까지 쓴 완전한 원고로
만들어 봅니다. 왜냐하면 다음과 같은 이점이 있기 때문입니다.

① 원고 매수로 대략적인 소요시간을 알 수 있다.

② 이른바 기승전결(起承轉結)이 명확해지고 듣는 이에게 내용이 조리
　　있게 전달 될 수 있는 스피치를 할 수 있게 된다.

③ 만일 당일 너무 긴장했더라도 내용을 잊어버리거나 하는 실수를
　　하지 않게 된다.

또 특정한 자리에서 하는 스피치는 아니라도 가령 회의석상에서 업무
상의 보고를 하는 경우에도 사전 준비 없이 보고하는 것과 사전에 보고
할 내용을 작성하여 그것을 기초로 보고하는 것과는 보고 내용의 완성
도가 달라질 것입니다.

하물며 불특정 다수의 사람들 앞에서 하는 스피치라면 사전 준비, 즉

스피치의 원고를 작성해 두는 것은 필수적이라고 할 수 있습니다.

■ 원고작성의 포인트

• 자기의 입장에 적합한 내용일 것

스피치의 내용은 자기의 입장에 적합한 것이어야 합니다.

결혼피로연을 예로 들어본다면 가령 중매인은 주최자 측이므로, 당연히 스피치의 내용은 초대한 손님에게 신랑·신부의 소개와 앞으로도 힘이 되어줄 것을 부탁하는 것이 주된 내용이 될 것이고, 내빈이 하는 스피치는 신랑·신부와 그 가족에 대한 축하의 말이 될 것입니다.

또한 똑같은 내빈이라도 그 신분에 따라서 내용은 다르게 됩니다.

가령 신랑과 나이가 동년배인 회사의 동료나 친구가 어려운 말을 구사하여 교훈조의 스피치를 했다면 사람들에게 감명을 줄 수는 없을 것입니다. 그런데 똑같은 내용의 스피치를 상사가 했다면 참석자들의 마음에 공감을 줄 수 있습니다.

어떤 자리에서든 그 자리에 어울리지 않는 의견이나 자기의 입장을 분별하지 못하는 스피치는 실소만 자아내게 한다는 것을 명심해야 합니다.

• 3분 정도로 끝날 수 있는 스피치 원고일 것

관혼상제를 비롯한 정해진 자리에서의 스피치의 길이는 일반적으로 3분 정도가 적당하다고 합니다.

스피치하는 사람의 진심이 담겨있으며, 그 자리에 적합한 말이라면 한 마디의 스피치라도 좋겠지만, 그것으로는 하고자 하는 말을 다할 수는 없을 것입니다. 또 반대로 잡다한 말을 많이 하는 스피치는 그것을 듣는 사람을 피곤하게 할 뿐더러 자칫하면 꼭 해야 할 말을 놓칠 수 있습니다.

어떤 종류의 스피치에서도 일정한 시간 내에 듣는이에게 잘 전달될 수 있어야 좋은 스피치, 생동감있는 스피치라 할 수 있습니다.

3분간의 스피치량을 글자 수로 따져 보면 말하는 속도에 따라 개인차는 있겠으나 대략 200자 원고지 5매 내외가 될 것입니다.

그러므로 스피치의 원고는 5매 내외로 작성하면 되겠습니다.

• 스피치 전체의 구성을 생각해 본다

정해진 시간 내에 전달하고 싶은 내용을 차질없이 담기 위해서는 우선 스피치 전체의 구성을 생각해 보아야 합니다.

문장의 구성에서 중요한 것은 「기·승·전·결」이라고 흔히 말하는데 우선 이 기본 패턴에 따르는 것이 좋습니다.

① 「기(起)」 – 말의 도입부(첫머리)

② 「승(承)·전(轉)」 – 말의 전개부(테마)

③ 「결(結)」 – 말의 끝맺음(마무리)

①의 도입부는 문자 그대로 스피치의 시작 부분이므로 보통 자기소개나 날씨에 대한 인사를 하게 됩니다.

이 첫머리에 대해서는 정해진 문구 같은 것이 있으므로 그것을 사용하면 무리 없이 스피치를 시작할 수 있습니다.

그러나 스피치를 하는 장소, 듣는이의 수준에 따라서는 반드시 틀에 박힌 첫머리가 되지 않아도 좋습니다.

도입부를 생략하고 ②의 테마로 바로 들어가는 방법이 신선한 스피치를 연출하는 경우도 없지 않습니다.

어쨌든 장황하게 길게 하는 도입부는 듣는이가 싫어합니다. 간결 명료하게 하도록 해야 합니다.

②의 전개부는 스피치의 「핵(核)」, 즉 중심이 되는 부분이므로 스피치를 하는 사람의 의도가 이 부분에서 충분히 전달되지 않으면 안 됩니다.

그러기 위해서는 소개하고 싶은 에피소드나 의견, 호소하고 싶은 것은 요점을 적어서 스피치의 테마를 명확하게 하는 것이 중요합니다.

여기서는 첫머리의 틀에 박힌 부분이나 맺음말과는 달리 가급적 자기의 말로 만듭니다. 그리고 시간상으로는 2분 정도 소요되는 원고로 작성하면 좋습니다.

③의 끝맺음은 말할 것도 없이 마무리가 되는 부분입니다. 간결하면서도 부족함이 없는 「끝맺음」은 스피치 전체를 탄력있게 하고 듣는이에게 좋은 인상을 남깁니다. 끝마무리는 장황해지지 않도록 해야 합니다.

■ 표현할 때 주의할 점

격식을 차리는 장소에서의 스피치는 역시 그 나름의 엄숙함이 요구됩니다.

그러나 엄숙함, 또는 품성 같은 것은 어려운 말을 나열하거나 미사여구만 쓴다고 해서 되는 것은 아닙니다.

잘 들어보지 못한 전문 용어라든가 그 자리에 어울리지 않는 속담 같은 것을 많이 쓰면 따분해질 뿐 아니라 실소나 반감을 살 수도 있으며 미사여구도 도가 지나치면 귀에 거슬리게 들립니다.

또한, 유행어 같은 것은 좌석의 분위기를 고조시키는 데 효과적인 경우도 있기는 하지만 잘못 사용하면 오히려 장내의 분위기를 해치거나 빈축을 살 수 있습니다.

어떤 좌석에서나 듣는 사람의 기분에 잘 어울리는 표현을 하도록 해야 합니다.

똑같은 경어(敬語)의 남용, 부적절한 사용법에는 충분히 주의하지 않으면 안 됩니다.

경어는 존경하는 말(그 사람의 인격이나 행위를 높여서 표현하는 말), 겸양어(謙讓語 ; 자기를 낮추어 표현하고 상대자나 듣는 이를 높이는 말)로 나눌 수 있는데 경어를 지나치게 사용하면 어떤 장소에서나 듣기가 거북해집니다.

부적절한 경어를 연발하는 일이 없도록 원고 작성 단계부터 잘 체크합니다.

잘못 사용하여 불쾌한 좌석이 되지 않도록 하기 위해서는 축하해야 할 자리에서 찬물을 끼얹는 말이나 조문(弔問)을 하는 자리에서 더욱 슬픈 마음이 들도록 하는 말은 사용하지 않는 것이 현명한 방법입니다.

3. 반드시 소리 내어 연습해 본다

■ 연습의 필요성

스피치할 원고가 작성되었으면 반드시 소리 내어 연습해 봅니다. 원고 상으로는 훌륭한 문장이라도 소리를 내어 읽어보면 생각지 못했던 문제가 나타나기도 합니다.

　가령 발음하기 어려운 낱말이 있거나 음의 연결이 부자연스럽거나 하는 경우입니다. 이런 것은 실제로 소리를 내어 스피치를 해보지 않고서는 알 수 없기 때문입니다. 물론 그런 부분은 원고를 수정합니다.

　여러 차례 연습해 봄으로써 문장이 머릿속에 들어가서 감정이입이 자연스럽게 된다는 메리트도 있습니다.

■ 자세 · 시선에 주의할 것

　스피치를 할 때는 우선 자세가 중요합니다. 얼굴은 정면을 향하고 허리를 쭉 편 자세는 듣는 이에게 안정감을 줍니다.

　자신 없어 보이는 웅크린 자세나 시선이 왔다 갔다 하고 일정하지 않으면 듣는 이에게 불안감을 주어 스피치 전체의 효과를 반감시킵니다.

　남성이 스피치를 할 때는 허리 부분에 가볍게 힘을 주고, 청중이 많을 때는 중앙에 시선을 준 상태가 보기에도 좋은 인상을 준다고 합니다. 연습 단계부터 이런 자세나 시선에 익숙해지면 실제 스피치를 하는 자리에서 침착하게 스피치를 할 수 있습니다.

　또한 원고를 펴놓고 스피치를 할 때도 시종 원고만 보고 하면 진의가 잘 전달되지 않습니다. 원고를 보는 것은 가끔 내용을 확인하는 정도로 하고 가능한 한 듣는 사람 쪽으로 얼굴을 돌린 자세로 하도록 합니다.

　그리고 가벼운 제스처를 넣거나 천천히 좌우로 시선을 주면서 말할 수 있으면 연출 효과는 충분하지만, 장소에 익숙하지 못한 부자연스런 인상을 줄 수도 있습니다. 스피치에 리듬을 주기 위해서 가볍게 손을 움직이는 정도의 제스처가 무난할 것입니다.

● 또렷하고 천천히 말한다

또렷하게 말한다고 하는 것은 앞에서 말한 「자세」와도 관계가 있습니다. 등을 꾸부린 부자연스런 자세로 말을 하면 아무래도 발음이 명확해지지 않습니다. 가령 슬픈 자리에서도 목소리의 톤은 떨어뜨렸지만 낱말 하나하나를 또렷하게 발음하여 상대방에게 자기의 스피치를 전달하는 것이 중요하다는 데는 변함이 없습니다.

「말을 더듬거나 우물거리는」 사람은 테이프 레코더를 사용하여 허리를 쭉 편 자세로 또렷하게 발음하는 연습을 해보는 것이 효과적입니다.

「또렷하게」와 마찬가지로 「천천히」 얘기하는 것이 스피치의 기본입니다.

천성적으로 말을 빨리 하는 사람도 있는데 사람들 앞에서 스피치를 하게 되면 웬만큼 훈련된 사람이 아닌 이상 대부분의 사람들은 빨리 말하는 경향이 있는 것 같습니다.

빨리 말하게 되는 것은 「흥분하는 것」과 비례하므로 천천히 침착하게 말하기 시작하면 흥분도 덜하게 됩니다. 우선 허리를 쭉 펴고 한 번 심호흡을 하고 천천히 말을 시작하는 연습을 하게 되면 자신이 생깁니다.

평소의 대화에서도 빨리 말하는 사람의 스피치는 무슨 얘긴지 알아듣기 어렵습니다. 사람 앞에서 하는 스피치는 의식적으로 천천히 말하도록 합시다.

또 스피치의 흐름 속에서 적당히 「틈」을 두면 악센트를 붙이게 되어 천편일률적으로 되지 않습니다. 도입부에서부터 전개부로, 전개부에서 끝맺는 인사말에 각각 한 호흡 간격을 둡니다. 또한 더욱 강조하고 싶은 부분의 앞에서 한 호흡 템포를 늦추는 식으로 간격을 두는 연습을 해두는 것이 좋습니다.

특히 남성에게서 많이 볼 수 있는 단점으로 스피치를 하다가 「에-」나 「아-」 같은 말을 많이 사용하는 것은 좋지 않습니다. 스피치 전체의 인상이 축 쳐질 뿐 아니라 듣는 이의 기분을 상하게 합니다.

목소리도 중요한 역할을 합니다. 축하의 자리에서는 밝고 명랑한 목소리로, 슬픈 좌석에서는 톤을 낮추어 조용한 목소리로 말하도록 합니다.

4. 마이크를 사용할 때 주의할 점

회장이 넓은 데서 하는 스피치에서는 반드시라고 해도 좋을 정도로 마이크를 사용하는데 평소에 별로 사용해보지 않아 마이크를 잡는 순간, 또는 마이크 앞에 서는 순간 흥분하는 경우가 있습니다. 이럴 때는 당황해 하지 말고 한 호흡 늦추어 스피치를 시작하는 것이 좋습니다.

일반적인 주의 사항은 다음과 같습니다.
① 핸드마이크의 스위치 같은 것이 불안한 경우에는 스피치를 시작하기 전에 사회자에게 확인하게 한다.
② 마이크를 입에 너무 가까이 대지 않도록 한다. 적어도 10cm 정도는 떨어지게 할 것. 그 사람의 목소리의 상태에 따라서는 20cm 까지 떨어져도 좋을 때도 있다.

③ 부자연스런 높은 음성, 큰 소리는 내지 않는다.

④ 빠른 말씨로 말하는 사람이 마이크를 사용하면 더욱 듣기 어려워
   진다.

5. 당일 흥분하지 않기 위해서

사람들 앞에서 스피치를 하게 되면 정도의 차는 있겠지만 누구나 다 흥분하게 됩니다. 프로의 연사(演士)조차도 말을 시작하기 전까지는 상당히 긴장한다고 합니다. 그러므로 전혀 흥분하지 않기 위한 대책을 생각하기보다는 「누구나 다 흥분하기 마련」이라고 미리 염두에 두고 하는 것이 좋은 것 같습니다.

다만 자아의식이 강한 사람일수록 흥분을 잘한다고 하는데, 확실히 「내가 멋진 스피치를 하였다고 평가받고 싶다」, 「훌륭한 사람으로 인정받고 싶다」, 또는 「실패하면 창피하다」라는 생각을 지나치게 의식하는 사람일수록 흥분한다는 경향이 있는 것 같습니다. 요는 「연습했으니까 문제없다」와 같은 기분과 필요 이상으로 자신만만해 하지 않아야 합니다.

그래도 걱정이 되는 분들을 위해서 다음과 같은 방법을 소개하겠습니다.

① 흔히 하는 말인데 스피치를 하기 전에는 가능한 한 「평상심(平常心)」을 갖도록 하고, 동작도 느릿하게 합니다. 침착하지 못한 행동,

자잘한 행동은 불안감을 조성하거나 합니다.

② 스피치를 하기 전에 2, 3회 심호흡을 하는 것은 기분을 안정시키는 데 효과가 있습니다.

③ 청중 앞에 서면 우선 허리를 쭉 펴고 한 호흡한 다음 천천히 스피치를 시작합니다. 처음부터 빠른 말로 시작하면 마음이 초조해져 더욱 긴장을 조장하게 됩니다.

그밖에 물을 마신다거나 눈에 보이지 않는 신체 부위, 가령 손바닥에 자극을 주는 것도 효과가 있다고 합니다.

🎤 원고를 작성할 때 주의할 점

① 자기가 소화하지 못하는 말은 사용하지 않는다.

② 우리말로 옮기기 곤란한 말 외에는 외래어는 가급적 사용하지 않는다.

③ 기피하는 말은 될 수 있는 한 사용하지 않는다.

④ 존댓말은 바르게 사용한다.

⑤ 수식어를 남용하지 않는다.

🎤 원고를 작성할 때의 요점 (결혼피로연 · 동료에 대한 축사를 하는 경우)

①「기(起)」– 신랑 · 신부에 대한 축사.
   신랑과 자기와의 관계를 포함한 자기소개.

②「승(承) · 전(轉)」– 신랑과 관련된 에피소드 등(어디까지나 축하의 자리에 적합한 화제를 고른다). 장래에 대한 축복 · 기대 등(간결하게 말하고 끝맺어도 무방하다).

③「결(結)」– 초대에 대한 감사의 말. 신랑 · 신부 양가의 번영을 기원하는 말.

🎤 갑자기 축사를 부탁받았을 때

관혼상제 같은 자리에서는 변경이나 예정 이외의 축사를 하는 경우는 극히 드물지만 스스럼없는 자리, 혹은 회의나 사소한 스터디회 같은 데서는 느닷없이 부탁을 받으면 당황할 때가 있습니다.

이럴 때는 우선 당황하지 말고 냉정하게 상황파악을 해야 합니다. 그런 다음에는 한 호흡 템포를 늦추어 있는 그대로의 상황이나 의견을 말하면 됩니다.

단, 모임의 성격이나 듣는이의 층, 혹은 계절 등의 조건에 맞지 않는 내용이 되지 않도록 주의하지 않으면 안 됩니다.

🎤 접속사를 조리있게 사용한다.

눈으로 읽었을 때는 훌륭한 문장이라도 소리를 내어 읽어보면 어쩐지 어색할 때가 있습니다. 그럴 때는 접속사(연결시키는 말)를 조리있게 사용해 보십시오.

가령 「그런데」, 「그리고」 같이 한 템포 늦추는 접속사는 잔뜩 긴장했을 때 침착하게 해주는 효과가 있습니다.

단, 「아─」, 「에─」 같은 말을 자주 사용하면 듣기 거북하므로 주의합시다.

🎤 청중 앞에서 긴장하지 않는 네 가지 비결

① 사전준비를 철저히 한다.
② 긴장하는 것은 자기 혼자가 아니라고 자문(自問) 해본다.
③ 전날부터 컨디션을 조절한다.
④ 스피치를 하는 당일에는 동작을 느릿하게 한다.

제2장

약혼식 · 결혼식과 관련된 스피치

II. 약혼식 · 결혼식과 관련된 스피치

1. 약혼식에서의 축사 · 인사말

■ 약혼피로연이란

약혼피로연은 서양의 풍습을 모방한 것인데 약혼한 것을 주위 사람들에게 알려주어 정식 결혼을 약속하는 연회입니다.

약혼피로연에는 중매인 · 친척이나 친구를 초청하는데 연회나 진행에 정해진 형식은 없습니다. 일반적으로는,

① 사회자에 의한 약혼 당사자의 소개

② 중매인의 인사

③ 약혼반지나 기념품 교환

④ 건배

⑤ 참석자의 축하의 말

⑥ 당사자의 인사

⑦ 기념촬영

의 순으로 하는 것이 일반적인데 너무 형식에 얽매일 필요는 없습니다.

약혼피로연의 장소는 형편에 따라 다를 수 있는데 호텔에서 열기도 하고 자택에서 갖기도 합니다.

스피치의 내용은 결혼하기로 결심한 당사자들의 미래를 솔직하게 축하해주는 기분이 전달되면 될 것입니다. 결혼피로연 때의 스피치와 가급적 중복되지 않도록 합니다.

법률상 약혼의 성립

예물교환이나 약혼피로연을 통해서 제3자로부터 약혼을 정식으로 인정받게 되는 구체적인 사실이 있을 때 처음으로 약혼이 성립됩니다.

따라서 예물교환이나 약혼피로연은 부당한 약혼 파기나 약혼 불이행 등을 방지하거나 만일 그런 일이 있을 때 피해자를 법률적으로 보호할 수 있는 역할을 하게 됩니다.

• 중매인의 인사말

다망하신데도 불구하고 참석해주서서 감사합니다.

오늘 김씨 가문의 장남 태풍 군과 상씨 가문의 차녀 정희 양이 약혼식을 올리게 되었습니다. 건강한 이 두 남녀를 축복해 주시면 감사하겠습니다.

이들 두 사람이 인연을 맺게 된 것은 두 사람이 모두 테니스에 취미가

있어서 같은 테니스 서클에 들어 있었습니다.

라켓이 맺어준 인연이라 할지 테니스 코트의 사랑이라 할지 건강한 젊은 커플의 탄생으로 연결되었습니다.

두 사람 모두 직장에서는 평판이 좋고 친구도 많은 것 같습니다. 내년 봄에 결혼식을 올린다고 합니다.

오늘 참석하신 여러분도 따뜻한 마음으로 지켜 봐주시기를 부탁드립니다.

• 남자 친구의 인사말

노혁 군, 효순 양, 약혼을 축하합니다.

저는 노혁 군과 고등학교 3년, 대학교 4년간을 같이 다니며 공부하였습니다. 고등학교에 다닐 때는 서클활동을 같이 했으며, 대학에서는 같은 주임교수를 모시고 공부했습니다. 노혁 군은 운동면에서나 학구면에서도 매우 끈질기고 납득할 때까지 노력하는 타입이었습니다. 저는 언제나 노혁 군을 뒤쫓기에 바빴습니다.

그래도 7년간 친하게 지낼 수 있었던 것은 항상 주위 사람들을 배려해주는 노혁군의 자세가 있었기에 가능했다고 봅니다. 탁월한 인간이란 대개 자기 혼자만 독주하기 쉬운데 노혁 군은 그렇지 않았습니다. 노혁 군의 남을 배려하려는 따뜻한 마음씨는 저를 감통케 했습니다.

오늘 노혁 군과 약혼을 하는 효순 양은 지금까지 세 번쯤 만날 기회가 있었는데 일생의 반려자로서는 최고의 여성입니다. 과연 노혁 군은 좋은 배필을 얻게 되었구나 하고 부러웠습니다.

결혼하는 날까지 건강에 유의하시고 충실한 나날을 보내기 바랍니다

- **본인의 인사말**

휴일인데도 불구하고 오늘 저희 두 사람의 약혼식에 참석해 주서서 감사합니다.

여러 어르신과 친구들 앞에서 약혼식을 올릴 때 해주신 격려와 축하의 말씀, 분에 넘치는 영광으로 생각하고 있습니다. 결혼식을 올리게 될 1년 후까지 우리 두 사람은 더욱 훌륭한 가정을 꾸밀 수 있도록 노력하겠습니다.

앞으로도 뜨거운 격려와 지도 편달해 주시기를 부탁드립니다.

2. 결혼 피로연에서의 스피치

중매인의 스피치 - 기본과 포인트

- **중요한 중매인의 스피치**

결혼 피로연에서 맨 먼저 스피치를 하는 것은 중매인입니다. 결혼 피로연에서는 대개 「이제부터 결혼 피로연을 갖겠습니다. 우선 이번 결혼에 중매인이 되셨던 ○○○님의 인사가 있겠습니다. 그러면 ○○○님께 부탁드리겠습니다.」라는 사회자의 소개로 시작되겠습니다.

중매인의 인사는 일반 참석자와의 축사와는 달리 몇 가지 중요한 사항을 포함하고 있습니다.

중매인은 말할 것도 없이 주최자측입니다. 따라서 참석자들에게 신랑신부 및 양가에 대한 소개를 하고 신랑신부를 대신해서 앞으로도 지도

와 편달을 바란다는 내용이 되어야 하겠습니다.

그러므로 중매인과 신랑·신부간에 미리 사실관계의 확인이나 표현 상의 문제는 없는지 상의해 두는 것이 중요합니다.

중매인의 스피치는 내빈의 축사보다도 말해야 할 사항이 많으므로 자연히 길어지는데, 그래도 5분 이내로 하는 것이 좋습니다. 그러면 중매인이 해야 할 스피치를 8개 항목으로 나누어 구체적으로 설명하 겠습니다.

① 자기소개는 아주 짧게

가령 「방금 사회자로부터 소개받은 ○○○입니다」라고 시작합니다.

② 참석자에 대한 인사

주최자측을 대표해서 참석자들에게 감사하다는 기분을 표합니다.

예오늘은 바쁘신 데도 불구하고 참석해주셔서 진심으로 감사합니다.

③ 혼인의식에 관한 보고

결혼식에 참석해주신 여러분께 예식이 무사히 끝났음을 보고 드립 니다.

예신랑·신부 양가의 혼례는 조금 전 ○○호텔에서 잘 거행되었다는 것을 보고 드리는 동시에 감사하다는 말씀을 드립니다.

④ 신랑·신부의 약력·인품에 대한 소개

신랑·신부의 생년월일·학력·직업·취미·중매인이 본 인품 등에 대해서 소개하는데 명칭이나 숫자 등을 정확하게 말해야 합니다.

예신랑 ○○군은 회사 중역이신 K씨의 장남으로 1965년, 대전시에서
출생하였습니다. 대전의 T고등학교를 졸업한 후 H대학에 입학하여
졸업한 후에는 대전 시청에 근무하고 있습니다.

신부인 S양은 대전시에서 서점을 경영하는 L씨의 차녀로서 1969년
현주소인 대전에서 태어났습니다. 신랑과 같은 T고교를 졸업한 후
G전문학교에 진학하여 동교를 졸업한 후 가사와 서점 일을 돕고 있
었습니다.

⑤ 신랑·신부가 결혼에 이르게 된 경위

신랑·신부의 처음 만남에서부터 결혼에 이르기까지의 에피소드입니
다. 이 부분은 중매인의 스피치 중에서도 가장 중심이 되는 부분이므
로 마음을 가다듬어 자연스런 스피치가 되도록 합니다.

예두 사람의 만남은, 독서를 좋아하는 ○○군이 업무에 관한 전문 서
적 외에 널리 문학서적을 읽고 있었는데 점심시간 같은 때 시청 근
처에 있는 利양의 서점에 자주 들렸습니다. 서점에 있던 그 때 미모
의 발랄한 여점원, 즉 오늘의 신부인 利양을 만나게 된 것입니다.

특히 책을 좋아했던 ○○군은 자기가 좋아하는 책을 구하려고 고서
점(古書店)에도 이따금 들렸는데, 고서점에 들어서자 깜짝 놀랐습니
다. 거기에는 利양도 와있었습니다. 이때부터 두 사람은 급속하게 친
해지게 되었습니다. 우연히 고등학교도 같은 학교를 나온 것도 인연
이 되었던 것 같습니다.

⑥ 신랑·신부에 대한 축사·격려의 말

⑤의 에피소드를 축사나 격려의 말로 자연스럽게 끝맺습니다.

㉖따라서 이번에 제가 중매를 하기 전부터 두 사람은 이미 서점에서 맺어졌던 것입니다.

○○군, 利양, 두 사람의 결혼을 축하합니다. 앞으로도 두 사람이 부부로 된 행운과 감격을 잊지 마시고 행복한 신혼생활이 되기를 빕니다.

⑦ 참석한 분들에게 앞으로도 신랑·신부의 힘이 되어줄 것을 부탁

참석하신 여러분께 신랑·신부의 앞날에 많은 지도와 힘이 되어줄 것을 부탁하면서 끝맺도록 합니다.

㉖오늘 참석하신 여러분께 부탁드립니다. 신랑·신부는 앞으로 긴 인생의 여로를 착실하게 걸어갈 것으로 생각되지만 더 많은 경험을 쌓아야 할 신혼부부입니다. 부디 오래오래 힘이 되어주실 것을 간곡하게 부탁드립니다.

⑧ 맺음말

⑦에 이어서 간결하게 끝맺습니다.

㉖두서없는 말씀을 드렸습니다. 이것으로 중매인의 인사를 끝맺겠습니다. 감사합니다.

형식은 이상과 같이 되겠는데 ② ③ ④ ⑦의 4개항목은 중매인의 인사말에 반드시 들어가지 않으면 안 됩니다.

🔷 말할 때 주의할 점

중매인의 스피치에는 참석자의 스피치와는 달리 생년월일이나 연령,
회사나 학교명, 개인의 이름 같은 것이 많이 나옵니다. 이런 것을 틀리
게 말하는 일이 없도록 주의하지 않으면 안 됩니다.

🎤 지나친 참견은 금물

중매인은 주최자측 사람이지만 친척은 아닙니다. 그러므로 양가에 대한 지나친
참견은 좋지 않습니다.

흔히 「대접이 부실하지만……」 하고 말미에 덧붙이는 사람도 있는데, 이러한 것
은 결혼 당사자나 친척이 말해야 하며 중매인의 스피치에서는 말하는 것이 아
닙니다.

🎤 경력을 소개할 때 주의할 점

신랑·신부에 대한 경력소개는 이력서처럼 상세하게 소개할 필요는 없습니다.
신랑·신부의 생년월일도 반드시 말해야 하는 것도 아닙니다.

약력에 대해서는 사전에 당사자와 잘 상의해 두는 것이 중요합니다.

그리고 지나친 칭찬, 가령 「유명한 ○○ 대학을 우수한 성적으로 졸업하고……,
국내 굴지의 기업인 S회사에 입사하여……」라고 나열하면 장내의 분위기를 깨
뜨리게 되므로 직당히 할 것. 부모니 친척에 대한 학력이나 신분에 대해서도 지
나친 소개는 해서는 안 됩니다.

또한 양가의 가계가 대단하다거나 하는 말을 하는 중매인도 있는데 요즘 그
러한 스피치는 환영받지 못합니다. 오히려 신랑·신부의 소개에 포인트를 두
어 참석한 사람들에게 따뜻한 인상을 남게 하는 에피소드 등에 중점을 두어
야 합니다.

3. 내빈의 스피치 - 기본과 포인트

● 내빈으로서의 명예와 책임

내빈은 피로연에 초대받은 사람의 대표이므로 그 스피치는 내빈으로 초청된 명예와 책임감을 느끼는 것이어야 합니다. 내빈 중에서도 특히 주빈(主賓)의 스피치는 당일 참석한 사람들의 대표로서의 역할을 해야 하므로 가능한 한 참석자의 기분을 감안한 표현, 말을 하도록 합니다.

● 내빈 스피치의 포인트

내빈이 하는 스피치의 내용은 대략 다음과 같이 나눌 수 있습니다.

① 자기소개

② 신랑·신부 양가에 대한 축하의 말

③ 겸손한 말(대단히 외람된 말씀이오나……등)

④ 자리에 앉기를 바라는 말

⑤ 자기와 주최자 측과의 관계에 대한 간단한 소개

⑥ 신랑·신부의 장래에 기대하는 말

⑦ 신랑·신부의 새출발을 축하하고 선배로서 양인에 대한 충고, 교
훈이 되는 말

⑧ 양인의 행복과 양가의 발전·번영을 바라는 말

⑨ 초대에 대한 감사의 말

⑩ 맺음말(내빈으로 초대해준 주최자, 내빈으로서의 자기를 인정해준
참석자에게 감사하다는 인사의 말로 끝맺는다.)

내빈의 축사는 축사를 하는 사람의 입장, 가령 회사의 상사이거나, 학

생시절의 은사이거나, 양친의 지인이거나, 유력자 등, 입장에 따라서 당연히 담아야 하는 내용도 달라집니다.

(1) 상사인 경우

기본은 전술한 ①~이지만 상사인 경우에는 역시 신랑의 장래성을 기대하고 있다는 것, 동시에 신랑이나 신부는 현재 기대했던 대로 업무를 잘하고 있으며, 회사로부터 신뢰를 받고 있다는 것 등의 내용이 좋을 것입니다. 그러나 재미있게 추켜세우기 위해서 사내에서 있었던 일을 폭로적으로 말하는 것은 삼가야 합니다.

(2) 선배 · 친구인 경우

결혼 피로연에서 스피치의 전반부는 중매인, 신랑 · 신부 부친의 지인, 은사, 상사 등 비교적 나이가 지긋한 분들로서 사회적으로도 지위가 높은 분들이 하게 됩니다. 그 스피치는 어쩔 수 없이 형식적인 내용, 교훈이나 충고의 말이 되기 쉬운데 지나치지만 않다면 나름대로 젊은 사람이 하는 스피치에서는 느낄 수 없는 장점도 있습니다.

결혼 피로연은 엄숙한 가운데도 즐거운 분위기가 바람직한데, 연장자의 스피치에서는 엄숙한 분위기를 조성하는 내용을 담고 있다고 할 수 있습니다. 그러므로 후반부로 이어지는 선배나 친구, 동료들의 스피치는 참석자들에게 밝고 즐거운 인상을 줄 수 있는 것이 좋습니다.

신랑 · 신부와 별로 연령차가 없는 선배나 친구가 교훈조의 애기나 경험이 뒷받침되지 않은 충고 등은 장내의 분위기를 썰렁하게 할 뿐입니다.

다음으로 스피치의 구성방법에 대해서 살펴보겠습니다.

　⑤에 대해서는 장내의 분위기를 즐겁게 조성하는 것은 좋지만 이성 관계에 대한 폭로적 화제는 피할 것. 또한 선배나 친구라는 허물없는 사이라고 해서 예의에 벗어나는 말을 하지 않도록 해야 합니다. 특히 ①과 ⑦에 대해서는 정중하게 인사를 한다는 기분으로 신중하게 말을 골라 하는 것이 좋습니다.

🎤 서두에는 겸양의 말로

서두에는 「방금 소개받은 ○○○ 입니다」라고 시작하고, 이어서 「축사를 부탁받아 한 마디 축하의 인사를 드리겠습니다.」라고 겸손하게 말하면 도입부의 형태가 갖추어지게 됩니다.

🎤 명언(名言) 명구(名句)를 조리있게 사용한다

내빈인 경우, 자기의 인생관이나 결혼관, 또는 젊은 커플에 대한 충고 같은 것이 스피치의 내용이 되는데 설교조는 곤란합니다. 이럴 때는 명언이나 명구를 잘 사용해봅시다. 그러면 스피치 전체가 탄력이 있고 말하는 사람의 의도를 정확하게 전달할 수 있을 것입니다.

단, 이런 것을 이용할 때는 하나로 국한시켜야 합니다. 또한 많은 설명이 필요한 어려운 격언(格言)은 피하는 것이 무난합니다.

• 첫 번째 내빈의 스피치

방금 소개받은 ○○○입니다.

화창한 날씨에 식을 올리게 된 신랑·신부 양인과 양가 가족 여러분께 결혼을 축하드립니다.

이 자리에는 선배 여러분이나 저보다 연세가 위인 분도 많으실 텐데 외람되게도 먼저 축하의 말을 하게 되었습니다.

조금 전에 예식이 무사히 끝나게 된 것을 축하합니다. 결혼식에 참석한 분들 모두 기쁘기 그지없을 것입니다.

방금 전에 사회자로부터 신랑·신부의 인품이나 경력에 대한 소개가 있었는데 그야 말로 잘 어울리는 한 쌍입니다. 신랑·신부는 물론이고 양가 부모님들의 기쁨 또한 클 것으로 알고 있습니다. 저는 신랑의 집안 과는 오래 전부터 가까이 지내고 있어서 잘 알고 있으며, 신부의 부모님 도 훌륭한 분들이라고 듣고 있습니다.

이들 두 사람은 좋은 가정에서 태어나서 인격이 원만한 부모 밑에서 잘 자랐습니다. 이들이 새로운 가정을 꾸려나갈 때도 상부상조하여 멋 진 결혼 생활을 오래오래 할 것으로 굳게 믿고 있습니다.

이미 훌륭한 사회인이 되어 활발하게 활동하고 있으며, 앞날이 기대 되는 신랑이 이처럼 예쁘고 재능이 풍부한 신부와 백년가약을 맺게 된 것은 그야말로 용이 구름을 만난 것 같아 진심으로 축하하고 싶습니다.

이제부터 두 사람만의 생활이 시작되겠는데 험난한 세상을 살아가기 위해서는 부부가 서로 믿고 의지하고, 마음을 하나로 해야 한다는 것은 말할 것도 없을 것입니다.

「자기의 뜻대로 되지 않는 것은 누구 때문도 아니다. 자기 자신이 나 빠서이다」 이렇게 자기 자신에게 말하고 노력하면 반드시 좋은 결과를 얻을 수 있을 것입니다.

신랑·신부 두 사람은 서로 도와 지금부터 새로운 가정을 건설하여 제2의 인생을 출발하지 않으면 안되겠습니다. 부디 오늘의 감격, 주례

님 앞에서 서약한 결의를 명심하고 서로 협력하고 좋은 계획을 세워 살아가기를 이 자리에 참석한 내빈들은 다 같이 바라고 있습니다.

양인의 장래에 행복과 행운이 가득하기를 빌면서 양가가 사이좋게 오래오래 번영을 누리시기를 기원합니다.

오늘 정중한 초대를 해 주셔서 감사합니다. 간단하나마 이것으로 축사를 마치겠습니다.

감사합니다.

• 신랑 아버지와 친한 내빈의 스피치

소개받은 ○○○입니다. 거두절미하고 오늘의 결혼을 축하합니다.

저는 신랑 경호 군의 아버지 되는 분과는 오래 전부터 친구지간입니다. 경호 군이 어머니의 뱃속에 있을 때부터 경호 군의 부모님과 뱃속의 아기가 잘 자라주기를 빌어 왔습니다.

우리가 바랐던 대로 어머니의 뱃속에 있던 경호 군은 잘 자라주었습니다. 어머니의 뱃속에 있는 것이 편했던지 출산 예정일이 한 달이 지났는데도 이 세상에 태어나려 하지 않아 주위의 사람들을 애태우게 했습니다.

그러던 경호 군이 예정일보다 한 달반 늦게 태어났는데 어머니의 뱃속에 오래 있어서인지 태어날 때의 체중이 무려 4kg이나 나갔다고 합니다. 지금 아리따운 신부 옆에 서있는 신랑을 보니 금석지감(今昔之感)을 느끼게 합니다.

경호 군의 아버님은 학생시절부터 언제, 어떤 경우에도 상대방의 입장에서 생각하고 행동하였으며 열심히 최선을 다하는 분이었습니다. 경

호 군의 아버님이 많은 사람들로부터 신뢰받고 존경을 받으면서 오늘까지 살아오신 것은 남을 위해서 '정성을 다하는' 마음이 있어서일 것입니다. 저 같은 사람이 오래 동안 변치 않는 우정으로 지낼 수 있었던 것은 경호 군의 아버님 덕이 아니었나 여겨집니다.

저는 경호 군의 아버님이 약혼했을 때 「결혼생활의 꿈은 뭐지요?」하고 경호 군의 어머니께 물어보았더니 「특별한 꿈같은 것은 없지만 그분은 항상 남에게 감사하는 마음을 잊지 않는 분이었습니다.」라고 했던 말을 지금까지 기억하고 있습니다. 젊은 시절부터, 정말로 정숙한 분이었습니다. 또한 아버님 주위의 분들이 경호 군의 어머니한테 신세를 지지 않은 분은 없었을 것입니다.

신랑 경호 군은 온후하고 성실하며 착한 마음씨를 가지신 아버지의 좋은 점을 물려받은데다가 어머니의 애정 깊은 따뜻한 손길로 자랐습니다.

그래서이겠지만 경호 군은 신실하고 늠름한 청년으로 성장하였고 남을 배려할 줄 아는 청년입니다.

제가 경호군의 부모님의 약혼시절에 경호 군의 어머니께 물었듯이 신부 미자 양에게 「경호 군의 어디가 좋아서 약혼하였지요?」하고 물었더니 「무슨 일이고 최선을 다하는 점과 다정함 때문이었어요.」라고 대답했습니다. 경호 군의 장점을 꿰뚫어보고 있구나 하고 저는 안심했습니다.

신랑·신부는 오늘의 뜻 깊은 인생의 새출발을 오래오래 잊지 말고 좋은 가정을 이루기를, 그리고 양가의 행복과 건강을 빌면서 저의 기쁜 마음을 인사로 전합니다.

🍷 신랑 부모의 지인(知人)

신랑 부모의 지인이 내빈의 입장에서 축사를 할 때 신랑 아버지를 대신해서 신부측에 축하 인사를 하는 것은 좋은 일입니다.

한쪽 부모만 알고 신랑은 잘 모를 때는 양친의 아름다운 에피소드 같은 것을 소개하면 신랑의 가슴을 뭉클하게 하는 좋은 스피치가 될 수 있습니다.

● 신부 아버지와 친한 내빈의 스피치

신랑·신부 및 양가 가족 분들에게 진심으로 축하드리며 경사스런 결혼 피로연에 초대받아 영광스럽게 생각하고 있습니다.

저는 오늘의 신부 소영양의 아버님과는 고등학교에 다닐 때부터 지금까지 오래 동안 친구로 지내고 있는 사람입니다. 그리고, 신부의 아버님과 어머님이 결혼할 때 중매를 하였습니다.

제가 결혼할 때는 신부의 아버님이 우인 대표로 축하해 주기도 했습니다. 그 이후로 가족끼리 서로 내왕하면서 친하게 지내고 있습니다.

신부인 소영 양이 태어난 것은 3월인데 눈발이 날리는 추운 날씨였습니다. 출산 소식을 듣고 병원으로 달려가 보았더니 소영 양은 아주 건강한 빨간 갓난아기였습니다.

출생부터 초등학교 입학, 학교를 나와서 직장을 잡을 때까지도 계속 지켜보아 왔으며 소영 양이 어떤 청년을 신랑감으로 삼을지 친딸처럼 걱정도 했는데, 눈부신 신부 차림으로 당당한 신랑 곁에 서있는 것을 보니 감개무량합니다.

신랑은 조금 전 중매인의 소개만이 아니라 맡은 바 업무에도 충실하고, 좋은 취미도 갖고 있다는 말을 전해 들었습니다.

신부 소영 양에 대해서 제 입으로 말하기는 뭣하지만 마음씨가 곱고 활달한 여성입니다. 신랑·신부는 누가 보더라도 부러워할 정도로 잘 어울리는 한 쌍입니다. 두 사람은 멋진 가정을 꾸려갈 것이라고 믿습니다.

당연한 일이겠으나 일단 결혼한 이상 누구나 다 행복해지기를 바랄 것입니다. 그러나 행복은 남이 가져다주는 것이 아니므로 행복해지기 위해 꾸준한 노력을 하지 않으면 안 됩니다. 그리고 언제나 꿈을 잃지 말고 이상을 추구하는 것이 중요합니다. 또한 결혼은 꿈이 아니라 「현실」이기도 합니다. 꿈이나 사랑만 있으면 해결되는 것은 아닙니다.

중요한 것은 사랑을 통해서 태어나는 현명함이며 어려운 일이 있으면 힘을 합쳐 돌파해 가려는 두 사람의 호흡입니다. 또, 타협이 필요할 때도 있을 것입니다.

부디 두 사람은 손을 꼭 잡고 새로운 인생을 향해서 힘차게 출발하시기 바랍니다.

신랑·신부의 영원한 행복과 양가의 행운을 진심으로 빌면서 저의 축사를 끝내겠습니다. 감사합니다.

신부 측 주빈의 인사말

신랑 측 내빈과 마찬가지로 스피치의 내용은 여러 가지 면에서 배려해야 하는데 특히 「딸이 부모의 곁을 떠나는 것을 섭섭해 하는」 신부의 부모를 진심으로 위로해주는 말이나 신랑에게 「○○양을 잘 부탁한다.」고 신부 측 집안을 대표한 표현도 필요할 것입니다. 그러나 신부의 부모는 아니므로 너무 남의 집 일에 관여하는 듯한 표현은 삼가도록 합니다.

• 직장 상사의 축사

사랑하는 두 사람이 오늘같이 좋은 날 결혼식을 올린 것을 신랑·신부와 양가 가족 여러분에게 충심으로 축하의 말씀을 드립니다.

저는 신랑 측 손님으로 이 자리에 오게 되었지만, 실은 신부도 잘 알고 있습니다. 그래서 신랑만이 아니라 이들 두 사람에 대해서 제가 알고 있는 범위 내에서 말씀을 드려 보겠습니다.

서로 사랑하는 두 사람이라고 서두에서 말했는데, 두 사람은 모두 저의 부서에서 근무하여 이미 5년 동안 사랑을 키워 왔습니다. 같은 부서에 근무하면서 사랑을 나눈다는 것은 행운이라고 생각되는 한편, 어려운 일이기도 합니다. 그런 어려움은 이들 두 사람도 잘 알고 있으리라 믿습니다.

즉, 매일 얼굴을 맞대고 일을 해야 하기 때문에 사소한 마음의 변화나 기분도 잘 알 수 있습니다. 또 주위의 시선도 의식해야 했을 것입니다. 그러나 두 사람이 서로 호감을 갖고 있다는 것을 알게 된 부내 직원들은 모두 응원해 주었습니다.

그것은 평소에 동료들과의 사이가 원만했다는 증거라고 할 수 있을 것입니다. 「잘 어울리는 커플」이라고 느끼고 있는 것은 저 뿐이 아닙니다.

선배, 동료, 후배 모두의 축복 속에서 골인할 수 있는 커플은 이들 부부를 빼놓고는 달리 없을 것입니다.

성실하고, 책임감이 강하고, 신뢰할 수 있는 두 사람에 대한 직장의 평가는 양인이 앞으로 해나갈 결혼 생활에서도 유감없이 발휘되리라고 봅니다.

신부는 이제 새로운 가정생활을 하기 위해 직장을 떠나는데, 지금까지의 실력을 신랑에게 쏟아 부어 내조해 주고 힘을 합쳐 더욱 행복한 인생을 만들어 가기를 충심으로 기원합니다.

부디 건강에 유의해서 행복이 넘치는 가정을 이루기를 기대해 봅니다.

양가의 번영과 양인의 행복을 충심으로 축원하면서 인사를 대신합니다.

🎤 사내 결혼, 직장결혼인 경우, 상사로서 참석했을 때는 신랑 측이나 신부 측의 입장에서도 말할 수 있습니다.

이런 경우, 신랑·신부를 잘 알고 있는 상사로서 참석할 때가 많습니다. 이럴 때는 그러한 것을 확실하게 밝히고 하는 것이 좋습니다. 「저는 신랑 측 초청을 받고 참석했지만 신랑·신부 두 사람을 다 잘 알고 있으므로 두 사람을 위해서 축하의 말을 드릴까 합니다.」라고 밝히는 것입니다.

🎤 상사가 하는 스피치의 포인트는 공적 입장, 즉 회사에서 알고 있는 신랑이나 신부의 인품 같은 것을 말하는 것이 좋습니다.

때로는 실패담도 포함하여 유머리스하게 말하는 것이 돋보입니다. 그러나 너무 신랄하게 실패한 에피소드를 소개하는 것은 피하도록 합시다. 실패담을 말한 다음에는 반드시 지금은 아주 잘한다는 말을 덧붙이는 것이 에티켓입니다.

● 신랑 상사의 축사

오늘은 신랑·신부 및 양가로서는 매우 축복받는 날입니다.

저는 방금 사회자로부터 소개받은 ○○○입니다. 축사를 부탁받아 외람되지만 한마디 축사를 드리겠습니다.

조금 전에 사회자로부터 소개도 있었습니다만 신랑 종원 군은 저희 체정밀기기에 근무하고 있는 유능한 영업 사원입니다. 여러분도 아시다시피 우리나라의 제조업은 치열한 국제 경쟁의 틈바구니에서 매우 어려운 환경에 놓여 있습니다. 그것을 헤쳐 나가기 위해서는 유능한 영업 사원의 양 어깨에 의존하는 점이 많습니다.

저는 오늘 종원 군의 결혼식에 오기 전에 영업부장으로부터 종원 군의 영업 실적에 대해서 알아보았습니다.

부장의 보고에 의하면 종원 군은 영업실적이 톱급이며 또한 현재 교섭 중인 프로젝트가 성공한다면 단숨에 톱의 위치에 오를 것이라고 했습니다.

젊은 나이인데도 우수하고 유능한 사원입니다. 전도가 촉망되는 유능한 사원이라고 하겠습니다.

저는 종원 군이 소속해 있는 영업부의 회의에 참석한 적이 있었습니다. 저 같은 사람이 이런 회의에 참석하면 회의 분위기가 딱딱해지고, 특히 젊은 사원들은 발언이 적어지기 쉽습니다.

그때 회의는 해외수출 플랜트라는 어려운 회의였던 것으로 기억합니다.

지루한 회의였는데도 불구하고 결론을 내지 못하는 상태에서 참석자들은 모두 지쳐 있었습니다. 그럴 때 한 젊은 사원이 밝고 씩씩한 목소리로 발언을 했습니다. 유머를 섞어가며 한 발언이었는데 지금까지 회의했던 테마를 역발상(逆發想)으로 바라보는 발언이었습니다.

갑자기 회의 자리는 웃음꽃이 피었습니다. 그것을 계기로 하여 회의는 스무스하게 움직이기 시작하여 온화한 분위기 속에서 활발한 토의가 진행되었습니다.

그런 유머러스한 발언을 한 사람이 바로 종원 군이었다는 것을 저는 오늘 알게 되었습니다.

이런 일은 한두 번이 아니라 수없이 많았으며, 그럴 때마다 좋은 해결책을 찾아낼 수 있었다고 부장은 말했습니다.

어려운 회의석상에 유머러스한 발언을 할 수 있다는 것은 무엇보다도 신랑의 깊은 사려와 미리 준비가 갖추어진 여유라고 할 수 있습니다.

부디 그런 유능한 재능을 새로운 신혼 생활에도 충분히 발휘하여 주시기 바랍니다.

감사합니다.

💡 직장의 상사로서 축하를 할 때, 직속상사가 아니라 회사의 중역인 경우에는 말단 직원의 일상 업무에 대해서는 세세하게 알지 못합니다.

그러나 회사와 관련된 에피소드를 인용할 때는 이 예에서 보듯이 「부장의 보고에 의하면」 같은 식으로 이끌어내는 것이 좋습니다.

그리고 회사의 최고 경영자의 축사에서는 회사의 PR도 섞어가면서 말하는 것도 이상할 것은 없습니다.

신랑을 소개하는 것이라도 회사의 개요를 참석자들에게 전함으로써 간접적인 소개가 됩니다.

회사에 대해서 소개하는 것은 경영에 직접 관여하는 입장이라면 무방하지만 직속 상사인 과장이나 계장은 적합하지 않을지도 모릅니다.

그때는 업무와 관련된 세부적인 에피소드나 버릇 같은 것은 피하는 것이 좋습
니다.

• 신부 상사의 축사

방금 사회자로부터 소개받은 신부 현숙 양의 직속 상사인 ○○○
입니다.

오늘의 신부인 현숙 양과는 저와 같은 비서실에서 함께 근무하는 인
연으로 축하의 말씀을 드리게 된 것을 영광으로 생각합니다.

현숙 양, 축하합니다. 그리고 신랑 원현준 군과 부모님 및 친척분들에
게도 오늘의 혼사를 축하드립니다.

지난달 말로 현숙 양은 우리 회사에 입사한지 5년이 됩니다. 5년 동
안 현숙양은 참으로 열심히 일해 주었습니다. 현숙 양은 보시다시피
살결이 흰 미인으로 경상도의 끈질긴 기질과 행동력이 뛰어난 여성이
었습니다.

흔히 샐러리맨은 열 명 중 두 사람은 의욕이 넘치는 우수한 사원이고,
월급 값을 할 수 있는 평균적인 사원이 여섯 명, 일에 의욕이 없고 남의
절반 밖에 하지 못하는 사원이 두 사람이라고 하는데, 현숙 양은 의욕이
넘치는 우수한 사원으로 꼽히고 있습니다.

현숙 양이 입사한지 반년쯤 되었을 때였습니다. 비서실의 업무에도
어느 정도 익숙해진 것 같아서 현숙 양이 '일을 잘할 수 있는지' 알아볼

겸 상당히 까다로운 일을 맡겨 보았습니다.

양으로나 내용으로 보더라도 하루에 할 수 있는 일은 아니었으나 이 튼날 아침, 제가 출근하자 서류를 잘 정리하여「어제 저에게 시키신 것 입니다. 잘 되었는지 검토해 주세요.」라면서 내놓았습니다.

그 서류는 완벽했으며 제가 주문했던 대로 잘 정리되어 있었습니다. 저는 깜짝 놀라서「잘 되었군, 고마워. 이것 정리하느라고 철야했나?」 하고 묻자.「아니요.」하고 자기 자리로 갔습니다.

현숙 양의 뒷모습을 바라보면서「진짜 일꾼이 되겠다!」하고 흐뭇해했 던 것을 지금도 기억하고 있습니다.

그러나 현숙 양은 일만 잘하는 여성이 아닙니다.

마음씨가 착하고, 애교가 넘치며, 신입 사원 때는 비서실의 아이돌적 존재였으며 비서실 여직원들의 동경의 대상이 되고 있습니다.

비서실의 우수한 사원이며 앞으로도 더 많은 일을 해야 할 현숙 양이 어떤 배우자를 골랐는지 무척 궁금했고, 내심 걱정도 되었으나 아까 사 회자가 신랑을 소개하는 것을 들으니 인품이나 취미도 다양했고, 잘 어 울리는 한 쌍이구나 하고 확신하게 되었습니다.

남자에게는 남자의 눈으로 보아서 '됐어' 하는 감이 잡힐 때와 그렇지 않을 때가 있는데 신랑 원현준 군은 남성들이 보기에도 만점짜리 신랑 으로 손색이 없는 타입이었습니다. 현숙 양의 신랑을 고르는 안목에 경 의를 표할 뿐입니다.

상사인 저도 만족하고 있으니 양가의 부모님들의 기쁨은 얼마나 클지 짐작이 갑니다. 현준 군, 부디 현숙 양과 둘이서 훌륭한 가정을 꾸미기 를 부탁드립니다. 저도 미력하나마 도움을 아끼지 않겠습니다.

이처럼 좋은 자리에 저 같은 사람까지 초청해 주셔서 감사하기 그지없습니다.

깊이 감사드리면서 축하 인사를 마치겠습니다.

💐 신부의 상사가 축하하는 경우

신부의 직장 상사로서 축사를 하는 경우, 특히 여성다움, 가령 사내에서의 업무 이외에 사소한 걱정꺼리 같은 것에 포인트를 둘 필요는 없습니다. 직장의 상사로서 신부의 업무 활동을 정확하게 평가하는 것은 중요합니다.

직장에서 일을 잘할 수 있는 여성은 가정에서 살림도 잘할 것 같다는 스피치를 한다면 최고의 축사가 되리라고 봅니다.

• 신부 상사의 축사

신랑 · 신부의 결혼을 축하합니다.

신랑 · 신부 양가의 결혼 피로연에 초대해 주셔서 감사하다는 인사를 드립니다.

가람 양, 결혼을 축하합니다. 정말 행복한 표정이군요.

신랑인 김현소 씨, 결혼을 진심으로 축하합니다. 신부인 가람 양 못지 않게 행복이 넘치는 표정이군요.

황홀해하는 두 사람을 보고 있으니 저 또한 기쁨을 감출 수 없습니다.

신부인 가람 양은 입사한 날부터 저희 영업부 제3과, 수출 업무를 맡고 있는 부서에 배치되었습니다. 4년제 대학을 졸업한 이른바 캐리어 우먼입니다.

영어와 프랑스어, 스페인어에 능통하여 영업부 3과의 보배 같은 존재로 우리 과의 자랑이며 얼굴입니다.

「여성스럽다는 것은 어떤 것일까요? 인간답게 살고 있으면 여성다움은 뒤따라오게 되어 있다고요. 저는 여자입니다.」라는 것이 가람 양의 지론이었습니다.

이렇게 말하면 여성다움이 추호도 없는 여성이라고 오해할는지 모르지만 가람양은 보시다시피 전형적인 미모의 한국 여성이며, 후배나 동료에 대해서는 공손한 말씨를 쓰며 고자세 같은 것은 찾아볼 수가 없었습니다. 인간미가 넘치는 따뜻한 인품의 소유자여서 남녀 사원을 불문하고 누구와도 친하게 지내고 있습니다.

입사 초기부터 직원들은 가람 양 같은 멋진 아가씨를 데려갈 남자는 누굴까 하고 입방아를 찧곤 하였습니다. 그리고 과연 가람 양은 결혼할 것인가라고 결혼을 부정하는 말도 있었습니다.

장래를 약속한 사람이 있다는 말을 가람 양으로부터 들었을 때는 우선 놀랐으며, 상대는 어떤 남자일까 상상도 해보고 결혼하면 회사를 그만두는 것은 아닐까 걱정도 되었습니다.

그런데 그런 걱정은 곧 풀렸습니다. 상대가 관련 회사에서 기획 관계의 일을 하고 있는 김현소 씨라는 말을 듣고 그 사람이라면 잘 어울리는 신랑감이라고 안심하게 되었는데, 가람양이 퇴사하는 것은 아까웠습니다. 그렇게 되면 우리 과로서는 커다란 전력손실이 될 것으로 각오하고 있었습니다.

그런데 약혼자인 김현소 씨는,

「여자가 결혼하면 집에 들어앉아서 살림이나 해야 된다니 그건 말도

안 됩니다. 주부 일에 전념할 수 있느냐 없느냐는 당사자의 자질이나 마음먹기에 달려 있습니다. 가람양은 계속 일하는 것이 좋겠습니다.」

이렇게 말해 주어 우리 과원들은 안도의 한숨을 쉴 수 있었습니다. 김현소 씨, 정말 고맙습니다. 두 사람은 각자 일하면서 생활을 어떻게 해 가는 것이 좋을지 충분히 상의해 놓고 있는 것 같아서 충고 같은 말은 하지 않겠습니다. 다만 한 가지만 말씀 드리겠습니다.

가람 양은 우리 과에 없어서는 안 될 멤버 중의 한 사람이며, 신랑 김현소 씨는 외부 회사에 몸담고 있으면서 제3과의 상품기획에 참여하고 있는 분입니다.

부디 가정을 에너지의 보급 기지로 활용하시어 신체적으로나 정신적으로도 더욱 건강하게 편안한 마음으로 업무에 전념할 수 있도록 서로 격려해주기 바랍니다. 부탁합니다.

두 사람의 앞으로의 건강과 발전적인 활동을 기대하는 동시에 양가의 발전과 번영이 있기를 바라면서 오늘의 축하 인사를 대신하고자 합니다.

감사합니다.

• 신랑 · 신부 상사의 축하 인사

신랑 · 신부 양가의 결혼 피로연에 초대되었을 뿐 아니라 축하의 말까지 하게 된 것을 영광스럽게 생각합니다.

신랑 · 신부 및 양가 어른들께도 마음으로부터의 기쁨을 전합니다.

신부 현길 양, 축하합니다.

신랑 구화 군, 축하합니다.

신부 현길 양은 저의 직속 간호사가 된지 7년쯤 됩니다. 의사 국가시험에 갓 합격한 사람보다도 환자나 질병에 관한 지식과 체험이 더 풍부하고 신뢰할 수 있는 간호사입니다. 신출내기 의사들은 이구동성으로 당직을 하는 밤 현길 양과 같은 조가 되면 마음이 든든하다고 말한다고 합니다.

진지하고 업무에 열심이며 실력이 있는데도 거들먹거리지 않으며 의사의 입회하에 환자를 처치할 때도 환자를 배려하는 마음이 극진한데, 이것은 지나친 칭찬 같이 들릴지 모르겠으나 어디까지나 사실입니다.

우리 병원의 누구한테 물어보아도 똑같은 말을 할 것입니다. 장차 간호부장으로 일할 것을 기대하고 있었는데 결혼하겠다고 했습니다.

심신이 건강한 남녀라면 결혼하는 것은 당연하므로 놀라지 않았습니다. 그러나 병원을 그만두면 안 됩니다. 현길 양만한 간호사는 찾아보기 어렵기 때문입니다. 다행히 현길 양은 결혼하고서도 계속 병원에서 근무하겠다고 했습니다. 상대가 어떤 사람이냐고 물었더니 외과의 홍구화 의사라고 했습니다. 홍구화 군! 나는 너무 놀랐습니다. 두 사람의 얘기를 종합해보면 열렬한 연애를 하고 있었던 것 같습니다.

홍구화 군은 시내 개업의의 장남으로 의사로서도 전도가 유망한 청년입니다. 현길 양으로서는 다시없는 배우자가 되리라고 믿습니다.

홍구화 군의 아버님은 매우 훌륭한 의사로서 우리가 본받아야 할 분입니다.

구화 군도 아버님의 올바른 가정교육을 받아 의료지식이나 기술도 뛰어난데, 의사로서의 윤리관이 확고한 이상적인 의사 중의 한 사람입니다.

이런 신랑·신부이므로 서로 이끌린 것은 당연할 것입니다. 결혼한 후에도 의사로서, 간호사로서 의료 활동을 할 남편과 아내로서, 아버지로서, 어머니로서 원만한 가정을 구축하고 다음 세대를 이끌고 나갈 아기를 기르기를 바랍니다. 저는 더 이상 할 말이 없습니다.

그러나 상사인 제가 모르는 곳에서 애정의 진찰, 사랑의 처방전을 쓰거나 한 것은 이외의 행동이라고 판단했습니다.

그래서 양인의 결혼을 인정하는 조건으로 함께 백발이 될 때까지 영원히 사랑의 처방전을 써서 가능한 한 많은 자녀를 낳아 우리 사회를 밝게 해주기를 주문하겠습니다.

삼가 양가의 행복과 발전을 빌면서 신랑신부 두 분에게 행운이 함께하기를 진심으로 기원하면서 축하의 인사를 대신하겠습니다.

감사합니다.

🍸 직장결혼으로 함께 일하고

지금은 이전처럼 직장결혼을 하면 대부분의 여성은 퇴직해야 하는 시대가 아닙니다. 오히려 그대로 더 함께 일하는 경우가 많은 것 같습니다.

이럴 때 상사는 신랑·신부 어느 쪽 손님으로 출석해야 할지 당황해집니다. 어느 쪽 손님으로 출석해도 축하는 신랑·신부 양인에게 평등하게 하도록 해야 하는데 그래도 표현은 신부 쪽을 더 칭찬해주는 느낌으로 하는 것이 좋습니다.

• 신랑·신부 상사의 축하 인사

방금 사회자로부터 소개받은 ○○○입니다.

신랑 · 신부 양인의 결혼을 축하합니다.

신랑 · 신부가 한 직장에서 근무하고 있는 직장의 상사로서 축사를 해 달라고 부탁을 받았습니다.

동혁 군, 영숙 양, 진심으로 오늘의 결혼을 축하합니다.

오늘이 있기까지 두 사람을 열심히 길러주신 양가 부모님의 기쁨도 클 것으로 알고 있습니다. 양가 부모님께도 축하를 드립니다.

두 사람은 직장결혼을 했습니다. 저희 회사는 「사원을 가족처럼」이라는 말을 캐치프레이즈로 하고 있습니다. 그래서인지 사내 결혼이 적지 않습니다. 이렇게 말씀드리고 있는 저 또한 같은 직장에서 맺어졌습니다.

신랑 · 신붓감으로 잘 어울릴 것 같은 커플이 있으면 주위에서도 따뜻하게 지켜봐주며 새로운 가정이 무사히 이루어지도록 기꺼이 도와주는 것이 우리 회사의 전통으로 되고 있습니다.

사장님은 늘, 「한솥밥을 먹고 있는 사이」라는 인연이 있어서 한 회사에서 일하고 있는 것이라고 하십니다.

오늘 두 사람의 성스러운 결혼에 사원 전원이 마음으로부터의 박수를 보내고 있는 것은 말할 필요도 없습니다.

신랑은 영업 1과에 소속되어 있으며 우리 회사의 제1선에서 활동 중인 장래가 촉망되는 유망주 중의 한 사람입니다. 이 사람의 별명은 '파이트 맨(鬪士)' 입니다. 아주 걸맞은 별명이라 하겠습니다.

신부 영숙 양은 인사과에 소속되어 있어서 두드러져 보이지 않을지 모르지만 완벽한 업무처리를 할 수 있는 여사원으로서 중요한 포스트에서 근무하고 있습니다.

두 사람이 언제 어디서 어떤 계기로 맺어졌는지는 잘 모르겠으나 두 사람 사이가 알려지자 '과연 잘 어울리는 커플'이라는 소리가 여기저기서 들려왔습니다. 이것은 사내에서 두 사람의 인망이 어느 정도인가를 말해주는 것이라고 하겠습니다.

부디 두 분께서는 전사원의 축복과 기대에 부응할 수 있도록 좋은 가정을 이루시고 앞으로도 더욱 열심히 우리 회사의 발전을 위해서 헌신해주실 것을 부탁드립니다.

상사로서, 직장결혼의 선배로서도 두 분의 상담에는 친절하게 응해드릴 생각입니다. 필요할 때는 언제든지 상담해드리겠습니다. 그러면 두 사람의 결혼생활에 참고가 될 한 마디를 드리도록 하겠습니다.

「결혼은 상대방을 행복하게 해줄수록 그만큼 자기의 행복도 늘어나게 된다.」 이것이 누가 한 말인지는 몰라도 좋은 금언(金言)이라 하겠습니다. 자기 혼자만 행복해지려고 하면 반드시 어떤 장애에 부딪히게 됩니다. 누구든지 그런 경험을 한 적이 있지 않을까요?

우수한 영업 사원인 신랑도 그런 말을 알고 있을 것으로 봅니다. 신부 또한 인사과라는 직장 환경 안에서 그런 것을 배웠을 것으로 압니다. 신랑·신부께서는 서로 신뢰하고 배우자를 행복하게 해주도록 노력하고 행복한 가정이 되기를 빌면서 저의 축사를 맺겠습니다.

또한 오늘 정중한 초대를 해주신 것에 대해 진심으로 감사드립니다.

• 신랑의 직장 선배의 축하 인사

오늘은 축하해야 할 날입니다. 신랑·신부 두 사람이 새로운 인생을 출발하는 자리에서 진심으로 축하합니다.

저는 신랑 태식 군이 근무하고 있는 S회사의 ○○○입니다.

매년 4월이 되면 각부마다, 많은 신입사원이 채용되어 와서 일정한 연수기간을 거쳐서 7월부터는 각부, 각과에 배치되고 있습니다. 어떤 신입 사원이 들어올지 하는 기대 속에서 면접시험이나 연수할 때의 상황은 항상 직원 간에 화제로 되고 있습니다.

신입 사원을 면접할 때 지원자로부터의 질문을 받는 경우, 기업 내용 등이 중심으로 되는 것이 보통인데 당락을 결정하는 최종 면접에서는 시험관이 질문을 하면 수험자가 대답하게 하는 것이 저희 회사의 방침입니다.

그런데 역으로 수험자가 시험관에게 질문을 하여 시험관이 대답을 하게 한 녀석이 채용되었다는 말을 듣고 모두 '괴짜'라고 놀랐는데 그 장본인이 바로 여기에 서 있는 신랑 태식 군입니다.

태식 군은 「인사부장과 1 대 1 면접 때 면접실에 들어와 자리에 앉자마자 '사랑과 영지(英知)' 관계에 대한 질문을 받고 너무 예상하지 못했던 질문이어서 어떻게 해야 좋을지 몰라 당황 했습니다. 하지만 뭐라고 말은 해야겠기에 '영지가 뭐지요?' 하고 오히려 역으로 질문을 했습니다. 부장님은 친절하게 설명해주서서 그것이 계기가 되어 대화가 되었다」라고 소문에 대한 진상을 말해 주었습니다.

태식 군은 「내가 채용될 수 있었던 것은 첫째로는 근육질 체질이었던 것이고, 둘째로는 목소리가 컸던 점이고, 셋째는 큰 문제를 자신감 있게 대답했기 때문이었다.」고 했습니다.

처음에는 어떤 녀석인가 하고 다소 경계했으나 한 달 후에는 결국 평범한 사원이구나 하고 평가가 바뀌었고, 반년 후에는 다른 직원과는 좀

다르다고 주목하게 되었으며, 1년 후에는 역시 당찬 녀석이라는 생각을 하게 되었으며, 현재는 부과장이 신입 사원에게 훈시를 할 때 근면함의 모델로 태식 군을 들 정도의 존재로 되어 있습니다.

왜냐하면 입사 이래 7년 동안 단 한 번의 지각도, 단 하루의 결근도, 조퇴도 한 적이 없는 유일무이한 사원이기 때문입니다. 1년쯤은 열심이어서 무지각, 무결근, 무조퇴를 할 수 있을지 모르겠으나 7년 동안 그렇게 할 수 있었다는 것은 보기 힘든 경우입니다. 감탄하지 않을 수 없었습니다.

태식군은 거들먹거리거나 하지 않고 열심히 근무하고 있는데, 대단한 정신력과 체력의 소유자이며 노력하는 사원이라 할 수 있습니다. 우리가 본받아야 할 근무자세입니다.

신부인 지애 양, 태식 군은 그런 남자입니다. 태식 군은 지애 양과 같은 좋은 반려자를 얻어서 아무도 따라올 수없는 대기록을 다시 갱신할 것으로 생각됩니다.

동서고금의 문헌이 가르치는 바에 의하면 독신에서 결혼 생활로 들어왔을 때, 여성은 더욱 건강해지는데 남성은 90%가 건강이 떨어진다고 합니다. 부디 두 사람도 선인들의 그러한 경험을 살려서 서로 협력한다면 기록 갱신과 아울러 반드시 멋진 가정을 이룰 수 있을 것입니다. 태식 군의 전도는 활짝 열려 있다고 큰 박수를 보냅니다.

오늘 이런 경사스런 자리에 초청해 주셔서 정말 감사합니다.

신랑·신부 양가의 행운을 충심으로 빌면서 축하 인사를 대신하겠습니다.

감사합니다.

- **신랑의 직장 선배의 축하 인사**

축하합니다.

신랑·신부와 양가 부모님께도 마음으로부터의 축하를 드립니다. 또한 오늘 이런 경사스런 자리에 초대되어 감사합니다.

저는 신랑 성호 군이 다니고 있는 P사에 근무하고 있는 입사 4년 선배인 ○○○입니다. 현재 직장 생활을 하고 있는 아내와 3년째 결혼 생활을 하고 있습니다.

3년 동안의 결혼 생활을 통해서 부부의 맞벌이와 원만한 가정을 꾸리기 위해서는 어떻게 하는 것이 좋은지에 대한 저 자신의 반성과 경험을 포함해서 한 마디 드릴까 합니다.

맞벌이의 좋은 점은 몇 가지가 있습니다. 언제까지고 서로가 신선함을 느낄 수 있고, 경제적으로 여유가 있게 된다, 아내는 남편의 일에 이해를 해주며, 남편은 아내를 위로해 주고 깊은 애정으로 맺어지며, 서로를 대등한 인간으로 인정할 수 있어서 가정생활이 충실해진다 등일 것입니다.

그러나 조금만 방심하면 수습이 어려워질 가능성이 있습니다. 맞벌이의 가정생활을 체험을 통해서 말할 수 있는 것은 남편과 아내의 정신적 자립, 특히 남편의 정신적 자립 없이는 아내 쪽에 아무래도 무거운 부담을 지게 한다는 것입니다.

맞벌이를 하는 남편은, 남편은 일하는 사람, 아내는 가정을 지키는 사람이라는 낡은 사고방식을 완전히 버리지 않으면 안 됩니다.

어디까지나 대등한 인간으로서 가정생활에 불가결한 일은 절반씩 나누어 하거나 역할 분담을 분명히 하여 잘 지키지 않으면 맞벌이 생활은

성공할 수 없을 것입니다.

그리고 아내는 남편에 대한 세심한 배려를 잊지 말아야 하고, 남편은 내조해 주는 남편이 될 필요가 있습니다.

회사의 업무에 열중한 나머지 집안일에는 전혀 관심이 없고 가정적인 분위기가 없거나, 역으로 가정을 소중하게 생각하는 나머지 업무에 소홀해지기 쉽습니다.

맞벌이부부는 두 사람의 생활을 가볍게 생각하지 말고 업무에 적극적으로 대처할 수 있는 밸런스 감각이 없으면 안 됩니다.

가정생활을 소중하게 여기면서 업무에도 충실하면 남편도 아내도 인간다운 충실한 생활을 할 수 있으며 매일이 즐거워지게 됩니다.

「아내는 남편을 섬기고 일상생활을 보살펴주는 존재」라는 가정관(家庭觀)에서 하루 속히 벗어나지 않으면 남편도, 아내도 원만한 결혼생활이 되지 않습니다.

맞벌이를 성공시키는 첫 번째 조건은 무엇보다도 서로의 건강에 특히 유의하지 않으면 안 됩니다.

강한 정신력과 바람직한 생활의욕을 발휘하여 두 사람이 힘을 합쳐 갖가지 어려움을 하나하나 극복해 나간다면 이상적인 결혼생활은 반드시 실현될 수 있을 것입니다.

맞벌이 결혼 생활 3년, 아직 별 문제는 없습니다만 지금 제가 말씀드린 것과 같은 방침으로 일관한다면 2년 후, 3년 후에는 틀림없이 서로 도와가면서 살아가는 부부가 될 것으로 믿습니다.

어려운 일이 있을 때 제가 도와드릴 수 있는 문제라면 말씀만 하시면 언제든지 기꺼이 도와 드리겠습니다.

부디 두 분도 초심을 잃지 말고 힘내시기 바랍니다. 멋진 맞벌이부부의 탄생을 바라면서 직장의 선배로서, 맞벌이부부의 선배로서 두 분의 건투를 빌겠습니다.

오늘의 결혼을 다시 한 번 축하합니다.

• 신랑 · 신부 직장 선배의 축하 인사

원택 군, 필순 양, 결혼을 축하합니다. 오늘은 직장 선배로서 두 사람의 결혼을 축하하는 인사를 드리겠습니다.

우리는 G주식회사 서무과에서 함께 근무하고 있는데 과장을 중심으로 매우 좋은 분위기 속에서 매일매일 업무를 원활하게 해오고 있다는 것은 자타가 다 인정하고 있습니다.

과장님은 과원이 새로 들어오면 반드시 일장 훈시를 합니다. 신랑 · 신부가 어떤 상사 밑에서 일하며, 끈끈한 유대로 묶여져 있다는 것을 알려주는 의미에서 과장님의 훈시의 일부를 소개해 보겠습니다.

「옛날 인도의 속담에 "용사(勇士)를 비난하려면 그의 신발을 신고 적어도 6개월은 걸어보라"는 말이 있는데 이것을 바꾸어 말하면 우리는 다른 사람의 업무성과나 업적을 폄하하거나 시샘하려면 적어도 6개월간은 그 사람과 같이 생활을 해본 다음에 해도 늦지 않다는 뜻이야.

풀밭에 웅크리고 있던 한 마리의 두꺼비가 즐겁게 뛰놀고 있던 반딧불에게 느닷없이 거품을 내뿜자 반딧불은 깜짝 놀라서 "나는 아무 짓도 안 했는데 왠 행패야" 하고 항의하자 두꺼비는 "네가 나한테 빛을 비추었잖아" 하면서 반성의 빛은 추호도 없었어.

이런 동화 읽어본 적이 있나? 게으름뱅이 두꺼비는 빛을 두려워해서

죄 없는 반딧불에게 거품을 내뿜었다는 이야기지.

자네들은 이 동화의 참뜻을 알고 있나. 자기의 실패나 결점은 감추고 타인의 업적이나 실적을 시샘하거나 깎아내리려고 하는 마음이 사람에게는 있다, 이 점을 주의하지 않으면 안 된다.

스포츠 선수의 경우 실패했을 때 변명하거나, 실패를 다른 사람 때문이라고 하는 선수는 다음 시합에서도 반드시 실패한다.

그러나 실패를 자기의 책임으로 돌리는 자는 다음 기회에는 반드시 좋은 플레이를 한다고 한다. 우리가 하고 있는 일도 다를 것이 없다」

대충 이런 내용의 얘기인데 그래서인지 우리 과의 팀 한 사람 한 사람은 다 남을 배려할 줄 아는 사람뿐입니다. 아주 인간관계가 좋은 직장이라 할 수 있습니다.

적어도 우리들은 지난 2, 3년 동안 불유쾌한 경험을 해본 적이 없습니다. 과장님의 인품이 전 과원에게 좋은 영향을 주었기 때문이라고 생각됩니다.

신랑 원택 군은 아무리 사소한 일이라도 성심성의를 다하고 있으며 거의 실수를 하지 않는 사람인데, 과원이 곤란한 일을 당했거나 실수를 했거나 하면 말없이 도와주고 커버해줍니다. 잡다한 일이라도 가벼운 마음으로 맡아줍니다. 그러므로 잘 모르는 외부 사람은 원택 군이 계장인줄 압니다.

신부 필순 양은 어려운 일일수록 더 열심히 하며 다정한 인상에 어울리지 않게 정력이 넘칩니다. 어떤 경우에도 절대로 못하겠다는 소리를 하지 않는 강한 사람이지만 남의 딱한 사정을 듣거나 하면 곧 눈물을 글썽일 정도로 정이 많은 아가씨였습니다.

우리 서무과는 풍파가 거의 없는 곳이지만 과내 직원의 마음이 편치 못한 일이 생겼습니다.

원택 군과 필순 양이 서로 호감을 갖고 있다는 것은 누가 보아도 다 알 수 있는데도 두 사람의 관계는 좀처럼 진전을 보이지 않자 모두 안타까워 했습니다.

「저 두 사람이 결혼한다면 좋은 가정이 될 텐데」 하고 말하는 것이 과장님의 귀에까지 들어가게 되었습니다.

과장님이 「자네는 기혼자일 뿐 아니라 두 사람의 선배이니까 교량 역할을 해주는 것이 어떻겠는가? 부탁한다, 과장의 명령이야.」라는 말을 듣고 두 사람의 결혼을 중매하게 되었습니다. 이상과 같은 과정을 거쳐서 오늘 경사스런 자리에 초청받게 되었습니다.

모든 사람들로부터 축복을 받으면서 맺어진 두 사람이지만 우리 서무과 직원 일동은 새로운 가정의 응원단이 되어 두 사람이 행복해지고 발전할 수 있기를 빌면서 뜨거운 성원을 보내겠습니다.

부디 두 사람이 힘을 합쳐 화목한 가정을 만들기를 바라면서 축하의 인사를 마치겠습니다.

축하합니다.

• 신랑·신부 직장 선배의 축하 인사

신랑·신부의 결혼을 축하합니다.

양가의 부모님은 또 얼마나 기쁘시겠습니까. 이처럼 경사스런 자리에 초대된 것을 분에 넘치는 영광으로 생각하며 감사드립니다.

저는 오늘의 신랑 구두회 군과 신부 은숙 양과 한 직장에 근무하고 있

는 ○○○이라 합니다. 신랑보다는 2년, 신부보다는 1년 먼저 입사하였습니다. 그러므로 선배이기는 하지만 친구 같은 선배입니다.

은숙 양은 전남에서 N여고를 졸업하고 우리 회사에 입사했을 때는 단발머리에 교복이 더 잘 어울릴 것 같은 아가씨였습니다.

은숙 양에게는 직장여성으로서 갖추어야 할 장점이 많아서 저희들도 배울 점이 많은데, 은숙 양의 특기는 입사 이래 회사의 얼굴이 되어 접수 업무를 하는 사이에 몸에 배인 '인물평가'가 뛰어나다는 점이 아닐까요. 은숙 양은 접수 차 들리는 외부인과 얘기를 해보면 그 사람 전체의 분위기에서 「이 사람은 진짜다」, 「이 사람은 진짜가 아니다」라고 판단할 수 있다는 것입니다.

평가 기준이 뭐냐고 물어보면 잘은 모르지만 하고 전제한 다음, 「자기 자신만을 위해서 일하려는 사람은 어딘가 원만한 곳이 없습니다.」라고 했습니다. 구두회군과의 만남도 회사를 방문했을 때가 처음 만남이었는데 한두 마디 대화를 하는 가운데 「나도 저런 사람과 맺어졌으면 좋겠다.」는 생각이 들었다고 합니다. 이런 것을 보면 구두회 군은 「진국」이었던 셈입니다.

구두회 군은 장래가 촉망되는 젊은 사원으로서 자타가 인정하는 우수한 사원입니다. 남들이 좀처럼 모방할 수 없는 장점은 실패를 절대로 두려워하지 않는다는 것입니다. 극단적으로 말하면 입사 1년째가 되었을 때 제가 보기로는 「실패는 나의 일, 1년간은 실패를 계속하자. 꾸중을 듣는 것은 사랑의 채찍」 그런 식으로 생각하고 있는 것이 아닌가 하는 느낌마저 들었습니다.

그리고 한번 실패한 것은 결코 잊지 않고 똑같은 실패를 되풀이하지 않았습니다. 또한 변명은 절대로 하지 않는 사나이기도 했습니다. 은숙 양이 감정했던 대로 진국이었습니다.

두 사람은 은숙 양이 예감했던 대로 맺어진 셈인데, 직장의 선배로서 한 마디 올리겠습니다. 두 사람의 장점 중의 하나는 자기를 희생해서라도 남을 도우려는 점인데, 물론 그런 생활태도가 나쁘다는 것은 아닙니다.

그러나 상대에게 헌신하는 것은 상대방을 기쁘게 하고 행복하게 해주지만, 자기자신을 아끼고 자기를 위해서 무언가를 하는 것도 상대방을 기쁘게 해주고 행복하게 해주는 경우도 있습니다. 특히 오늘의 신랑·신부 두 사람처럼 "내 몸을 희생해서라도"라고 생각하고 있는 두 사람이라면 더욱 그래야 되지 않을까요?

고작 1, 2년의 선배이며 젊은 제가 교훈조의 얘기를 한다는 것은 주제넘는 일이 될지 모르겠으나 예로부터 흔히 말하듯이 인생의 항해는 항상 평온무사하여 파도가 잔잔한 날만 계속된다고는 볼 수 없습니다.

비오는 날도, 바람 부는 날도 있습니다. 배가 크게 흔들릴 때는 내 한 몸을 희생해도 좋다는 기분으로 일치 협력하여 폭풍우가 지나가기를 기다리지 않으면 안 될 것입니다.

하지만 파도가 잔잔한 날에는 자기 혼자 조용히 생각해 보는 한때가 있어도 좋지 않을까요?

저 같은 철없는 사람이 별 도움도 되지 않을 것 같은 말을 하는 것은 직장의 모든 사람들로부터도 축복받고 행복하게 맺어진 양인에게 부디 행복한 좋은 가정을 이루어 발전하기를 바라고 싶어서입니다.

오늘의 결혼을 다시 한 번 축하합니다.

● 신랑·신부 직장 동료의 축하 인사

신랑 김무경 군, 신부 윤옥희 양의 직장 동료로서 영원히 변치 않는 행복을 진심으로 기원합니다.

신랑·신부의 인품이나 됨됨이에 대해서는 이미 다른 분들의 축사를 통해서 들으셨을 줄 압니다. 그래서 지금까지 한 번도 얘기가 없었던 두 사람의 장점에 대해서 말씀을 드려 축하의 말로 대신하고자 합니다.

무경 군은 우리 영업부의 호프인데 말을 잘 하기로 유명하며, 남을 설득하는 힘이 탁월한 사나이입니다.

여러분도 아시겠지만 저희 회사는 자동차 판매 회사인데 저희 회사의 제품에는 거의 결점다운 결점이 하나도 없습니다. 차에 대해서 잘 알고 계시는 분이라면 잘 아는 사실입니다.

영업 성적이 시원치 않았던 저는 무경 군에게 부탁하여 무경 군이 세일즈하는 것을 따라가 본 적이 있습니다. 그때의 정경을 소개하겠습니다.

무경 군은 고객을 만나서 서로 인사를 나눈 다음, 상품 판매에 대한 얘기는 전혀 하지 않고 고객에게 어떤 차를 구입하기를 원하는지 물어보고, 고객의 얘기를 주로 듣기만 했습니다.

저 같았으면 우선 자동차를 팔려고만 했을 것입니다. 그런데 무경 군은 고객이 하고 싶은 말을 다한 다음 짧게 자기가 팔려고 하는 차의 장점을 설명하고 「고객님, 이 신차는 결함다운 결함은 거의 없지만 도어의 손잡이가 약간 뒤쪽으로 치우쳐 있다는 것이 흠이라면 약간의 흠이겠습니다. 아시겠지요?」 이런 식으로 말을 마치고 인사를 나눈 다음 전화를 기다리겠다고 하면서 상담을 마쳤습니다.

저는 이번 상담은 실패했을 것이라고 생각하고 어떤 결과로 될지 걱정이 되었는데 몇 곳의 고객을 더 만난 다음 회사에 돌아와 보니, 아까 그 고객으로부터 주문이 와 있었습니다.

무경 군은 고객이 말하는 3분의 1밖에 말하지 않고도, 더구나 자기가 팔려는 차의 결함까지 털어놓고도 상담을 성공시켰으니 저로서는 놀라지 않을 수 없었습니다.

옥희 양 또한 대단한 일류 영업 사원입니다. 소비자의 동향이 어떤지를 리서치하는 판매 촉진을 하고 있었는데, 다른 사람은 말해도 잘 받아들이지 않는 많은 질문 사항의 앙케이트를 옥희 양이 가면 이상하리만큼 잘 받아왔습니다.

소비자의 집 안으로 들어가는 기술은 우리 영업부에서는 첫째라고 할 수 있습니다.

이처럼 영업부의 실력자들이며 업무 분야는 다소 다르지만, 두 사람은 라이벌이기도 합니다. 그러던 것이 어느 샌가 사적인 면에서는 좋은 콤비가 되어 오늘 새로운 가정을 이루게 되었습니다.

신부 윤옥희 양은 소비자와 관련된 연구를 전문으로 하는 관련회사로 자리를 옮겨 일하게 되었다는 말을 들었습니다. 옥희 양은 지금보다도 더 우리 회사에 협력해 주시기를 부탁드리겠습니다.

무경 군은 좋은 배우자를 얻었으니 더욱 왕성한 활동을 기대해 봅니다.

우리 회사의 제품은 매우 우수하며 좋은 성능을 자랑하고 있는데 두 분의 가정도 틀림없이 멋진 발전을 할 것으로 봅니다.

오늘 초대해 주셔서 감사합니다.

• 신랑 동료의 축하 인사

신랑·신부의 화촉을 축하합니다.

저는 신랑인 추원일 군과 같은 직장에서 근무하고 있는 ○○○이라 합니다. 신랑의 동료로서 이런 경사스런 자리에 참석하게 되어 매우 영광스럽게 생각하고 있습니다. 아울러 좋은 배필을 만나 결혼하게 된 것을 다시 한 번 축하합니다. 저는 유감스럽게도 아직 독신으로 신랑의 자리에 오를 기회를 갖지 못해 원일 군이 부러울 뿐입니다.

원일 군과는 같은 과에서 책상을 마주하고 일하고 있으며, 입사한 해도 같은 관계로 축사를 부탁받았으나 인생 경험도 미숙하고 사람들 앞에서 말할 만한 용기도 없습니다.

그러나 사양할 수도 없어서 이 자리에 나왔는데 용기를 내어 신랑의 사람 됨됨이의 일단을 소개하여 축사로 대신하겠습니다.

제가 원일 군을 처음 만난 것은 이 회사를 처음 방문할 때였습니다. 자료실에서 자료를 뒤적이고 있는데 원일 군이 「어때요, 가능성은 있을까요?」하고 말을 걸어온 것이 처음으로 말을 나누는 계기가 되었습니다. 매우 인상이 좋아서 원일 군을 따라 찻집에 가서 서로 취직 정보도 교환했습니다.

현재의 회사는 원일 군을 통해서 얻은 정보로 생각했던 것보다 훨씬 더 좋은 회사라는 것을 알게 되어 입사하고 싶어졌습니다.

저는 흥분을 잘하여 시험이라고 이름이 붙은 것에는 약해서 「아무래도 나는 면접도 그렇고 시험에는 자신이 없어서……」하고 투덜대듯이 말했더니, 원일 군은 「나도 그래요. 하지만 우리 같은 좋은 청년을 채용하지 않는다면 이 회사의 앞날은 밝지 않을 겁니다.」라면서 빙그레 웃었습니다.

그 말이 너무 유머스럽게 들려서 저도 따라 웃었습니다.

다행히도 두 사람 모두 합격되어 같은 과에 근무하게 되면서부터 우리는 더욱 가까운 사이가 되었습니다. 지금은 뭐든지 주고받을 정도로 둘 사이에는 비밀이 없습니다.

원일 군은 입사 당시 담배를 많이 피우는 골초였는데, 「금연을 해야 할 텐데」 늘 말은 그렇게 하면서도 끊을 생각은 하지 않았습니다.

저는 농담 반 진담 반으로 「1주일만 끊으면 1주일 동안 내가 점심을 사겠다.」고 했더니 「좋아」 하더니 즉석에서 피우던 담배를 버렸습니다. 그리고 곽에 아직 남아 있던 담배조차 휴지통에 버리는 것이었습니다. 그 후 6년 동안 원일 군은 계속 금연하고 있습니다. 물론 저는 약속했던 대로 1주일 동안 점심을 샀습니다.

원일 군의 최대의 장점은 일단 하겠다고 목표를 정했으면 어떤 어려움이 있어도 모든 수단을 다 써서 목적한 바를 완수하고 문제를 해결하는 '대단한' 사나이입니다.

신부인 혜원 양에게 프로포즈를 할까 말까 하고 저한테 상의하기에 원일 군다운 용기를 발휘하게 하려고 「자네의 프로포즈를 받지 않는 여성이라면 앞날이 걱정이야」했더니 「좋아」하면서 일어서더니 윙크를 해 보이면서 결심했다고 했습니다. 그래서 오늘 보듯이 결혼으로 골인하게 되었습니다.

원일 군, 두 사람이 새로운 가정을 꾸밀 때도 자네의 장기인 유머와 승리하겠다는 그 정신을 발휘하여 좋은 가정을 이루기를 바라며 우리 같은 독신자의 모범이 되어주기 바랍니다.

신랑 원일 군의 금연에 얽힌 에피소드를 소개한 것으로 축사의 말로 대신하겠습니다.

감사합니다.

• 신랑의 회사 동료의 축하 인사

정태 군, 미정 양, 결혼을 축하합니다. 선배되는 분이나 어른들도 많이 오셨는데 저 같은 젊은 사람이 축하의 말을 하게 되어 외람되게 생각합니다만은 정태 군의 동료로서 한 마디 축하의 말씀을 드릴까 합니다.

저는 신랑과 같은 직장에서 근무하고 있는 ○○○이라 합니다. 그렇지만 신랑 정태 군과 알게 된 것은 얼마 되지 않습니다.

지난 4월 인사이동 때부터 함께 일하게 되었습니다.

그러나 전에도 정태 군에 관한 얘기는 들어왔으며 매우 능력이 뛰어난 사나이로 사내에 평판이 자자한 사람으로, 우리 직장의 에이스이자 호프입니다.

그의 성실한 업무자세는 따를 사람이 없으며 정태 군 덕분에 우리 과의 영업 실적은 달마다 올라가고 있습니다. 또한 정태군의 원만한 인품은 오늘 여러분이 보시기에도 확실히 증명되었을 것으로 압니다. 상사로부터 신뢰가 두텁고 직장 사원들로부터 존경받고 있습니다.

이번에 정태 군이 이처럼 아리따운 신부를 맞이하게 된 것을 우리 과의 모든 사람들은 다 부러워하고 있습니다. 신랑신부는 틀림없이 원만한 가정을 이루어갈 것으로 확신합니다.

튼튼한 기초 위에 구축된 가정에서는 반드시 멋진 열매를 맺게 될 것입니다. 사회적으로도 안심하고 활동할 수 있기를 진심으로 바랍니다.

신랑·신부에게 바라고 싶은 것이 있다면 우선 건강에 유의하고 서로 존경하는 부부가 되었으면 좋겠습니다. 인생의 기나긴 여로에 닥칠지 모르는 어려운 고비를 무사히 극복하기 위해서는 무엇보다도 두 사람이 건강해야 하겠습니다. 그리고 서로 존경하는 마음을 잊지 않는다면 아무리 거친 파도라도 두 사람이 힘을 합쳐서 헤쳐 나갈 수 있을 것입니다.

전도가 양양한 정태 군이 이처럼 아름다운 부인을 얻어서 오래오래 행복하기를 바라며, 또한 명랑한 가정이 되기를 빌면서 축하의 말로 대신하고자 합니다.

끝으로 신랑·신부의 부모님께서는 그동안 자식을 키우고 가르치시느라 얼마나 고생이 크셨겠습니까.

이제는 안심해도 되겠습니다. 미정 양 같은 좋은 반려자를 만나 열심히 살아갈 것이므로 더 이상 걱정하지 않으셔도 되겠습니다.

진심으로 두 분의 결혼을 축하합니다.

• 신부의 회사 동료(男性)의 축하 인사

오늘 우리 회사의 손석순 양이 경사스런 화촉을 밝히게 되어 우리 영업과 일동을 대표해서 축하를 드립니다.

저는 신부와 입사 동기인 ○○○라고 합니다. 입사 이래 같은 섹션에서 연수를 마치고 같은 과에 근무하고 있습니다. 우리는 전쟁 같은 것은 모르는 세대입니다. 그러나 기업의 전쟁터에서는 전우라고 할 수 있습니다.

석순 양은 뛰어난 재원입니다. 지금은 남녀평등의 사회라고 하는데

신부는 남성 못지않게 활약이 대단합니다. 실력이 있는 여성이란 석순 양 같은 여성이라고 하겠습니다. 손석순 양은 남성도 할 수 없는 일을 해낼 수 있는 실력파 사원입니다.

석순 양의 반려자인 남성은 막연히 우수한 남성으로 상상하고 있었으나 그보다 더 훌륭한 신랑입니다. 우리 회사의 호프인 석순 양의 신랑감 고르는 안목이 높은 것을 동료의 한 사람으로서 자랑스럽게 생각하고 있습니다.

결혼한 후에도 계속 일할 것으로 생각되는데, 앞으로 행복한 가정과 든든한 협력자를 얻어서 더욱 원숙하게 일을 할 수 있을 것입니다.

부디 언제까지고 행복하게, 그리고 회사의 일에도 더욱 분발하시기 바랍니다.

오늘은 정말 축하할 날입니다.

💐 **신부의 동료로서 스피치를 할 때는 여성과 남성의 경우가 있습니다.**
여성이라면 사적인 에피소드를 담아서 함으로써 새로운 면을 소개할 수 있으나 남성인 경우에는 오해를 자초할 수 있으므로 오히려 업무면에 초점을 맞추는 것이 좋을 것 같습니다.

• 신랑의 학창 시절 선배의 축하 인사

오늘은 참으로 축하할 날입니다.

신랑 권학도 군의 선배로서 영원히 변치 않을 두 사람의 행복을 진심으로 축하합니다.

권학도 군은 제가 대학 4학년 때 신입 부원으로 우리 연극부에 들어왔습니다.

권 군은 상사(商社)의 직원으로 영업의 제 일선에서 활동하고 있어서 비즈니스맨으로 틀이 박혀 있지만, 학창 시절에는 연극 학도답게 다른 신입부원들과 함께 연출론(演出論) 같은 것을 화제로 나누던 것이 인상에 남습니다.

신입생 환영회 준비에 바쁜 상급생들을 도와서 1학년 학생들도 연극부에 들어온 이튿날부터 각각 자기의 부서에서 작업을 하기 시작했는데, 며칠 후 권 군이 저한테 와서「선배님, 저는 연출에 관한 공부를 하고 싶은데 여러 가지로 지도를 부탁드립니다.」라고 했습니다. 그 당시 저는 연출부의 책임자였는데, 한 사람이라도 스태프가 필요한 때였으나 일부러「연출보다는 배우가 더 재미있을 텐데…」라고 했더니,

「고등학교 때 배우 역할을 해 보았으니까 대학에서는 연출을 해 보고 싶습니다.」라고 진지한 표정으로 말하기에 내심 기뻐했던 기억이 있습니다.

그 후에는 시키지도 않았는데 두 달에 한 번은 자기가 선택한 희곡의 연출 계획을 써가지고 와서 평해달라고 했습니다.

그것은 아주 세세하고 치밀한 연출 플랜으로, 저도 정신 바짝 차리고 하지 않으면 안 되겠다고 각오를 단단히 하고 열심히 권 군이 만들어온 연출 플랜을 빨간 연필로 수정하거나 비평하거나 했습니다.

권 군과는 밤을 밝혀가면서까지 토론한 적도 몇 번 있었습니다. 권 군은「선배님께 많은 것을 배웠습니다.」라고 했지만, 실은 저도 그때 많은 것을 배울 수 있었습니다.

현재 저는 각종 대본을 쓰고, 연출을 맡아보고 있는데 이렇게 될 수 있었던 것은 권 군과의 1년간 스터디를 통해서 기초를 튼튼히 할 수 있게 되었던 덕이라고 감사하고 있습니다.

권 군과는 짧은 만남이었으나 그때야 말로 매우 뜻 깊은 기간이었습니다.

권 군은 아무튼 어떤 일에서도 전력을 다하였습니다. 비굴한 타협을 하지 않습니다. 그러나 납득하면 솔직하게 받아들이고 좋으면 실행으로 옮기는 그런 사나이였습니다.

결혼을 할 때도 그저 좋은 사람과 함께 되겠다는 것이 아니라 인생의 연출 플랜을 잘 짜서 목표를 세웠을 것이 분명합니다.

권 군, 그 어떤 연출 플랜도 일단 무대에서 구체화할 단계에서는 반드시 변경해야 할 부분이 있기 마련입니다.

그런 때는 주저하지 말고 개선하려는 용기를 가져주기 바랍니다. 파트너인 부인의 의견에도 귀를 기울여 유연성을 가져야 합니다.

제가 말하지 않아도 그런 마음으로 새로운 생활을 한 발짝 한 발짝 쌓아가고 있다고 저는 확신하고 있습니다.

부디 아름다운 신부와 잘 협력하여 연극 활동 때 보여주었던 그런 정열을 잊지 말고 실생활에 연결해주었으면 좋겠습니다. 선배의 한 사람으로 응원하겠습니다.

오늘같이 경사스런 자리에 초대해 주셔서 고맙습니다.

• 신랑의 학창 시절 선배의 축하 인사

성호 군, 혜경 양, 진심으로 축하합니다. 서로가 멋진 배우자를 얻어서 멋진 결혼이라고 감탄하고 있습니다.

양가의 부모님께도 진심으로 오늘 신랑·신부의 결혼을 축하합니다. 이런 좋은 자리에 초대해주셔서 분에 넘치는 영광입니다. 감사합니다.

방금 사회자로부터 소개가 있었습니다만 저는 성호 군의 중학교, 고등학교의 선배입니다. 신부인 혜경 양의 집안은 성호군의 집안과는 가까운 사이로 두 사람은 어릴 적부터 소꿉친구였습니다.

그러던 것이 자라면서 연애 감정이 싹터서 오늘 양가의 부모님과 친척들 그리고 하객이 지켜보는 가운데 식을 올리게 되었으니 얼마나 기쁘시겠습니까!

양가만이 아니라 두 사람을 잘 알고 있는 사람들이 따뜻한 눈으로 지켜보는 가운데 식을 올리게 된 것은 두 분으로서도 더욱 큰 기쁨이겠습니다.

오랜 세월을 통해서 사랑을 확인하고 주위 사람들의 축복 속에서 맺어진 두 사람입니다. 앞으로도 손을 맞잡고 행복이 넘치는 새로운 가정을 이루시기를 빕니다.

중학교 시절의 성호 군에 대해서는 서로가 잘 몰랐고 같은 학교에 다니는 학생이구나 하는 정도로밖에는 성호 군에 대해서 잘 알지 못했습니다.

제가 고등학교 3학년 때 우리 학교에 들어온 성호군은 우리가 주최하고 있던 영어 스터디 그룹에 들어왔는데 그때는 평범한 신입생이었습니다. 전국 영어 웅변대회에 출전할 학생을 선발할 때도 「영어 발음이 좋은 것 같다」는 정도의 인상 밖에는 없었습니다. 물론 대표로는 선발되지 못했습니다.

그래도 스터디 그룹에는 여전히 열심히 참가했습니다. 영자신문의 칼럼난을 매일 빼놓지 않고 읽었으며 작문 실력이 몰라보게 좋아졌고 발음도 뛰어나게 좋아졌습니다.

그해 가을에 있었던 교내 진학 모의시험 때서는 1학년인데도 2, 3학년에 섞여서 영어는 30위 안에 들어서 깜짝 놀랐습니다. 다른 과목에서도 1학년이라고는 생각되지 않을 정도로 상위권에 들어 있었습니다.

하루는 스터디 그룹이 끝나고 나서 하루에 몇 시간 공부하느냐고 물었더니 「집에서 5시간이 목표입니다.」라고 대답했습니다. 성호 군은 대단한 노력가였습니다.

노력할 수 있다는 자질은 앞으로의 인생에 훌륭한 자산이 될 것입니다. 성호 군은 마음씨가 곱고 남을 배려할 줄 아는 인품의 소유자이며 또한 정의감이 강했습니다.

혜경 양은 성호 군의 좋은 파트너로서 충고도 해주고 부족한 점을 보완해주어 성호군의 장점을 더욱 신장시켜 주시기 바랍니다.

두 사람이 협력하여 열심히 노력하면 그 어떤 난관도 극복할 수 있을 것입니다.

학창 시절처럼 '노력'이라는 두 글자를 잊지 마시고 새로운 길을 걸어가기 바랍니다. 5년 후, 10년 후의 두 사람이 어떤 부부로 되어갈 것인지 무척 기대가 큽니다.

오늘 두 사람의 결혼을 다시 한 번 진심으로 축하합니다.

• 신랑의 학창 시절 선배의 축하 인사

두 사람의 결혼을 축하합니다.

신랑 정이준 군, 신부 선소희 양의 선배로서 영원히 변치 않을 두 사람의 행복을 빕니다.

이준 군과 소희 양은 제가 대학교 3학년 때 신입생으로 문학 서클에 참가하여 함께 활동한 사이입니다. 문학 서클의 동료들은 모두 문학을 좋아해서 각자 무언가를 쓰고 있었는데 발표의 장이 없는 사람들이었습니다. 1년에 1회 작품을 동인지(同人誌)에 발표해 보자고 해서 모인 그룹입니다.

잡지가 만들어지는 것은 대개 연말이 가까워서인데 망년회도 겸해서 술을 마시고 식사를 하면서 작업을 했습니다. 물론 작품의 합평회도 하지 않고 다만 활자화된 자기의 작품에 만족하는 그런 집단이었습니다. 그런데 이준 군과 소희 양이 우리 서클에 가입한 해부터는 양상이 바뀌었습니다. 잡지 간행의 축하도 겸한 망년회 자리에서 두 사람은 신랄한 문학 토론을 펼쳤습니다.

서클이 만들어진 이래 이런 일은 처음이었으므로 모두가 깜짝 놀랐습니다. 두 사람의 진지함에 동급생도, 선배들도 술을 마시는 것도 잊고 들었습니다.

그때 우리 선배들은 얼마나 형편없는 문학 애호가인가를 새삼스럽게 느끼게 되었습니다.

신랑 이준 군은 민간 방송국의 제작 파트에 근무하면서 틈틈이 작품을 발표하여 문예지의 신인상을 받았으며, 신부인 소희양은 르포 라이터로 활동하고 있다는 것은 여러분도 잘 아시는 바와 같습니다.

서클 중의 그 누가 두 사람의 결혼을 예측했겠습니까? 아마 한 사람도 없었을 것입니다.

왜냐하면 이준 군이나 소희 양은 만나기만 하면 토론을 했고, 입에 거품을 물고 싸울 듯이 대드는 사이로 보였기 때문입니다.

소희 양은, 「미스터 정은 사기꾼 같아. 얼굴만 보아도 때려주고 싶거든」라고 했으며 이준군은 「저 여자는 자기만 재능이 있는 줄 알아. 보기만 해도 역겨워져」라고 했습니다.

그렇게 심한 말로 상대를 매도했습니다. 그러나 우리가 보기에는 두 사람 모두 수준 이상의 작품을 쓰고 있었기 때문에 어째서 저렇게 서로 으르렁거릴까 이해가 되지 않았습니다. 지금 생각해보면 그것은 애정의 표현이 아니었을까 생각됩니다.

이준 군의 신인상 수상작은 눈이 많이 내리는 시골의 한 양조장을 무대로 어린 소년소녀가 성(性)을 자각하는 것을 축으로 사계절의 변화를 섞은 매우 섬세하고 우아한 필치로 쓴 작품입니다.

이준 군은 용모가 우람하고 이색적으로 생겼으며 185cm의 헌칠한 키였습니다.

소희 양의 르포르타주는 고발물로 대표되는데, 그 필치는 예리하고 사회의 어두운 면을 파고들어 백주에 폭로하는 작품이 대부분입니다.

그런데 소희 양은 보시다시피 날씬하고 배우가 되었으면 좋겠다는 개성적인 미인입니다.

이런 대조적인 두 사람이 맺어진 것을 보면 인생의 묘미를 느끼지 않을 수 없습니다.

결혼을 계기로 두 분 모두 더욱 정진하여 뛰어난 작품을 더 많이 발표한다면 우리에게 다시없는 감동을 줄 것으로 믿습니다.

오늘 양인의 결혼을 다시 한 번 축하합니다.

같은 취미를 가진 동료의 축사

선배나 친구의 축사에 자주 나오는 것이 취미에 관한 것입니다. 그것은 스포츠나 예술 등 같은 것이거나 다종다양한데, 같은 취미를 가진 경우에 생기는 에피소드는 결혼 피로연에 어울리는 것이 많은 것 같습니다.

또 실패담은 선배, 후배 친구이기에 말할 수 있는 유머러스한 것이 좋고, 솔직하게 웃을 수 있는 것이어야 합니다.

• 신랑 친구로서의 축하 인사

신랑 · 신부 그리고 양가 여러분, 축하합니다. 저는 신랑의 친구로서 오늘의 결혼을 진심으로 축하하며 기뻐하고 있습니다.

신랑의 학창 시절 친구로서 한 마디 축하의 말을 해달라는 사회자로부터의 요청을 받고 망설이기도 했습니다. 신랑의 성실한 인품이나 인정이 남다르고 노력가라는 점에 대해서는 이미 여러분이 말씀하셨으므로 옛 친구라기보다는 고약한 친구였던 제가 좀 색다른 화제를 꺼내야 할 것 같아 신랑 영훈 군의 에피소드를 소개하여 축하 인사로 대신하고자 합니다.

그때 왜 그런 곳을 걸어 다니고 있었는지 지금은 잘 기억이 나지 않지만, 확실히 창경궁 근처를 영훈 군과 거닐다가 삼선교 쪽으로 우리는 향하고 있었습니다. 땅거미가 지는 시각이었습니다.

그때 허리가 구부정한 70대 할머니가 자기가 살고 있는 집을 잃어버렸는지 성북 구민 회관이 어디쯤이냐고 물었습니다. 저는 잘 모르겠다고 말하고 지나쳐가려는데 영훈 군이,

「할머니, 같이 찾아볼까요? 짚이는 데가 있으니까요.」

하면서 할머니를 모시고 구민 회관을 찾기 시작했습니다. 비슷한 건물이 있으면 물어보거나 했지만 할머니의 집은 찾을 수가 없었습니다.

날은 점점 어두워져 더욱 찾기가 힘들었습니다. 저도 영훈 군과 나누어 이 골목 저 골목 찾아보기 시작하였습니다.

거의 한 시간을 걸으며 찾았으나 허탕이었습니다. 한 건물에 들어가서 묻는 사이에 할머니가 안 보였습니다. 그렇게 애태웠던 적은 전에도 이후에도 없었을 것입니다. 그런지 30분쯤 지난 후에는 구민 회관보다도 할머니를 찾아야 했습니다.

한참 찾고 있는데 할머니가 순경 아저씨를 데리고 오는 것이었습니다. 안도의 한숨을 쉬면서 할머니한테 다가갔더니 할머니는 순경의 뒤로 몸을 숨겼습니다.

할머니는 영훈 군이 너무 친절했지만 그런데도 집을 찾지 못하자 젊은이들을 의심하기 시작했던 것입니다. 그래서 순경에게 도움을 청했음을 알게 되었습니다.

처음에 험상궂은 표정을 지었던 순경도 사정을 듣자 안심이 되었는지,

「참 자네들 같은 학생은 없을 걸세, 고맙네.」하고 할머니를 모시고 갔습니다.

친절이나 호의가 지나치면 오히려 상대방으로부터 오해를 받을 수도 있다는 좋은 예인데, 영훈 군은 이렇다 할 결점이 없는 학생이었지만 지나칠 정도로 남에게 친절을 베풀거나 보살펴주거나 하는 것이 결점이라면 결점이라 할 수 있지 않을까요. 남을 보살펴주는 일은 이제 그 정도로만 하고 신부 인순 양에게 따뜻한 시선을 주면서, 「영훈 군은 너무 착

해서 더할 말이 없지만 신부에게 너무 애정을 쏟는 신랑이라는 것이 결점이라면 결점이다.」라는 말을 듣기를 바랍니다. 오늘은 저 같은 사람까지 경사스런 자리에 초대해 주어 감사를 드립니다.

두 분의 행복을 빌면서 축사로 대신하고자 합니다.

• 신랑 · 신부 친구의 축하 인사

방금 소개받은 신랑 · 신부의 친구 되는 ○○○입니다.

경석 군, 영신 양, 축하합니다.

오늘 결혼식에 초대해주어 두 분의 멋진 모습을 보니 정말 감개무량합니다. 반갑다고나 할까, 정직하게 말해서 두 사람과 함께 보낸 고교시절의 일들이 떠오릅니다. 경석 군과 사귀게 된 것은 고1 때부터 시작되었습니다. 경석 군은 대단한 노력가여서 교실에서 쉬는 시간에 얘기를 할 때와 내가 모르는 것이 있어서 물어보기 위해 경석 군의 집으로 갔을 때, 그리고 여름방학 때 경석 군과 함께 자전거를 타고 해수욕장에 갔을 때를 빼놓고는 공부만 했고 내가 야구를 하러 가자고 해도 싫다고 했고, 영화 구경을 가자고 해도 경석 군은 가지 않았습니다. 해수욕장에 가서 잘 때 침낭 속에서 플래시를 켜놓고 영어 단어장을 보고 있었습니다.

고등학교에 다니던 3년 동안 놀기만 좋아했던 저는 대학에 들어가지 못했으나 경석 군은 멋지게 유명 대학에 합격했습니다.

그런데 경석 군은 대학에 들어가자 공부는 뒷전이고 내가 입시학원에서 예습이나 복습에 쫓기고, 모의고사 성적에 일희일비하고 있을 때 경석군은 바둑이나 오락을 즐겼으며 등산, 스케이트 사이클링에 열중하며 고교 시절과는 나와 입장이 거꾸로 되었습니다.

  도대체 어떻게 된 것인지 경석 군이 왜 그렇게 되었는지 이해가 안 되었습니다.

  경석 군은 무슨 일에서나 중도에 그만 두지 않는 것이 최대의 특징입니다. 공부든, 놀이든 목표를 세우면 철저하게 하지 않으면 직성이 풀리지 않는 그런 성격이었습니다. 내가 대입 시험에 실패하여 재수하고 있을 때 나를 유혹한 것도 나중에 들어보니 경석 군의 친절한 배려였음을 알게 되었습니다.

  고교 시절, 내가 경석 군을 유혹할 때마다 그것을 거부함으로써 나태심을 억제할 수 있었듯이, 이번에는 나를 분발시키기 위해 나를 억지로라도 유혹한 것이라고 했습니다. 자기의 유혹에 내가 따르려고 한다면 그때 나를 분발시키려고 그랬다는 것입니다.

  그렇다면 확실히 단순히 놀기 위해 나를 유혹한 것이 아니라 저 녀석도 고교시절에는 그렇게 놀자고 해도 들어주지 않더니 나를 골탕을 먹일 작정인가 하고 분발하게 되었습니다. 경석 군은 그런 친구였습니다.

  영신 양은 문예부에서 같이 활동한 친구입니다. 스포츠도 만능, 학업도 우수했으며 용모도 단정한 소녀였습니다. 문예부에서 발행한 잡지인 『문예』에 실린 영신 양의 시나 소설, 에세이는 동인들을 감탄케 했으며 문학에 관한 실력이 특출해서 문예부에서만이 아니라 교내의 프리마돈나로, 여왕 같은 존재였습니다.

  경석 군이 놀러가자고 해도 가지 않는다고 내가 투덜대면,

  「그럼 내가 가줄게」하고 몇 번 데이트를 한 적이 있는데,

  「그런 공부벌레는 내버려두는 것이 상책이야」라고 위로해 주었지요.

  내가 재수할 때도 영신 양과의 데이트를 상기하고 가슴을 쓸어 내

리면서 나도 분발하지 않으면 안 되겠다고 스스로를 격려한 적이 있습니다.

경석 군, 영신 양, 우리 세 사람이 각자의 길을 걷기 시작하여 서로 소원한 관계로 몇 해가 지나던 중 금년 봄 두 사람이 어디서 어떤 계기로 맺어졌는지 결혼한다는 기별을 받고 처음에는 믿어지지 않았습니다.

그러나 차분히 생각해보면 두 사람은 참으로 잘 어울리는 한 쌍입니다.

경석 군이 너무 매정하다고 내가 투덜거렸을 때, 영신 양이 데이트에 응해준 것은 두 사람 사이에 어떤 양해가 있었다는 것을 아둔한 나는 이제야 알게 되었습니다.

영신 양이 경석 군의 배우자가 되어 우리 옛 친구는 거리낌 없이 영신 양을 자유롭게 만날 수 있는 행운을 얻게 되었다고 모두 기뻐하고 있습니다.

앞으로는 이따금 두 사람의 달콤한 신혼 생활을 방해하러 갈 텐데 잘 부탁합니다.

부디 오래오래 행복하기를….

🎤 엘리트 신랑에게

엘리트라는 말을 듣는 신랑에 대한 축사에서 어려운 것은 칭찬하는 방법입니다. 지나친 칭찬은 역시 메스꺼워지기 쉽고 그렇다고 해서 칭찬에 인색한 것도 어색합니다.

이럴 때는 신랑의 유머러스한 에피소드 같은 것이 있으면 소개하고 칭찬과의 밸런스를 맞추는 것이 좋을 것 같습니다.

• 가게 주인의 축하 인사

여러분, 바쁘신 중에도 불구하고 참석해 주셔서 고맙습니다. 깊은 감사의 말씀을 드립니다.

저는 지금 소개받은 신랑 노혁 군이 다니고 있는 가게의 주인이기도 합니다. 중매인이 되어달라는 부탁을 받고 수차 사양했으나 양가의 뜻을 거절하지 못하고 맡게 되었습니다.

참석해주신 여러분의 축하 속에 노혁 군과 정순 양의 결혼식은 이 예식장에서 방금 무사히 끝났습니다.

지금 여러분 앞에 서있는 신혼부부가 탄생하게 된 것을 진심으로 축하합니다. 노혁 군은 경북 상주 출신으로 금년 26세가 됩니다. 고향에서 고등학교를 졸업한 후 상경하여 우리 가게에 들어와 어언 10년이 되었습니다.

학력보다는 경험으로 승부하겠다는 실력파로, 어제까지만 해도 우리 가게에서는 가장 고참 총각으로 일하고 있었습니다. 그의 실적과 인품이 좋아서 곧 문을 열게 될 우리 가게의 지점장이 되기로 되어 있습니다.

신부 정순 양은 신랑보다 3년 늦게 입사했는데 경기도 안성 출신으로 학교를 마치고 우리 가게에 취직하였습니다.

유감스럽게도 같은 해에 입사한 다른 여직원들은 다 중도에 직장을 떠났으나 정순 양은 잘 참고 열심히 일하여 신랑 노혁 군과는 쌍벽을 이루어 오늘과 같은 행운을 얻게 되었습니다.

정말로 잘 어울리는 한 쌍입니다. 저 또한 좋은 직원을 얻게 된 것을 더 없는 기쁨으로 알고 있으며 좋은 직원을 저희와 일하게 해주신 양가의 부모님께 감사하다는 말씀을 다시 한 번 드립니다.

앞에서도 말씀드렸지만 신랑과 신부는 곧 개점하게 될 지점의 책임자로서 새로운 생활을 시작하게 되는데, 여러분들께서도 이들 새 부부에게 지도 편달해 주실 것을 중매인의 입장에서 부탁드립니다.

감사합니다.

「자기」를 너무 내세우지 않는다.

중매인은 중년 이상인 분이 많은데, 이 때 주의하지 않으면 안 되는 것은 「자기의 주관을 너무 내세우지 않고 자기에 대해서 지나치게 어필시키지 않도록」 해야 합니다.

인생의 선배라고 해서 교훈조로 자기의 체험담이나 「자기의 인생관」을 말하고 싶어집니다.

그러나 중매인은 신랑·신부를 소개하는 입장이라는 것을 잊어서는 안 됩니다. 어디까지나 선배로서의 한 마디로 그쳐야 합니다.

양친의 지위를 소개하고 양친과의 관계를 자랑스럽게 말하는 것은 듣기 거북합니다.

• 직장 상사의 축하의 말

방금 사회자로부터 소개받은 ○○○입니다. 오늘 이렇게 두 사람의 결혼을 축하해주기 위해 참석해 주셔서 감사합니다. 만장하신 축하객의 격려 속에 신혼부부의 탄생을 보게 된 것은 여러 어르신들 덕분이라고 심심한 사의를 표하며, 신랑·신부와 양가 가족을 대신해서 감사를 드립니다.

저는 신랑 윤희 군이 근무하고 있는 업체의 대표입니다. 중매인이라고 하기보다는 상담역이라 할지 고문 같은 입장이라고 하는 것이 더 어울릴 것 같습니다. 왜냐하면 이번 결혼에서는 중매인이나 맞선을 주선하거나 할 필요가 없는 연애결혼이기 때문입니다.

신랑 윤희 군은 강원도 출신으로 E대학을 졸업한 후 제가 경영하는 운송 회사에 입사하여 현재 배차계 일을 맡아보고 있는 엘리트 사원입니다.

윤희 군의 장점은 여러 가지가 있는데, 첫째로 남달리 업무에 성실하여 자기가 손댔던 일은 끝까지 책임을 지려고 하는 점입니다. 이러한 태도에 호감을 갖게 되었으며 존경스럽기까지 합니다.

신부인 성숙 양은 S여고를 나온 후 집안일을 도우면서 운송점 점원 일도 겸하고 있습니다. 신부가 다니는 운송점은 가족끼리 운영하는 점포인데 성숙 양은 성격이 활달하여 남자를 뺨칠 만큼 일도 잘합니다.

언젠가는 운송점의 젊은 직원이 결근하자 성숙 양이 직접 트럭을 몰고 우리 회사까지 짐을 싣고 왔습니다. 그때 배차계의 윤희 군만이 아니라 그것을 목격한 저도 압도당했습니다.

아마 윤희군의 망막(網膜)에는 그때 성숙 양의 모습이 한눈에 입력되었던 것 같습니다. 저도 장가를 가지 않았더라면 윤희 군과는 사랑의 경쟁자가 되어 성숙 양에게 프로포즈했을지도 모릅니다.

저는 이들 신랑신부의 상담역을 맡은 이상 앞으로 이들 부부에 대한 책임감도 무겁습니다.

참석해 주신 여러분도 두 사람의 앞날에 영원한 협조자가 되어주시기를 간절히 부탁 올립니다.

• 직장 부장의 축하의 말

사회자로부터 방금 소개받은 ○○○입니다. 여러분, 바쁘신 가운데에도 두 사람의 결혼을 축하해주기 위해 와주셔서 대단히 감사합니다.

오늘 같이 좋은 날을 택하여 이 호텔 예식장에서 결혼식을 올리게 된 것을 여러분과 함께 축하해 마지않습니다.

저는 신랑이 근무하는 치전기 본사의 영업 부장으로 근무하고 있는 관계로 이번 양인의 결혼에 중매역을 맡는 영광을 얻게 되었습니다.

신랑 권형필 군은 금년 26세로 S대 경영학부를 졸업한 후, 저희 회사에 입사하였습니다. 형필 군이 저희 영업부로 옮긴 것은 1년 전인데 실은 제가 스카우트한 셈입니다. 신랑은 필재가 탁월한 젊은이로, 사내보(社內報)에 훌륭한 「매상 배가론(賣上 倍加論)」을 발표하였습니다.

저는 사내보를 항상 흥미 있게 읽고 있었는데 그때부터 형필 군을 의식하게 되었으며 그의 아이디어를 일선 판매 현장에 적용해보고 싶어서 우리 부서로 오게 하였던 것입니다.

그때까지 창고에서 근무하던 형필 군은 햇빛이 잘 드는 영업부로 옮기게 되자 더욱 열심히 뛰었습니다. 그 공적이 인정되어 영업부의 한 파트를 담당하는 주임으로 승진하여 활동하고 있습니다.

신부인 손미혜 양은 신랑보다 한 살 아래인 25세로, 저희 회사 인사부에 재직하면서 사내보 편집 일을 맡고 있었습니다. L여고를 졸업하자마자 입사했으므로 저희 회사에서는 형필 군보다도 입사 선배인 셈입니다. 미혜 양은 형필 군의 기발한 아이디어를 일찍부터 발견하여 사내보에 소개한 편집 감각이 뛰어난 사원이었습니다.

신랑 · 신부가 처음 알게 된 것은 형필 군의 입사 직후 신입사원 연수

회를 미혜 양이 취재하러 갔을 때였던 것 같습니다. 창고에서 기계적인 일로 따분해하던 그를 그녀가 힘을 북돋아준 것이 결정적인 계기가 된 것으로 생각됩니다.

여러분, 앞으로 이 젊은 한 쌍에게 뜨거운 성원을 부탁드리면서 저의 축하의 말로 대신하고자 합니다.

🎤 자기나 자기 회사에 대한 선전은 가급적 삼가한다

중매인이 사장이나 부장 등 이른바 「상사」인 경우, 그 축사가 자기나 자기 회사의 선전이 될 때가 있습니다. 개인의 신분 등은 신랑·신부와의 관계만 말하면 됩니다. 회사의 업적 같은 것을 과시하는 자리가 아니므로 자기나 자기 회사의 선전이 되지 않도록 조심해야 합니다.

그리고 가령 신랑이 부하인 경우, 스피치의 내용이 신랑에 치우치지 않도록 배려할 필요가 있습니다.

• 명언(名言)을 인용한 직장 상사의 축하 인사

신랑·신부 및 양가 부모님, 오늘 같은 경사스런 날 축하를 드리게 되어 무상의 영광으로 생각합니다.

독일의 철학자 니체는 결혼 생활을 이렇게 말하고 있습니다.

「부부생활이란 긴 대화이다. 결혼에서 모든 것은 변화하지만 함께 있는 시간의 대부분은 대화에 속한다.」라고.

즉, 결혼 생활에는 두 사람의 대화가 얼마나 소중한가를 말하는 것입니다.

이런 것을 이미 결혼한 지 20년이 되는 지금 저는 뼈저리게 느끼고 있습니다.

자칫하면 세월이 흐름에 따라 부부간의 대화가 점점 줄어들게 되는데 평생을 통하여 대화를 자주 나누시기를 진심으로 바랍니다.

항상 밝은 대화가 넘치는 가정이 되기를 빕니다.

명언(名言)이나 속담을 인용한 스피치는 매우 효과적입니다.
그런데 그 의미를 바르게 이해하고 있지 않으면 엉뚱한 말이 되므로 주의합시다. 이 실례에서는 니체의 말을 인용했는데 그 말은 아주 간단명료하여 효과가 있습니다. 그밖에 결혼식에서 자주 사용되는 말로 「남자는 배, 여자는 항구」라는 말이 있는데 최근에는 이러한 남녀의 역할 분담과 관련된 말은 별로 환영받지 못할지도 모릅니다.

• **신랑 선배의 축하 인사**

오늘 결혼 피로연에 초대해 주서서 고맙습니다.

신랑·신부 및 양가 부모님께 이처럼 좋은 경사스런 날을 맞이하게 된 것을 축하드립니다.

더구나 아까 주례 앞에 서 있는 두 사람을 보았더니 너무나 잘 어울리는 한 쌍이었습니다. 저도 나이가 들고 보니 여기저기 결혼 피로연에 참석할 기회가 많아졌는데 새로운 인생을 출발하는 신랑·신부를 볼 때마다 마음이 흐뭇해집니다. 오늘의 신랑·신부는 더없이 저의 마음을 흡족하게 해주었습니다. 신랑·신부는 물론이고 양가의 어른들도 매우 흡

족하시리라 믿습니다.

오늘의 신랑 중배군은 저의 모교 2년 후배입니다. 그러나 학교에 다닐 때는 잘 몰랐습니다.

제가 중배 군을 알게 된 것은 중배 군이 약대를 졸업하고 ○○제약에 입사한 후였습니다. 우연히도 재작년 제약업계의 신년회에서 만나게 되었습니다.

우리 두 사람이 같은 고교를 졸업한지 10년 가까이 지난 시점에서 선후배 사이라는 것을 알게 되어 여간 반갑지 않았습니다.

하루 일과를 마치고 지친 몸으로 돌아가는 길에 우리는 자주 만나 술잔을 나누었습니다. 중배군은 보잘것없는 까다로운 성격의 이 선배를 친형처럼 따랐습니다.

중배 군의 원만한 인품과 약속한 일이라면 꼭 지킬 줄 아는 신뢰할 수 있는 젊은이라는 것을 저는 보증할 수 있습니다.

부디 여러분의 축복 속에 결혼한 두 분은 건강 제일을 새로운 가정을 건설하는 목표로 삼아 오래오래 행복하게 사시기를 빕니다.

그리고 하루 속히 건강한 아들, 딸을 얻어서 행복과 평화가 넘치는 가정을 이루기 바랍니다.

오늘은 이런 좋은 자리에 참석하게 해주신 것을 기쁘게 생각하며 진심으로 감사하다는 말을 재삼 드립니다.

부디 언제까지고 잉꼬부부로 원만한 새 가정을 이루기를 빕니다. 오늘은 참으로 축복받는 날입니다.

감사합니다.

- **신랑의 회사 선배의 축하 인사**

오늘같이 좋은 날 김씨 가문과 정씨 가문의 혼사에 즈음하여 피로연에 초대받게 된 것을 분에 넘친 영광으로 생각합니다.

신랑·신부 두 사람은 굳은 결의로 오늘을 맞이하게 되어 새로운 생활에 대한 희망에 불타고 있을 줄 압니다.

저는 신랑과 한 직장에서 7년간 함께 일해오고 있는데 신랑의 인품은 성실하고 신뢰할 수 있는 좋은 청년입니다.

우리가 하는 일은 첫째가 신뢰입니다. 고객의 신뢰를 얻지 못하면 일을 할 수 없습니다. 고객의 돈을 맡아서 관리하는 회사여서 신뢰는 당연하겠지만 실은 이것이 쉬운 일이 아닙니다. 자기는 성심성의를 다했다고 생각하고 있어도 그것을 평가하는 것은 고객입니다. 사소한 일이라도 잊는 일이 있으면 지금까지 쌓아올린 신뢰관계는 물거품이 되고 맙니다. 그러므로 한경수 군처럼 입사 7년 동안 고객으로부터 신뢰를 잃지 않았다는 것은 드문 일입니다. 그만큼 신랑의 인품은 훌륭하다고 할 수 있습니다.

그런 의미에서도 신랑 경수 군은 금융업계에서는 다시없는 인재이며 전도가 양양합니다.

한편 신부는 오늘 처음 보았지만 신랑과는 잘 어울리는 분으로 신부를 고르는 신랑의 안목이 높은 데는 감탄하지 않을 수 없습니다.

틀림없는 신랑이기에 신부께서도 안심하고 신랑을 격려해 주시면 고맙겠습니다. 우리가 하는 업무는 보기보다는 엄격하고 퇴근 시간도 불규칙합니다. 주말에는 가족과 함께 식사하기도 어려운 날들이 많습니다. 신부께서는 그런 점도 너그럽게 이해하여 주시고 신랑이 자기가 맡

은 일을 잘할 수 있도록 격려해 주는 가정이 되기를 진심으로 부탁드립니다. 오래오래 행복한 가정을 이루기를 빌면서 두 사람의 결혼을 다시 한 번 축하합니다.

🎙 축하에 앞서서 피로연에 초대하여 준 것에 대한 인사를 하는 것은 정중한 인사가 됩니다.
흔히 스피치의 테마로 어떤 말을 할지 망설이게 될 때는 날씨나 계절 이야기를 하는 것이 좋습니다. 날씨를 테마로 하면 무난한 인사가 됩니다.

🎙 직장의 선배로서는 그 직장의 상황을, 신랑 내지는 신부에게 알려줄 필요가 있을 것입니다. 이것도 스피치의 테마로는 어울리는 인사가 됩니다.

🎙 1분 스피치나 30초 스피치처럼 시간 제한이 있는 경우에는 테마를 압축하지 않으면 안 됩니다. 자기의 체험담을 말하는 것도 좋습니다.

- **신랑 친구의 축하 인사**

오늘은 아주 기쁜 날입니다. 두 분의 새출발을 축하합니다.

신랑 무택 군은 대대로 농업에 종사하는 견실한 가정에서 태어나서 지금도 새로운 농업을 위해서 의욕을 불태우고 있습니다. 확고한 농민정신으로 가슴을 두근거리고 있는 청년입니다.

한편 신부인 은정 양은 교육자의 가정에서 성장하여 흙을 만져본 체험이 전혀 없는 여성입니다.

무택 군으로부터 처음 결혼하게 되었다는 말을 듣고 결혼 상대자가 농업과는 전혀 무관하다고 들었을 때 솔직히 말해서 저는 약간 불안하기까지 했습니다.

그것은 무택 군이나 나나 태어나면서부터 흙 속에 묻혀서 흙을 친구로 자란 자만이 흙의 위대함과 매력을 알 수 있기 때문입니다.

그런 흙의 힘을 알지 못하는 여성이 과연 무택 군과 힘을 합쳐서 새로운 가정을 만들고 흙을 친구로 삼아 살 수 있을지를 생각해 보았던 것입니다.

그러나 불안은 기우였습니다. 약혼 중에 처음으로 은정 양을 소개받았을 때 은정 양은 우리 이상으로 자연의 위대함을 잘 알고 있었습니다.

은정 양처럼 몇 시간이고 문밖에서 자연과 이야기를 나누는 지혜와 인품을 접하게 되자 더 이상의 반려자는 없다고 믿게 되었던 것입니다.

무택 군은 은정 양의 그런 점을 다 꿰뚫고 있었던 것입니다.

최근 농가에서는 신부감이 부족한 것이 현실입니다. 이렇게 말하고 있는 저도 혼기를 놓친 독신입니다. 초조감이 없다면 거짓말이겠지요.

신부감 부족을 해소하기 위해서 지방자치단체에서도 이런저런 안을 세우고 있다고 합니다.

그러나 아직 시원한 해결책은 나오지 않은 것 같습니다. 광활한 농지에서 대자연을 벗 삼아 산다는 달콤한 이미지만 앞서서 도시에서 찾아오는 여성들은 며느리로서는 실격자가 대부분입니다. 그런 환경에서도 무택 군은 용케도 농가의 며느리로 적합한 여성의 하트에 화살을 꽂았습니다.

「어떻게 설득시켰어?」라고 실례되는 저의 질문에 신랑은 이렇게 대답했습니다.

「흙의 따스함과 위대함이야.」

아마도 은정 양은 그 말에서 깊은 감동을 받았던 것 같습니다.

흙의 따스함을 알고 있는 무택 군의 따뜻한 마음씨에 끌리지 않았나 생각됩니다.

선배님들의 축사에도 있었듯이 결혼 생활이란 기나긴 마라톤입니다. 인생의 길이와 똑같은 긴 여정을 땅의 따스함을 이해하지 못하는 파트너와 산다면 거친 파도나 장애도 뛰어넘지 못하지 않을까요.

흙은 대지(大地)입니다. 확실하게 땅에 뿌리를 내리고 살아가는 인생은 틀림없이 행복한 인생이 될 것입니다.

마음씨 착한 무택 군이지만 앞으로도 은정 양을 따뜻하게 감싸주면서 서투른 흙 만지기의 고초를 극복할 수 있도록 리드해 주십시오.

두 사람이 힘을 합쳐서 열심히 노력하는 것이 농업에 생명을 걸고 있는 우리 젊은이들에게 용기를 줄 것입니다.

도시로, 도시로 나가는 농촌 아가씨들에게 그 발길을 멈추게 해 줄지도 모릅니다.

두 분의 멋진 가정과 농업의 발전을 위해 노력해 주기를 진심으로 기원합니다.

축하합니다.

• 제자의 결혼식에 보내는 축하의 말

○○군, ○○양, 축하합니다.

저는 신랑이 대학 4학년 때 같은 연구실에서 함께 일하던 사이입니다.

○○군과는 1년 동안 같이 일했는데 그가 큰 회사에 입사한 후에도 종종 제 연구실로 찾아와 주는 사이로 아주 가까운 사이로 지내고 있습니다.

그가 대학에 다닐 때나 지금이나 학생들은 책상에 앉아서만 공부를 하는 경향이 있습니다. 몸을 움직여서 필드워크를 하거나 스스로 움직여서 하는 일은 싫어합니다

그런데 그는 움직여서 일하기를 좋아합니다.

요령이 너무 없는 것이 아닌가 하고 저는 생각했습니다.

그런데 ○○군은 사회로 나간 후에도 나를 만날 때마다 업무에 대한 얘기를 꺼냅니다.

졸업생 중에는 여러 타입이 있는데 교수들을 만나서 업무에 관한 얘기를 하는 경우는 아주 적습니다.

이런 것으로 미루어 볼 때 ○○군은 자기의 업무에 아주 정열적인 것 같습니다. 그런 점이 무척 믿음직스럽다는 생각을 하였습니다.

그런 정열을 가정에도 쏟아 부어 좋은 가정을 만들기를 바랍니다.

💡 매우 간결하게 신랑의 됨됨이를 소개하고 있습니다.

특별히 칭찬하는 말을 하지도 않았는데도 신랑의 장점, 우수하다는 점을 알기 쉽게 말하고 있습니다. 훌륭한 축사라고 하겠습니다.

미사여구만 나열한 스피치에는 하트가 없다고 합니다. 확실히 지나친 칭찬은 당사자인 신랑·신부만이 아니라 참석자 전원을 식상하게 합니다.

평범하게 일상의 에피소드를 테마로 하면서 사람의 됨됨이를 소개하여 찬사를

받는다면 더없이 멋진 스피치로 됩니다.

그러기 위해서는 여러 가지 에피소드 중에서 하나만 끄집어내어 오버하지 않도록 소개하는 것이 중요합니다. 자기와의 관계를 말하고, 자기가 본 대로, 느낀 대로 솔직하게, 그것도 짧게 말하는 것이 훌륭한 스피치입니다.

🎤 말할 때의 자세 · 태도

아무리 훌륭한 스피치라도 눈만 반짝거리거나 쭈뼛쭈뼛하거나 고개를 숙이고 이야기하면 효과는 반감합니다.

스피치는 우선 자세를 바르게 하는 것부터 시작해야 한다는 것을 명심합시다. 좋은 목소리는 바른 자세에서 나올 수 있기 때문입니다. 허리를 쭉 펴고 어깨에서 힘을 빼면 긴장감도 많이 해소됩니다.

얼굴은 정면을 바라보도록 하고 턱은 안쪽으로 당깁니다. 그리고 시선은 청중을 향하도록 합니다.

축하의 자리인 만큼 밝고 축복하는 기분을 나타내도록 합니다. 또 ① 필요 이상으로 수줍어한다. ② 누가 주인공인지 모를 정도로 잘난 체 한다. ③ 허세를 부린다. ④ 버릇없이 구는 태도는 곤란합니다. 절도 있게 시원시원한 태도로 임합니다.

• 초등학교 때 은사가 보내는 축하의 말

○○군, 그리고 利양, 결혼을 축합니다.

또한 양가 가족들에게도 축하의 인사를 드립니다.

오늘 같이 화창한 날, 신랑의 은사로서 축하의 인사를 드리게 된 것을 영광으로 생각하면서 양가 부모님께 깊은 감사를 드립니다.

우선 느낀 것은 어쩌면 신부가 저렇게 예쁠까 하고 감탄했습니다. 탁상에 꽂아놓은 꽃보다도 청초하고 아름답군요.

OO군, 좋은 반려자를 골랐군요. 이런 예쁜 신부를 옆에 세우고 당당하게 서있는 것을 보니 개구쟁이였던 학교 때 보던 군의 이미지와 겹쳐져서 저는 잠시 당황해지기까지 했습니다.

군은 어렸을 때 장난이 심한 소년이었지요. 성적이 뛰어나서 자기 학급은 물론 학년 전체를 통해서 인기가 최고였습니다.

학급 위원으로 일도 잘했고 지도력이 돋보였습니다. 교무실에서는 선생님들이 모두 「장난만 심하지 않으면 더 바랄 것이 없겠는데」라고 아쉬워했습니다.

여러분께 말씀드리지만 제가 장난꾸러기였다고 하는 것은 요즘 말하는 그런 장난은 아니었습니다.

OO군의 장난은 악의가 있는 장난이 아니라 장난을 치다가 들키면 혀를 삐쭉 내밀면서 죄송하다는 듯 달아나버리는 그런 장난이었습니다. 그러니까 꾸짖거나 할 그런 장난은 아니었습니다.

OO군은 그 무렵부터 정의감이 강하였고 마음씨가 착하다는 것은 급우들을 비롯해서 선생님도 다 알고 있습니다.

들어보니 사회인이 되자 업무 면에서도 소년 시절의 장난을 좋아하던 버릇을 유머라고 할 수 있는 독창적인 쪽으로 살린다더군요.

정의감과 너그러움, 그것을 손상시킴이 없이 잘 성장한 것 같습니다. 제발, 너그러운 마음으로 아름다운 신부를 아껴주면서 오래오래 행복하기 바랍니다.

두 사람이 꼭 손을 잡고 긴 인생 항로를 결코 방황하지 말고 힘차게 걸어가십시오. 오늘 초등학교 시절의 스승이었던 저를 이런 좋은 자리에 초대해주어 고맙습니다.

군의 너그러운 마음씨가 너무 대견해서 마음속으로 눈물을 글썽입니다.

고맙습니다. 영원히 행복하기를….

🎤 **은사의 축하는 신랑·신부의 유년시절, 혹은 청소년 시절의 좋았던 에피소드를 담는 것이 중요합니다.**

참석한 분들도 어떤 말이 나올지 잔뜩 기대하고 있을 겁니다.

이 사례에서는 「장난꾸러기였던 소년」이라는 정답던 얘기를 이용하고 있습니다.

아름다운 신부를 얻은 제자의 모습에 아마도 믿기지 않는 기분에서 소년 시절 신랑의 모습과 현재 신랑의 늠름한 모습을 믹스 시켰던 것 같습니다.

「자네가 이처럼 아름다운 신부를 옆에 세우고 당당하게 서있는 모습을 보면서 지금의 군의 모습에 놀라움을 금치 못한다.」는 부분은 실로 솔직한 감정이 전해지고 있습니다.

이처럼 솔직한 기분을 전할 수 있는 것이 축하의 스피치에서는 매우 중요합니다.

또한 이 예에서는 초등학교 때 은사를 초청했다는 것인데, 어쩌면 사회 관계가 복잡해져서 은사를 초청할 생각은 미처 못 할 수도 있었을 것입니다.

그런 점에서도 교사에 어울리는 격언이나 속담을 넣어서 좀 더 격조 높은 축하를 해주는 것도 좋지 않을까요.

• 신부의 회사 상사의 인사말

단풍이 아름다운 계절에 뜻깊은 결혼식을 올리게 된 것을 진심으로 축하합니다. 신부 한명숙 양은 우리 회사 총무부의 엘리트 사원으로서 일도 열심히 하고, 남성을 뺨칠 정도로 적극적인 사원이었습니다. 결혼으로 퇴직하게 된 것을 우리는 참으로 서운하게 생각하고 있습니다.

오늘 제가 사원을 대표하여 축하 인사를 드리게 되었을 때 직원들은 모두 축하하면서도 한편으로는 섭섭해 한다는 말을 꼭 전해달라고 하였습니다.

그처럼 유능한 사원을 빼앗아간 신랑이 야속하기까지 합니다. 하지만 늠름한 신랑을 보니 안심이 되는군요. 부디 업무를 추진할 때 보였던 성실한 자세로 행복한 가정을 이루기를 빕니다. 이들 부부가 힘을 합하면 반드시 원만하고 모범적인 가정이 되리라 확신합니다. 다시 한 번 축하드리며 신부가 근무했던 회사의 상사로서 직원을 대표해서 기쁜 마음으로 인사를 드립니다.

고맙습니다.

● **신랑의 중학교 친구의 축하 인사**

신랑·신부 두 사람의 결혼을 축하합니다.

김정식 군과 한경희 양, 축하합니다.

이런 뜻 깊은 친구의 결혼에 참석하게 되어 기쁘기 그지없습니다.

두 사람이 주례 앞에 서있는 것을 보니 저로서는 그저 부럽고 또 감개무량할 따름입니다. 저는 여기 서있는 신랑·신부와는 동향이며 신랑과는 같은 직장에서 일하고 있는 절친한 사이입니다.

신랑 김정식 군과는 중학교와 고등학교도 같이 다녔는데 공부를 잘해서 항상 상위권에 들었습니다. 성격이 밝고 매사에 성실했으며, 교내의 운동선수이기도 했습니다.

대학을 졸업하자 우연히 같은 회사에 입사하게 되어 나와 정식군의 우정은 더욱 끈끈해진 것을 실감하였습니다.

정식 군의 혼담이 나왔을 때 고향에 계신 어머님으로부터 그런 소식을 듣고 또 본인한테서도 듣게 되었는데, 상대가 한경희 양이라는 말에 깜짝 놀랐습니다.

왜냐하면 저 역시 고향이 같은 이 미인을 사모하고 있었으므로 정식 군으로부터 그런 말을 들었을 때는 이만저만한 쇼크가 아니었습니다.

경희 양이 고등학교에 다닐 때부터 나의 동경의 대상이었습니다. 우리 고향에서는 대단한 명문의 외동딸로 자랐는데 나만이 아니라 많은 학생들이 뜨거운 눈길을 보내고 있었습니다.

정식 군은 신부 부모님의 마음을 사로잡기 위한 정열과 두 사람 사이에 뜨거운 애정이 있어서 결혼에 골인하게 되었습니다.

무엇보다도 신부의 마음이 정식 군쪽으로 기울어져 있어서 두 사람의 결혼은 쉽게 이루어질 수 있었습니다.

하지만 우리들의 동경의 대상이었던 경희 양을 낚아챈 정식 군이 너무 부러웠습니다.

이렇게 해서 오늘 두 사람의 경사스런 결혼은 성사되었습니다. 저는 오늘 축하의 말을 할 때 분통을 터뜨리고 싶었으나 막상 행복해하는 두 사람 앞에 서고 보니 결국 축하의 박수를 치게 되는군요.

아무쪼록 언제까지고 행복하게 멋진 가정을 이루기 바랍니다.

축하합니다.

신랑 · 신부가 서로 사귀게 된 동기를 잘 알고 있는 친구로서의 스피치는 참석자들에게 일종의 기대감을 갖게 합니다.

어떤 에피소드가 튀어나올지, 혹은 폭탄 발언이 튀어나올까 하는 기대감이 있는 것 같습니다.

그러나 에피소드는 과격한 것이나 이상한 유머 같은 것은 삼가할 필요가 있습니다.

폭탄 발언이라 하더라도 한계가 있습니다. 가령 우여곡절이 있었다거나 장애가 많았다거나 하는 경우라도 너무 시시콜콜하게 설명하는 것은 생각해 볼 문제입니다.

이 예에서 보듯이 「좋은 가문의 외동딸이어서 구습을 극복하고」라는 표현을 통해서 그것을 극복하는 데 고생이 많았다는 것을 알 수 있습니다.

또한 「동경의 대상이었다.」고 솔직하게 자기의 기분을 전하는 것은 친구의 스피치로서는 효과가 있습니다. 그만큼 신부가 멋지다는 것을 알 수 있기 때문입니다.

이 스피치에서 「자기가 차지하지 못해서 아쉽고 부럽다」는 부분도 절친한 친구 사이기에 할 수 있는 말일 것입니다.

부럽다는 기분을 말함으로써 두 사람의 결혼을 더욱 축복하는 것으로 되기 때문입니다.

• 친구 아들의 결혼피로연에서 축하 인사

오늘은 권희록 군과 배선희 양의 결혼식이 있는 날입니다. 바쁘신 중에도 와주셔서 신랑집을 대신해서 고맙다는 말씀을 드립니다. 저는 오늘 이 결혼을 중매한 최재성입니다.

신랑의 아버님 되는 권혁주 씨와는 대학시절 동창으로 지금까지도 가까이 지내고 있습니다. 오늘 체결혼 회관에서 올린 이들의 결혼식은 여

러분들의 축복 속에 잘 마쳤다는 보고를 우선 드립니다.

다음은 예에 따라 신랑·신부를 소개하겠습니다. 신랑 권희록 군은 권혁주 씨와 부인인 현경자 씨의 차남입니다. 1980년 청주시에서 태어났습니다.

희록 군은 OO 대학 경제학부를 졸업하고 현재 삼경전기주식회사에 입사하여 동사의 영업 본부 1과에서 근무하고 있습니다. 희록 군은 중학교와 고등학교 시절에 축구부에서 운동을 하였으며 대학에 다닐 때는 스키에 열중하였다고 합니다. 희록 군은 우수한 영업맨으로서 장래가 촉망되고 있습니다.

한편 신부인 배선희 양은 1983년 배준걸 씨와 강숙희 씨의 차녀로 천안에서 출생하였습니다. 배 양은 고등학교를 졸업한 후 협성대학 영문학과로 진학하여 존슨 앤 존슨 메디컬주식회사에 입사하였습니다. 대학 시절에는 어학 연수차 1년간 미국에서 공부한 경험이 있습니다.

매우 학구파여서 현재도 뛰어난 어학 실력을 업무에 살리고 있다고 합니다. 최근에는 다도(茶道)를 배우는 것과 스키를 타는 것을 좋아하며 휴일에는 요리를 하는 것이 취미인데 유학생활 때 익힌 미국식 가정 요리를 잘 한다고 합니다.

서두에서도 말씀드렸지만 저와 신랑의 아버지는 40년 지기로, 그런 인연으로 해서 2년 전 희록 군의 결혼 상대를 알선해달라는 상담을 받게 되었습니다. 가끔 제 안사람의 친구로 다도(茶道)를 가르치는 분이 있는데, 배양은 그분의 제자 중의 한 사람이었습니다. 우리 집 사람도 몇 번인가 배양을 본 적이 있는데 매우 예의가 바르고 차밍한 인상을 받았다고 합니다.

그래서 두 사람을 만나게 주선해 주었더니 오늘 같은 경사를 보게 되었습니다. 여러분도 잘 아시다시피 이들 두 사람은 확고한 주관을 갖고 있습니다. 시련에 지지 않고 훌륭한 가정을 이루리라 믿습니다.

여러분께서는 앞으로도 이들 두 사람에게 따뜻한 성원을 보내 주시기를 부탁드리면서 인사의 말을 마치겠습니다.

고맙습니다.

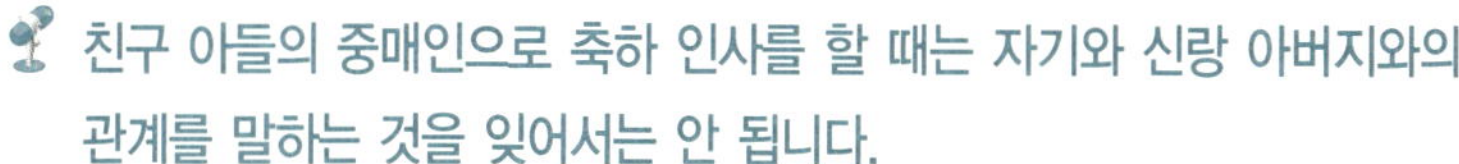

친구 아들의 중매인으로 축하 인사를 할 때는 자기와 신랑 아버지와의 관계를 말하는 것을 잊어서는 안 됩니다.

따라서 신랑이나 신부의 어린 시절에 대해서도 알고 있을 테니까 그런 점에 대해서도 짤막한 에피소드를 삽입합니다.

한편 회사나 관련 업계의 내빈도 참석했을 것이므로 「외람된 말씀입니다만」 하고 한 마디쯤 양해를 구하는 것도 예의입니다.

친구의 부탁으로 한 중매라도 친한 사이니까 너무 딱딱하지 않게 인사를 하고 인사를 부드럽게 하도록 신경을 쓰는 것이 중요합니다.

중매인의 스피치가 잘되느냐 못되느냐에 따라 피로연의 분위기는 달라집니다.

4. 만혼 · 재혼 때의 축하 인사

• 재혼하는 신랑 친구에 대한 축하 인사

방금 소개받은 신랑의 친구 되는 경창호입니다. 피로연에 앞서서 인사드립니다.

우선 신랑 박길성 군과 신부 도경심 양의 혼례는 방금 교회에서 엄숙하게 끝마쳤음을 보고 드립니다. 오늘 참석해 주신 분들께서는 이미 알고 계신 분도 많으실 것으로 믿지만 신랑 길성 군은 6년 전에 부인과 사별했습니다. 그 후 작년에 출가한 장녀와 현재 대학교 1학년에 다니고 있는 아들과 함께 열심히 살아왔습니다. 정말 머리가 숙여질 정도로 모범적인 가장이었습니다.

박길성 군은 올해 나이 마흔여섯 살입니다. K대학을 졸업한 후 N신문사에 입사하여 지금은 문예 부장으로 근무하고 있습니다. 직업상 발이 넓고 인품이 훌륭해서 그가 혼자서 자녀들을 데리고 열심히 살고 있는 것을 안타깝게 생각하는 사람도 많아서 부인의 탈상이 끝나자 재혼을 권유하는 사람들이 많았습니다.

그러나 그는 일체 그것을 사양하고 오직 두 자녀가 철이 들기 전까지는 재혼할 생각이 없었습니다.

그리고 5년 후에 장녀는 행복한 결혼을 했고, 아들은 지망하던 대학에 입학하여 제일의 목적을 착실하게 수행하게 되었던 것입니다.

이것은 바꾸어 말해서 사별한 아내에 대한 도리는 다 치켰다고 볼 수 있습니다.

오늘 신부인 도경심 양은 금년 37세로 열두 살 된 딸이 있습니다. 경심 양도 남편과 사별하는 불행한 일이 있었으나 오늘까지 친정아버지의 회사에서 일하면서 혼자서 딸을 훌륭하게 키우고 있습니다.

이 두 사람은 길성 군의 아들이 작년부터 경심 씨의 딸 가정교사를 하고 있는 것이 인연이 되어 두 사람의 결혼이 성사되게 된 것입니다. 이것이야 말로 기연이라 할지 어쨌든 좋은 인연입니다.

이들 두 사람은 전처나 전남편에 대한 의리는 충분히 지켰다고 봅니다. 오늘부터는 오직 두 사람의 행복만 찾기를 바랍니다.

이 새로운 가족의 출발을 다 같이 축하해 주셨으면 합니다.

• 신랑 · 신부가 만혼(晚婚)인 경우 친구의 축하 인사

저는 대학에 다닐 때부터 신랑과는 친구 사이로 지내고 있는 사람인데 이번에 신랑 현기영 군과 신부 사미혜 양의 중매역을 맡은 사람입니다.

바쁘신 가운데도 이렇게 참석해 주시어 고맙습니다. 방금 부부가 되기로 혼례를 올린 신랑 · 신부와 양가를 대신하여 깊은 감사를 드립니다.

신랑을 소개하면 금년 40세로 T대학을 졸업한 후 S민간 방송회사에 입사하여 현재 이 방송회사의 편성부장이라는 요직을 맡고 있습니다.

저와 신랑이 사귀게 된 것은 어언 20년이 됩니다. 서로 친한 친구 사이로 되었는데 한 가지 마음이 맞지 않는 것이 있습니다. 그것은 그가 독신주의자라는 점입니다.

그러나 한편 생각해보면 그는 일찍 아버님을 여의고 많은 우여곡절을 겪어야 했습니다. 또 대학을 졸업한 후에는 오로지 일 밖에는 몰랐던 사람입니다.

신부인 사미혜 양은 신랑보다 다섯 살 연하로 ○○여자대학을 졸업하고 M신문사에 입사하여 지난 봄 워싱턴 지국 근무를 마치고 귀국하여 본사에서 근무하고 있습니다.

그런데 금년 5월, 업무 관계로 만난 두 사람은 의기투합하여 오늘 결혼식을 올리게 된 것입니다. 인생에는 때가 있는 것 같습니다. 두 사람은 탐이 나는 좋은 짝을 얻게 된 것입니다. 앞으로도 천천히 일과 가정

에 충실해주기 바랍니다.

이 자리에 참석하신 여러분들은 앞으로도 두 사람에게 지도와 격려를 해주실 것으로 믿으며 양가를 대신해서 부탁드립니다.

🎤 신랑 · 신부가 만혼인 경우

신랑 · 신부가 만혼인 경우, 피로연에 참석한 사람들의 연령층도 높은 것이 보통입니다. 스피치의 내용이나 표현은 침착하고 점잖게 하는 것이 좋을 것입니다. 물론 기지에 넘치는 스피치는 어떤 연령층에 대해서도 좋습니다.
지금까지 길러온 전문 분야에서의 경험과 학식은 신랑에게 좋은 품격을 갖게 해줍니다.「이미 훌륭한 인격 형성이 되어 있는 두 사람에게 제가 말씀드릴 것은 아무것도 없겠으나 오직 하고 싶은 말은 오늘 두 사람의 결혼을 축하한다는 한 마디로 족할 것입니다」라고 마무리하면 어떨까요

• 신랑 재혼, 신부 초혼을 축하하는 인사말

저는 중매인이라기보다는 친구의 한 사람으로서 인사 올립니다. 오늘 진춘택 군과 손도심 양의 결혼 피로연에 많이 왕림해 주서서 대단히 감사합니다.

춘택 군과 도심 양은 조금 전 부처님 앞에서 혼인 의식을 마치고 새로운 인생을 함께할 것을 서약했습니다. 신랑과 신부가 결혼에 골인하게 되기까지 여러분의 배려와 협조에 감사드리며 신랑 · 신부를 대신하여 진심으로 감사하다는 말씀을 드립니다.

그리고 신랑 춘택 군으로부터 오늘 참석해주신 분들에게 정직하게 다

말씀드렸으면 좋겠다는 부탁을 받고 다 털어 놓겠습니다. 춘택 군은 올해 40세로 한 번 결혼했으나 이혼하였습니다.

따라서 춘택 군은 어쩌면 신랑이 아니지 않으냐고 할지도 모르겠습니다만 저는 그렇게는 생각하지 않습니다. 오늘 이 자리는 과거를 따지는 자리는 아니라고 믿습니다.

신랑 진춘택 군은 미술 대학을 졸업한 후 초등학교 교사로 있으면서 지금도 조각 공부를 계속하고 있는 성실한 미술학도입니다. 이미 상도 몇 개나 탔으며 미술계에서 인정도 받고 있는 조각가입니다.

자기가 만든 작품을 상품으로 팔고 싶지 않다는 투철한 작가 정신으로 여전히 교사직을 떠나지 않고 교사와 조각가의 일을 하고 있습니다.

즉, 초등학교 교사가 본업이고 조각은 여기(餘技), 또는 정신도야의 작업이라고 할 수 있겠습니다. 저는 이러한 그의 태도가 훌륭한 작가정신이라고 생각하고 있는데 사람마다 기치관의 차이라는 것이 있어서 좀처럼 그런 것을 이해하지 못하는 경우도 있는 것 같습니다.

춘택 군은 다시 결혼은 하지 않겠다고 했지만, 세상은 그런 것을 용납하지 않는 것 같습니다. 전부터 춘택 군의 이런 순수한 생활태도에 감동한 여성이 있었던 것입니다.

여자 미술 대학을 졸업하고 역시 초등학교 교사로 있으면서 유화(油畵)에 정진하고 있던 여성이 바로 오늘의 신부 손도심 양입니다. 손양은 올해 나이 28세로 아직 미혼으로 정직한 춘택 군에게 신이 보내주신 영원한 반려자였습니다.

가치관을 함께하는 두 사람의 전도가 밝고 행복하기를 빌면서 중매인으로서의 인사를 마칩니다.

5. 내빈에 대한 감사의 인사

주최자 측의 감사의 말 – 기본과 포인트

◼ 신랑 · 신부 부모의 감사의 말

피로연이 끝날 때 주최자 측인 신랑 · 신부의 부모나 본인들은 감사의 말을 하게 됩니다.

양가를 대표할 때는 대개 신랑의 부모가 하게 되는데 지금은 신랑 · 신부 쌍방의 부모가 감사의 뜻을 전하는 경우도 많아지고 있습니다.

부친이 없을 때는 모친, 형이나 누님, 큰아버지나 삼촌이 부모 대신 인사를 합니다.

포인트는 다음과 같습니다.

① 서두에 감사의 뜻을 표하는 자기의 입장을 소개한다.

② 참석해 주신 분들에게 감사를 표하고 대접이 미흡함을 사과하는 말을 반드시 한다.

③ 주최자 측의 기쁨과 축사에 대한 감사를 표한다.

④ 신랑 · 신부에 대한 부탁과 다시 한 번 감사의 뜻을 전한다.

◼ 신랑 · 신부의 감사의 말

신랑 · 신부가 하는 감사의 인사는 신랑이 대표해서 하는 것이 일반적이지만 신부도 감사의 뜻을 솔직하게 전하는 것도 좋을 것입니다.

감사의 말에서는 두 사람의 기쁨과 참석자에 대한 감사의 기분, 또한 자기들의 미래에 대한 포부를 말하는 동시에 앞으로도 지도해 주실 것을 부탁합니다.

감사의 말은 문자 그대로 감사의 뜻을 전하는 인사이므로 장황해지지 않도록 간략하게 합니다.

🎙 부모의 감사 인사

참석자들에 대한 감사의 뜻을 전하는 동시에 신랑·신부를 성원해 줄 것을 부탁하는 이 두 가지가 기본이 됩니다.
부모의 입장에서 겸허한 자세로 감사의 뜻을 전하도록 합시다.

• 신랑 아버지의 감사의 인사

바쁘신 데도 불구하고 신랑·신부 양가의 혼사에 참석하시느라 귀중한 시간을 내 주셔서 고맙고 죄송스럽습니다.

저는 신랑의 아버지 되는 OOO입니다.

이 자리에 계신 여러분께서 이 신혼부부를 위해서 따뜻한 격려의 말씀을 많이 해주셔서 신랑·신부는 물론이고 부모로서도 감사할 따름입니다.

신랑인 재수 군은 저의 외동아들이고 신부 미정 양도 OO씨의 외동딸입니다.

앞에서 내빈 여러분의 축사를 통해서도 두 사람의 결혼이 있기까지는 우여곡절이 있었다는 말이 있었는데 그것은 사실이었습니다. 우리 두 집안의 부모들은 수차 생각해 보고 또 서로 만나서 상의하는 가운데 의견의 일치점을 찾게 되어 연(緣)을 맺게 되었습니다.

이런 우여곡절 끝에 맺어진 두 사람이라 오늘 이 연회는 더욱 경사스러운 자리인 것 같습니다.

서로가 사랑하여 맺어진 결혼이라 지금 두 사람은 행복의 절정에 있습니다마는 아직도 미숙하기 짝이 없습니다. 여러분들의 따뜻한 우정과 지도하에 크게 성장하여 훌륭한 가정이 되도록 노력해야 될 것으로 생각됩니다.

앞으로 더욱 지원해 주실 것을 엎드려 기원합니다.

그리고 신랑과 신부는 오늘부터는 힘을 합쳐서 새로운 인생을 출발하는 것이므로 오늘 같은 행복한 날만 있는 것이 아니라는 것을 명심하고 부끄럼 없는 인생을 살아가기를 바랍니다.

오늘은 여러 가지로 고맙습니다.

소찬으로 모셔서 정말 죄송합니다.

● **신랑 아버지의 감사의 인사말**

신랑의 아버지입니다. 오늘은 바쁘신 데도 불구하고 신랑·신부 두 사람의 결혼을 축하해 주기 위해서 참석해 주시어 대단히 감사합니다.

오늘 신랑·신부의 밝은 모습을 보고 신랑의 아버지로서 감격할 뿐입니다.

이렇게 경사스런 식을 올리게 된 것은 여러분들의 도움이 있었기에 가능했다고 믿으므로 신랑·신부는 물론이고 친족 일동은 마음으로부터의 감사를 드립니다.

신랑·신부 두 사람은 여러분들이 해주신 일생을 살아가는 동안 귀감이 될 말씀을 가슴에 새기고 행복하고 원만한 가정을 이룰 것으로 알지만 아직도 철부지인 두 사람입니다.

앞으로도 배전의 성원을 부탁드립니다. 오늘은 여러 가지로 고맙습니다.

🎤 처음 예에서는 외아들과 외동딸의 결혼이 얼마나 어려운가를 솔직하게 말하고 있는 점에 호감이 갑니다.

최근에는 외동딸과 외아들이 결혼을 하는 경우도 많아졌습니다.

이런 경우, 결혼에 이르기까지 본인은 물론이고 양가의 걱정 또한 컸을 것입니다. 특히 외동딸을 시집보내는 신부의 부모에게는 고민이 더 많았을 것으로 여겨집니다. 신랑의 아버지가 감사 인사를 할 때는 신부의 부모의 기분도 감안해서 배려하는 마음을 표시하는 것이 좋을 것입니다.

그렇게 하면 참석자들에게도 따뜻한 마음이 전해질 수 있습니다.

🎤 두 번째 예는 아주 짧게 한 감사의 인사입니다.

군더더기가 없고 주최자측의 감사하는 마음이 잘 전달되는 것이 좋은 스피치이 입니다.

그런 점에서 기쁜 자리에서의 감격을 솔직하게 나타내어 참석자에 대한 예가 전해지는 좋은 스피치입니다.

• 신부 아버지의 감사의 인사말

인사 올리겠습니다.

저는 신부의 아버지 되는 사람입니다. 오늘 신부가 된 제 딸은 우리 부부의 차녀입니다. 우리 부부가 나이가 꽤 들어 늦게 낳아서 너무 응석

을 받아주며 키운 것 같습니다.

그래서인지 버릇이 없는 것 같습니다. 그런데도 불구하고 신랑 댁에서 좋은 규수감이라고 하시며 받아주셨으니 무어라 감사를 표해야 할지 모르겠습니다.

또한 불초한 딸을 받아주신 신랑 부모님을 비롯하여 가족 여러분께 깊은 감사를 드립니다. 특히 시어머니 되시는 분께서는 「착한 따님」이라고 칭찬해 주시어 어떻게 다 감사드려야 할지 모르겠습니다. 그런 말만 믿고 응석이나 부리지 않을지 걱정스럽습니다.

또, 오늘 좋은 인연을 맺도록 애써주신 OOO님께도 깊은 감사를 드립니다.

이렇게 해서 지금 꽃을 피우게 된 젊은 부부인데 앞으로 긴 인생은 수많은 난관이 기다리고 있을지도 모릅니다.

두 사람은 힘껏 손을 맞잡고 열심히 살아갈 것으로 믿습니다. 여러분들의 따뜻한 격려와 지도를 충심으로 부탁드립니다.

또한 오늘은 여러 가지로 신랑 댁의 신세를 지게 되어 미안한 점 한두 가지가 아닙니다. 여러분들의 축복 속에 식을 마치게 된 것을 진심으로 감사드립니다.

• 피로연에서 신랑의 인사말

저희 두 사람의 결혼식에 참석해 주셔서 축하와 아울러 교훈이 될 귀한 말씀을 해주신 것 대단히 감사합니다.

이제부터 우리들은 무릎을 맞대고 기대에 어긋나지 않도록 노력하겠습니다.

또, 아까 여러분께서 해주신 충고의 말씀과 격려의 말씀은 평생을 두고 인생의 좌우명으로 삼을 생각입니다.

앞으로도 계속 지도 편달해 주실 것을 부탁드립니다.

정말 감사합니다.

• 피로연에서 신랑의 인사말

감사하다는 말 외에는 드릴 말씀이 없군요.

저의 아내는 너무나 가슴이 벅차서 감격의 눈물을 흘리고 있어 제가 아내의 몫까지 합쳐서 감사를 드립니다.

저는 굳은 결심을 하고 결혼하기로 결심했으며 새로운 출발을 준비하였는데 오늘 저희들의 미숙함을 새삼스럽게 뼈저리게 느끼게 되었습니다. 여러 선배님들이나 친구들, 그리고 참석하신 여러분께서 저희 두 사람의 인생에 교훈이 될 귀중한 말씀을 해주신 것 깊이 가슴에 새기고 열심히 살아가겠습니다.

감사합니다.

• 피로연에서 신랑의 인사말

이처럼 많은 분들의 축복을 받으면서 새로운 인생을 출발하게 된 저희들은 얼마나 행복한지 아까부터 가슴이 벅찼습니다.

아시다시피 아직 불초한 저희들입니다. 가정을 갖는다는 것은 너무 이르지 않나 하는 생각도 있었으나 부모님의 허락을 얻어 오늘 식을 올리게 되었습니다.

앞으로 여러분이 해주신 교훈의 말씀 가슴깊이 새기고 초심을 잃지

않고 아내와 함께 걸어가겠습니다. 앞으로도 아낌없는 지도를 해주시리라 믿습니다.

정말 감사합니다.

• 피로연에서 신부의 인사말

신부 신인숙입니다. 오늘 이 시각부터는 김복동의 아내로서 둘이서 힘을 합쳐 밝은 가정을 꾸미도록 힘쓰겠습니다.

여러분께서 귀중한 시간을 내어 참석하여 주셔서 대단히 감사합니다. 여러분의 기대에 어긋나지 않도록 부끄럽지 않은 인생을 살아가겠습니다.

앞으로도 더욱 많은 지도를 해주시기 바랍니다. .

• 피로연에서 신랑 · 신부의 인사말

(신랑) 오늘 저희들의 결혼을 축복해 주셔서 감사드립니다.

저는 아내로서의 여성은 성실하고 밝은 여성이라야 한다고 생각하여 그것을 조건으로 아내를 선택했습니다.

다행히도 저의 소원이 이루어져 오늘을 맞이하게 된 것을 기쁘게 생각하고 있습니다. 더구나 여러 어르신들로부터 이처럼 성대한 축복을 받게 되어 그 기쁨은 하늘에라도 올라갈 것 같습니다.

또한 저는 성실한 아내에 대해서 평생 동안 배반하지 않는 성실한 남편으로 인생을 함께할 것을 맹세합니다.

(신부) 저 또한 충실하고 성실한 아내로서 남편과 함께 가정을 꾸며가겠습니다.

오늘 여러분께서 해주신 많은 축사와 격려의 말씀 가슴에 담고 행복한 인생을 둘이서 만들어갈 것을 서약하겠습니다.

(신랑·신부) 앞으로도 많은 지도 편달 부탁드리겠습니다.

오늘은 진심으로 감사합니다.

● **신랑·신부의 짧은 인사말**

(신랑) 안수광입니다.

(신부) 서하늘입니다.

(신랑) 여러분께서 해주신 고마운 말씀 가슴깊이 새기고, 두 사람이 힘을 합쳐 훌륭한 가정을 만들겠습니다.

(신부) 너무 미숙한 저희들이지만 최선을 다하여 열심히 살아가겠습니다.

(신랑) 앞으로도 변함없는 지도를 부탁드립니다.

(신랑·신부) 바쁘신 데도 불구하고 참석해주시어 고맙습니다. 충심으로 감사를 드립니다.

● **신랑·신부의 짧은 인사말**

(신랑) 오늘은 분에 넘치는 축복을 해주서서 고맙습니다.

저희들은 둘이서 조용히 새로운 생활을 시작하려고 생각했는데 이처럼 많이 오셔서 고마운 격려의 말씀까지 해주시니 가쁘고 감사할 뿐입니다.

(신랑·신부) 앞으로도 오래오래 지도해 주시기를 부탁드리겠습니다.

(신부) 저희들이 신혼을 꾸밀 집은 협소하고 누추하지만 자주 찾아주

시면 고맙겠습니다.

• 만혼(晩婚)한 신랑의 인사말

오늘같이 화창한 일요일, 여러 가지 대소사도 많으실 텐데 저희들 결혼을 축하해주시려고 참석해 주신 것 그저 감사하다는 말 밖에는 드릴 말씀이 없습니다.

여러분이 참석해주신 덕분에 조금 전 무사히 식을 마치고 부부가 되었습니다. 식장에서 해주신 축하와 격려의 말씀과 같이 저희들은 나이만 많았지 원숙하지 못합니다. 여러분들의 지도에 힘입어 새로운 출발을 하겠습니다.

독신 생활이 길었지만 아직도 철부지 소년과 같습니다. 지금보다도 더 많은 충고를 바라면서 인사를 대신합니다. 소찬이지만 많이 드시기 바랍니다.

고맙습니다.

• 만혼(晩婚)한 신랑 · 신부의 인사말

(신랑) 오늘 부부가 된 손충인과 오연희입니다.

여러분들로부터 따뜻한 축복을 받게 된 것을 무한한 영광으로 생각하면서 이 나이에도 설레는 마음을 금할 수 없습니다.

우리 두 사람은 늦게나마 평생의 반려자로서 착실하게 인생을 살아갈 각오를 하고 있습니다.

여러 선배님들의 변함없는 지도편달을 부탁드립니다.

저희들의 결혼을 축복해 주시려고 매사를 제쳐놓고 오셨는데 대접이 변변치 못하여 죄송하기 짝이 없습니다.

오늘 여러분께서 베풀어주신 호의에 감사합니다.

(신부) 손충일의 아내가 된 오연희입니다. 여러분들이 해주신 귀한 격려의 말씀에 어긋나지 않도록 알뜰한 가정을 만들겠습니다.

대단히 감사합니다.

만혼식의 피로연에서는 조금 엄숙한 분위기가 되기 쉬운데 만혼이라고 해서 주눅이 들 필요는 없습니다. 연령에 관계없이 결혼은 다 행복하고 즐거워야 합니다

하지만 위의 두 사례에서도 볼 수 있듯이 원숙하고 성인을 대상으로 한 인사가 신랑·신부에게는 요구되고 있습니다.

양친이 돌아가셨거나 고령이거나 해서 인사를 하지 못할 때도 있습니다. 그럴 때는 사회인으로서 훌륭한 성인이 되어 있는 신랑·신부가 대신 해도 좋습니다. 참석자들에게는 변변치 못한 대접을 한 것을 죄송스럽게 생각하고 있다는 말을 꼭 하도록 합니다. 신부도 인사를 하는 것이 좋습니다.

• 재혼(再婚)한 신랑의 인사말

신랑 유학철입니다.

바쁘신 중에서도 저희들의 결혼을 축하해 주시려고 왕림해 주신 후의에 감사를 드립니다.

그리고 여러분께서 해 주신 축하의 말씀 감사합니다. 아내와 함께 고맙다는 인사를 드립니다.

저희들은 늦게야 인연이 되어 오늘 여러분 앞에 새로운 부부로 되어 서게 되었습니다. 이것은 오로지 오늘이 있기까지 여러분들의 적극적인 지원이 있었기에 가능했습니다.

오늘부터는 저희가 각자 짊어지고 있던 무거운 짐을 내려놓고 새로운 기분으로 힘을 합쳐 열심히 살아가겠습니다.

앞으로도 배전의 후의와 지도를 부탁드리겠습니다.

많이 참석해 주셔서 생각지도 못했던 성대한 자리가 된 것을 감사하게 생각하며 심심한 사의를 표합니다.

간단하나마 인사의 말로 대신하겠습니다.

고맙습니다.

• 재혼(再婚)한 신랑 · 신부의 인사말

(신랑) 오늘 바쁘신 데도 불구하고 원로에 참석해 주신 것 감사합니다.

오늘 저희들의 결혼식을 성대하게 치룰 수 있었던 것은 다 여러분의 덕택입니다. 진심으로 감사합니다.

저와 아내인 연보라는 사정이 있어 먼 길을 돌아서 만나게 되었으나 오늘 여러분을 모시고 제2의 인생에 첫발을 내딛게 되었습니다.

여러분들이 해주신 격려와 축하의 말씀은 우리 두 사람을 감동케 하였습니다. 여러분들의 따뜻한 격려에 힘입어 「오늘 재혼을 하기를 참 잘했다」는 생각에 마음이 뿌듯합니다.

이번에야 말로 확고한 가정을 꾸미는 것이 여러분들의 격려에 보답하는 길이라고 몇 번이나 다짐해 봅니다. 대단히 감사합니다.

(신부) 제 이름은 연보라입니다. 오늘 여러분께 인사를 드리게 된 것을

기쁘다는 말로 대신하겠습니다. 윤두만의 아내로서, 그리고 좋은 만년
의 반려자로서 최선을 다할 생각입니다. 오늘만이 아니라 오래오래 지
켜봐 주셨으면 합니다.

　대단히 감사합니다.

💡 **재혼의 피로연에서는 쓰지 말아야 할 말이 있습니다.**

과거에 대한 스피치는 삼가는 것이 당연합니다. 지나치게 타인의 프라이베트한
에피소드도 담지 말아야 합니다.

하지만 겉치레의 말로는 축하의 참뜻을 담을 수 없습니다.

「새로운 결의를 하고」라는 표현은 재혼인 만큼 의미 깊은 표현입니다.

6. 맞선 자리에서의 인사말

• 맞선자리에서 중매인의 인사말

　오늘은 날씨마저 좋은 것 같습니다. 특히 양가를 한자리에 모신 중책
을 맡게 된 저는 오늘 만남이 뜻 있는 계기로 이어지기를 충심으로 바라
고 있습니다.

　이쪽은 천동화씨 내외분과 맏따님 경순양이고, 맞은쪽 좌식에 잊아계
신 분은 기상천 씨 내외분과 장남 덕화 군입니다.

　기상천 님께서는 S상사에 재직하고 계신데 현재 총무부 차장이라는
요직을 맡고 있습니다.

부인께서는 가사를 하시면서 내조자로서 1남 2녀를 훌륭하게 기르셨습니다. 지금 소개하는 장남 덕화군 외에 이미 출가한 장녀와 현재 회사에 근무하고 있는 여동생이 있습니다.

선생의 가정은 명랑한 가운데 문화적 향기가 물씬거리며 부인은 취미로 유화를, 두 따님은 모두 피아노를 취미로 하고 있다고 합니다.

그밖에 교육이나 가정교육이 엄격하여 확고한 사고방식을 가지고 건전하고 늠름한 청년으로 성장하게 되었습니다.

덕화군은 H대학 경제학부를 졸업하고 현재 G은행에 근무하고 있는데 입사한지 5년째로 장래가 촉망받는 청년으로 평가받고 있습니다.

덕화군의 취미는 골프, 스키, 수영은 프로급 실력이며, 이밖에 운동신경이 뛰어난 스포츠맨입니다.

그밖에 레코드 감상도 좋아합니다.

한편 경순 양의 아버님인 천동화 씨와 저는 고등학교 동창생입니다. 제과회사의 연구소에 근무하고 있어서 제가 일하고 있는 식품 업계와는 적지 않은 거래를 하고 있습니다.

서로가 결혼하기 전부터 알고 지내는 사이였으므로 경순 양이 출생했다는 것도 들어서 알고 있었으며 경순 양이 갓난아기 때부터 알고 있습니다.

경순 양의 어머니는 천동화 씨와 고향이 같습니다. 소꿉친구로 지내면서 서로 좋아서 연애를 했다는 것도 들어서 알고 있습니다.

이 가정에는 매우 온화하고 상냥한 두 따님이 있는데 경순 양은 장녀로 태어나서 부모님의 사랑을 듬뿍 받으면서 자라났습니다.

체여자대학을 졸업하고 P제약회사에서 근무하고 있는데 현재 입사 3

년째라고 합니다.

직장생활을 하면서 요리나 꽃꽂이 같은 신부 수업은 물론이고 영어 회화, 음악, 스키, 테니스 등 폭넓은 취미 생활을 하고 있습니다.

보시다시피 매우 정숙한 아가씨인데 세 살 아래인 여동생을 잘 돌봐 준다고 합니다. 이상으로 간단하게 양가 부모님과 두 사람을 소개해 드렸습니다. 오늘의 만남이 인연으로 맺어진다면 중매인으로서는 다시없는 기쁨이겠습니다.

양가의 사정을 듣고서 무언가 잘 어울리겠다는 감이 있어 오늘 소개하게 된 것입니다.

그러면 충분히 얘기를 나누시기를 바랍니다.

• 맞선 자리에서 중매인의 인사말

바쁘신 데도 불구하고 시간을 내주셔서 감사합니다. 저는 김한조 군과 같은 회사에 근무하는 ○○○ 입니다. 김 군이 입사할 때는 김 군의 직속상사로 있었습니다. 현재는 부서가 달라졌으나 가끔 만나서 환담을 나누는 사이입니다.

귀댁의 따님에 대해서는 가끔 들은 적이 있었는데 오늘은 그 얘기를 결혼으로 이어가려는 의지가 있어서 아가씨의 부모님도 모시도록 해주었으면 좋겠다는 김 군의 부탁을 받게 되었던 것입니다.

아가씨의 부모님도 참석한 자리이므로 저는 김 군의 부모 대신, 형 같은 입장에서 나오게 된 것입니다.

김 군의 아버님은 김 군이 대학에 다닐 때 갑작스런 사고로 돌아가셨습니다. 김군의 아버님은 C대학에서 법학을 전공했는데 저와는 대학 동

기입니다. 말하자면 서로 청춘을 고민하고 구가하던 사이입니다. 그런 인연으로 해서 김 군이 대학을 졸업하고 입사할 때 김 군의 어머니로부터 부탁을 받고 보증인이 되어주었고 해서 업무 면에서만이 아니라 여러 가지로 힘이 되어주려고 노력하고 있습니다.

댁의 따님과는 이럭저럭 3년쯤 교제하고 있다는 김 군의 말을 들어 알고 있습니다. 김 군은 홀로 되신 어머니의 외아들입니다. 그런데 댁에서는 두 따님이 있다는 말을 듣고 알게 되었습니다. 그러나 결혼해야겠다고 뜻은 갖고 있었지만 여러 가지로 고민하고 있는 것 같습니다.

저는 고민하고 있는 두 사람에게 두 사람이 성의만 있다면 반드시 길은 열리게 될 것이라고 격려해 주고 있습니다.

아까부터 식사를 하면서 분위기가 온화한 것을 보면 양가 어른들의 따뜻한 배려로 무사하게 해결된 것으로 보고 진심으로 축하드립니다.

아마도 이런 화기애애한 분위기에서 식사하고 계시는 것을 보고 가장 기뻐할 사람들은 이 젊은 두 사람일 것입니다. 이것은 두 사람으로서도 부모님에 대한 두터운 감사의 기분이 되어 가슴 깊이 간직할 것으로 믿습니다.

두 사람을 따뜻하게 이해하여 주시는 양가 부모님의 배려를 평생 잊지 말고 노후에도 잘 모시도록 해야 하겠습니다. 외람된 말씀이지만 지금까지 두 사람의 마음을 알게 된 자로서 한 마디만 더 첨가하겠습니다.

오늘은 맞선이라 하지만 이것은 오히려 형식일 뿐입니다.

두 사람에게는 이제 새삼스럽게 중매인으로서는 할 얘기가 없습니다.

아무쪼록 고민 끝에 얻은 존귀한 행복을 소중하게 잘 가꾸어 새로운 가정을 이루도록 매진하기를 바랍니다.

오늘은 정말 고맙습니다.

• 맞선 자리에서 부모의 인사말

처음 뵙겠습니다. ○ ○ ○ 입니다. 조구연 선생이 소개하신 대로 저희들과 조 선생과는 친하게 지내는 사이입니다.

이번 일은 제 딸을 친딸처럼 귀여워해 주시는 조 선생의 배려로 만나 뵙게 된 것입니다. 정말 고맙고 진심으로 감사하고 있습니다.

이번에 조 선생이 귀댁 아드님과 저의 여식의 인연을 맺어주자는 얘기를 들었을 때 신뢰할 수 있는 조 선생의 말이라서 우선 안심이 되었습니다. 그 후 사진도 보았고 또 자세하게 경력이나 신상에 대해서도 기탄없이 솔직하게 말해 주셔서 이 인연이 잘 맺어졌으면 하고 기대하고 있었습니다. 조 선생님의 얘기는 물론이고 두 분을 만나 뵙고 보니 따뜻하고 밝은 가정임을 짐작할 수 있게 되어 제 딸이 얼마나 행복할까 하고 느끼고 있습니다.

보시다시피 제 딸은 덜렁대는 요새 아이라 잘 자라준 것만이 유일한 부모의 위안이었습니다. 이런 불초한 딸이 귀댁의 가풍에 과연 잘 화합할 수 있을지 걱정이 되지만 솔직한 아이이니 잘 따를 수 있지 않을까 하는 생각도 듭니다.

부족한 점이 많은 여식이지만 훌륭하신 두 분께서 친딸처럼 지도해 주신다면 안심이 되겠습니다.

오늘의 만남이 잘 결실을 거두기를 저희 부부는 진심으로 바라고 있습니다.

다시 한 번 잘 부탁드립니다.

• 맞선 자리에서 부모의 인사말

처음 뵙게 된 고경택입니다. 오늘 중매 역을 맡아주신 신재철 씨에게는 깊은 감사를 드립니다.

소개받은 혜수 양에 대해서는 신 선생으로부터 자세히 들어서 잘 알고 있습니다. 들은 것보다도 더 명랑하고 아름다운 모습을 직접 보고 이런 따님으로 길러주신 부모님의 배려나 인품은 짐작하고도 남음이 있겠습니다.

그런데 우리 집은 아들 형제뿐이라서 그런지 자식이 무뚝뚝하고 수줍음이 많습니다.

다만 건강하다는 것 빼고는 자랑할 만한 것이 없습니다. 귀댁 따님과 인연이 닿는다면 그런 무뚝뚝함도 얼마쯤 나아지겠지요.

그렇게만 된다면 얼마나 좋겠습니까? 잘 부탁합니다.

맞선에 앞서서 부모는 중매인에게 우선 사진을 건넵니다. 그때 약력도 첨부해서 의뢰하는 것이 보통입니다. 또 그때 상대방에 대해서 알고 싶은 것이 있으면 중매인에게 말합니다.

본인이 직접 상사나, 친척 선배, 은사, 지인 등에게 의뢰할 때도 마찬가지입니다.

맞선을 보기 전에 사진과 약력을 보고 만나보고 싶은 생각이 들 때는 중매인에게 자기가 적당하다고 생각하는 날을 알려줍니다.

그럴 때는 장소나 일시만이 아니라, 참석하는 사람에 대하여 조건이 있으면 말해둘 필요가 있습니다.

그런 희망사항을 전하지도 않고 요령부득의 맞선이 되면 잘될 일도 잘되지 않습니다.

• **맞선 자리에서 본인의 인사말**

죄송합니다. 처음 경험하는 자리라서 무척 당황스럽습니다. 예의 바른 인사를 할 수 없을지도 모르겠습니다.

저는 전택환 씨와는 같은 회사에 다니고 있어서 공사 간에 여러 가지로 신세를 많이 지고 있습니다. 진경 씨에 대해서는 전선생으로부터 얘기를 들었습니다.

매우 멋진 분이라고 항상 칭찬이 자자했습니다. 이렇게 만날 수 있는 자리를 주선해 주셔서 감사하고, 솔직히 말해서 듣던 것보다 더 멋진 분이군요.

저로서는 너무 과분하다고 느껴집니다.

진경 씨는 스포츠맨이라고 했는데 저도 스포츠를 좋아하기는 하지만 잘 하지는 못합니다. 그라운드에서 볼을 차거나 공을 던지거나 대충은 할 수 있습니다.

그래도 테니스는 상당히 잘 치는 셈입니다. 한 번 같이 쳐보시지 않겠습니까? 좋으시다면 연락 주시지요.

두서없는 인사가 되어버렸는데 양해하여 주십시오.

오늘은 정말 고마웠습니다.

• **맞선 자리에서 본인의 인사말**

오늘 ○○ 씨의 주선으로 이런 자리에 나와 주셔서 감사합니다.

회사에서는 항상 남성들과 접하고 있지만 그럴 때는 부끄럽거나 하지 않았는데 오늘은 가슴이 두방망이질을 하네요. 무척 흥분하고 있습니다.

저에 대해서는 ○○ 씨로부터 들어서 알고 계실 테니 저에 대한 소개
는 생략하겠습니다. 너무 당황해서 무슨 말을 해야 좋을지 모르겠군요.
인사말은 이 정도로 양해해 주세요.

잘 부탁합니다.

본인의 인사는 상대방에게 자기를 알릴 때 매우 중요합니다. 너무 거드
름을 피워도 경박해 보이고, 너무 무뚝뚝하게 말이 없어도 분위기를 깨
뜨리기 쉽습니다.

맞선 장소에는 약속한 시간에 도착하는 것이 중요합니다. 어떤 사정이
있더라도, 별로 마음이 내키지 않는 맞선이라도 일단 약속한 이상 정각
에 나가도록 해야 합니다. 가부의 답을 하는 것은 맞선을 보고 나서 하
기로 합니다.

처음부터 지각을 하게 되면 낙제점을 받기 쉬우며, 또 맞선 결과 인연이 되었으
면 좋겠다고 생각했더라도 지각한 것만으로도 실격입니다.

한편 인사를 할 때 가령 마음에 들지 않더라도 일단은 상대방에게 좋은 인상을
주는 것이 중요합니다.

그때는 별로 마음이 내키지 않았더라도 두세번 만나다 보면 호감을 갖게 되어
결실을 맺을 수도 있으며, 또 일단 단념했지만 다시 찬스가 올 때도 종종 있으
니까요.

그리고 중매인에 대해서도 좋은 인상을 주면 다시 좋은 자리를 소개받을 수 있
습니다.

여성인 경우 인사는 짧게 하는 것이 좋은 인상을 주게 됩니다.

7. 결혼기념일 · 장수 축하회에서의 스피치

■ 결혼기념식 때 스피치의 포인트

은혼식, 금혼식 같은 결혼기념식은 가까운 사람들만 모이는 경우가 많습니다. 이럴 때 내빈은 기본적으로 유머를 섞은 밝은 스피치를 하도록 합니다. 부부에 대한 축하이므로 화기애애한 에피소드가 있으면 스피치에 담도록 합니다.

또한 부인에게 스포트를 맞추는 것도 잊지 말도록 하고 내조의 공은 마음껏 칭찬해 주어야 합니다.

끝으로 부부의 건강과 함께 금혼식인 경우에는 더욱 장수를 바라는 내용이 되어도 좋습니다.

본인들의 인사는 참석해준 사람들에 대한 감사의 말이 주가 되겠는데 지금까지의 결혼생활을 되돌아보면서 하는 이야기를 꼭 넣도록 합시다.

그러나 고생한 이야기도 필요하지만 자기들만이 고생한 것 같은 한탄조로 되지 않도록 하는 것이 좋습니다.

끝으로 오늘까지 무사히 살아온 것은 여러분의 도움이 있었기에 가능했다고 다시 한 번 감사의 뜻을 전합니다.

■ 장수 축하회 때 스피치의 포인트

젊은 사람들을 대상으로 한 스피치가 아니므로 우선 간단 명료하게 하는 것이 좋습니다. 말을 빙빙 돌려서 하지 말고 알기 쉬운 내용으로 하는 것이 중요합니다.

또한 손윗사람에 대해서 말할 때는 특히 조심해서 품위 있는 축사로 합니다.

축사를 하는 목적은 장수를 축하하고 또한 장수를 바라는 것인데, 지금까지 걸어온 업적을 칭송해 주는 것도 중요합니다. 특히 회갑에서는 아직 현역으로 일을 하고 있는 분도 많을 것이므로 무리하지 않은 격려의 말을 첨가하는 정도로 하는 것이 좋을 것입니다.

결혼 기념일의 풍습

「결혼 기념일」에 관한 풍습은 유럽에서 들어온 것입니다. 결혼 첫해의 「지혼식(紙婚式)」부터 60년째, 또는 75년째의 다이아몬드혼식까지 몇 개의 기념일이 있습니다.

흔히 알려진 「은혼식」은 결혼 25주년째, 「금혼식」은 50주년째의 기념일입니다.

• 금혼식 때 본인의 인사말

우리 부부의 금혼식을 위해서 오늘 저녁 이처럼 성대한 축하연을 베풀어 주시어 뭐라고 감사의 말씀을 드려야 할지 모르겠습니다.

오늘이 금혼식이라고 해도 여러분들로부터 축하를 받을 자격이 있는지 모르겠습니다. 우리 부부는 오늘까지 부끄럽지 않게 살아왔다는 것 외에는 아무것도 한 것이 없습니다.

여러분들로부터 축하의 인사를 들을 때마다 저와 제 아내는 쥐구멍에라도 들어가고 싶습니다.

결혼생활 50년을 되돌아보면 우여곡절도 많았습니다. 가장 힘들었던 것은 6·25 전쟁 때였고, 그 다음은 전화로 폐허가 되어 물자가 귀했을 때였습니다.

지금 생각해 보아도 그런 어려운 시기를 용케도 살아왔구나 여겨집니다. 그러나 우리 부부로서는 그 어느 때보다 충실하게 살았던 시기가 아니었나 생각됩니다.

우리가 부부라는 것을 실감할 수 있었던 것은 함께 고생하거나 함께 즐거움을 나눌 때였습니다. 우리는 죽을 고비도 많이 넘겼습니다. 부부의 끈끈한 유대는 그럴 때 만들어지는 것이 아닐까 합니다.

그 후에도 풍파는 있었으나 그럴 때 두 사람은 「전쟁 때 비하면 지금 고생은 고생도 아니다」, 「젊어 고생은 돈 주고 사서도 한다더라.」라고 하는 말로 마음의 위로를 받았습니다.

이제 우리 두 사람은 젊지 않습니다. 지금까지 어려움을 이겨낼 수 있었던 것은 전적으로 여러분 덕분입니다. 정말 고맙게 생각하고 있습니다.

앞으로도 사회에 누가 되지 않도록, 그리고 사회에 도움이 되는 일을 할 수 있도록 노력하면서 살아가겠습니다.

간단하나마 감사의 인사로 대신하겠습니다.

🍷 장수축하일(長壽祝賀日)

회갑(還甲) 60세 · 고희(古稀) 70세 · 희수(喜壽) 77세 · 산수(傘壽) 80세
미수(米壽) 88세 · 졸수(卒壽) 90세 · 백수(白壽) 99세

• 금혼식 때 본인의 인사말

우리 부부의 금혼식을 위해서 이런 모임을 베풀어주어 고맙습니다. 50년이라면 길다면 긴 반세기의 세월입니다. 짧은 것도 같고 긴 것도 같습니다.

신혼 초에 저는 가슴을 앓았었는데 이처럼 우리 부부가 오래 살아 이런 기쁜 모임이 있게 될 줄은 생각지도 못했던 일입니다.

참으로 인생이란 알 수 없는 것입니다.

평소에는 아내에 대하여 감사하는 마음은 있었으나 말로 표현하는 것이 쑥스러워 하지 못했습니다. 오늘 처음으로 고맙다는 인사를 하렵니다. 이 자리를 빌려서 50년간 마음에 담고만 있던 「여보 고맙소.」라고 하겠습니다.

오늘 이렇게 친족만 모여서 조촐하게 축하해 준 것 기쁘기 그지없습니다.

앞으로도 이 노부부를 위로해 주고 격려해 주기 바랍니다.

오늘은 정말 고맙습니다.

• 금혼식 때 딸의 축하 인사

아버님, 어머님, 금혼식을 축하드립니다.

전쟁의 비참했던 시기를 잘 견뎌내시고 이렇게 무사하게 결혼 50주년을 맞이하게 되신 것은 행복한 일이라고 생각합니다.

제가 어렸을 때,

「20년이나 30년을 함께 살고도 질리지 않으세요?」

하고 철없는 질문을 한 적도 있었는데 두 분이 아직도 건강하시어 금혼식을 맞이하게 되셨네요. 저는 감동했습니다. 저는 부모님이 부럽기까지 합니다.

부부가 다 같이 해로하지 못한 분들에 비해서 저의 부모님은 얼마나 행복한가라는 생각을 하고 있습니다.

앞으로도 두 분의 행복을 소중히 하시면서 오래오래 사세요.

자식들이 부모 곁을 떠나고 나면 부부싸움을 자주 한다고 하는데 그것도 레크리에이션이 될 테니 많이 싸우시는 것도 건강에 좋을 것 같습니다.

• 금혼식 때 조카의 축하 인사

숙부님, 그리고 숙모님, 두 분의 금혼식을 축하드립니다. 두 분에게는 긴 세월이었습니다. 두 분께서 건강한 몸으로 50번째 결혼기념일을 맞이하셨으니 대단하십니다. 정말 기쁘기 그지없습니다. 성실하고 건강한 몸으로 지금도 열심히 활동하고 계시는 숙부님과 숙부님을 내조해 주시는 숙모님은 우리들의 이상적인 부부이십니다. 앞으로도 하루하루를 충실하고 즐겁게 사세요. 뭐니 뭐니 해도 그것이 우선이라고 생각합니다.

저는 아버지 어머니가 세상을 떠난 지금, 숙부님과 숙모님을 친부모처럼 생각하고 있습니다. 하루라도 더 오래 사시어 60주년, 70주년 결혼기념일을 저희가 축하드릴 수 있다면 더 바랄 것이 없겠습니다.

오늘같이 좋은 날 거듭 축하드립니다.

• 금혼식 때 내빈의 축하 인사

경사스런 금혼식 축하연에 초대해 주셔서 감사합니다.

　방금 사회자로부터 내빈 축사를 해달라는 부탁을 받고 무척 긴장했습니다. 왜냐하면 오늘 금혼식을 맞이하신 신성원 선생님 내외분께는 많은 신세를 져왔기 때문입니다.

　저의 아내는 신 선생님 내외분께 여러 가지 상담을 하고 있습니다. 자녀 교육이나 예의범절, 혹은 남편 조정법 같은 묻지 않아도 될 것까지 묻고 있는 것 같습니다.

　그럴 때 신 선생님 부부께서는 아주 자세하게 가르쳐 주서서 현재 우리 집이 원만한 가정으로 되었다고 생각합니다.

　이 기회에 다시 한 번 감사하다는 말씀을 드립니다.

　이와 같이 신 선생님 부부는 우리에게, 아니 이웃 사람들에게도 부부의 모범을 보여주고 계십니다.

　듣기로는 벌써 손자 손녀가 슬하에 여덟이나 있으며 증손도 곧 태어날 예정이라고 합니다. 자택 거실에서 손자 손녀들과 즐겁게 노시는 것은 한 폭의 그림 같아 사람의 마음을 편안하게 해주십니다.

　앞으로도 건강하게 사시기 바랍니다.

　두 분의 장수를 진심으로 축하합니다.

🎙 대선배에 대한 예의

내빈으로 초대되었다 하더라도 금혼식이나 장수를 축하하는 모임에서의 주역은 대개 자기보다 대선배일 경우가 많습니다.

따라서 예의 바르게 말해야 함은 물론이고 연장자에 대한 존경하는 마음이 느껴질 수 있는 내용의 축사를 해야 되겠습니다.

- 은혼식 때 본인의 인사말

여러분, 오늘 우리 부부의 은혼식에 바쁜 중에도 참석해 주시어 깊은 감사를 드립니다.

세월은 빨라서 우리 부부가 결혼한지도 어언 25년이 흘렀습니다.

우리가 결혼을 했을 때는 컬러텔레비전이나 에어컨 같은 것도 귀했고 자가용은 부자나 갖고 있을 정도였습니다. 유감스럽게도 우리는 결혼 초에 아무 것도 갖추어 놓지 못했습니다.

또, 그 당시에는 집이 있고, 자가용이 있고, 시어머니가 없는 것이 최고라고들 했습니다. 이것은 결혼하는 여성의 필수품이었습니다. 집이 있고, 승용차가 있고, 시어머니가 없는 것이 결혼 조건이라는 것입니다. 왜 이런 것을 지금까지 기억하고 있는가 하면 저의 경우는 그런 조건에 맞는 것이 하나도 없었기 때문입니다.

저에게는 모셔야 할 어머니가 계셨습니다. 그러나 집은 있었습니다. 물론 승용차는 없었습니다. 이런 신랑한테 시집을 왔으나 아내는 잘 이해하여 주었습니다.

다행인 것은 저나 아내나 몸만은 건강했습니다. 별로 병으로 앓거나 한 적이 없었고 2인3각으로 오늘날까지 살아오고 있습니다. 도중에 자식 셋이 태어나서 이번에는 2인3각이 아니라 100개의 발로 경쟁하는 상태로 달려왔습니다. 아이들은 튼튼하게 자라주었습니다.

또 부지런히 일을 한 결과 교외에 작은 집도 장만하였고 승용차도 사게 되었습니다. 지금부터 10년 전에는 에어컨과 컬러텔레비전도 다 장만할 수 있었습니다.

하지만 살림살이가 풍족해져도 중요한 것은 가족의 건강이라고 생각

하게 되었습니다. 온 가족이 모두 건강하다는 것은 가장 큰 행복이 아닐까요.

지난 25년 동안 괴롭고 힘든 일도 많았으나 여러분의 협조와 도움으로 헤쳐나갈 수 있었습니다. 정말 감사합니다. 여러분께 지난 25년간을 감사하는 뜻으로 이 자리를 마련하게 된 것입니다.

앞으로도 지도와 편달을 부탁드리겠습니다.

오늘은 대단히 감사했습니다.

• 은혼식 때 본인의 인사말

바쁘신 중에도 저희 부부의 은혼식에 오셔서 축하해 주신 것 대단히 고맙고 기쁩니다.

돌이켜보면 산전수전 다 겪으며 살아온 25년이었습니다. 그러다 보니 아내에게 너무 고생을 시키지 않았나 생각됩니다. 여러분의 축하를 받으면서 많이 반성하고 있습니다.

앞으로 더욱 마음을 가다듬어 업무에 충실하고 나아가 가정 일에도 신경을 써 아내가 하는 일을 도와주려고 합니다.

전이나 다름없이 도와주시기를 부탁드립니다.

오늘 우리 부부의 은혼식을 축하해주신 것 다시 한 번 진심으로 감사합니다.

• 은혼식 때 내빈의 축하 인사

허기만 님 부부의 은혼식에 초대해 주셔서 축하 말씀을 드리게 된 것은 본인으로서는 다시없는 영광입니다.

우선 오늘의 은혼식을 축하합니다.

결혼 25주년이라고 하면 4반세기나 되는 기나긴 세월입니다. 허 선생님 부부가 지금까지 화목하게 25년을 살아왔다고 하는 것은 이들 부부의 두터운 애정의 결과라고 생각하며 무척 부럽다는 생각을 했습니다.

허 선생님 부부와는 20년 전부터 친하게 지내고 있습니다. 두 분은 모두 쾌활하고 어두운 그림자는 찾아볼 수가 없는 분들입니다. 괴로운 일이 있어도 둘이서 힘을 합쳐 해결하려고 하는 태도로 시종일관하시어 언제나 매사를 전향적인 자세로 살아가시는 것을 보면 감탄할 뿐입니다.

만약 부부란 이런 것이어야 한다는 견본이 있다면 그것은 바로 허선생님 부부가 아닌가 생각합니다. 부부로서 서로 아껴주면서도 상대방을 존경하는 마음을 이들 부부는 갖고 있기 때문입니다.

두 분의 애정의 발로는 여기서부터 시작된 것이 아닌가 하는 생각이 듭니다.

두 분 모두 세간에서 말하는 중년부부이지만 그런 분위기는 전혀 느낄 수 없습니다. 언젠가 그런 비결이 뭐냐고 여쭈어 본 적이 있는데, 그때의 대답이 「항상 우리 둘은 서로 경쟁합니다.」라는 것이었습니다. 서로를 좋은 경쟁상대로 인정하고 있는 것입니다.

이 두 분을 통해서 저는 많은 것을 배웠습니다. 오히려 제가 앞으로도 잘 부탁드린다고 말해야 될 것 같습니다.

앞으로도 두 분께서는 힘차게 활동해 주시기 바랍니다. 두 분의 은혼식을 진심으로 축하하면서 축하의 말을 맺겠습니다.

🌷 유머와 농담은 다르다

결혼기념식은 보통 친한 사람들만의 자리가 될 때가 많으므로 유머를 섞은 스피치는 좋지만 부부에 대한 농담조의 말이 되지 않도록 주의해야 합니다.

가령, 「25년 동안 부인과 헤어지지 않고 살았다는 것은 얼마나 인내심이 강한 두 분이었겠습니까?」 같은 말은 부부와 친한 사이라서 약간 유머러스하게 농담을 한 것일지 몰라도 기분을 상하게 할 수도 있습니다. 조소나 농담은 유머와는 본질적으로 다릅니다.

• 은혼식 때 부인 친구의 축하 인사

원양희 님 부부께서 은혼을 맞이하신 것을 축하드립니다.

저는 제 딸이 중학교에 다닐 때부터 부인과는 어머니회에서 자주 만나게 되어 같이 꽃꽂이를 배우거나 했던 미경입니다.

며칠 전 주인어른께서 승진하셨다는 말을 들었습니다. 그리고 은혼식도 겹치게 되었다고 했습니다. 조촐하게나마 친지분들을 모시고 은혼 축하 모임을 갖는다고 하기에 기왕 그런 모임을 할 바에는 좀더 성대하게 하는 것이 좋을 것 같아 어머니회 회원들께도 기별하여 같이 참석하게 되었습니다.

은혼식을 맞이하신 부인과는 10년째 친하게 지내고 있는데 옛날이나 다름없이 언제나 건강을 잘 가꾸시어 우리보다는 훨씬 젊어 보여서 선망의 대상이 되고 있습니다.

이것도 다 바깥어른과 원만한 가정을 이루고 있기 때문일 것입니다.

바깥어른께서는 회사에서의 책임이 더욱 무거워지리라고 생각되는데 그래도 여유를 가지시고 부인과 더 많은 시간을 보내셨으면 합니다.

이런 훌륭한 부인은 보기 드물 것입니다. 여자인 제가 하는 말이니 조금도 과장된 말이 아닙니다(웃음).

앞으로도 행복하게 사시기를 기원하면서 축하의 말을 대신하고자 합니다.

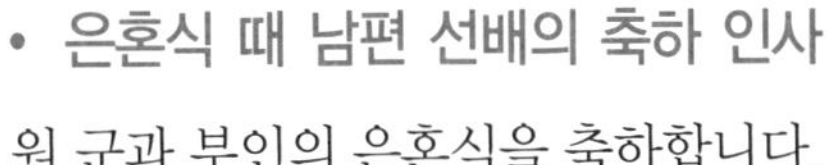

● 은혼식 때 남편 선배의 축하 인사

원 군과 부인의 은혼식을 축하합니다.

오늘은 원양희 군이 임원으로 승진한 축하도 겸하게 되어 더욱 기쁜 날입니다.

원 군이 임원으로 승진한 것도 아울러 축하합니다. 요즘 경제가 세계적으로 어려워져 원 군이 능력을 발휘할 수 있는 기회이기도 합니다. 사장을 위시해서 선배 임원들의 기대도 크리라 봅니다.

오늘 뵙게 된 부인에게도 축하의 말씀을 드립니다.

원 군의 오늘이 있기까지는 내조의 공이 컸을 것으로 생각됩니다. 요즘 같이 어려운 환경에서 남편이 일에만 매진할 수 있게 보살펴주는 부인이야 말로 최고의 부인이 아닐까요. 그런 점에서 부인은 남편의 귀가 시간 같은 것에 대해서는 단 한 번도 불만을 말한 적이 없다고 합니다. 그야 말로 요조숙녀의 귀감이라 생각됩니다.

지금은 인생 70이 아니라 인생 80이라는 말이 유행하고 있습니다. 두 사람 앞에는 아직도 긴 인생이 기다리고 있습니다. 이 은혼식을 고비로 해서 25년 후에 있을 금혼식을 향해서 더욱 화목하게 두 분이 충실한 나날을 보내시기를 빕니다.

오늘 초대해 주셔서 고맙습니다.

은혼식은 친구가, 금혼식은 자식들이 축하의 자리를 마련해 주는 경우가 많은 것 같습니다. 그런 만큼 일반적으로는 밝고 유머러스한 가운데 축하해 주는 것이 좋습니다. 당사자에 비해서 축하받는 기회가 많지 않은 부인에게 특히 치하해 주는 것이 중요합니다.

앞으로 가정의 평화, 원만한 부부생활을 빌면서 인사의 말을 합니다.

은혼식은 결혼 후 25년, 금혼식은 결혼 후 50년을 축하하는 모임입니다.

• 회갑연(回甲宴) 때 내빈의 축하 인사

오늘 존경해 마지않는 ○ ○ ○ 선생님의 회갑연이 있다는 소식을 듣고 부랴부랴 달려왔습니다.

선생님의 회갑을 진심으로 축하합니다.

인생 육십은 옛날 얘기고 보다 더 충실한 인생을 보낼 수 있는 것은 회갑 이후부터라고 합니다.

회갑이란 간지(干支)가 한 바퀴 돌았다는 것인데 육십일 세라는 나이에 요새는 별로 의미를 두지 않는 것 같습니다. 그렇기도 하겠습니다. 회갑을 지난 분도 너무 젊어 보입니다.

지금 회갑을 맞이하신 ○ ○ ○ 선생님도 아직 젊습니다. 정신적으로는 30대, 육체적으로도 40대처럼 보이십니다. 앞으로는 건강에 더욱 유의하시어 절대 무리하지 마시기 바랍니다.

○○○ 선생님이 건강하시기를 빌면서 축하 인사를 마치겠습니다.

🌸 회갑은 아직 젊다

「인생 60」은 옛날 얘기고 지금은 한창 활동할 시기입니다.

그러므로 회갑 축하라 하더라도 당사자는 젊은 기분으로 있는 것이 대부분이므로 늙은이 취급으로 하는 축사가 되지 않도록 합시다.

오리려 앞으로의 분발을 바라는 듯한 내용을 당사자는 더 기뻐할 것입니다. 하지만 연령에 대한 감각에는 개인차가 있으므로 당사자의 상황에 맞는 표현을 하는 것이 중요합니다.

• 회갑연(回甲宴) 때 친구의 축하 인사

○○○ 군, 자네의 회갑을 축하하네.

○○○ 군과는 40년 지기였지. 말하자면 평생의 친구인 셈인데, 실제 우리 사이는 좋은 친구는 아니었어. 이런 친구의 한 사람으로 축하 인사를 하자니 어쩐지 쑥스럽기도 하네.

전날 우리가 잘 가는 술집에서 함께 술을 마시고 있을 때, 자네는 문득 이렇게 말했었지.

「드디어 나도 환갑이 되었어.」

그때 나는 이렇게 반론했지 않은가.

「무슨 소릴 하는 거야. 이제부터가 제 2, 제 3의 인생이 시작된다고 생각하면 즐겁지 않은가?」라고.

말하기는 쉬워도 그렇게 되도록 실행하는 것은 어렵네. ○○○ 군, 자네는 지금 커다란 인생의 한 고비를 맞이하여 무언가 해야겠다고 생각하고 있는 것이 있을 거야.

자네는 헤어질 때 이렇게 말했었지. 「인생을 전향적으로 살아야겠어.」

라고. 그때 나는 자네의 말을 듣고 정신이 번쩍 들었네.

왜냐하면 나도 자네나 비슷한 나이였으니까. 나 자신의 노후에 대한 것이나, 아니면 자식 걱정만 생각하고 있었지 무언가 적극적으로 해야겠다는 마음이 없었거든. 자네의 그 한 마디에 정신이 번쩍 든 것 같았어. 그리고 인생을 좀 더 적극적으로 살지 않으면 안 되겠다고 생각하게 되었네.

자네와 나는 세 살 정도 차이가 나는데 자네가 나보다 세살이 더 많아서 오늘 회갑을 맞이하게 되었어. 자네의 「전향적인 인생론」은 회갑을 지나면 아무래도 소극적으로 되기 쉬운 나의 자세를 제자리로 돌려주었네. 정말 고마운 한 마디였어.

인생은 이제부터일세. 함께 노력해 보세.

친구라고 흉허물 없이 지껄였는데 아무튼 오늘 자네의 회갑을 축하하면서 인사를 이것으로 대신하겠네.

🎤 회갑은 인생의 한 고비

회갑은 인생의 세 가지 의식 중 최후의 의식입니다.
맨 처음의 의식은 「성인식」이고, 다음은 「결혼」, 그리고 마지막은 「회갑(回甲)」인데 회갑의 의미는 은퇴, 즉 제1선에서 은퇴한다는 것입니다.
지금은 60세 은퇴설이 비현실적이라 할 수 있으나 특히 남성의 경우 퇴직 시기와 겹쳐지는 사람이 많은데 인생의 한 고비라는 느낌은 있습니다. 그래서 내빈의 축사에서는 지금까지의 업적을 소개하고 칭찬해 주고 노고를 치하하는 것도 중요합니다.
단, 공허한 칭찬은 삼가야 하겠습니다.

• 회갑연(回甲宴) 때 본인의 인사말

오늘 저의 회갑을 축하해 주기 위해 와주셔서 대단히 감사합니다.

회갑을 맞이하여 제가 얼마나 충실한 인생을 보냈는가를 되돌아보니 부끄럽기 짝이 없습니다.

그동안 많은 실패도 겪었습니다. 저는 성공한 적보다 실패한 쪽이 더 많았던 것 같습니다. 그러나 여러분 덕분에 오늘날까지 무사히 지내온 것을 깊이 감사드립니다. 여러분의 따뜻한 축하를 받고 보니 더없이 고맙고 황송해서 식은땀이 날 정도이군요.

여러분이 해주신 축하의 말씀은 저에 대한 격려라고 생각하고 앞으로 더욱 열심히 살겠습니다.

제 2의 인생이라는 말이 있는데 저 역시 회갑 이후의 인생은 그야말로 제2의 인생이라고 생각하고 있습니다. 첫 번째 인생은 실패의 연속이었고 후회도 막급했으나, 앞으로의 인생은 이것을 좋은 거울로 삼아 밝고 즐거운 인생으로 만들고 싶습니다.

듣기로는 평균수명이 80세를 넘는다고 합니다. 그렇다면 앞으로 20년은 더 살아가면서 상당히 노력해야 할 것 같습니다.

회갑을 인생의 한 고비라고 생각하여 금후 열심히 살아볼까 합니다. 여러분의 변치 않는 우정과 성원을 부탁드립니다.

바쁘신 시간을 내어 와 주셔서 감사합니다.

감사합니다.

• 거래처 회장 고희연에서의 축하 인사

강성택 회장님 그리고 사모님, 오늘 회장님의 고희를 축하합니다. 저

와 회장님의 만남은 30년 전으로 거슬러 올라갑니다.

그 무렵 거래를 하게 되어 처음으로 뵙게 되었는데 선대 사장님, 즉 회장님의 아버님이 사장님이셨고 지금의 회장님은 전무님으로 계시면서 후계자가 되기 위해 정력적으로 활동하고 계셨습니다.

그때 뵌 회장님은 매우 호쾌한 분으로 2대째라는 이미지로는 상상 할 수 없을 정도로 시야가 넓으셨으며 사람을 보는 눈이 정확했습니다.

아버님의 사업을 이어받아 어떻게 발전시킬 것인가, 그리고 자기가 사장이 되었을 때 할 수 있는 일은 무엇인가를 열심히 연구하셨던 것으로 기억합니다. 그리고 그것은 지금 우일건설의 발전으로 이어졌다고 보겠습니다.

또한 강회장님은 업무 이외의 면에서도 남을 배려하는 마음이 지극했습니다. 한번은 그 당시 회장님이 저를 댁으로 부르시어 회장님의 자택에 간 적이 있는데, 사모님께서 손수 만드신 음식을 대접받았습니다. 평사원이었던 저는 항상 배가 고파 했는데 회장님 부부께서 특별히 초대하여 영양보충을 시켜주신 것을 잊을 수가 없습니다.

대식가였던 저는 사모님도 놀라셨을 정도로 많이 먹었습니다. 그때는 정말 감사했습니다. 또한 제가 결혼했을 때도, 그리고 제 처가 아이를 낳았을 때도 여러 모로 배려해주셨습니다.

회장님의 장남이신 일성씨도 지금 사장이 되어 회장님의 믿음직한 후계자로 성장하셨습니다. 우일건설은 번창을 계속하고 있으며 제가 보기에도 장래가 탄탄해 보입니다.

회장님은 고희의 연세에도 불구하고 새로운 사업을 향해서 도전을 계속하고 계십니다.

오늘 회장님의 고희를 축하드리면서 축하 인사를 대신할까 합니다.

• 고희연 때 본인의 인사말

오늘 저의 고희연에 많이 참석해주서서 대단히 감사합니다. 아버님으로부터 사업을 이어받은 지 수십 년, 아무튼 제 나름대로는 열심히 일해왔다고 생각됩니다. 회사의 장래도 안정되어 고희를 맞게 된 것은 오직 여러분의 지원 덕분이라고 생각하고 있습니다.

우일건설의 기본은 수도를 부설하는 사업입니다. 도시가스나 상하수도의 보급과 더불어 우리 회사도 성장하게 되었습니다. 서울의 한구석에서 여러분의 생활을 편리하게 해드리는 일은 생각만 해도 즐거운 일이었습니다. 인프라스트럭춰나 요즘은 라이프 라인이라고 하는 것 같은데 처음으로 이런 일을 맡아서 무사히 완공한 것은 다시없는 기쁨이었습니다.

이때의 감동이 지금도 저를 받쳐주고 있습니다. 앞으로도 이러한 기분을 잃지 않고 더욱 정진하여 열심히 해나갈 작정입니다. 사장인 아들과 우일건설에 대한 앞으로의 성원을 부탁드리며 오늘 참석해 주셔서 더구나 분에 넘치는 축사까지 해주신 것 대단히 감사합니다.

• 희수연 때 본인의 인사말

여러분, 오늘 저의 희수를 축하해주시어 고맙습니다.

제가 ○○ 중학교 교장을 끝으로 정년퇴직을 한 지도 꽤 오래 된 것 같습니다.

그러던 제가 30대에 담임했던 3학년 5반 여러분이 벌써 정년이 되었

으니 내 나이가 70대 후반이 된 것은 당연하겠지요.

다행인 것은 늙은 아내도 건강해서 매일 느긋한 노후를 보내고 있습니다. 이번에 만난 것을 계기로 우리 집에도 놀러와 주세요. 그 당시의 선생과 학생도 50년이 흐르고 보니 평범한 할아버지와 할머니가 되었군요. 대접할 것은 변변치 않더라도 옛날 애기나 같이 하면서 술잔을 나누고 싶군요.

오늘 참석해 주신 것을 감사하여 변변치 못하나마 답례품을 마련했는데 돌아가실 때 하나씩 꼭 가져가시기 바랍니다. 대단히 고맙습니다.

• 희수(喜壽)축하 개인전(個人展) 때 건배 제의

오늘 강남제 선생님의 개인전을 갖게 된 것을 축하합니다.

연로하신데도 이렇게 좋은 작품들을 많이 내놓으셨군요. 저는 이따금 선생님 댁을 방문하여 선생님의 작품을 본 적이 있었으나 전시장에서 보니 더욱 작품이 돋보입니다.

앞으로도 건강하셔서 제2회, 제3회의 개인전을 여시기를 바랍니다. 오늘의 주인공이신 강남제 선생님과 참석하신 여러분의 건강과 행운이 있기를 빌면서 건배를 제의하는 인사로 대신하겠습니다.

다 같이 잔을 듭시다.

건배!

• 희수 축하 개인전 때 본인의 인사말

오늘은 어린이 날이라 오시기 어려운데도 저의 개인전에 와주셔서 대단히 감사합니다.

제가 그림을 배우기 시작한 것은 65세 때부터였는데 그때부터 그림 그리는 취미에 몰두하여 기쁨과 우쭐한 마음에서 매주 한 번은 화랑에 다니면서 다른 분들의 작품도 감상했습니다.

자식들이 「희수 축하 개인전」을 열자고 제안했을 때는 우선 겁부터 났습니다. 지도해 주신 선생님께 「자식들이 제 개인전을 열어주겠다고 하는데 어떨까요?」하고 여쭈어 보았더니 「그것 참 잘 되었습니다. 꼭 열도록 해보세요.」라고 격려해주셨습니다. 단순한 저는 앞뒤 생각도 없이 화랑과 계약을 한 것이 지금부터 1년 2개월 전이었습니다.

일을 저질러놓고 쩔쩔매면서 공연히 그랬다고 후회도 하였습니다. 계약한 날이 가까워진 한두 달 동안은 그야 말로 동분서주하는 바쁜 나날을 보냈습니다.

걱정하는 저를 본 선생님은 「너무 걱정하지 말고 편한 마음으로 하라고 하면서 병이나 나지 말았으면 좋겠다.」고 하셨습니다.

실력을 있는 그대로 봐주시기만 바라면서 기력을 다하여 준비하였습니다. 정말 미숙한 그림입니다. 개인전을 준비하기 위하여 1년 동안 최선을 다한 것이 제가 생각해도 대단한 것 같아서 만년의 기쁨으로 생각하고 있습니다.

65세 때부터 그림 지도를 해주신 4, 5분의 선생님, 그리고 멀리서도 따뜻한 성원을 해주신 친구, 지인, 옛날의 저의 제자들에게 마음으로부터의 감사를 드립니다. 끝으로 자식 자랑 같지만 이번 개인전을 위해서 물심양면으로 협력해준 세 아이들, 그리고 가족들에게도 감사의 말을 전합니다. 오늘 이렇게 많이 오셔서 저의 개인전을 축하해주신 여러분께 다시 한 번 뜨거운 감사를 드립니다.

• 은사의 희수 축하연 때 축하 인사

방금 소개받은 ○ ○ ○ 입니다.

선생님의 희수를 축하드립니다. 건강하신 몸으로 희수를 맞이하신 것을 저희들 제자 일동을 대표하여 축하드립니다.

우리 3학년 5반 학우들이 선생님이 맡으셨던 학급에서 졸업한 것이 어언 40년이 넘었습니다. 그 당시 선생님을 어렵게만 했던 악동들이 어느새 정년을 맞이하는 나이가 되었습니다. 돌이켜보면 우리 담임을 맡으셨을 때 선생님은 장년기였습니다.

그런데 저희들이 선생님의 그때 나이가 되었군요.

그 무렵 선생님의 품격이라고 할지, 관록이라 할지, 존재감은 대단하셨습니다. 그런 나이가 된 우리들은 선생님의 그러했던 존재감이 있을까에 대해서 생각해 보았습니다.

그 무렵의 저는 수업 태도가 나쁘다고 출석부로 잘 얻어맞았습니다. 출석부로 때리실 때는 두 종류가 있었는데 출석부의 겉장으로 때릴 때와 모서리로 때릴 때가 있었습니다. 물론 모서리로 때리실 때가 더 아팠습니다. 이 자리에 오기 바로 전에도 우리는 그런 옛날 얘기를 했습니다.

그러나 선생님은 무섭기만 한 선생님은 아니었습니다. 이것은 우리가 다 인정하고 있습니다. 점점 어려워지는 수학에 흥미를 잃었던 저를 선생님은 방과 후에 남게 하여 자세히 개인 지도를 해주셨습니다. 지금 생각해 보면 고맙고, 기쁘고, 선생님의 열의에 머리가 숙여집니다. 그리고 그 무렵에 저의 수학 실력은 많이 향상되었습니다.

오늘은 선생님의 희수연에 많은 동창들이 참석하여 마치 3학년 5반의 반창회 같습니다. 오늘을 계기로 앞으로는 정기적으로 모이자는 얘기를 했습니다. 그리고 오랜만에 선생님과 동창들을 만나서 즐거운 한때를 보내게 되었습니다. 선생님, 언제까지고 건강하시기 바랍니다. 그리고 저희들의 반창회에도 참석해 주셨으면 좋겠습니다.

선생님의 희수를 다시 한 번 축하드립니다.

• 미수(米壽) 축하연 때 후배의 축하 인사

백대조 선생님, 오늘 건강한 몸으로 미수를 맞이하게 되신 것을 축하합니다.

근래에 와서 인간의 수명이 늘어났다고는 하지만 솔직히 말해서 88세의 미수를 건강하게 맞는다는 것은 드문 일입니다. 또 누구나 다 바랄 수 있는 것도 아닙니다.

그런데도 불구하고 백대조 선생님은 오늘 미수를 맞이하는 뛰어난 건강을 유지하고 계십니다. 얼마나 기쁜 일이고 축하받을 일입니까!

선생님이 늘 하시는 말씀 중에 「죽을 때까지 산다.」는 말이 있습니다. 오늘 같이 경사스런 자리에서 죽는다는 말을 해서는 안 되겠지만 양해를 구하고 말을 계속하겠습니다.

선생님은 반은 농담 삼아 하신 말씀이지만 저는 이 말이 마음에 들었습니다. 왜냐하면 이 말에는 「열심히 산다.」는 의미가 함축되어 있는 것 같아서입니다. 온힘을 다하여 자기의 인생을 살아가려는 의지라고나 할까 열의, 열기 같은 것이 물씬거리는 느낌이 들었습니다.

백대조 선생님은 미수를 맞이하신 오늘까지도 도전 정신을 잃지 않고 매사에 전향적으로 인생을 살고 계십니다. 이것은 매우 멋진 일이라고

봅니다. 선생님의 젊음을 유지하는 비결은 전향적으로 행동하는 젊은 사람 같은 마음이 아닐까 하고 저는 생각했습니다.

수년 전 이미 현역에서는 은퇴하셨지만 88세인 나이에 젊은 현역이나 마찬가지로 열심히 노력하고 계시다는 것은 남다른 결의가 있어야 하며 또 체력이나 기력이 뒷받침되지 않으면 안 됩니다.

그런 의미에서 선생님에게는 노인이라는 말이야 말로 써서는 안 되는 말이라고 생각됩니다. 어쩌면 선생님은 우리보다도 더 젊지 않은가 하는 생각도 해보게 됩니다.

백대조 선생님, 부디 더욱 건강에 유의해 주십시오. 그리고 언제까지나 우리들을 질책, 격려해 주십사고 기원합니다.

우리도 선생님을 본받아서 앞으로 남은 인생을 더욱 적극적으로 힘차게 살아가겠습니다.

끝으로 가족 분들의 건강과 번영을 빌면서 축하의 말을 대신하겠습니다.

오늘의 경사를 다시 한 번 축하드립니다.

🌱 장수 축하회에서의 축사

장수 축하회에서의 스피치에서는 우선 본인이 걸어온 길에 대해서 언급하면서 그분의 생전의 업적을 칭송하게 되는데 참석자가 똑같은 말만 되풀이하면 듣는 사람이 따분해 할 것입니다.

가급적이면 축하를 받는 사람으로부터 받은 은혜나 그분을 통해서 배운 인생의 교훈 같은 것을 말하면 심금을 울리는 스피치가 됩니다.

각종 축하 · 각종 행사때의 스피치

III. 각종 축하 · 각종 행사 때의 스피치

좋은 스피치는 좋은 연습을 통해서

이 책에는 많은 사례가 수록되어 있으므로 스피치의 내용에 대해서는 그것을 참고하기 바랍니다. 스피치나 인사를 해달라는 부탁을 받았으면 어떤 입장에서, 어떤 것을 기대하고 있는가는 짐작이 갈 것이므로 여기서는 말하는 방법의 포인트에 대해서 말하기로 하겠습니다.

아무리 내용이 좋더라도 잔뜩 긴장해서 말을 더듬거리거나 어색하게 행동하면 청중은 그런 모습이 마음에 걸려서 말하는 내용이 귀에 잘 들어오지 않습니다. 흔히 「배우기보다는 익숙해지라」고 하는데. 일단 익숙해지면 긴장도 덜 되므로 어쨌든 이것만은 꼭 지켜야겠다는 점을 몇 가지 들어보겠습니다.

● 허세나 체면은 일체 버린다

막상 스피치를 하기 위해 단상에 오르면 곧 긴장하는 사람이 있는데, 우선 부끄럽다는 기분을 버려야 합니다.

이것은 구체적으로 말해서 수치심을 버리는 것, 허세를 부리지 않는 것, 무리해서 실력 이상으로 보이려고 하지 말 것……등을 의미합니다.

「인간이 부끄럼을 타는 것은 이미 수천 년 전부터였으며, 그것은 아마도 앞으로도 한동안은 계속될 것이다.」라고 헤르만 슈라이버는 『수치심(羞恥心) 문화사』라는 책에 쓰고 있습니다. 인간이 문화라는 것을 갖게 된 것이 1만년이 안 되는데 수치심을 갖게 된 것은 2천년쯤 되었다고 합니다. 그리고 그 근저에는 기독교들의 스토익(stoic ; 금욕적, 자기 억제적)한 생활태도가 있기 때문이라고 합니다.

기독교가 들어온 것이 늦었던 우리나라에서는 그러한 수치심이 싹튼 것도 늦고, 개방적인 생활이 오랜 세월 동안 계속되었으며 부끄러움은 오히려 근래에 와서 갖게 되었다고도 합니다.

체면을 차리기 위해서 허세를 부리거나 자신이 없으면 수치심이 강해지고, 수줍어하거나 긴장하거나 합니다.

그러므로 얘기할 내용에 자신을 가지고 자기다운 화법으로 말해야겠다고 생각하고 있으면 자연스럽게 수치심은 없어집니다.

● 자세나 비디오를 보면서 자기 자신을 살펴본다

사람들 앞에 서는 것에 자신이 없는 사람은 비디오카메라 앞에 서서 연습하거나 거울에 비친 자기의 표정을 보고 자기가 평소 어떤 표정이나 자세를 취하고 있는지 살펴보는 것이 좋습니다. 이렇게 해 보면 자기가 할 수 있는 좋은 표정을 발견할 수 있어서 자신이 생깁니다.

또한 스피치나 자세에 대한 연습도 비디오 앞에서 해 보는 것이 좋습니다. 사람들 앞에 서는 것을 꺼리는 것은 사람들이 자기를 어떻게 볼 것인지 불안해하기 때문이며, 실은 자기가 자기에 대해서 모르는 경우가 많습니다. 자기에 대해서 알려면 자기의 외관을 보는 것도 중요하며, 거울 속에 비친 자기를 잘 보고 자기의 좋은 점을 발견할 수도 있습니다.

몇 번이고 연습을 반복할 것

스피치를 잘하는 사람은 연습을 많이 한 사람이라고 해도 좋습니다. 어떤 사장은 인사 부탁을 받을 때에 대비해서 부하의 자리에 와서 리허설을 되풀이한다고 합니다. 「이러면 되겠어?」하고 몇 사람에게 물어보고, 「이 부분에서는 이렇게 말씀하시는 것이 어떻겠습니까?」라는 어드바이스도 받는다고 합니다.

그렇게 말해 줄 부하 직원이 없을 때는 혼자서라도 자기의 모습을 거울에 비춰보면서 열심히 연습해 보시기 바랍니다. 어떤 대목에서는 당당하게 가슴을 활짝 펴고 말한다거나, 좀 더 감정을 담아서 말해 본다든가 누구 탓을 할 것이 아니라 자기가 가장 마음에 들 때까지 연습해 보는 것이 좋습니다.

호감을 받을 수 있는 조건

끝으로 많은 사람들에게 호감을 받을 수 있는 방법을 소개해 보겠습니다.

첫째, 에너지(매사에 전향적으로 대처하고, 정력적인 분위기가 있는)

둘째, 따뜻함(온후한 인품이 풍기게)

셋째, 열중(스피치에 열중하여 사람을 끌어당기는 힘이 있게)

넷째, 활기(생동감이 있고 스피치의 내용에도 탄력이 있게)

정력적인 느낌은 초롱초롱한 눈빛에 잘 나타나 있습니다. 따뜻한 눈빛은 알기 쉽게 설득하려는 듯이 말하려 할 때 나옵니다. 듣는 이의 기분에 맞추도록 합니다. 열중은 되풀이해서 강조함으로써 듣는 이에게 전해집니다. 활기는 미래를 향하여 의욕적으로 살아가고 있다는 양심적인 자세를 보일 때이며, 이럴 때는 밝은 표정이 중요합니다.

이상과 같은 네 가지를 연습 중에 점검하여 스피치의 내용에 어울리는 태도, 자세를 연구하여 자신 있게 스피치에 임해주기 바랍니다.

1. 성년 축하 · 개점 · 개업 · 창립 기념일 · 이취임식 기타

• 성인이 된 젊은이에게 보내는 축하의 인사말

성인이 된 것을 축하합니다.

스무 살을 맞이하여 생동감이 넘치는 여러분의 밝은 얼굴을 대하니 뭐라고 할까 밝다고 할지, 희망이라고 할지, 행복한 미래가 연상되어 저 또한 기쁩니다.

지금까지 수많은 선배들이 스무 살을 시점으로 하여 성인의 세계로 들어와서 각계에서 열심히 노력하고 있습니다.

여러분도 오늘부터 성인이 되었는데 사회인으로 자기의 행동이나 발언에 책임을 져야 하는 존재로 되었다는 것을 자각해야 할 것입니다. 어려서부터 해왔으니까 라든가, 미성년이니까 라고 해서 너그럽게 보아주던 것도 앞으로는 기대할 수 없게 됩니다.

그리고 성년답게, 적극적으로 살아가기를 바랍니다. 「청춘이란 나이를 두고 하는 말이 아니라 마음의 젊음을 말하는 것이다.」라는 말이 있습니다.

젊은 나이인데도 무기력하고, 아무 것도 하고 싶지 않거나, 실패도 하기 싫다고 하는 풍조가 있습니다. 이런 생각을 가지고 있으면 한 평생이 재미도 없고 감격도 맛볼 수 없습니다. 무언가를 추구하고, 때로는 강력하게, 때로는 너그럽게 인간으로서 탄력 있는 충실한 인생으로 살아가기 바랍니다.

• 10주년 기념축전 때 사장의 인사말

오늘은 본사가 창업한지 10주년이 되는 날입니다. 바쁘신 중에도 이처럼 많이 왕림해 주셔서 대단히 감사합니다.

지금까지 별 탈 없이 회사를 이끌어 온 것도 내빈 여러분과 직원 여러분의 덕분이라고 생각하여 감사할 뿐입니다.

돌이켜보면 창업할 당시는 자본력도 미약했고 사원수도 현재의 몇10분의 1밖에는 안 되었습니다. 자금 조달에 어려움도 많았고 적은 인원으로 상품의 품질향상에 필사적이었습니다. 말할 수 없는 고난의 연속이었습니다.

그런 가운데서도 우리는 희망을 버리지 않고 전진을 계속해 왔습니다. 그 무렵 우리가 자랑할 것이라고는 젊음과 의욕, 그리고 두려움을 모르는 도전정신 뿐이었다고 해도 좋을 것입니다.

그렇게 노력한 결과 좋은 결실을 맺어서 업적도 비약적으로 신장하여 동업자 간에서 주목받는 존재로 성장하게 되었습니다.

앞으로도 결코 현재에 안주하지 않고 더 높은 곳으로 비상하기 위해서 과감하게 도전해야 되겠다고 생각하고 있습니다. 그것이 우리들의 창업 정신이라고 믿고 있기 때문입니다.

지난 10년을 고비로 해서 앞으로는 새로운 분야에도 진출해 보려고 합니다. 그러기 위해서도 오늘 10주년 기념식에 즈음해서 다시 창업 당시의 정신을 상기하여 발전의 기운을 전사적으로 조성해 가고 싶습니다. 앞으로도 더욱 성원해 주시기 바랍니다.

끝으로 여러분의 건강과 행운을 기원하면서 저의 인사를 마치겠습니다.

• 10주년 기념축전 때 내빈 축사

귀사의 창업 10주년을 진심으로 축하드립니다. 「세월은 화살처럼 빠르다.」고 합니다. 벌써 귀사가 창업 10년이 되었다니 감개무량합니다.

창업자이신 ○○○ 사장님은 이 회사를 창업하기 전부터 저와는 아는 사이였는데 창업 10년 만에 이렇게 큰 회사가 되었을 줄은 미처 몰랐습니다.

왜냐하면 ○○○ 사장님은 대단히 냉철하고 행동력은 있으나 사람이 너무 호인이라서 상재(商才)라는 점에서는 마이너스가 아닐까 해서 걱정이 되었습니다. 그런데 그것이 한낱 기우로 되고 말았습니다.

○○○ 사장님의 경우는 「경영은 사람이다.」라는 말이 보여 주듯이 성실함이 결국은 상재로 된 것 같습니다.

작은 상재로 승부하기보다는 성실함으로 승부하는 편이 결국은 승리를 쟁취할 수 있다는 것을 저는 귀사의 창업 10주년 기념식전에 참석하여 느끼게 되었습니다.

귀사가 이렇게 되기까지는 사장 한 사람만 노력한 것은 아닐 것입니다. 전사원의 노력이 있었기에 오늘의 약진이 있었다는 것은 말할 필요도 없을 것입니다.

10주년의 오늘까지 순조롭게 성장하셨습니다. 노파심에서 한 마디 한다면 「호사다마(好事多魔)」라는 말이 있습니다. 정신을 바짝 차리고 비약하시기 바랍니다. 앞으로도 창업 정신을 잃지 않고 분발하십시오.

다시 한 번 창업 10주년을 축하하는 동시에 귀사의 무궁한 발전을 기원하면서 저의 인사로 대신하겠습니다.

오늘 귀사의 10주년 기념식을 다시 한 번 축하합니다.

● 창립 기념식전 때 사장의 인사말

오늘 우리 회사는 창립 30주년을 맞이하게 되었습니다. 여러분, 바쁘신 가운데도 이처럼 많이 와주시어 진심으로 감사하고 고맙습니다.

지난 30년을 되돌아보면 여러 가지 일이 있었습니다. 출발은 고도 성장기의 한복판에서 시대의 파도를 타기 위해 필사적인 나날을 보냈습니다. 그 후 오일 쇼크로, IMF로 그 어려웠던 시기에 작고 큰 파도를 헤쳐 오면서 오늘에 이르게 되었습니다.

특히 우리가 하는 일은 일상생활에서 빼놓을 수 없는 '먹거리' 분야의 사업이므로 시대의 변화를 가장 먼저 타게 되어 있습니다. 금년 연말에는 세계적인 경제공항이라는 거친 한파 속에서 유통 부문에 적지 않은 지장도 받고 있습니다.

이런 예측불허의 사태에는 신속한 판단력과 유연성이 얼마나 중요한가를 뼈저리게 느끼게 되었습니다.

사람의 나이가 30세라면 가까스로 쓸 만한 사회인이 되는 나이입니다. 우리 회사도 사람의 30대처럼 이제는 여러분의 인정을 받을 수 있는 실적을 쌓게 되었다고 생각하고 있습니다. 이처럼 오늘 회사의 창립을 자축할 수 있는 것은 새삼 말할 필요도 없이 참석해주신 여러분의 지도와 아껴주신 결과라고 믿고 있습니다. 깊이 감사드립니다.

이것을 기회로 우리는 더욱 노력하여 여러분의 후의에 보답하고자 합니다. 여러분의 변함없는 지원과 지도가 있으시기를 바라면서 저의 인사를 끝맺겠습니다.

감사합니다.

• 창립 기념파티 때 내빈의 축사

오늘 귀사의 창립 20주년을 축하하는 경사스런 날에 초청해 주시어 인사를 하게 된 것을 기쁘게 생각합니다. 귀사의 창립 20주년을 진심으로 축하합니다.

아까 저를 소개하실 때 창립 초기의 협력자였다고 하셨는데 대단한 협력도 해드리지 못한 것을 생각하니 낯이 간지러워집니다.

사장님! 축하합니다. 참 대단하십니다.

「우리 같은 사람이 하는 일은 연필 한 자루와 전화만 있으면 된다.」고 말하는 것이 창립 초기에 사장님의 입버릇이었지요.

그러나 우리 같은 외부 사람까지 깜짝 놀랄만한 열기와 활력으로 가득차 있었습니다. 그때 사원은 사장님을 포함해서 다섯 명. 다른 네 사람은 이전부터 사장님의 브레인들로 재미있는 강골한(强骨漢)들이었습니다. 이제 그중 두 분은 이미 세상을 떠나셨고, 또 한 사람은 그만 두어, 지금까지 남아 있는 사람은 ○○○ 씨와 ××× 씨뿐. 지난 20년의 세월을 용케 견디어 내셨습니다.

작년에는 훌륭한 사옥도 지으셨고 불황이 극심하다는 출판계인데도 안정된 성장을 하고 있다는 것을 누구보다도 잘 알고 있는 저로서는 제 일처럼 기쁘기 그지없습니다. 사실 저와 사장님은 20대부터 절친한 사이였습니다. 그 무렵 사장님은 프라이드가 대단한 청년으로 「나만큼 책을 잘 만들 수 있으면 나와 보라고 해.」라고 할 정도였습니다.

그런데 그것은 허세가 아니었습니다. 적(敵)도 많았겠지만 사장님을 좋아하는 사람도 많았고 항상 활기가 넘쳐서 회사 설립에 성공한 것이라고 생각합니다.

최근에는 약간 마음씨 좋은 할아버지의 티가 나고 관록이 붙어 보여 저는 기뻐하고 있습니다.

무궁한 발전이 있기를 빌면서 인사를 대신합니다.

● 창립 기념식전 개회 인사

여러분 오늘 저희 ○○ 의학 연구소 창립 35주년 기념식전에 참석해 주셔서 고맙습니다.

한 마디로 35년 동안 이 연구소를 이끌어오는 동안 그 역사 속에는 수

많은 난관이 있었으나, 현재는 재단의 직원 수도 450명으로 늘어나 올
봄에는 연구동인 건강의학센터를 개설하게 되었습니다. 이렇게 되기까
지는 내빈 여러분의 지도와 직원의 노력이 컸던 것으로 생각됩니다. 정
말 감사합니다.

오늘의 식전 순서는 프로그램에 쓰여 있듯이 ○ ○ ○ 박사님의 「사이
언스와 아트」, 그리고 ○ ○ ○ 선생의 「평상심(平常心)」이라는 축하 강
연이 있겠습니다. 이 강연의 내용을 거울삼아 내일부터 열심히 연구할
생각입니다. 앞으로도 끊임없는 지도와 성원을 부탁드리면서 개회식 인
사로 대신하겠습니다.

● 창립 기념식전 내빈 축사

우선 35주년을 기념하게 된 것을 축하합니다.

저는 오늘 이 자리에 오기 전에 「2, 3분 짧게 축사를 부탁한다.」는 말
을 듣고 이것이 바로 ○ ○ ○ 회장님의 방식이구나 하고 생각해 보았
습니다.

저와 ○ ○ ○ 회장님은 이미 1955년 6 · 25동란이 휴전된 무렵부터
친하게 지내고 있습니다. 당시, 회장님은 군에서 막 제대하셨고 저는 학
교를 갓 졸업하고 정형외과병원에 근무하고 있었습니다.

그때 회장님도 그 정형외과에 들어오셨습니다. 그 후에는 의국장(醫局
長), 다시 조교수로 계시다가 지금부터 35년 전에 ○ ○ 의학 연구소를
설립하게 되었습니다.

회장님은 만권의 책을 독파했을 정도로 매우 학구적이었습니다.

저는 지금까지도 공사 간 여러 면에서 회장님의 지도를 받고 있습니

다. K정형외과에서 같이 근무할 적에 저는 회장님의 제자나 다름없는 사이였습니다.

지금도 1년에 너덧 번은 저의 집에 놀러 오시는데, 어떨 때는 저녁 식사도 같이 합니다. 그럴 때도 관심이 있는 의료에 관한 문제나, 의학 교육에 관한 문제를 놓고 둘이서 열띤 토론을 했습니다.

회장님은 카리스마가 대단하고, 근면하고 두뇌가 명석한 분입니다. 그뿐 아니라 성실하십니다. 회장님은 남의 말에 잘 속기도 하십니다. 그런데도 사람을 의심하는 것을 모르는 분입니다. 저는 회장님으로부터 많은 것을 배웠습니다. 앞으로도 회장님께 더 배워야 합니다.

부디 건강에 유의하시어 더욱 발전이 있기를 빌면서 간단하나마 축사로 대신하려고 합니다.

• 창립 기념식전 내빈 축사

○○ 의학 연구소의 창립 35주년 기념식전에서 축사의 말씀을 드리게 되었습니다.

이 연구소가 꾸준한 발전을 할 수 있었던 것은 ○○○ 선생님의 탁월한 사상과 빈틈없는 실행력을 중심으로 연구소 직원 여러분의 일치단결된 노력의 성과라고 생각하여 축하를 드립니다.

사람의 행복은 각자의 건강을 바탕으로 해서 갖게 됩니다.

건전한 정신 속에 건강이 유지되고, 건강한 신체에 건전한 정신이 깃드는 것입니다.

이러한 분위기가 사회에 충만해 있을 때 사회는 활성화한다고 봅니다. 이런 자세를 유지하기 위해서는 의학이 그 주역이 됩니다.

이와 같이 중대한 사명을 갖고 있는 의학계에서 이상을 향하여 바람직한 실천력을 발휘해 온 ○○○ 선생을 위시하여 연구소 여러분의 정진에 경의를 표합니다.

프랑스의 철학자 에밀 알랭은 「의욕적으로 창조하는 것이 인간 최고의 행복이다.」라고 말했는데, 이것은 인생의 긴 여로에 대한 지침이라고 생각합니다.

앞으로도 끊임없는 도전을 계속하시기를 기원하는 동시에 창립 35주년을 고비로 더욱 새롭고 튼튼한 줄기에 가지가 뻗기를 기대합니다. 대나무는 줄기의 마디마디에서 새로운 가지가 돋아난다는 것은 여러분도 다 아실 것으로 믿습니다.

끝으로 귀 연구소의 번영과 ○○○ 선생을 위시하여 연구소 여러분의 행운을 기원하면서 인사의 말로 대신하고자 합니다.

• 창립 기념식전 때 감사의 인사말

오늘 바쁘신 일도 많으실 텐데 우리 재단의 35주년 창립 기념식전에 각계 여러분이 참석해 주시어 정중한 축사까지 해주셨습니다. 분에 넘치는 영광이며 뭐라고 감사의 말씀을 드려야 할지 모르겠습니다. 정말 감사합니다. 우리 직원들도 감격하고 있을 것입니다.

요즘은 병원도 심한 불황을 겪고 있는 줄 압니다. 「겨울의 시대」에서 「빙하의 시대」로 바뀐 것 같습니다. 평소에 존경해 마지않는 S학장님, 그리고 ○○○ 전 장관까지도 존경하는 ○○○ 선생의 「평상심(平常心)」에 관한 강연을 듣고 감명을 받았을 것으로 생각되지만 이것은 오늘 주신 귀중한 선물이라고 생각하여 가슴에 깊이 새기겠습니다. 그저 먹고 마시기보다는 이런 새로운 방식으로 오늘의 기념식전을 갖고 싶었습니다. 양해하여 주시기 바랍니다. 조금 전에 해주신 「평상심」이나 「사이언스와 아트」에서는 저 또한 큰 감명을 받았습니다. 오늘부터 용기를 내어 이 빙하의 시대를 돌파해 가야겠다고 생각하였습니다.

오늘은 보건복지부 ○ ○ ○ 차관님을 비롯해서 의료계에 종사하시는 분들이 많이 참석해 주셨는데 다 알고 계시겠지만 현재 의료계는 많이 바뀌었습니다. 질병의 구조와 의료 환경이 달라졌다는 것인데, 현대의학이 종래는 치료의학 중심이었으나 지금은 예방의학에서 리해빌리테이션(rehablilitation ; 신체나 정신장애인 또는 병의 후유증이 있는 사람을 대상으로 기능 회복과 사회 복귀를 위하여 하는 종합적인 치료와 훈련), 나아가서는 건강 증진 쪽으로 바뀌었습니다.

의료인들의 노력으로 환자가 많이 줄어들었다고 합니다. 그래서 지금 우리나라는 장수국으로 들어서고 있습니다. 신문 보도를 통해서도 아시겠지만 70세 이상이 된 분들은 청장년층보다 3, 4배나 의료비가 더 많이 든다고 합니다.

지금까지의 저부담, 고복지(高福祉)를 지양하고 앞으로는 일부 부담, 중복지(中福祉)의 시대로 될 것 같습니다.

질병 구조도 바뀌고 있으며 병원이나 의료를 맡고 있는 곳이 급성 병원과 만성 병원, 노인 병원 그리고 중간시설이라고 할 수 있는 노인 보건시설 같은 것으로 구분될 것 같습니다.

이러한 추세를 감안해서 저는 재단 기능을 대폭 개혁하여 아까 직원이 개회 인사를 할 때 말했듯이 건강의학센터라는 것을 만들었습니다.

앞으로도 저희 재단 및 부설 병원을 음으로 양으로 후원해 주시기를 바라면서 거듭 감사하다는 말씀을 드리며 인사로 대신하겠습니다.
감사합니다.

• 부장의 취임인사

이번 인사 이동으로 기획부장이라는 막중한 자리를 맡게 된 ○○○입니다. 비록 천학비재한 몸이나 책임을 다할 수 있도록 노력하겠습니다. 여러분의 지도와 협력을 부탁드립니다.

작금의 정세를 생각할 때 우리 회사의 전도는 여러 가지 면에서 어려운 일이 많을 것으로 압니다. 이런 어려운 상황 속에서 어떻게 하면 좋은 제품을 싼 코스트로 만들어낼 것인가, 그리고 소비자의 요구에 부응해야 할 것인지 우리 기획부가 수행해야 할 책임은 막중합니다.

기획 파트는 기업의 두뇌이며 사령부이기도 합니다. 회사가 나가야 할 길을 올바르게 제시하는 것 또한 가장 중요한 임무 중의 하나일 것입니다. 그 책임자로서 앞으로 부내의 여러분과 함께 일해가야 하겠다고 생각하고 있습니다.

정세가 어려운 때일수록 타사와 차별화하는 절호의 기회가 된다고 할 수 있습니다. 생각하기에 따라서는 역경이 플러스 방향으로 작용할 수도 있습니다. 기획부장으로서 상황의 변화를 신속하게 판단하여 회사의 사업 추진에 전력을 투구해야겠다고 결심하고 있습니다.

다행히 우리 회사의 기획부에는 우수하고 유니크한 인재가 결집해 있습니다. 저도 선두에 서서 노력하겠지만 저보다 훨씬 젊은 여러분들도 저한테 지는 일이 없도록 더욱 열심히 맡은바 임무를 수행해 주리라고 믿습니다.

여러분의 힘만 결집할 수 있다면 반드시 업계의 톱으로 끌어올리는 것은 충분히 가능하리라고 봅니다. 우리 회사의 역사는 여러분이 새로 쓰고 키워갈 것입니다. 저 역시 그것을 충분히 자각하고 여러분과 함께 매진하겠습니다.

그리고 실제 기획 플래닝에 관한 것에 대해서는 추후 별도로 상의해 보겠습니다. 어떤 생각이라도 진부하다고 생각하지 마시고 껍질을 훌훌 벗긴 발상으로 과감하게 도전합시다. 여러분의 유니크한 발상에 거는 기대가 어느 때보다도 크다는 것을 명심해 주기 바랍니다.

이상 취임하는 자리에서 저의 소감의 일단을 말씀드렸습니다.

이것으로의 취임 인사를 마치겠습니다.

• 과장의 취임인사

이번에 영업과장으로 임명된 ○ ○ ○ 입니다.

지금까지 쭉 영업 분야에서 일해 왔으므로 여러분과는 낯이 익은 분도 많이 있어서 마음이 든든합니다.

아시다시피 우리 회사에서 영업은 중요한 부서입니다. 특히, 요즘은 경기가 나빠서 우리 영업과가 해야 할 역할은 매우 중대합니다. 여러분도 각자 그런 자각을 하고 있을 줄 압니다마는 한층 여러분의 노력을 기대합니다.

말할 것도 없이 기업은 정연한 조직 형태를 갖고 있습니다. 훌륭한 조직을 갖고 있으면 그만큼 기업 간 경쟁에서 유리하게 싸울 수 있으므로 승패의 갈림길은 조직의 우열만이 아니라 개개인의 파워의 차이라고 생각합니다.

지나치게 빈틈없는 조직은 자칫하면 타성적으로 일을 하는 경향이 있습니다.

개인의 능력보다도 조직으로서의 업적이 중요시되기 때문입니다. 또한 섹트주의에 빠지기 쉽다는 단점도 있습니다. 그러나 우수한 조직이란, 형태는 조금 묘한 형태라도 섹트를 초월해서 의견 교환을 할 수 있도록 되어 있습니다. 장점은 더 많이 받아들이고 불필요한 것은 잘라버립시다.

그리고 열심히 일한 사람은 그만큼 평가를 받고 더욱 능력을 발휘하게 됩니다. 가능한 한 우리 영업과도 그처럼 유연하고 활기에 찬 조직이 되었으면 좋겠습니다.

저 또한 관리직의 입장에서가 아니라 여러분과 함께 생각하고 행동하고 싶습니다. 그리고 여러분의 의견을 회사의 상부에 전달하는 동시에 그렇게 되도록 혼신의 노력을 다하겠습니다.

제가 과장이 됨으로써 여러분은 여러 면에서 불편한 점도 없지 않을 것으로 보이는데 기탄없이 말씀해 주시면 최대한 선처하겠습니다.

입장을 초월해서 서로 납득할 수 있는 일을 할 수 있는 직장으로 만들어갑시다. 서로 의견 교환을 활발하게 하여 영업과를 활기차게 합시다.

여러분, 부족한 저를 잘 도와주시기 바랍니다.

• 취직을 축하하는 인사말

친구의 축하 인사

인애 양, 희망했던 대로 ○○ 상사에 취직하게 된 것을 축하해. 그런데 나는 유감스럽다고 해야 할지 작은 출판사에 입사하게 되었어. 우리는 각자 앞으로 어떤 일을 맡게 될지는 모르지만 인애 양의 영어 실력이라면 입사하자마자 해외 출장을 나가게 될지도 몰라. 서로 어떤 환경에서 일하더라도 우리의 우정은 변치 말자구.

함께 열심히 일하기를 바라겠어.

본인의 인사

아버지, 어머니, 오늘 우리들의 입사를 축하하는 자리를 마련해 주셔서 고맙습니다. 친구끼리의 축하 모임은 대충 끝나고 입사식만 기다리고 있습니다. 제 친구 지숙이는 출판사에, 혜옥이는 컴퓨터 회사에 입사하였습니다. 저의 단짝친구 세 사람은 이제부터는 서로 다른 직장에서 일하게 되었습니다.

어제는 혜옥이 아버지가 고맙게도 취직 축하 전화를 해주셨고, 또 지숙이 어머니는 축하 선물을 주셨습니다. 이런 축하 전화나 축하 선물을 받고 보니 더욱 책임감이 무거워지네요. 열심히 일하겠습니다. 부디 안심하고 지켜보아 주세요.

오늘 축하연을 열어 주셔서 고맙습니다.

아버지의 인사

지숙 양, 혜옥 양의 취직을 축하해요. 그리고 우리 딸 인애의 취직도 축하한다. 너의 어머니와 내가 너를 시집보낼 때도 지금처럼 기쁠지 모르겠다.

부디 모두 훌륭한 사회인이 되어주기 바란다. 그것은 또 훌륭한 여성이 되는 길이라고 아버지는 생각한다. 나 또한 사회인의 선배로서 여러

가지 경험을 해왔으니까 너희들도 어려운 일이 있을 때는 상담해주기 바란다.

요즘은 업무에 관한한 남자나 여자가 따로 없는 시대다. 매사에 적극적으로 자기의 역량을 최대한 발휘하여 주기를 바란다. 우리 인애의 취직을 축하해 주는 자리에 와주어 고맙다. 각자 가는 길은 다르더라도 학교에 따닐 때의 우정을 길이 간직하며 변치 않기를 바란다.

• **아들의 취직을 축하하는 아버지의 인사말**

아들아, 드디어 내일은 너의 입사일이구나. 취직을 축하한다는 말도 하지 못했는데 이제야 축하한다는 말을 한다.

아버지의 회사도 내일은 신입 사원이 들어오는 날이다. 그 사람들에게는 나 역시 여러 가지 말을 하게 되겠지만 아들인 너에게는 나의 뒷모습을 보면서 자라왔을 것이라고 생각하여 별 얘기를 하지 않았다. 그랬더니 너의 어머니는 직장에 나가는 아들에게 아무 말도 해주지 않는다고 무심한 아비라고 하더구나.

그래서 신입 사원이 명심했으면 하고 평소에 생각했던 점을 일러두려고 한다.

너의 어머니는 걱정이 되겠지만 집에서 먼 거리에 배치되더라도 불평하지 말아야 한다. 너는 우리 집의 외동아들이라서 너의 어머니가 걱정하는 모양인데 초년고생은 값진 것이라는 것을 명심했으면 한다.

긴 말은 하지 않겠다. 역경을 헤쳐 나갈 수 있는 힘을 길러 주었으면 한다.

취직을 축하한다.

2. 수상(授賞) · 표창식 때의 인사말

수상 · 표창식 때의 스피치

■ 수상 · 표창의 의미

수상은 문자 그대로 상을 주는 것입니다. 평소에 자주 듣는 「○○문학상」이라든가 「○○콩쿠르상」 같은 것이 그것입니다. 문학 · 미술 · 공예 등의 우수한 작품에 대해서 수여하는 상외에 어떤 분야, 가령 화학 분야라든가 공적이 있는 사람에게 주는 상도 있습니다. 또한 누구나 다 알고 있는 유명한 상이 있는가 하면 고장이나 지역 독자의 상도 있어서 매우 다양합니다.

표창은 그 사람의 노력이나 공적, 혹은 선행 등을 치하하여 그것을 다른 사람들에게 알리기 위하여 하는 것입니다. 회사 내에서 행하는 「장기근속 표창식」이라든가 「우수사원 표창식」 같은 것이 그런 것입니다.

수상이나 표창은 그 취지가 당사자의 노력이나 성과를 인정하여 평가하고, 나아가서는 본인은 물론이고 주위 사람들을 격려해줍니다. 그러므로 수상 · 표창식에서는 솔직하게 축하를 해주어야 합니다.

■ 수상 · 표창의 이유를 명확하게

수상 · 표창을 하는 측의 스피치의 포인트는 우선 수상 · 표창의 이유를 명확하게 해야 합니다. 즉, 왜 그 사람을 수상 또는 표창하는가를 명확하게 알려야 합니다.

「상」 그 자체의 훌륭함, 혹은 「표창」 받는 것이 명예라는 것은 알고 있지만, 그것을 받기에 타당한 사람이라는 것이 참석자들에게 전달되지 않으면 안 됩니다. 특히 업무와 관련된 수상·표창인 경우에는 누구나 다 납득할 수 있는 스피치의 내용이 되어야 하는 것이 중요합니다.

● 과장된 표현·말장난을 하지 않는다

수상이나 표창의 목적은 확실하므로 과장된 칭찬이나 말장난은 참석자들에게 좋지 않은 인상을 줍니다.

수상·표창의 이유를 명확하게 말하여 그 사람에 대한 칭찬과 노고에 대한 감사의 기분을 간단하게 말하면 충분하다고 할 수 있습니다.

수상자를 극구 칭찬하거나 하는 것은 오히려 내빈의 스피치를 통해서 나와야 합니다.

수상 받는자 측의 스피치

● 첫째 겸손할 것

수상·표창받는 자 측의 마음가짐은 우선 겸손해야 된다는 것입니다.

주최자를 위시하여 첨석한 사람들은 모두 수상·표창받는 사람을 주목하게 되고 찬사를 보낼 것입니다. 이럴 때 당사자는 자칫하면 우쭐해지는데 지나치게 거드름을 피우면 곤란합니다. 수상을 하거나 표창을 받는 것은 확실히 명예로운 일이지만 이런 자리에서는 겸손해야 합니다.

쓸데없는 말을 두서없이 지껄이면 듣는 이들에게 경박한 인간이라는 인상을 줄 것이므로 기쁜 마음을 솔직히 표현하는 것으로 그쳐야 합니다.

■ 고생담, 경험담, 앞으로의 각오를 말한다

감사의 말에서는 주최자와 참석자들에게 감사하는 동시에 수상 · 표창받기까지의 고생담이나 경험담 같은 것을 소개합니다.

이때 주의할 것은 지나친 표현은 하지 말 것, 그리고 장황하게 자기 자랑이 되지 않도록 해야 합니다.

과장 없이 담담하게 자기의 경험담이나 고생한 얘기를 하면 듣는이의 심금을 울릴 수 있습니다.

수상 · 표창식에서는 누구나 그 사람의 공적에 대한 치하와 격려, 그리고 앞으로 기대한다는 말을 할 것이므로 감사의 말을 할 때는 거기에 부응하게 할 필요가 있습니다.

서두에서는 감사의 기분을 표하고, 맺음말에서는 장래에 대한 각오를 말하여 앞으로 정진할 것을 약속한다는 말, 그리고 참석자들의 따뜻한 지도와 편달을 바란다는 말을 하는 것이 좋을 것입니다.

🎤 공적은 구체적으로 말하는 것이 좋다

장기근속 표창일 경우, 다만 근속년수가 오래 되었다는 것만으로는 표창 대상이 되지 않습니다.

🎤 사원들에게 불공평하다는 느낌을 주지 않는다.

우수사원만을 극구 칭찬하는 것은 금물입니다. 「나름대로 노력했으나 이번에는 타지 못했다.」고 낙담하지 않도록 말할 때 주의해야 합니다.

🎤 전형기준을 밝힌다.

데이터상 실적이 명확한 경우에는 그 기준을 명확하게 밝힐 필요가 있습니다.

그저 「우수한 사원」만으로는 사원 중에 불만을 가진 사람도 있을 것입니다. 또한 「이번 전형에는 빠졌지만 열심히 일한 사원도 있다」고 사원의 의욕을 인정해주는 표현도 중요합니다.

내빈 측 스피치 – 기본과 포인트

■ 생동감이 넘치는 칭찬의 말을 해주어 기쁨을 나눈다

내빈의 스피치는 축사일 것이므로 수상자의 영예를 치하하고 기쁨을 나누는 내용이어야 합니다.

그러나 수상·표창식에서의 찬사는 무턱대고 미사여구만 나열하기 쉽습니다. 공허한 칭찬의 말만 계속되면 본인은 물론이고 참석자들도 식상하게 됩니다.

그렇게 되지 않게 하기 위해서는 상의 성격이나 내용을 잘 알아보고 스피치에 반영되도록 해야 합니다. 또 수상자의 사람 됨됨이를 알 수 있는 에피소드를 통해서 자연스럽게 수상자를 칭찬해줄 수 있다면 스피치가 더욱 돋보이게 될 것입니다.

■ 노력을 치하하고 기대와 격려의 말을 해 준다

상을 받았거나 표창을 받은 명예에만 초점을 맞추면 아무래도 내용에 진실감을 느끼기 어렵게 됩니다. 가급적이면 구체적인 사례를 들어서 수상·표창에 이르는 본인의 노력과 정진을 칭찬하는 내용으로 했으면 좋겠습니다.

수상자 자신으로 볼 때는 햇볕이 안 드는 곳에서 한 자기의 노력이나 정진을 대변해 주어 기쁘기도 합니다.

그러나 노력이나 정진은 개인적인 것이므로 아무리 친한 사이라도 폭로적인 화제는 금물입니다.

끝으로 앞으로의 활동을 기대하는 격려의 말을 하게 되는데 수상이나 표창을 받은 사람의 연령에 적합한 말을 고르도록 합니다.

🎤 칭찬의 말은 구체적으로

내빈의 축사는 자칫하면 공허한 칭찬의 말만 나열하기 쉽습니다. 가능한한 구체적인 사실을 담아서 본인을 칭찬해주는 것이 좋습니다.

가령, 상의 내용이나 비중을 모르는 참석자를 위해서 그 내용, 의의를 소개하면 수상한다는 것이 대단한 일이라거나 얼마나 노력이 필요한지 알게 됩니다. 그것은 바로 수상자를 칭찬해주는 것이 됩니다.

• ○ ○ 신인 문학상 수상 인사

이번에 저로서는 과분한 상을 수상하게 되어 우선 심사위원 여러분과 관계자 여러분께 감사드립니다.

저는 마흔세 살이 된 지금까지 상과는 거리가 먼 사람이었습니다. 칭찬도 들어본 적이 없었으므로 저에게는 좌표가 서있는지, 프로인지, 세미프로인지, 아니면 아마추어인지조차 모르고 지낸 암중모색의 상태에서 작품을 써오고 있었습니다. 그런 의미에서 보자면 이런 큰 상을 받았다는 것은 저로서는 하나의 좌표를 인식하게 되었다는 생각을 하게 되었습니다.

앞으로는 더욱 노력해서 좋은 작품을 쓰겠습니다. 상을 받았다는 것은 감사하다는 수백마디의 말을 나열하는 것보다도 황석홍이라는 신인이 오늘 여러분으로부터 작가 황석홍이라는 이름 얻게 되었으며, 그리고 소설가라는 직업을 여러분들로부터 인정받은 것이라고 저는 알고 있습니다.

앞으로도 많은 격려 부탁드립니다.

• 콩쿠르 시상식 때 주최자의 인사말

오늘은 이처럼 많은 분들이 입장해 주셔서 고맙습니다. 제5회 ○○ 예술상 시상식에 즈음해서 우선 주최자로서 수상자께 축하인사를 드립니다.

이 ○○ 예술상은 예술의 장르를 불문하고 우수한 작품에 대해서 드리는 상입니다. 해를 거듭하여 올해로 제5회를 맞이하게 되었는데 상에 대한 높은 평가가 정착되고 있습니다. 이것은 여러분의 지원과 협력의 산물이라고 깊이 감사드립니다.

특히 이번에 수상한 刘씨는 감수성이 풍부한 예술적 센스와 신인이라고는 여겨지지 않을 정도로 탁월한 기교가 심사위원 전원으로부터 좋은 평을 얻어서 만장일치로 수상하게 되었습니다. 자세한 심사평은 다음에 심사위원분들께서 하게 됩니다. 앞으로 더욱 정진하시어 내용이 풍부한 작품을 만드시기 바랍니다.

다음 회에도 우수한 작품을 많이 응모하여 주실 것을 기대하면서 인사를 대신하고자 합니다.

• 콩쿠르 수상식 때 수상자의 인사말

저같이 젊은 나이에 영예로운 상을 받게 되어 감격하고 있습니다.

저는 이 상에 몇 번이나 도전하였으나 도전할 때마다 실패했습니다. 이번에도 작품에는 자신이 있었지만 수상을 하리라고는 전혀 생각하지도 못했습니다.

수상통보를 받았을 때 처음에는 남의 일처럼 들렸습니다.

제가 이 상을 받게 된 것은 저의 은인이기도 하고 그림 선생님이기도 한 갈미예 선생님의 도움이 있었기에 가능했다고 믿고 있습니다. 또 가족들의 성원도 있어서 마음껏 그림에 열중할 수 있었다고 생각합니다.

만약 갈선생님을 만나지 못했더라면, 그리고 가족의 협력이 없었더라면 당연히 이런 상을 제가 차지하지는 못했을 것입니다. 그러 의미에서 이 상은 갈선생님과 우리가족 전원의 것이라고 생각합니다.

이 자리를 빌려서 갈선생님과 저의 가족들에게 감사의 인사를 드립니다.

이번에 받은 영예로운 상의 이름에 부끄럽지 않은 작품을 남기려고 노력하겠습니다. 이번 수상을 계기로 새로운 출발을 한다는 각오로 정진하겠습니다.

아직 젊은 나이인데 앞으로도 여러분들의 지도 편달이 있으시기를 간절히 바랍니다. 이것으로 저의 인사를 대신합니다.

진심으로 감사합니다.

• 미술상 수상 축하연 때 내빈 축사

나동관 군의 수상을 축하합니다.

그리고 수상 축하연에 초대해 주시고 내빈의 한 사람으로서 축사까지 하게 되어 영광스럽고 감사합니다.

나동관 군의 수상은 신문 보도를 통해서 알게 되었습니다.

이렇게 말하면 실례가 될지 모르겠으나 해마다 미전(美展)에 응모했다는 말은 그 때마다 본인을 통해서 들은 적이 있어서 잘 알고 있습니다. 그리고 매년 「올해도 낙방입니다.」 하고 아쉬워하던 것도 기억에 새롭습니다. 그래서 솔직하게 말해서 금년에는 수상할까 하고 기대도 해 보았습니다.

그러나 지금이니까 말하지만 동관 군의 장한 점은 낙방을 했을 때도 결코 불평하지 않고 항상 의욕적으로 작품 제작에 몰두하였습니다. 그럴 때 동관 군의 모습은 더욱 돋보였습니다.

그런 증거라 할 수 있는 것도 색다른데, 가끔 동관 군과는 초등학생이 그린 그림 전시회에 가서도 그냥 대충대충 보고 넘길 때가 없었습니다. 그림에서 어린이들의 감성을 감취하려 하는 것이었습니다. 동관군은 「자기에게는 없는 예리하고 순진한 어린이들의 감성을 어린이들의 그림에서 배우고 싶다」고 했습니다.

이런 그의 태도를 보고 있으면 상을 떠나서라도 정말로 그림을 사랑하고 있구나 하는 것이 저에게 전해져 오는 것이었습니다.

어쩌면 동관 군 자신의 인생을 그대로 액자 속에 넣어도 훌륭한 그림이 되지 않을까 하는 생각도 했습니다. 이번 수상은 동관군의 작품에 대한 것이지만 그의 인생 그 자체에 대한 상이 아닐까 하는 생각이 들었습니다.

탄탄한 실력, 그리고 그림에 대한 인생관, 그런 모든 것의 집대성이 이번의 수상이라고 생각합니다. 이번 수상을 기회로 동관 군의 그림이 한 걸음, 두 걸음 전진하여 위대한 대작이 되리라 봅니다.

저는 동관 군의 재능을 믿고 있습니다. 앞으로 더욱 분발하여 우리들을 기쁘게 해주기 바랍니다. 부족하나마 이것으로 저의 인사를 대신하고자 합니다.

오늘 진심으로 수상을 축하합니다.

• 30년 근속 표창식 때 사장의 인사말

이 자리는 우리 회사에서 비가 오나 눈이 오나 30년 동안 열심히 일해주신 근속자를 표창하는 자리입니다.

이번에는 30년간 근속한 송영길 씨가 표창을 받게 되는데 한 마디로 30년이라고 하면 우리 회사가 걸어온 길을 되돌아보아도 알 수 있듯이 결코 평탄한 것만은 아니었습니다.

몇 차례나 불황의 늪에 허덕인 적도 있었으며 기술혁신의 거친 파도도 겪었습니다. 그런 가운데도 오늘처럼 건재할 수 있었던 것은 송영길 씨로 대표되는 훌륭한 사원 여러분이 회사의 어려움을 타개하기 위하여 필사적으로 분투해 주신 덕분입니다. 이 자리를 빌려서 충심으로 감사합니다.

「계속은 힘이다」라는 말이 있는데 그야 말로 계속은 힘이 되어주었습니다. 그뿐 아니라 우리 회사로서는 위대한 힘이었습니다. 작금 OA 시스템이라고 하는 컴퓨터 시스템이 기업에 침투하고 있습니다. 우리도 도입하고 있지만 컴퓨터로는 할 수 없는 일도 있습니다. 그것은 입사한지 얼마 되지 않은 사원에 대한 교육입니다. 새로 입사한 사원에게 기업인으로서의 규범을 보여주는 일은 그 어떤 우수한 컴퓨터도 할 수 없습니다.

말할 것도 없이 사원 교육은 기업으로서도 중요한 일 중의 하나입니다. 아무리 우수한 컴퓨터라도 사원이 우수하지 않으면 기업 간의 경쟁에서 살아남을 수 없습니다. 하지만 사원 교육은 더 어렵습니다. 왜냐하면 아무리 말해주어도 진짜 의미에서의 교육은 될 수 있는 것이 아닙니다.

그런데 송영길 씨 같은 우수한 사원이 오랜 세월을 통해서 얻은 풍부한 경험을 무언중에 젊은 사원들을 교육시켜 주고 있습니다. 우리 회사로서는 다시없는 보물이 아닐 수 없습니다. 이것이야 말로 계속적인 힘이 되고 위대한 증명이 되기도 합니다.

앞으로도 더욱 우리 회사를 성장시키기 위해서는 공사를 불문하고 풍부한 경험을 토대로 하여 후진을 지도해 주시기 바랍니다.

오늘 표창을 받으시는 송영길 씨의 행복과 보다 좋은 활동을 바라며 저의 인사를 마치겠습니다.

감사합니다.

• 근속 30년을 축하하는 후배의 인사말

전영훈 총무부장님의 근속 30년을 축하드립니다. 여러 선배님과 후배들을 대표하여 제가 축사를 하게 되었습니다.

불초 소생은 전영훈 총무부장님의 대학 후배로서 입사할 때부터 지금까지 여러 가지로 신세를 져온 사람입니다. 은혜에 제대로 보답하지도 못한 채 오늘에 이르게 되었습니다. 그래서 선배님으로부터 어떤 것을 배웠는지 말씀드려 축하에 대신하려 합니다.

앞서 사장님의 인사 말씀에서도 30년간 지각 한 번도 안했으며 개근하셨다는 말씀이 있었는데 선배님의 세 아드님도 모두 개근상을 받았다고 하니 그런 선배님의 근무 자세에 더욱 고개가 숙여집니다.

저도 앞으로는 지각하지 않도록 노력하겠습니다(웃음). 제가 입사했을 당시 선배님은 판매 파트의 신임 과장대리였습니다. 그 당시의 선배님은 지금의 온후한 모습과는 정반대였습니다. 그래서 호랑이 과장대리라고 후배들은 말했는데 이런 엄한 선배님 밑에서 저는 단련되지 않았나 생각됩니다.

인사하는 방법부터 사과하는 방법까지 기본적인 것부터 철저하게 배웠습니다. 그때는 '참 귀찮다'는 생각만 들었습니다.

그러나 세월이 흐름에 따라 저도 부하를 두게 되자 '선배님의 그때의 엄격함이 고마웠구나.' 하고 당시를 되돌아봅니다.

30년은 무척 긴 세월입니다. 선배님은 앞으로도 30년은 더 일하셔야 합니다. 지금까지와 다름없는 활약을 기원하면서 축하의 말로 대신하겠습니다.

• **근속 20년이 된 호텔 지배인에 대한 내빈 축사**

호텔 지배인 ○○○ 씨의 근속 20년 표창식에 초대되어 축하의 말씀을 하는 기회를 얻게 된 것을 영광으로 생각하며 감사를 드립니다.

시즌이 끝났다고는 해도 이처럼 번창한 호텔에서 눈코 뜰 새 없이 바쁜 지배인을 어째서 몇 시간씩 붙들어 두고 표창식이나 축하연을 갖느냐고 의아해 하면서 이 자리에 오게 되었습니다. 오전 중에는 한 쌍의 결혼식이 있었고 오후에는 이렇게 자기를 위한 식전에 나온 지배인이지만 조금도 허둥대거나 하지 않는군요.

물론 당사자의 준비가 철저하다는 점도 있겠으나 오늘은 ○○○ 사장님의 배려라고 짐작됩니다.

아시다시피 사장님 밑에서 일개 종업원으로 첫발을 내디딘 ○○○ 지배인은 ○○○ 사장님의 맏따님과 결혼하여 지금은 지배인으로서 전폭적인 신뢰를 받아 적극적으로 업무에 임하고 있습니다.

이 지역은 별로 넓지 않은 온천지대로 입소문이 빠르게 퍼지게 됩니다. 특히 ○○○ 지배인에 대해서는 「일만 하는 사람」, 「연구에 열심인 사람」이라는 것도 소문이 나 있습니다.

그렇다고 아무런 취미도 없는 사람이냐 하면 그렇지 않습니다. 엔터테인먼터라 할지 호텔에서 종업원이 총출연하는 여흥 시간에는 달변의 사회자로서, 또는 아마추어 가수로서, 때로는 전체 연출도 맡아보는 등 사면팔방으로 활동을 계속하고 있습니다.

호텔·여관을 경영하는 사장들이 모이면 언제나 프론트나 매니지먼트에 대한 것이 화제의 중심이 되는데 내가 이 자리에서 꼭 하고 싶은 말은 경영자라는 높은 자리의 입장에서만 ○○○ 지배인이 주목을 받고 있는 것이 아니라 부하들의 평판도 좋다는 점입니다.

이것이 가장 중요한 점이며, 오늘 20년 근속을 축하하는 사람은 이 호텔의 사장님이나 관계자만이 아니라 이 지역 업자들 전체가 축하를 보내고 있다는 점입니다.

앞으로는 특히 건강에 유의해서 이 호텔이 나날이 번창하는데 일조하기를 기원합니다. 영광스런 20년 근속 표창을 받은 ○○○ 지배인에게 마음에서 우러난 축하의 인사를 드립니다.

오늘 20년 근속 표창을 받으신 것을 진심으로 축하합니다.

• 우수사원 표창식 때 사장의 인사말

우리 회사 우수사원 표창식을 하기 전에 한 마디 하겠습니다.

오늘 표창을 받은 고춘식 사원을 비롯하여 다섯 분은 어려운 상황 속에서도 정말 열심히 일해 주셨습니다. 실적을 보니까 회사에서도 단연 톱이었습니다.

이 분들의 노력에 힘입어 전체 매상이 많이 향상되었습니다. 이 자리를 빌려서 우수 사원 여러분과 전사원에게 감사를 드립니다.

우리 회사의 경영 이념의 하나로 「사회봉사」가 있습니다. 기업으로서 단순히 돈만 벌겠다는 것이 아니라 지역 사회에 얼마나 이익을 주었는가 하는 것입니다.

이것은 말로 하기는 쉬우나 실제로는 매우 어려운 점이 있습니다. 특히 영업 일선에서 일하는 여러분은 지역 주민과 접하는 기회가 많고, 그것이 얼마나 어려운 일인가를 저는 잘 알고 있습니다.

그러나 여러분의 노력으로 우리 회사의 경영 이념은 서서히 사회에 침투되고 있습니다. 이것은 사원 여러분의 행동 하나하나가 회사의 이미지로 되어 지역사회에 널리 확산되었기 때문이라고 봅니다.

밝고 기민하게, 그리고 고객 제일주의. 여러분은 이것을 실천하고 있는데 우리 회사에 대한 고객의 이미지는 해를 거듭할수록 좋아지고 있습니다. 이것은 상품판매 이상으로 중요합니다.

그런 의미에서 여러분의 회사에 대한 공헌은 유형무형을 불문하고 절대적이라 아니할 수 없습니다. 여러분은 앞으로도 우리 회사의 튼튼한 기둥으로 분발해 주시기 바랍니다.

회사에서는 여러분이 좀더 활동하기 좋도록 사내 개혁을 추진하고자 합니다. 이 점에 관해서 의견이 있는 분은 서슴없이 소속 상사나 저에게 직접 말하여 주시면 고맙겠습니다.

앞으로도 어려운 고비는 많을 것입니다. 불굴의 정신으로 그런 난관을 타개해나가기를 바랍니다.

• 우수 사원 표창식 때 회장의 인사말

0000년도 우수 사원을 표창하는 자리에 곁들여서 한 마디 하겠습니다. 오늘 각 부서에서 추천된 우수사원 다섯 분의 공적을 치하하는 동시에 꾸준한 노력에 마음으로부터의 감사를 드립니다.

그러나 지금 새삼스럽게 말할 필요도 없겠지만 일이란 혼자 힘으로 할 수 있는 것이 아닙니다.

오늘 표창을 받게 된 다섯 분 뒤에는 많은 사원들의 협력이 있었다는 것을 기억해 주시기 바랍니다.

오늘 표창을 받는 분들은 그 점을 명심하고 자만심에 빠지는 일 없이 더욱 업무에 충실해야 되겠습니다.

올해는 본사 창업 50주년을 맞는 해입니다. 지금보다도 더 분발해 주시기 바라면서 인사의 말을 끝맺겠습니다.

• 우수사원 표창식 때 내빈의 인사말

귀사의 창립 30주년을 축하합니다. 우리 같은 제조업자가 귀사의 기념식전에 초대되어 영광스럽게도 귀사의 우수 사원을 표창하는 자리에서 축사를 드리는 기회를 주신데 대하여 감사합니다.

저는 지난 10년 동안 귀사와 제휴하여 유대를 돈독하게 쌓아왔는데 귀사는 종합가구 전시장을 잇달아 개설하여 사세가 양적 질적으로 향상되었다고 봅니다.

오늘 참석해 주신 몇몇 제조업체와는 다른 업계여서, 정직하게 말하면 종합전시장에서 시스템 주방기구를 분리시키는 기본 전략은, 오늘 표창을 받으시는 김한범 실장님과 불초 소생이 어느 여름날 오후 맥주홀에서 맥주잔을 기울이면서 교통편만 좋다면 시스템 주방 기구 전문의 쇼룸을 교외에 개설하는 편이 여러 각도에서 볼 때 효과적이라는 결론에 도달한 일로부터 시작되었다고 할 수 있습니다.

이 플랜은 쌍방 회사에서 내부적으로 검토를 거쳐서 코디네이터나 디자이너를 포함시켜 팀을 만들어 그해 가을이 끝날 때까지 모델 케이스로 제1호점을 개설하게 되었습니다.

만약 실장님과 제가 그해 여름 맥주홀에서 맥주잔을 부딪치면서 건배를 하지 않았더라면 지금의 시스템 주방 기구 전문 쇼룸 작전의 전개와 그 성공은 없지 않았을까 하고 저는 자부하고 있습니다.

그런데 김한범 실장님은 어떻게 생각하고 있었을까요? 아마도 실장님은 이렇게 생각했겠지요. 「그 계획은 우수한 내 부하가 있었기에 성공할 수 있었던 것이다」라고. 실장님의 입버릇은 「뭐니 뭐니 해도 나의 부하는 우리나라에서는 가장 우수하니까」라고 말하십니다. 참 부럽습니다.

오늘 이 자리는 원래 영업 본부장이신 상무님이 인사를 해야 했을 텐데 지금 사장님과 해외 출장 중이시어 귀사를 대표해서 축사를 해달라는 부탁을 받고 이 자리에 서게 되었는데 두서없는 얘기가 되고 말았습니다.

김한범 실장님, 오늘 영광스런 우수 사원 표창을 받게 된 것을 축하드립니다.

새로운 쇼룸의 개설이 큰 성공을 거둔 이상으로 실장님이 이끄시는 개발팀 전원의 활동은 높게 평가되고 있습니다. 제가 생각하기로는 이것은 팀 전체가 표창받아야 할 자리이므로 다시 한 번 개발실 여러분에게도 축하를 드립니다.

우수한 개발실 여러분, 진심으로 오늘의 영광을 축하합니다. 앞으로도 좋은 활약을 하실 것으로 믿으면서 창립 30주년기념 및 우수 사원표창식의 축하 인사를 가름하겠습니다.

기업이나 단체가 창립 기념일이나 개설 기념일에 우수 사원이나 직원을 표창하는 경우, 관련이 있는 회사나 단체로부터 내빈이 참석할 때도 있습니다.

표창을 받는 대상자와 업무상 밀접한 관계가 있어서 초대받은 경우에는 회사·단체의 입장과는 달리 내빈으로서의 축하 내용은 구체적으로 됩니다.

이런 경우 축사는 결코 형식적인 것이 아니라 축하하는 마음이 담긴 내용이 되어야 합니다. 그러므로 이럴 때는 미사여구는 필요치 않습니다. 오히려 말을 할 때 지나치게 수식어를 쓰지 않는 것이 참뜻이 전달되기 쉬우며 효과적입니다.

자기의 일처럼 기뻐하고 최근의 노력을 칭찬하며 인간됨됨이에 경의를 표하고, 나아가서는 인재를 육성한 상대방을 존경하게 됩니다. 이런 기분을 솔직하게 말한다면 표창을 받는 사람은 깊게 감동할 것이며 주최자도 감격할 것입니다.

또 수상자에 대해서 구체적인 예비지식을 갖지 않은채 형식적인 축사를 해야 할 때는 성의를 다하여 「축하합니다.」라고 말하는 것이 가장 좋습니다.

형식적인 축사를 대독하는 경우에도 내빈석에 앉기까지의 짧은 시간을 이용하여 우수 사원의 우수한 점을 가까이 있는 주최자에게 물어보고 그 지식을 어떻게 활용하느냐가 우수한 축사자의 기량을 보여줄 수 있습니다.

대독 후 짤막하게 솔직한 한 마디를 추가함으로써 그 축사 전체가 빛을 발할 수 있습니다.

요는 생동감 있는 말로, 구체적으로, 경의를 표하면서 칭찬해주는 것입니다. 끝으로 「축하합니다」 하면서 악수를 청하는 것도 솔직함의 표현 방법으로 신선감이 있습니다.

• 공인회계사 시험 합격 파티 때 선배의 인사말

나기동 군의 이번 합격을 축하합니다.

기동 군은 건축회사의 경리과에 근무하면서 이번 회계사 시험에 합격하였습니다.

직장을 갖고 있으면서 합격한 것이라 그간의 노력이 어떠했는지는 짐작하고도 남습니다.

듣자니 이번 합격을 계기로 독립을 하려고 한다는데 「신중하게 시기를 잡아야 한다.」는 것이 저의 생각입니다. 축하의 자리에서 이런 말을 하는 것은 적절하지 못할지도 모르겠으나 선배의 노파심에서 하는 말이라고 생각하고 들어주기 바랍니다.

저의 경우 IMF가 있기 수년 전에 사무소를 열었던 관계로 출발은 스무스하게 하였으나 지금 같은 불황기에는 근근이 유지하고 있는 형편입니다.

규모가 원체 작아서 가까스로 운영은 하고 있지만 사업을 시작할 때는

그때부터 저는 차량검사 이외에 차량으로 할 수 있는 사업을 위해 열심히 알아보고 다녔습니다. 캠핑카를 렌털하는 사람은 어떤 사람들일까. 캠프의 초심자도 많을 것이다. 그렇다면 캠핑 용품의 렌털도, 그리고 캠프장에 대한 정보도 필요할 것이고 초심자를 위해서 간단한 캠핑 지도도 필요할 것이다…. 이렇게 날이 갈수록 새로운 아이디어가 떠올랐습니다. 오늘 여러분이 오신 이 빌딩의 2층에 캠프 정보의 발신기지인 「OK 캠핑 스테이지」를 만들게 되었습니다.

똑같은 차량을 이용하는 사업이라 하더라도 전혀 새로운 분야의 도전입니다. 단순히 취미 삼아 대해서는 안될 것 같았습니다. 항상 새로운 수요를 캐치하여 사원 일동이 전력 투구해야 된다고 생각했습니다.

오늘 개업에 앞서서 반년 전에 렌터카 부분만 시작했습니다. 아직 완전하지는 않지만 렌털을 하는 분들에게는 캠핑 용품의 렌털도 서비스해 주기 위해 시운전 같은 것을 해보았더니 반응이 좋았습니다. 또 전혀 예상한 적은 없었으나 잡지 기자도 와서 취재해 가고 있습니다.

새로운 회사의 일상 업무는 명형보군이 맡게 됩니다. 그 밑에는 캠핑 코디네이터 7명이 있습니다. 전사원이 열심히 노력하고 있어서 여러분들의 도움을 받을 수 있게 되었습니다.

오늘 참석해 주셔서 대단히 고맙습니다.

이 사례는 모회사가 비교적 소규모인 케이스입니다. 새로운 회사의 개업 파티 같은 것이므로 새로운 회사를 만들게 된 경위를 자세하게 언급하여 참석자에게 설립의 열의가 전달되는 내용으로 되어 있습니다.

반대로 규모가 큰 회사에서 독립한 회사라면 설립 축하회에 관련 회사의 대표
도 많이 참석하게 되므로 자기 회사에 대한 얘기는 삼가는 것이 좋을 것입니다.

 어느 경우이건 앞으로의 지원과 협력을 부탁하는 것이므로 「전력을 기
울여서」라든가 「사원이 한 덩어리가 되어」라든가, 「분골쇄신의 노력으
로」 같은 정열을 담아서 목표를 호소합니다.

이처럼 독립 개업의 축하회나 식전에서는 참석하는 내빈의 성격에 따라서 내용
을 달리 합니다.

가령, 모회사와 새로운 회사의 사원뿐이라면 독립 개업까지의 노력을 칭송하고
설립하기까지의 노고를 치하해 주는 것도 중요합니다.

또한 앞으로 신세를 지게 될 관련 회사나 고객 중심의 모임이라면 참석자에 대
한 감사의 표시와 협력을 부탁하는 정중한 인사가 보다도 중요해집니다.

• 개업축하회 때 점주(店主)의 인사말

바쁘실 텐데 저희들의 개업 축하회에 와 주셔서 감사합니다.

저는 가게 주인인 ○ ○ ○ 입니다.

우선 와 주신 분들께는 감사와 동시에 송구스럽다는 말씀을 드려야겠
습니다.

개업에 맞추어 내부 공사를 미처 다 끝내지 못해 흉물스럽습니다. 이
자리를 빌려서 사과드립니다.

이처럼 구석진 곳에 그토록 염원했던 점포를 열게 된 것도 다 여러분
의 뜨거운 지원이 있었기에 가능했습니다. 앞으로는 여러분과 함께 지
역 발전에서 미약하나마 힘을 보태고 싶습니다.

제가 이 지역에 가게를 개업하게 된 이유는 무엇보다도 이 지역이 마

음에 들었기 때문입니다. 따뜻한 인정, 그리고 장래의 발전성, 아름다운 거리, 무엇 하나 나무랄 데가 없습니다. 그토록 오래 찾아 헤매던 장소가 바로 이곳입니다. 저는 이 지역의 일원이 되었다는 것을 자랑스럽게 생각하고 있습니다.

앞으로도 지역에 누가 되지 않도록 열심히 노력하겠습니다. 오래오래 잘 보아주시기 바랍니다.

간단하나마 이것으로 개업 인사를 대신하겠습니다.

• 개점 축하회 때 내빈 축사

개점을 축하합니다.

P군의 오랜 염원이던 점포가 이렇게 멋지게 완성된 것을 마음으로부터 축하를 드립니다.

내일부터 본격적으로 장사를 시작한다고 하는데 원래 P군의 성격은 장사에 잘 어울리며, 대인관계도 좋아 크게 번창하리라 믿고 있습니다.

이 점포를 차리기까지는 애로도 많았던 것으로 알고 있는데 P군의 표정에서는 그런 티를 조금도 찾아볼 수가 없고 웃음으로 사람들을 대하고 있군요. 고객을 상대로 하는 장사는 웃는 얼굴과 감사하다는 말을 하는 것이 첫째입니다. 그런 의미에서 P군의 가게에서는 무엇보다도 점주의 인상이 좋다는 것이 큰 장점인 것 같습니다.

점주가 항상 웃는 얼굴로 고객을 대하면 찾는 고객이 늘어납니다.

P군은 자기의 점포를 갖기 위해서 수년간 다른 가게에서 수업을 쌓았다는 말을 들었습니다. 오늘 P군이 개점하게 된 것은 그런 고생이 결실을 맺게 된 것이라고 생각합니다.

앞으로 가게를 운영할 때 갖가지 어려움도 각오해야 된다고 생각되지만 이런 어려움도 슬기롭게 극복해 나가리라고 봅니다.

앞으로 더욱 지역 주민에게 사랑받는 가게로 발전하기를 빌면서 축하의 말을 맺고자 합니다.

감사합니다.

• 제과점 개업 인사

오늘은 우리들의 제과점 「짝꿍 베이커리」의 문을 여는 날입니다. 바쁘신 데도 불구하고 많이 오셔서 화환으로 화사하게 장식해 주신 것 무어라고 감사해야 할지 모르겠습니다. 너무너무 기뻐서 가슴이 벅찰 지경입니다.

우리 세 사람 중 제가 나이가 두 살 위여서 대표자로서 인사를 드리게 되었습니다.

우선 이렇게 좋은 점포를 빌려주신 건물주인 어른께 진심으로 감사하다는 말씀을 올립니다. 이런 점포를 빌려 주시지 않았더라면 우리들의 계획도 탁상공론에 그치고 말았을 것입니다.

우리는 초등학교에 다닐 때부터 한 동네에 살았으며, 사는 집도 가까이 있어서 단짝 친구로 자라 오늘까지 친하게 지내고 있습니다. 그리고 우리는 취미도 똑같아서 빵이나 과자를 만드는 것이 취미였습니다.

우리가 만든 빵이나 쿠키는 학교에 다닐 때부터 인기가 좋았습니다. 그 후 고등학교에 다닐 때는 장차 우리가 힘을 합쳐 제과점을 차리자고 의논하기도 해서 오늘 뜻을 이룰 수 있게 되었습니다.

오늘은 우리가 만든 빵을 여러분께 답례로 드리기로 했습니다. 맛이 있으면 앞으로 많이 이용해 주셨으면 좋겠습니다.

여러분의 기대에 어긋나지 않는 맛있는 빵과 과자를 만들도록 더욱 열심히 노력하겠습니다.

감사합니다.

• 제과점 개업을 축하하는 인사말

○○○ 군, △△△ 군, 그리고×××군의 「짝꿍 베이커리」의 개점을 축하합니다.

제과점 이름도 예쁘군요. 앞으로 이 「짝꿍 베이커리」가 번창하기를 진심으로 기원합니다. 우리는 이들 세 친구가 빵을 잘 만든다는 것을 학교에 다닐 때부터 잘 알고 있습니다. 오늘 우리는 여기 오면서 「매일 그 가게에 가서 사자.」고 했습니다.

군들이 만든 빵이 날개 돋친 듯 잘 팔리기를 바랍니다.

힘내시기 바랍니다.

• 꽃집 개점 인사

오늘 꽃집을 개점한 소재필입니다.

이번에 이곳에 작은 꽃집을 열게 되었습니다. 축하해 주시는 여러분들께 감사하다는 말씀을 드립니다.

저는 꽃이나 나무 가꾸기를 좋아해서 중심가에 있는 화원에서 근무한 일이 있습니다. 저의 아내도 그때 인연이 되어 사귀게 되었고 언젠가는 우리도 독립하자며 둘이서 열심히 일했습니다.

오늘 이곳에 꽃집을 차리게 된 것도 이런 인연이 있었기에 가능하지 않았나 생각됩니다. 낯선 곳이라 아직 이 지역에 대해서는 지리도 어둡고 아는 분도 별로 없습니다. 앞으로 많은 지도를 부탁드리겠습니다.

또 저희가 몸담고 있던 회사의 사장님도 오셔서 축하해 주시어 용기가 백배는 더 나는 것 같습니다. 앞으로도 많이 성원해 주시기 바랍니다.

참석해 주셔서 감사합니다.

• 사옥 신축 축하회 때 내빈 축사

○○○사장님, 신사옥 준공을 축하합니다. 조금 전에 새로운 사옥의 이곳저곳을 둘러보고 사장님의 신사옥에 대한 배려가 얼마나 치밀했는가를 잘 알 수 있었습니다. 정말로 합리화 우선의 모토가 잘 반영된 것 같습니다. 특히 응접실에 많은 신경을 쓰신 것 같습니다.

응접실 바로 곁에 화장실을 만드신 것은 사장님의 독창적인 아이디어 같습니다.

우리 같은 업자들은 단골 거래처에 갔을 때 미모의 안내양에게 화장실이 어디 있느냐고 묻기란 여간 쑥스러운 일이 아닙니다.

응접실에 들어가 보니 바로 화장실이 어디 있는지 알 수 있게 표시해 놓은 것을 보면 사장님은 우리들의 가려운 점을 잘 알고 계신 것 같아서 감탄했습니다.

이것은 하나의 예에 불과하지만 현관의 스페이스가 널찍한 것도 좋았습니다. 사장님은 늘 현관을 보면 그 회사의 격(格)을 알 수 있다고 하셨는데 과연 현관이 널찍하고 잘 꾸며져 있더군요.

회사의 눈부신 발전이 부럽습니다. 다시 한 번 경축합니다.

물론 사원들이 근무하는 사무실 공간도 구석구석까지 사장님의 아이디어가 잘 반영되어 일하기 편한 구조로 되어 있으며 뉴미디어 설비도 완벽했습니다.

앞으로도 더욱 번창하시기를 빌면서 저의 축사를 마치겠습니다.

• 가옥 신축을 축하하는 이웃의 인사말

신경호 님의 가옥 신축을 축하합니다. 오랫 동안 공지로 남아 있어서 어떤 집이 들어설지 이웃에 살고 있는 저로서는 궁금했는데 이렇게 훌륭한 집을 지으셨으니 우리 동네가 훤해진 것 같습니다. 이렇게 경사스런 날 저같은 사람도 불러주셔 기쁜 인사를 드리게 되어 감사하게 생각합니다.

조금 전에도 말했지만 새집을 둘러보고 감탄했습니다. 특히 설계를 잘 하신 것 같습니다.

흔히 집은 세 번을 지어봐야 마음에 드는 집이 된다고들 하는데 신선생님은 이번이 처음 짓는 집이라는데도 이렇게 잘 지으신 것을 보면 신선생님은 건축에도 남다른 조예가 있는 것 같습니다.

앞으로 이웃끼리 자주 만나 친해졌으면 합니다. 그렇게 되면 아이들도 친한 친구가 되겠지요.

신축을 축하하면서 앞으로 좋은 이웃이 되도록 노력하겠습니다.

• 가옥 신축을 축하하는 내빈의 인사말

신경호 님의 가옥신축을 축하합니다. 그토록 염원하신 새집을 마련하셨으니 얼마나 흐뭇하겠습니까!

마음에 드는 새집을 장만할 때까지 느긋하게 기다리겠다면서 대지를 장만하신지 10년 만에 이런 멋진 집을 지으셨으니 얼마나 기쁘시겠습니까! 오늘 새집을 둘러보고 선생이 입버릇처럼 말씀하시던 그 뜻을 알 것 같군요. 새집 구석구석을 둘러보니 선생 내외분의 아이디어가 구석구석 잘 반영되고 있어서 더욱 감탄했습니다.

흔히 요즘 사람들은 남편의 서재에는 별로 신경을 쓰지 않는데 참으로 아담한 서재를 만드셨더군요.

제 아내는 이 집의 주방이 마음에 든다고 했습니다.

이처럼 훌륭한 집을 신축하게 된 것을 축하합니다.

나무의 향내가 그윽한 댁내에 많은 복이 있기를 빕니다.

• 가옥 신축 자축회 때 본인의 인사말

여러분, 오늘 바쁘신 가운데도 참석해 주셔서 감사합니다. 이런 모임을 가지게 되어서 분에 넘치는 축하의 말씀까지 해주신 것 영광으로 생각하며 감사를 드립니다.

여러분들도 아시다시피 이제까지 살아오면서 저는 집 같은 것은 없어도 된다고 생각하여 재산도 모으지 못하고 돈이 있으면 놀러나 다니며 써버렸습니다.

그런데 친구들은 모두 집을 장만하여 살고 있는데, 아이들이 중학교나 고등학교에 들어갈 무렵부터는 사는 집도 좁아졌고 저 역시 생각을 바꾸지 않으면 안 되게 되었습니다.

특히 제사 상사로 모시고 있는 ×××님의 간곡한 권유를 받아들여 「저도 해보겠다」는 용기가 솟게 되었습니다.

융자에서 대지 구입까지 ×××님의 신세를 지게 되었습니다.

「저는 얼마나 좋은 상사를 모시게 되었는가!」 직장 상사의 배려에 고개가 숙여졌습니다.

아내와 자식도 감사하는 마음으로 가득차 있습니다.

오늘은 대접도 변변하게 못합니다만은 천천히 노시다 가셨으면 합니다.

이웃에 사는 분들께도 바쁘신 중에 와 주셔서 고맙습니다.

장난이 심한 어린 딸이 있어서 더욱 신세를 지게 되었습니다.

저와 아내, 아이들은 이 새집에서 심기일전의 각오로 열심히 노력하자고 뜻을 모았습니다.

앞으로 잘 부탁드리겠습니다.

자기 집의 신축은 가족 전체의 기쁨이 아닐 수 없습니다. 내빈으로 초대되어 인사를 할 때는 그것을 잘 이해하여 가족 전원에 대해서 하도록 하는 것이 중요합니다.

그런 만큼 틀에 박힌 인사가 아니라 진심으로 축하해주는 마음이 담긴 것이 되도록 해야 합니다. 신축에 이르기끼지의 에피소드 같은 것올 담는 것도 좋을 것입니다.

또한 건축주는 타인이 보기에 상당히 잘 지었다고 생각했더라도 몇몇 곳은 마음에 들지 않는 점이 있을 것이므로 지나친 칭찬은 듣기 거북할 것입니다. 이점을 주의해야 합니다.

감사의 말을 할 때는 지나친 겸손은 오히려 실례가 됩니다. 솔직하게 기쁜 마음을 표하고 감사하다는 인사를 합니다. 기피해야 할 말은 불, 연기, 무너진다, 불 탄다 같은 말은 삼가하는 것이 좋겠습니다.

• 빌라 신축을 축하하는 내빈의 인사말

왕진석 선생님, 훌륭한 빌라를 신축하신 것 축하합니다.

이번에 점포를 정리하셨다는 말을 듣고 많이 걱정했는데 이런 계획이 있어서 그랬군요. 왕선생님의 탄탄한 노후 계획에 감탄을 금할 길 없습니다.

맏따님 부부와 같이 사시면서 빌라를 경영하게 되었으니 노후 걱정은 하실 필요도 없이 유유자적하시게 된 선생이 부럽습니다.

빌라에 입주할 사람들도 결정되셨다고 하니 이제 걱정할 일은 하나도 없는 것 같습니다. 은하(장녀)양에게도 축하를 보냅니다. 너그러운 남편과 아버님을 모시고 훌륭한 빌라도 갖게 되었으니 축하하지 않을 수 없군요. 얼마 전까지만 해도 여학생이었던 은하양이 머지않아 엄마가 된다니 아울러 축하합니다.

은하양의 아버님은 은하양의 어머니가 세상을 떠나시자 허전하고 쓸쓸하게 지내셨는데 잘 위로해드리세요. 여태까지 서로 이웃에 살면서 각별하게 지냈는데 딴 곳으로 옮기게 되셨으니 섭섭하지만 따님과 같이 사시게 되어 안심이 됩니다. 왕선생의 행복을 빌면서 저의 인사를 마치겠습니다.

• 지점을 개설할 때 지점장의 인사말

인사 올리겠습니다.

오늘 저희들 ○○지점 개설 축하에 와 주셔서 감사합니다. 진심으로 고맙다는 말씀을 드립니다.

저희 회사가 서울 종로에 본점을 개소한 것은 지금부터 15년 전이었습니다. 그 이래 전국에 잇따라 지점을 개설하고 있는데 ○○지점은 여섯 번째로 내는 지점이 되겠습니다.

이 지역에 지점을 열어서 활동하게 됨으로써 이 지역에서 효과적으로 영업 활동을 할 수 있게 되어 고객 여러분께 신속 정확하게 대응할 수 있는 체제를 갖추게 되었습니다. 이전처럼 불편을 끼칠 일은 줄어들 것입니다.

이것은 오로지 여러분들이 지원해 주신 덕분이라고 생각하며 다시 한 번 감사를 드립니다.

무사히 지점은 열었습니다마는 경쟁은 이제부터라고 생각합니다. 직원 모두가 일심동체가 되어 열심히 일하겠습니다. 물론 저 또한 지점장으로서 만전을 기하려고 합니다.

관계자 여러분께도 잘 부탁드립니다.

이 새로운 지점은 우리가 싸울 보루이며 활력의 원천이기도 합니다.

하다 보니 좀 과격한 말이 되었습니다만 이것으로 개소 인사로 대신하겠습니다.

오늘 참석해주시어 감사합니다.

• 지점을 개설할 때 내빈 축사

권오규라합니다. 오늘 초대해 주셔서 감사합니다. 내빈의 입장에서 간단하게나마 축하의 말씀을 드리고자 합니다.

○○지점은 전국에서 여섯 번째로 개설하는 지점이라고 하셨는데 이 지역에서는 유일무이한 지점입니다. 지점이라고 하면 언제나 본점이나 다른 지점과 비교되어 평가받기 쉽습니다.

하지만 제가 보기에는 매출실적을 올리는 것도 중요하지만 그 이상으로 그 지역 사람들과 어떻게 깊은 유대를 가지는가, 그것이 최대의 재산이라고 생각합니다.

우리로서도 염원했던 지점의 개설이므로 다양한 형태로 이 지점이 크게 발전할 수 있도록 돕고자 합니다.

불필요한 곳에 지점은 개설할 수 없다고 봅니다. 필요하니까 지점을 개설하는 것입니다. 그런 의미에서 우리로서는 사막에서 오아시스를 찾아낸 것 같습니다. 메마른 땅에는 오아시스가 무엇보다 소중합니다. 오늘 ○○지점의 개소식에 내빈으로 오신 분들은 모두 그런 생각을 하고 계실 것입니다.

앞으로 지점장님과 사원 여러분들께서는 우리를 포함한 지역주민을 위해서 힘쓰시기를 간절히 바랍니다. ○○지점의 개소를 계기로 우리 거리 전체가 크게 발전하기를 기대하고 있습니다.

오늘은 우리 지역으로서는 정말 기쁜 날입니다.

진심으로 ○○지점의 개설을 축하합니다.

지역 사회에 큰 공헌을 하시기를 기원하면서 축사를 마치겠습니다.

• 공공시설 개관식 때 책임자의 인사말

신록의 오월이 되었습니다. 새로운 싹들이 돋아나는 이때 지역 여러분들이 고대하던 문화회관을 오늘 개관하게 된 것은 여러분은 물론이고 저 또한 기쁘기 그지없습니다.

이 문화회관을 설립할 때부터 여러분의 지대한 지원으로 무사히 차질 없이 준공하게 된 것을 기쁘게 생각합니다.

문화회관은 지역을 활성화시키는 거점이 된다고 생각합니다. 지역 주민 여러분이 자기 연찬을 할 수 있는 장이며 지역간의 교류를 원활하게 하는 장으로 잘 활용된다면 이 시설의 존재 의의는 충분하다고 봅니다.

우리도 열심히 돕겠습니다. 또한 요망사항이 있을 때는 언제든지 구청에 오셔서 의견을 말씀해 주시기 바랍니다.

간단하나마 이것으로 개관 인사를 대신하겠습니다.

오늘은 참 기쁘고 좋은 날입니다. 감사합니다.

특정인물을 회제로 하지 않는다

개점·개업 축하회에서는 경우에 따라서는 저명한 인물이나 지역 유지가 참석하거나 하는데 특정 인물을 거론하면서 추켜세우거나 하는 것은 피하는 것이 무난합니다. 한 말이 후일 트러블의 원인이 될 수도 있습니다.

• 공공시설 개관식 때 내빈 축사

우리가 고대하던 구민문화센터가 완공되어 우리 구민으로서는 매우 기쁘게 생각합니다. 이 일이 성사되기까지 노력을 아끼지 않으신 구청장님을 비롯하여 관계자 여러분의 노고에 진심으로 감사를 드립니다.

우리 구는 수도권의 베드타운으로서 최근 인구가 급격하게 증가하고 있는 지역입니다. 주민 상호간의 교류 거점이 될 시설이 하루 속히 만들어지기를 학수고대하고 있었습니다. 그런 만큼 구민문화센터가 완공되어 개관식을 가지게 된 것은 우리 구민으로서는 큰 기쁨이 아닐 수 없습니다.

앞에서 인사말씀에서도 말씀하셨지만 이처럼 훌륭한 시설을 잘 활용하느냐 못하느냐는 우리 구민이 하기에 달려 있다고 봅니다. 우리는 이 시설을 잘 이용하여 구민의 생활과 지역의 활성화에 큰 도움이 되도록 노력하겠습니다.

앞으로 문화센터 관계자 여러분의 지도와 도움을 부탁드리며 축사를 대신하고자 합니다.

● 출판기념회 때 친구의 축사

석도환군의 시집 「아침 햇살」의 출판을 축하합니다.

저는 석도환군이 결혼하기 전에 근무하던 출판사에서 책상을 맞대고 일했던 사람입니다. 그 이래 석 군과는 지금까지도 친하게 지내고 있습니다. 도환 군은 이전부터도 시를 좋아해서 시낭송을 잘했습니다. 석 군이 시를 쓰게 된 동기는 한 출판사에 시를 모집할 때 응모한 작품이 입선되어서입니다. 석 군이 이 출판사에 응모했다는 것도 잊고 있었는데 얼마 후 슬며시 자기의 작품이 입선되었다고 귀띔해 주었습니다.

그때 응모했던 시의 테마가 「가족」이었던 것으로 기억합니다. 「상을 받겠다기보다는 시를 씀으로써 내 마음을 정리한 것 같다.」고 말했던 것으로 기억하고 있습니다. 그 후 석 군이나 저 역시 그 회사에서 퇴사한 후로는 좀처럼 만날 기회가 없었는데 이번에 석 군이 시집을 출판했다는 말을 듣고 무척 기뻤습니다.

이번 시집은 세 개의 테마로 이루어져 있는데 최후의 테마는 역시 「가족」이었습니다. 석 군에게는 가족은 소중한 것이며, 표현의 베이스에는 언제나 소중한 사람들에 대한 애정이 담겨져 있구나 하고 느꼈습니다.

이 책은 시집이기는 하지만 전향적인 석 군이 살아가는 기록이라고 생각합니다. 석 군, 당신의 따뜻한 마음으로 앞으로도 훌륭한 시를 많이 써주시기 바랍니다.

오늘은 마음껏 축하를 드립니다.

• 자서전 출간기념회 때 본인의 인사말

오늘 저를 위해서 성대한 축하회를 열어주시어 고맙고 감격스럽습니다.

돌이켜보건대 고통스럽기만 했던 저의 인생이었으나 지금은 손자의 재롱 속에서 행복하게 살고 있습니다. 아들이 고등학생이었을 때, 「아버지, 군인생활을 하실 때 전쟁에 나가서 사람을 죽여 보셨어요?」라고 물은 적이 있습니다.

뭐라고 대답했겠습니까? 「바보 같은 소리 하지 마!」라고 말할 뿐 우물쭈물 해버렸습니다. 아들도 더 이상 그런 질문은 하지 않았으나 이 자서전을 쓸 때까지 저는 그 지긋지긋했던 6·25의 전쟁시대를 잊어버리고자 노력했습니다.

전쟁의 두려움은 사람을 죽인다거나 죽이지 않는다거나의 이상으로 인간의 마음을 갈기갈기 찢어놓습니다.

저는 군가(軍歌)도 싫어했고 무슨 무슨 전우회(戰友會) 같은 데도 나가본 적이 없습니다.

그런 것들을 열심히 썼다고 생각합니다. 이것을 쓰고 나니 염라대왕이 언제 와서 저를 데려가도 편안한 마음으로 따라갈 수 있을 것 같습니다.

저에 관한 것을 썼는데 여러분들로부터 이렇게 축하를 받고 보니 분에 넘치는 영광입니다.

이 책이 나올 수 있었던 것은 아들 가족의 지원으로 이루어질 수 있었습니다. 이 자리를 빌려서 아들에게 「고맙다」는 인사를 하겠습니다.

여러분 오늘은 여러 가지로 감사합니다.

• 어린이회관 벽화 완성식 때 제작자의 인사말

오늘 제가 심혈을 기울여 완성한 어린이회관 벽화 완성식에 많은 분들이 오셔서 축하해주시어 영광스럽게 생각합니다.

어린이회관의 ○○○ 관장님과는 전부터 아는 사이였는데 회관의 벽화로 저의 작품이 뽑히리라고는 전혀 생각해보지 못했습니다.

이 고장에서 자란 사람으로서 공공건물에 저의 작품을 남긴다는 것은 예술을 하는 사람으로서는 이보다 더 큰 기쁨은 없을 것입니다.

이번 작품의 테마는 생명의 약동과 세계의 평화입니다. 어린이들이 이 회관에 올 때마다 이 벽화를 보고 무언가를 느꼈으면 하고 기대해 봅니다.

이 작품을 제작할 때는 어린이회관 직원들에게 많은 신세를 졌다는 것을 이 자리를 빌려서 감사드립니다. 또한, 동시에 작업 공정에 참가해준 많은 어린 학생들에게도 진심으로 감사를 드립니다.

개인의 작품으로 이 회관에 이름을 남기는 것이 아니라 저를 포함에서 여러 사람의 손에 의한 「공동작품」으로 반영구적으로 소장되기를 바랍니다.

그런 의미에서 저의 고집을 들어주신 ○○○ 관장님께 심심한 사의를 표합니다.

공동제작에 참여했던 어린이들이 발휘한 재능이 더욱 꽃피우기를 바라는 동시에 이 지역 어린이들이 모두 멋진 인생을 걸어가기를 바라면서 오늘 감사 인사를 대신하겠습니다.

3. 취임 · 환영회 · 송별회 때의 인사말

• 사장 취임 인사

처음 뵙습니다. 이번에 사장으로 취임하게 된 ○○○입니다.

올해도 저물어가는 연말, 새해를 맞이할 준비에 바쁜 시기에 사장으로 오게 되었습니다. 이것은 아마도 새 술은 새 부대에 담자는 뜻이 있을 것 같습니다.

자산 운용의 전문가로서, 그리고 고객의 좋은 파트너로서 항상 신뢰받고 사회에 도움이 되기 위해 연찬(研鑽)을 거듭하고 있는 여러분을 열심히 뒷바라지해 드리겠습니다.

잘 부탁드리겠습니다.

• 사장 취임 인사

지난 6월 10일   ○○○ 전임 사장님의 후임으로 취임한 길형원입니다. 오늘 여러분에게 인사를 드리게 된 것을 매우 기쁘게 생각합니다.

사장의 중책을 맡은 것은 영광스런 일이지만 회장님을 비롯해서 선배 여러분과 여러 사원들의 지도와 협조를 받아가면서 회사의 발전을 위해서 온힘을 다 쏟겠습니다.

여러분도 아시다시피 ○○○ 전사장님의 경영 방침은 적극적인 경영 방침이었습니다. 항상 사원들의 앞장에 서서 회사의 오늘을 구축해 놓으신 걸로 알고 있습니다. 이런 정신을 이어받아 저 또한 열심히 노력하겠습니다.

그러나 우리나라의 업계는 점점 어려운 상황에 처해 있습니다. 이런 상황을 극복하기 위해서는 미리 시대를 내다보면서 때로는 냉철하게, 또 때로는 적극적으로 변화에 적극 대처하는 자세로 임해야 한다고 봅니다.

인간은 어려울 때 진가를 발휘한다고 합니다. 명석한 두뇌와 정확한 판단으로 이 시대의 변화를 회사 발전의 찬스로 잡아 대처하는 것입니다.

업무를 향상시키려면 사원 상호간의 신뢰 관계가 무엇보다도 중요합니다. 그러기 위해서는 평소의 의사소통이 매우 중요합니다. 서로가 신뢰하는 가운데 커뮤니케이션이 이루어질 때 회사를 활성화시킨다고 믿습니다.

저의 경영 방침을 이해하여 주시고 동지로서 전력투구해 주시기를 바라면서 간단하나마 취임사를 마치겠습니다.

비즈니스 관계의 축하 스피치에서는 사장 취임식에서 사원 앞에서 할 때, 지점장 취임식 때 지역의 고객 앞에서 할 때, 계장에 취임하여 부하

앞에서 할 때 등 여러 가지 경우가 있습니다.

어느 경우에나 직장의 일원이라는 것을 의식한 협조 자세가 중요합니다.

🎤 스피치의 패턴은 '① 자기 소개, ② 자기의 포부나 방침을 말한다, ③ 협력을 구한다, ④ 결의를 다진다' 와 같은 흐름이 됩니다.

업무상의 제안은 회사의 경영 상태에 따라 좌우되므로 경영 상태가 별로 좋지 않을 때는 특히 변명조로 되거나 딱딱하게 되기 쉽습니다. 축하하는 자리에서의 스피치이므로 듣는 사람이 힘을 얻을 수 있는 당당한 스피치가 좋습니다.

🎤 감사의 인사는 회를 열어준 것에 대하여 솔직하게 감사하고 격려해 준 사람들의 기대에 보답하려는 결의를 합니다.

• 전임(轉任) 인사

지금 인사부장님이 말씀하신 바와 같이 이번에 인사이동에 따라 R지점의 인사총무과로 전근을 명받아 오늘부터 R지점에서 일하게 되었습니다. 제가 본사 영업기획 판촉 담당으로 근무하게 된 것은 지금으로부터 3년 전이었습니다.

본사에서 근무할 때는 사회에 처음 나왔을 때라 부끄러운 얘기지만 선전업계의 전문 용어도 몰라서 R지점의 판촉 담당 계장께 전화를 걸어서 물어보거나 거래처 담당자에게 시시콜콜 물어봐야 했습니다.

전문가가 아닌 판촉 담당 과장으로서는 끊임없이 고객의 눈치를 보아가면서 전단지나 포스터를 만들어야 했습니다. 어떤 때는 디자이너와 디자인 관계로 언성을 높인 적도 있었습니다만 「고객의 눈」에 맞추도록 노력했습니다.

지금까지 11개 지점이 각기 제멋대로 만들던 테마 포스터나 시즌 포스터, 일반 행사의 포스터 등을 통일해서 만들 수 있었던 것도 상사나 관계자의 도움이 컸기 때문에 가능했던 것입니다.

3년 반 동안 음으로 양으로 지원해 주신 여러분, 참으로 감사했습니다.

내일부터 저는 새로운 업무인 인사·총무의 책임자로서 전근하게 되는데 항상 「종업원의 입장에 서서」 매사를 생각하고 일할 각오로 있습니다.

본사에 계신 여러분께 지금보다도 더 큰 지원과 협력을 부탁드리는 동시에 여러분의 건승을 빌면서 전임 인사로 대신하겠습니다.

그동안 정말 고마웠습니다.

• 착임(着任) 인사

방금 지점장님으로부터 소개받은 바와 같이 이번 인사이동으로 인사총무과에서 근무하게 된 심춘식입니다.

저는 3년반 전에 R지점을 개점할 때부터 스포츠용품 매점의 책임자로 있었던 관계로 저를 아는 분이 많을 줄 알지만 초면인 분도 있는 것 같군요.

요즘은 물자가 남아돌아가는 시대라고 하는데 한편으로는 「마음의 시대」라고도 합니다. 이런 말처럼 최근 각종 조사를 보면 마음의 문제, 즉 서비스나 접객 태도에 대한 불만이 압도적으로 많은 것 같습니다.

R지점은 이 지역 중앙에 위치한 백화점 내에 있다는 점에 유의하시어 고객의 마음을 편안하게 해주는 곳, 고객이 만족할 수 있는 점포가 되도

록 여러분과 제가 한 덩어리가 되어 함께 일해보지 않겠습니까? 저는 그 교통정리를 철저히 해드리려 하는데 그렇게 되자면 여러분의 협조가 꼭 필요합니다. 밝은 점포의 분위기를 조성하여 고객의 마음을 사로잡을 수 있는 모범 점포를 만들기 위해서 함께 힘냅시다.

앞으로 잘 부탁합니다.

• 입사식 때 사장의 인사말

우리 회사에 입사한 여러분을 진심으로 환영하며 아울러 축하합니다.

우리 회사는 지금부터 30여 년 전에 설립되어 국제적으로 거래를 하는 무역 회사입니다. 초창기에는 고생이 많았고 수출품이라야 원자재나 1차 상품이 주종을 이루고 있었습니다마는 지금은 중공업 제품이나 자동차, 선박, 전자제품, 반도체, 휴대폰 등 세계 시장에 내놓아도 경쟁력이 있는 상품을 수출하고, 원자재를 수입하는 회사로 눈부시게 발전하고 있습니다. 과거가 있으니까 현재가 있고, 또한 현재는 미래의 과거가 됩니다.

학생시절은 트레이닝 시기이며 따라서 보호받고 있었습니다.

그러나 오늘부터는 사회인으로서, 기업 집단의 일원이라는 자각을 해야 되겠습니다. 그렇게 되기 위해서는 여러분을 훌륭하게 키워주고 교육시킨 부모님을 비롯하여 여러 사람의 덕분이라고 감사하는 마음을 토대로 해서 새로운 파워를 살려주기 바랍니다.

21세기는 여러분의 시대입니다. 하루 빨리 우리 회사의 일원이 되어 우리의 기대에 충분히 부응하게 되기를 바랍니다.

여러분의 건투를 빌겠습니다.

• 입사식 때 사장의 인사말

여러분의 입사를 축하합니다. 회사를 대표해서 여러분의 입사를 충심으로 환영하며 또한 축하한다는 인사를 드립니다.

작금은 우리나라만이 아니라 세계적으로 경제 사정이 어려운 형편입니다. 따라서 실업자가 양산되고 취직 활동의 문턱이 너무 높아졌습니다. 그런 만큼 치열한 경쟁의 문을 뚫고 오늘 입사하게 된 여러분의 감격은 남달리 클 것으로 여겨집니다.

오늘의 여러분이 있게 된 것은 자신의 노력도 컸겠지만 지금까지 여러분을 키워주고 응원해주신 부모나 가족, 은사, 선배 여러분의 도움이 있어서 지금 이 자리에 와있다는 것을 한시라도 잊어서는 안 되겠습니다.

여러분을 맞으면서 우선 부탁하고 싶은 것은 여러분이 선택한 利라는 회사를 잘 알아야 되겠습니다.

그것은 회사의 규모라든가 조직 같은 것이 아니라 이 회사의 기본적인 경영 방침, 말하자면 경영 이념을 알아야 하겠습니다.

오늘부터 여러분은 신입 사원 교육이나 제조 · 판매 현장에서 연수가 시작되겠는데 그런 가운데 경영에 참여하고 있는 간부나 선배사원, 판매점이나 고객으로부터 우리 회사에 대한 요망 사항을 들을 기회가 있을 것입니다. 그런 자리를 통해서 우리 회사의 경영 이념이 어떤 것이라는 것을 충분히 이해하도록 했으면 좋겠습니다.

우선 이런 것을 부탁드리며, 그밖에 세 가지에 대해서 말하려고 합니다.

첫째는 시대 인식입니다.

최근에는 신문이나 각종 미디어를 통해서 여러분은 「치열한 경쟁시대」라는 말을 들어보셨을 텐데 그야 말로 세계는 치열한 경쟁의 시대로 돌입하였습니다.

1989년에 세계의 냉전 구조가 붕괴된 이래 세계의 정치, 경제의 틀이 크게 달라진 동시에 경제의 국경이 무너지고, 경제 환경은 대규모로 그리고 치열한 경쟁의 시대로 바뀌었습니다. 냉전시대의 자유주의경제의 인구는 약 10억이었으나 앞으로 자유화를 지향하고 있는 국가들까지 포함하면 지금은 40억 가까운 시장규모로 확대될 것으로 보입니다.

이런 치열한 경쟁 속에서 세계의 경제나 산업의 구도는 앞으로 다양하게 바뀔 것입니다.

여러분은 그런 시대에 입사하게 되었다는 것을 다시 인식하여 치열한 경쟁 시대를 개척해갈 인재로 되어주었으면 합니다.

두 번째는 「진짜 프로」를 지향해 달라는 것입니다.

우리나라는 6·25 전쟁의 잿더미에서 그 어려운 혼란을 극복하고 발전을 거듭해왔습니다. 그러나 지금 말씀드렸듯이 세계의 경제 구조가 크게 달라지는 가운데 이제까지의 우리의 강점이 앞으로 계속 지속될 수 있다고 장담할 수 없습니다. 그것은 인재의 경우도 마찬가지라고 할 수 있습니다. 앞으로의 시대에 요구되는 것은 프로페셔널한 인재입니다. 여러분에게는 「나는 이 분야의 프로가 되겠다.」, 「이러이러한 분야에서 전문성을 높이고 싶다」라는 기개를 갖고 있어야 합니다. 그러기 위해서는 우선 「자기가 되고 싶은 것」이 어떤 것인지를 명확히 해야 하겠습니다. 그리고 그것이 이루어질 수 있도록 부단한 노력을 계속한다면 반드시 「이런 분야에서는 나는 프로다」, 「이런 능력을 가진 사람은 우리

나라에서는 몇 안 된다, 세계적으로도 통용될 수 있다」와 같은 진짜 프로로 될 수 있다고 믿습니다.

세번째는 지금 우리 회사가 전사적으로 전개하고 있는 「창조와 도전 정신을 가지고 대처하는 인간이 되자.」라는 것입니다. 오늘부터 우리 회사의 일원이 된 여러분에게 「창조와 도전 정신」의 기개를 가지고 매사에 대처해 가기를 부탁드립니다.

사회인, 기업인이 된 여러분은 지금까지와는 다른 갖가지 어려움에 직면할 것으로 예상됩니다. 그것을 극복하기 위해서는 자기가 맡고 있는 일이나 대처하고 있는 것을 「좋아하게 되는 것」이 중요하다고 봅니다.

「좋아하게 되면」 여러 가지 문제에 직면했을 때 그것을 남의 탓으로 돌리지 않고 자기의 책임으로 생각하게 됩니다. 그런 데서 창조와 도전하려는 기개도 높아지게 됩니다.

다음 세대를 담당할 여러분의 전도가 눈부시게 발전하기를 바라면서 인사를 마치겠습니다.

● 신입 사원 환영회 때 사장의 인사말

오늘 신입사원 환영회에 즈음하여 인사를 드립니다. 여러분의 입사를 축하하며 아울러 환영합니다.

나를 처음 보는 사람도 있을 것으로 보는데 나는 이 회사의 취제역 사장 ○○○입니다.

여러분은 많은 기업 가운데 우리 회사를 선택하였습니다. 우리 회사를 선택한 이유는 여러 가지겠지요. 여러분이 이 회사에 입사하기를 잘

하였다고 실감할 수 있도록 열심히 일해 주실 것으로 알고 있습니다.

여러분도 대충은 알고 있겠지만 이 업계는 생존 경쟁이 아주 치열합니다. 어려운 입사 시험에 합격하여 체상사의 일원이 된 첫날에 이런 말을 하기는 부담스럽지만 여러분은 이제부터 치열한 경쟁을 시작해야 하기 때문입니다.

신입 사원 여러분에게 기대하고 싶은 것은 각자의 독자적인 능력이며 새로운 발상입니다. 처음에는 업무에 익숙하지 못해서 여러 가지로 힘들리라고 생각되지만, 여러분이 유연한 사고방식만 갖고 있다면 여러분의 선배들이 1년 걸려서 배운 것을 반년, 아니 3개월에 익힐 수 있습니다. 욕심껏 업무를 익혀가기를 간절히 바랍니다.

기업이라 하는 곳에서는 정체를 가장 싫어합니다. 물이 흐르지 않고 고여 있으면 썩듯이 기업이 정체해 있으면 망합니다. 그런 의미에서 여러분은 우리 회사로 보았을 때 깨끗한 물이며, 기업의 활성화를 위해서 빼놓을 수 없는 신선한 공기입니다.

사내의 분위기에 익숙해지는 것도 중요하겠으나 희망을 가슴속에 가득 담고 있는 현재의 신선한 기분을 잊지 말기를 바랍니다.

우리 회사는 업계에서는 중견이라 할 수 있는데, 매우 주목받고 있는 기업이기도 합니다. 우리 회사는 설립된 지 얼마 되지 않았다는 것, 전 사원의 활기가 충천해 있고, 잇따라 새로운 판매 전술을 전개하는 등, 이 업계에 선풍을 일으키고 있습니다. 여러분의 선배들의 발상과 과감한 행동력이 우리 회사의 기초를 다져 놓았습니다.

사회인의 길은 험난하다고 생각되는데 아무쪼록 젊은 에너지로 힘껏 일해주기 바랍니다. 여러분의 건투를 빕니다.

• 신입 사원 환영회 때 관리직의 인사말

신입 사원 여러분, 입사를 환영합니다. 저는 영업부장 ○○○입니다.

이번에 우리 영업부에는 12명의 젊은 사원이 입사하여 기대가 큽니다. 여러분은 10일간의 사내 연수를 마치고 이제부터는 직접 실무로 들어가는데, 하루 빨리 사풍에 익숙하여 업무의 리듬에 적응해 가야 하겠습니다.

여러분도 알고 있듯이 우리 회사는 업계에서는 최상의 업적을 올리고 있습니다.

그러나 사회의 변화와 경쟁이 치열하고, 따라서 고객의 요구는 점점 다양해지고 있습니다. 고객의 마음을 잘 파악하여 회사의 발전에 공헌해 주시리라 확신합니다.

하지만, 입사 1년째부터 업무에 자신을 가질 수는 없을 것입니다. 「나는 어째서 영업 실적이 오르지 않는 것일까?」라는 생각을 종종 하게 될 것입니다.

그러나 「돌 위에도 32년」이란 말이 있습니다. 힘든 일에 부딪혔을 때는 신입 사원으로서 다짐했던 그 기분을 상기하여 항상 업무에 대해서 신선한 흥미를 잃지 않도록 해주기 바랍니다.

우리 회사의 다음 대는 여러분의 어깨에 달려 있습니다. 여러분의 성장을 기대하면서 영업부 전원의 팀워크를 유지하여 분발합시다.

🎤 기대감을 강조할 것

신입 사원에 대한 기대감을 어필시키는 것이 중요합니다. 인간은 누구나가 기대되고 격려를 받으면 「그래, 해보자」라고 의욕이 생기게 됩니다.

단, 기대감은 위압적으로 되지 않도록 표현하는 것이 중요합니다.

• 신입 사원 환영회 때 선배 사원의 인사말

우리 기획과에 입사한 신입 사원 여러분을 환영합니다. 저는 기획과의 책임자인 ×××입니다.

솔직히 말해서 우리는 여러분이 들어오기를 학수고대하고 있었습니다. 인원 부족도 있었지만 여러분의 능력과 시대감각에 큰 기대를 걸고 있었습니다.

여러분은 소위 「컴퓨터시대」에 태어났습니다. 요즘 시대는 하루가 다르게 변화하는 시대입니다. 과거에는 10년 걸려서 하던 일을 1년에 할 수 있는 그런 시대입니다.

여러분은 그런 시대의 한복판에 태어났으며 지금도 그런 사람 중의 한 사람입니다.

회사에서 하는 여러 가지 업무에 대해서는 제가 여러분을 가르쳐야 할 입장이지만 젊은 사람들의 시대감각에 대해서는 반대로 제가 배워야 할 입장이기도 합니다.

다행히 우리 기획과에는 다양한 세대의 사람이 책상을 마주하고 있습니다. 여러분이 보기에는 아저씨나 아줌마로 여겨지는 사람도 있습니다. 이처럼 다양한 세대의 사람들과 여러분이 앞으로 함께 일하게 됩니다.

지금까지는 같은 세대의 사람을 중심으로 한 사회에서 살아왔겠지만 이제부터는 다양한 세대의 사람들과 어울려 살아가야 할 필요가 있습니

다. 그런 의미에서는 우리 과는 사회를 축소해 놓은 세계라고 할 수 있을지 모르겠습니다.

우리 회사에는 선배라거나 후배라고 하는 딱딱한 분위기는 없습니다. 전사원이 회사를 위해서 일하고 있는 동료이며 그리고 라이벌이고 좋은 친구이기도 합니다.

우리 또한 여러분을 후배로서가 아니라 함께 일하는 친구로, 동료로 대하고 싶습니다. 그러므로 신입 사원이라고 해서 너무 주눅이 들거나 사양하거나 할 필요는 없습니다. 사내에서, 또는 기획과 내에서 생각나는 것이 있으면 기탄없이 말해 주기 바랍니다.

신입 사원 여러분의 앞으로의 활약에 큰 기대를 하면서 건강에 유의하고 열심히 일해 주십시오.

이것으로 저의 환영 인사를 마치겠습니다.

🌱 상사나 선배라는 냄새를 피우지 않는다

나는 「상사다」, 「선배다」라는 것을 강조하는 것은 금물입니다. 자기가 소속되어 있는 부서의 장점이나 분위기 또는 조심해야 할 점 등을 구체적으로 말하도록 합니다. 어디까지나 연대감을 강조하면서….

• 신입 사원 환영회 때 신입 사원의 인사말

신입 사원을 대표해서 인사드리겠습니다.

오늘은 우리 신입 사원을 위해서 환영회를 열어주셔서 깊은 감사를 드립니다.

또한 사장님을 위시하여 여러 선배님들께서 따뜻한 격려를 해주시어 감사하고 있습니다.

사원의 능력을 최대한으로 발휘할 수 있는 자유로운 분위기. 그러나 자유롭다고는 해도 엄격한 실적 추구 그리고 사회에 공헌하는 기업이 된다.

이런 사풍에 매력을 느꼈습니다. 다른 신입 사원도 똑같은 기분일 것이라고 생각합니다.

좀 건방진 말일지 모르겠으나 저 또한 취직은 단순히 급료나 받고, 상사의 말을 듣고 하는 그런 것만은 아닐 것입니다.

저희가 갖고 있는 능력을 충분히 발휘하는 것이 중요하다고 봅니다.

체상사의 일원이 되어 함께 일하게 된 것은 우리로서는 영광입니다. 우리들의 능력을 십분 살릴 수 있지 않을까 생각되기 때문입니다.

그러나 이렇게 말로 하기는 쉽지만 사회의 상식도 제대로 모르는, 갓 학교를 졸업한 풋내기들입니다.

사원으로서 하루 빨리 제몫을 할 수 있는 사원이 되기를 바라지만 여러 선배님들에게 많은 신세를 져야 할 것 같습니다. 열심히 할 결심으로 있으니 잘 부탁드립니다.

오늘 저희 신입 사원들은 사장님을 위시하여 여러 선배님들이 격려해주신 말씀 가슴에 새기고 체상사의 이름을 더럽히지 않도록 전력을 다할 결심을 하고 있습니다.

이상으로 간단하나마 신입사원을 대표하여 환영회를 베풀어주시어 감사하다는 인사를 마치겠습니다.

• 전임자(轉任者) 환영회 때 상사의 인사말

오늘은 춘천 지점으로 전임해온 ○○○군을 소개하는 동시에 환영의 인사를 할까 합니다.

○○○군은 충청남도에서 출생하여 입사 이래 7년 동안 부산 지사에서 근무하였는데 영업 성적이 계속 톱이었습니다. 부산과 춘천 지점은 무언가 다른 점이 있을 것 같은데 우리 지점 여러분이 협력해 주신다면 전보다 더 좋은 실적을 올릴 것으로 기대합니다.

○○○군은 학생시절 수영부에서 활동했다고 듣고 있습니다. 수영으로 단련한 체력과 정신력으로, 젊은 리더로서 열심히 활동할 것입니다.

새로운 개척지에서 영업 활동을 하게 되었으므로 처음에는 어려운 점이 많을 줄 압니다. 평소에 갖고 있던 끈질긴 근성을 발휘하여 좋은 영업 실적을 올려주기 바랍니다.

새로운 직원을 맞이하여 전원 합심하여 회사의 발전을 위하여 전진해 주기를 바랍니다.

이상으로 ○○○군의 전임 환영 인사를 마치기로 하겠습니다.

- **전임자(轉任者) 환영회 때 동료의 인사말**

이번 인사이동으로 우리 지점에서 우리와 함께 일하게 된 손충만 군의 전임을 입사 동기생의 입장에서 환영합니다.

손충만 군은 1990년 입사 초기에는 청주 지점에, 저는 대구 지점에 배치되었습니다. 입사 초기 한 달 동안 연수를 받을 때는 모두 열심히 연수를 받았는데 긴장한 가운데서도 즐거웠던 나날이었습니다. 이번에 우리 지점에서 책상을 마주하고 일하게 되어 더욱 협력하면서 열심히 일하려고 합니다.

손충만 군은 학생시절 럭비 선수로 활동했습니다. 업무에 열심이고 인간관계도 좋습니다. 우리 지점으로서는 큰 우군을 만났다고 생각됩니다. 앞으로 더욱 경쟁이 치열해지는 우리 업계에서 손 군의 전임을 계기로 새로 팀웍을 짜고 춘천 지점의 실적을 향상시켜야겠습니다.

하루 속히 손 군이 우리 지점의 분위기를 파악하여 주기를 바라면서 환영의 인사를 마치겠습니다.

- **전임자(轉任者) 환영회 때 본인의 인사말**

저는 이번에 이 지점의 지점장으로 발령을 받아서 온 ○○○입니다. 이곳으로 오기 전까지는 본사의 영업과장으로 있었는데 이번에 여러분과 함께 일하게 되었습니다.

직책은 지점장이라도 이 지점에서는 여러분이 선배이므로 여러분의 협력 없이는 지점장으로서의 직책을 수행하기 어렵습니다. 우리 지점은 여러 지점 중에서도 영업실적이 상위권이더군요.

이것은 한 마디로 여러분의 노력과 협력의 결과인 동시에 전 지점장님의 탁월한 지도력이 있었기에 가능했던 것이라고 믿고 있습니다.

제가 어떤 방침으로 업무를 추진할 것인가에 대해서는 여러분과 함께 연구해 볼 과제이므로 잘 협력해 주셨으면 합니다.

우선 여러분께서는 종전 방침대로 업무에 임해 주시고 고칠 점이 있으면 그때그때 말씀 드리도록 하겠습니다. 그리고 이 기회를 통해서 저의 신조에 대해서 한 마디 드릴까 합니다. 그것은 「오늘 할 수 있는 일은 오늘 하자」라는 것입니다.

하루의 일과 시간에 할 수 있는 것은 전력을 다해서 하자. 이것은 극히 평범한 말 같지만 좀처럼 실행으로 옮기지 못하는 점이기도 합니다.

여러분이 꼭 그것을 실행에 옮겨 주시기를 빌면서 취임 인사를 대신하고자 합니다.

• 영전자(榮轉者) 송별회 때 동료의 인사말

이번에 ○○○씨가 본사로 영전하게 되었습니다. 그래서 조촐한 송별의 자리를 마련하여 ○○○씨의 전도를 마음으로부터 축복해 드리고 싶었습니다.

○○○씨와 저는 업무상 가장 접촉이 많았고 친한 사이이기도 해서 한 마디 축하의 말을 하겠습니다.

○○○씨는 업무에 대한 지식도 풍부해서 모르는 것이 있을 때 그에게 물어보면 즉각 해결되곤 했습니다. 그런 일도 있고 해서 직원들의 신뢰를 받아왔는데, 그런데도 그는 조금도 자기의 재능을 뽐내거나 하지 않고 누구에게나 친절하게 가르쳐주었습니다.

저와는 똑같은 세대인데도 그는 남을 배려하는 착한 성품을 갖고 있어서 누구나 그를 좋아했습니다.

저는 우리 친구들 중에서 우선적으로 발탁될 사람은 ○○○씨일 것이라고 늘 생각하고 있었습니다.

이번에 이례적으로 ○○○씨가 발탁된 것도 다 그런 장점을 높이 사게 되었기 때문이라고 믿습니다. 이것은 ○○○씨 한 사람의 기쁨이 아니라 우리한테도 큰 희망을 안겨준 것이라고 봅니다.

앞으로 ○○○씨는 본사의 과장이라는 중책을 맡게 되었는데 우리가 축배를 들어주는 것만이 동료로서의 역할은 아니라고 생각됩니다.

○○○씨가 영전해 간 후, 우리도 분발해서 ○○○씨가 맡아하던 일을 훌륭하게 해내야 한다고 봅니다.

○○○씨의 영전을 다시 한 번 축하합니다.

• 영전자(榮轉者) 송별회 때 부하의 인사말

이번에 ○○○ 과장님이 본사로 영전하게 되었습니다. 조촐하나마 송별연을 마련하여 평소에 베풀어주신 고마움에 감사하는 동시에 과장님의 영전을 축하해 드리고자 합니다.

저는 과장님과 4년간 함께 일해 왔는데 정말 화기애애한 분위기에서 일할 수 있었습니다. 과장님의 탁월한 식견과 민완한 업무처리는 우리 지사의 누구나가 칭찬을 아끼지 않았는데 이번에 본사의 영업부장으로 영전되어 가시게 된 것입니다.

과장님은 인간적으로도 스케일이 큰 분으로, 우리들은 공사를 불문하고 과장님으로부터 많은 것을 배울 수 있었습니다. 술도 잘 드셨고 밤늦게까지 우리가 하는 온갖 투정도 잘 들어주셨습니다.

우리는 과장님의 영전을 내일처럼 기뻐하여 축하하지만 한편으로는 섭섭하기도 합니다. 이번 과장님의 영전을 쌍수를 들어 축하드리면서도 저희 곁에 더 계셔 달라고 붙들지 못하고 보내드릴 수밖에 없어 마음이 아픕니다.

과장님, 서울은 대기 오염이 심하다는데 건강에 유의하시어 더욱 많은 활동을 하시기를 우리는 충심으로 바라고 있습니다. 이것으로 과장님의 영전을 축하하는 송별의 인사를 마치겠습니다.

• 영전자(榮轉者) 송별회 때 본인의 감사의 말

오늘은 바쁘실텐데 저를 위해서 성대한 송별회를 열어주셔서 분에 넘치는 영광이라 생각하면서 정말로 고맙기 그지없습니다.

여러분께서 떠나는 저에게 많은 고마운 말씀을 해주시어 진심으로 감사하고 있습니다. 저는 이번에 본사의 영업부장으로 가게 되었습니다.

이 지사에서는 여러분과 10년이란 세월을 함께 지냈는데 여러분의 협력과 도움으로 무사히 직무를 수행할 수 있었습니다.

그 점에 대해서 저 또한 감사하다는 말씀을 드립니다.

제가 이 지사에 들어온 것은 대학을 갓 졸업한 때였는데 세상 물정이나 업무에 대해서 잘 몰랐던 때라서 여러분의 지도로 가까스로 업무를 수행할 수 있게 되었는데 회고해 보면 신세를 많이 졌습니다. 여러분의 따뜻한 배려는 평생을 통해서 잊을 수 없을 것입니다.

서울은 저로서는 낯선 곳입니다.

지금과는 다른 페이스로 업무를 해야 되겠지요. 지금보다 더 실적을 올리도록 노력해야 되겠지요.

여러분의 건강을 진심으로 빌면서 송별 인사를 드립니다.

감사합니다.

• 전임자(轉任者) 송별회 때 상사의 인사말

이번에 ○○○씨가 청주 지점으로 전임하게 되었습니다.

○○○씨는 우리 지점에서 5년간 근무했는데, 아마 우리 지점에서 ○○○씨를 싫어하는 사람은 한 사람도 없었을 정도로 인기가 대단했습니다. 남을 보살펴주려는 마음이 강했고, 사내 여행이나 망년회 같은 때는 언제나 뒷일을 처리하는 명간사(名幹事)였습니다.

물론 업무면에서도 적극적인 자세로 일해 왔습니다. 청주 지점에 가서도 지금보다 더 좋은 실적을 올릴 것으로 확신합니다. 생활환경이 달라질 것이고 한동안은 일이 손에 잘 잡히지 않겠지만 타고난 특유의 활동력으로 열심히 해주실 것으로 압니다.

「귀한 자식에게는 여행을 시켜라.」라는 말이 있습니다. 새로운 사람을 만나고, 새로운 일에 부딪히고 하다 보면 더 큰 인간으로 성장하게 될 것입니다.

격변하는 사회에서 우리들이 해야 할 일은 점점 다양해지고 있습니다. 새로운 일에 도전해 가는 용기를 잊지 마시고 지금까지 ○○○씨가 해주신 협력에 감사하면서 앞으로의 활약과 발전을 빌면서 송별 인사를 대신하고자 합니다.

• 전임자(轉任者) 송별회 때 동료의 인사말

이번에 ○○○씨가 울산지점으로 전임하게 되었습니다. 조촐하나마

○○○씨의 송별회를 갖기로 하겠습니다.

입사동기를 대표해서 송별인사를 드리겠습니다. 저는 ○○○씨와 5년 동안 이 체지점에서 책상을 맞대고 일해 왔습니다.

○○○씨는 체구는 작지만 학생 시절에 태권도부에서 운동을 해서 투지가 강하고 남자답습니다. 짜증을 내는 것을 보지 못했으며 항상 웃는 얼굴로 일을 하고 있어서 옆에 있는 사람도 격려를 받게 됩니다.

「일은 자기 자신을 위해서 하는 것이다.」라고 ○○○씨는 항상 말했습니다. 조직의 일원인 동시에 한 인간으로서 업무에 임한다는 신념으로 일관하고 있는 그의 모습은 멋이 있었습니다. 울산은 공장이 많아서 공기가 나쁘다고 합니다. 적응하려면 한동안 고생이 많을 것으로 압니다.

○○○씨와 헤어지는 것은 섭섭하지만 앞으로 만날 기회는 많을 것입니다.

부디 건강하시고 앞으로의 활동을 기대하면서 다함께 송별의 건배를 듭시다.

• 전임자(轉任者) 송별회 때 본인의 인사말

바쁘신 데도 불구하고 저를 위해서 성대한 송별회를 열어주셔서 감사하다는 말씀을 드립니다.

이번에 저의 전임은 너무 갑작스런 일이라서 여러분께 일일이 작별인사를 드리지 못했는데 송별회 자리까지 마련해 주셔서 황송합니다.

제가 이 지점에 입사했을 때는 학교를 갓 졸업했을 때였는데 세상 물정도 몰랐고 철도 없어서 우왕좌왕하던 저를 아껴주고 지도해 주셔서 맡은 일을 제대로 할 수 있게 되었습니다. 그때의 고마움을 이 자리를 빌려서 감사하다는 인사를 드리겠습니다.

입사 초기에는 술좌석에서 주법도 모르던 저에게, 그리고 술을 잘 못 마시는 저에게 잔을 돌리셔서 무척 힘들었는데 그런 저를 사람 노릇을 할 수 있도록 지도해주신 것을 고맙게 생각하고 있습니다.

솔직히 욕심 같아서는 이 지점에 더 오래 근무하고 싶은 심정입니다. 미운 정 고은 정이 다 들었거든요. 그래도 상부의 명이니 어떻게 하겠습니까! 떠나더라도 여러분의 고마운 배려를 잊지 않고 열심히 일하겠습니다.

송별회 베풀어 주신 것 진심으로 감사합니다.

● **정년 퇴직자 송별회 때 사장의 인사말**

오늘 K씨 외에 세 분이 오랜 근무를 마치고 퇴직하게 되었습니다. 오래 동안 정말 고생 많이 하셨습니다. 그동안 회사의 발전을 위해서 고생 많이 하셨다고 감사드립니다.

K씨는 근속 40년, H씨와 J씨는 35년간 우리 회사의 발전을 위해서 애쓰셨습니다. 다시 한 번 감사를 드리는 동시에 함께 일해 온 사람으로서 오늘 작별해야 하는가 생각하면 섭섭한 마음 금할 길 없습니다.

여러분께서 인생의 가장 소중한 시기를 우리와 동고동락하는 동안 본사의 발전에 남기신 공로가 대단했음에 새삼 놀라게 됩니다.

오늘의 송별회는 여러분의 지금까지의 공로에 비하면 사소한 것이기는 하지만 그 동안의 노고에 감사하는 뜻에서 갖게 되었습니다. 오늘로 작별합니다만 우리는 여러분이 남기신 영광의 발자취를 좇아서 더욱 회사를 발전시키겠습니다.

오늘 우리는 헤어지지만 이 회사는 여러분의 가정 같은 곳이었습니다. 갖가지 추억이 새삼 떠오르실 거라 믿습니다.

부디 퇴직한 후에도 가벼운 마음으로 자주 찾아 주시기 바랍니다. 그리고 현역 시절이나 마찬가지로 우리들을 지도해 주십시오. 여러분의 건강한 모습을 뵙게 된다면 우리 또한 일에 더 분발 할 수 있을 것입니다.

앞으로도 회사 일에 대해서나 저의 개인 신상에 대한 것도 상담을 드릴 때가 있을지 모르겠습니다. 그럴 때는 아낌없는 조언을 부탁드립니다.

정년퇴직 후의 인생은 제2의 인생이 되겠습니다. 그동안 쌓여 있던 모든 스트레스를 깨끗이 잊어버리고 항상 건강에 유의하라고 부탁을 드리겠습니다.

작별의 정은 끝이 없겠으니 이것으로 여러분들의 오랜 헌신에 감사하면서 작별의 인사를 마치겠습니다.

오랜 세월 동안 진심으로 감사했습니다.

• **송별회 때 정년퇴직자의 인사말**

퇴직자를 대표해서 감사하다는 인사를 드리겠습니다. 저희들은 오늘을 기하여 정년퇴직을 하게 되는데 돌이켜보면 정년을 하기까지는 꽤 긴 세월이었는데도 어느새 정년이 되어 세월이 너무 빠르게 흐른다는 것을 실감하였습니다.

조금 전에 사장님께서 따뜻한 위로의 말씀을 해 주시어 감사합니다. 정년이 될 때까지 과연 회사를 위해서 어느 정도의 공헌을 했을까 하고 되돌아보니 그저 부담만 드린 존재 같습니다.

우리가 무사하게 정년까지 회사에서 일할 수 있었던 것은 여러분의 따뜻한 성원의 덕이라고 봅니다. 오히려 우리가 더 감사를 드려야 할 입장입니다. 여러분 오래 동안 고마웠습니다. 이 자리를 빌려서 감사를 드립니다.

오늘 회사를 떠나는 자리에서 함께 일했던 수십 년이 주마등처럼 떠올라서 벅찬 가슴을 억제할 수 없습니다. 이 직장은, 그리고 이 회사는 우리로서는 고향과 같은 곳입니다. 여기에서 흘린 땀과 눈물, 그리고 동료들과 주고받던 말 모두가 즐거웠던 추억입니다. 이 추억은 평생을 가도 지워지지 않을 것입니다.

비록 우리는 오늘로서 퇴직하지만 우리가 함께 일하던 때나 마찬가지로 대해주셨으면 고맙겠습니다. 퇴직 후에도 건강이 허락하는 한 계속 일해서 어떤 형태로든지 사회에 봉사하려고 합니다.

오늘은 정말로 감사했습니다. 사장님을 비롯해서 사원 여러분의 건강과 회사의 발전을 기원하면서 인사를 마치겠습니다.

• 정년 퇴직자 송별회 때 부하의 인사말

○○○ 부장님, 오랜 세월을 통해서 우리를 지도해 주신 것 진심으로 감사합니다. 정직하게 말해서 오늘 부장님과 헤어진다는 것이 실감이 나지 않습니다. 내일 서류결재를 받으려고 부장님 방으로 가다가 어제 퇴직하신 것이 생각나서 떠나신 것을 실감하게 될지도 모르겠습니다.

퇴직한 후에는 T대학의 교단에 서신다고 듣고 있는데 교육자로서 부장님의 활약을 기대하면서 항상 건강하시기를 밥니다.

오늘 밤에는 작별이 서운해서 변변치 않지만 송별의 자리를 마련하기로 했는데 부장님과의 추억을 더듬으면서 감사의 뜻을 담아 즐거운 밤이 되도록 하고자 합니다.

오랜 기간 동안 감사했습니다.

🏺 **퇴직자에게는 우선 감사하는 마음을 전한다.**

사장의 인사에서는 열심히 일 해준 데 대한 감사하는 마음을 전합니다. 또한 퇴직자에게는 다소간에 석별의 아쉬움이 있을 것입니다. 퇴직 후에도 자주 만나기를 바라며, 제2의 인생에 대한 격려의 말을 담도록 합니다.

• 송별회 때 부하의 인사말

○○○ 과장님, 오래 동안 신세 많이 졌습니다. 입사 이래 5년간 쭉 과장님 밑에서 일하게 된 저는 과장님을 만나게 된 것을 행운이라고 생각하고 있습니다.

저는 과장님한테서 많은 것을 배울 수 있었습니다.

입사 초에 아직 학생 기분으로 행동했던 무렵에 좀처럼 실적이 올라가지 못하고 있어도 부드러운 말로, 조금만 일을 잘하면 '좋아 좋아' 하고 사기를 북돋아 주셨습니다. 마치 아이를 다루듯이 '사탕과 채찍'으로 사람 구실을 하게 해 주셨구나 하는 감사의 마음에 가슴이 벅찼습니다.

업무면에서만이 아니라 인생에 대한 것, 놀이에 대한 것, 무엇이고 상담해 주셨습니다. 퇴사한 후에도 아마 신세를 지게 되겠지요.

앞으로도 잘 부탁드리겠습니다.

과장님의 활약을 기원합니다.

• 퇴직 송별회 때 상사의 인사말

경혜미 양의 약혼을 축하합니다. 그리고 7년 동안 고생 많았습니다.

여러분도 아시는 바와 같이 혜미 양은 무슨 일이고 해낼 수 있는 사람입니다. 작년 연말 약혼을 했다는 말을 들었을 때는 「결혼해도 일할 수 있겠어요?」라고 그 자리에서 물어보았습니다. 그랬더니 혜미 양은 결혼을 하고서도 근무하고 싶은데 결혼할 사람이 해외로 나가 근무할 예정이라고 했습니다.

일을 계속하고 싶은 여성으로서는 결혼할 상대자의 인생에 자기의 인생도 좌우된다고 할지, 영향을 받게 된다고 해야 할지 그것이 안 되었다고는 생각하지 않았으나, 혜미 양은 「지금까지는 관광에 대한 일이나 역사에 대한 공부를 하고 있었는데 앞으로는 해외에서 생활하는 것도 공부하게 되었습니다.」라고 말했습니다.

이 말을 듣고 과연 혜미 양답구나 하고 느꼈습니다. 그리고 그런 자세를 갖고 있다면 가정생활도, 해외에서의 생활도, 그리고 앞으로 아기 엄마가 되더라도 보람 있는 삶을 살아갈 수 있겠구나 확신하게 되었습니다.

우리 회사의 우수한 인재를, 그리고 더없이 상냥한 사원을 잃게 된 것을 서운해 하고 있습니다. 그동안 고마웠습니다. 그리고 혜미 양의 결혼을 축하하면서 보내드리겠습니다.

7년 동안 수고 많았습니다.

• 결혼 퇴직자(女社員)를 송별하는 인사의 말

여러분, 오늘 총무부 총무과의 조애실 양이 퇴직하게 되었습니다. 아시는 분도 있을 것으로 압니다마는 애실 양은 이번에 결혼하게 되었습니다.

헤어진다는 것은 섭섭하고 유감스런 일이나 결혼을 한다니 축하해 드려야 하지 않겠습니까? 우리는 기쁜 마음으로 작별의 손을 흔들어 드리도록 하겠습니다.

애실 양, 성심성의로 근무해 주어 감사합니다. 회사에서 일을 잘하는 사람은 가정에서도 꼼꼼하게 살림을 잘한다고 하는데 애실 양도 멋진 가정을 이루시리라 믿습니다.

항상 건강하고 행복하기를 빕니다.

결혼으로 퇴직하는 부하에 대한 인사에서는 「행복하기를」이라든가 「좋은 부인이 되시기를」과 같은 남성측의 입장에서 말하게 되는 경우가 많습니다.

송별회의 인사에서는 이것저것 추억을 더듬기 보다는 테마를 압축해서 떠나는 사람의 인상에 남는 스피치를 하기 바랍니다.

떠나는 사람이 상사에게 인사를 하는 경우에도 너무 형식적인 틀에 박힌 말은 분위기를 따분하게만 합니다. 업무상 신세를 졌던 에피소드를 테마로 하여 진심을 담아서 깊은 감사의 뜻이 담기게 합니다.

• 퇴직을 축하하는 모임에서 내빈의 인사말

오늘 모임에 저 같은 사람도 불러 주셔서 감사합니다. ○○○ 부장께는 제가 ○○회사에 입사했을 때 공적으로나 사적으로나 신세를 많이 졌는데 오늘 꼭 참석하여 한 마디 해달라는 부탁을 받고 기쁜 마음으로 달려왔습니다.

○○○ 부장님, 오래 동안 참으로 고생 많이 하셨습니다. ○○사를 대표해서 충심으로 고맙다는 인사를 드립니다.

여러분도 아시겠지만 우리 회사는 정육용(精肉用) 기계를 제조하는 작은 회사입니다. 10수년 전 제가 처음 입사했을 때 우리 회사는 ○○○ 부장님의 회사에 물품을 납품하고 있었는데 ○○○ 부장님은 「회사가 크고 작은 것은 나와는 상관없는 일이다. 상품이 좋으냐 좋지 않으냐가 문제다.」라고 하시면서 제 말을 들어 주셨습니다. 그 무렵 저는 영업에는 역시 간판이 중요하다고 생각하고 있던 터라 부장님의 그때 말씀하신 한 마디가 오늘의 저를, 그리고 오늘의 우리 회사를 받쳐주고 있다고 해도 지나친 말은 아닐 것입니다.

지금까지도 신세만 지고 있을 뿐 저는 부장님을 위해 아무것도 해드린 것이 없습니다. 다만 앞으로도 성심성의를 다하여 열심히 일하겠습니다. 부장님, 오래 동안 노고가 크셨습니다. 앞으로도 큰 활동을 하시기를 빕니다.

감사합니다.

• **퇴직을 축하하는 모임 때 퇴직자의 인사말**

오늘 저를 위해서 성대한 송별의 자리를 마련해 주셔서 대단히 감사합니다. 또한 바쁠텐데도 이렇게 많이 와 주셔서 고맙습니다. 여러분의 정성이 담긴 축하를 받고 감사하는 마음으로 가득차 있습니다.

제가 이 회사에 입사한 것은 지금부터 35년 전이었습니다. 식품 제조 회사의 영업을 하다가 전직하여 입사하였던 때라 수출입 업무 같은 것은 전혀 경험이 없는 처지였습니다.

그런 제가 용케도 오늘날까지 무사하게 근무할 수 있었던 것은 모두 이 자리에 계신 여러분들의 따뜻한 지도 편달이 있었기에 가능했다는 것이 저의 솔직한 심정입니다.

35년간 경제 상황이 어려운 거친 풍파 속에서 돌이켜보면 참 시련도 많았습니다. 저는 일이란 하나하나 차곡차곡 쌓아올리는 것이라고 생각하고 있습니다.

퇴직한 후에는 지인의 회사에서 노년의 정열을 불태워 볼 작정입니다. 또 여러분의 신세를 져야 할 기회도 있을 것입니다. 지금처럼 자주 만날 수 있기를 바랍니다.

이 회사의 발전과 여러분의 앞날에 좋은 일이 많이 있기를 바라면서 간단하나나 송별 인사를 마치겠습니다.

🎙 거래처에서 신세를 진 사람의 송별회에 담당자가 초청되는 경우가 있습니다. 이럴 때 자기의 회사와 퇴직하는 사람과의 관계에 대해서도 언급합니다. 이 예에서처럼 에피소드를 삽입하면 감사의 뜻이 더 잘 전달될 수 있습니다.

🎙 감사의 말에는 모임을 열어준 데 대한 감사의 인사를 합니다. 그리고 퇴직하는 현재의 기분이 되겠는데 너무 감상적으로 되어도 안 되고 가급적이면 밝은 화제로 후배들에게 메시지를 보냅니다.

• 귀국한 사원을 치하하는 인사말

3년 동안 태국에서 고생이 많았을 줄 압니다. 우리 회사로서는 최초의 기술 제휴로 해외에 진출하게 되었으니 애로가 많았을 것입니다. 하지만 파견할 때부터 권용필 군이라면 반드시 좋은 결과를 거두고 귀국할 것이라고 믿고 있었습니다.

지금부터 3년 전 저는 권 군이라면 성공을 거둘 것으로 믿고 보내게 되었던 것입니다.

그 3년의 결과는 권 군의 얼굴만 보아도 알 수 있을 것 같습니다. 권 군의 노고에 감사하는 뜻에서 오늘은 조촐하게나마 귀국 환영 자리를 마련하였습니다.

지난 3년 동안 국내의 경제 사정은 예상 이상으로 어려워졌습니다. 그런 가운데서도 우리 회사가 무사할 수 있었던 것은 외국에 기술을 수출할 수 있었기 때문입니다.

태국에서는 제로 상태에서 스타트했으나 성공을 거두게 되어 국내에서는 화제가 되고 있습니다.

파견 책임자로서 애써준 권 군의 노고의 산물이라서 더욱 고맙고 든든합니다.

우리 업계에서 우리가 아시아 지역으로 기술 진출의 선두 주자가 된 것은 여러 가지 면에서 회사에 좋은 결과를 가져올 것으로 봅니다.

앞으로도 권 군의 귀중한 경험이 우리 회사의 발전에 큰 힘이 되리라고 믿습니다.

오늘은 마음껏 마시고 즐깁시다.

- **귀국한 사원 본인의 인사말**

오늘은 바쁘신 중에도 저와 한춘택 군을 위해서 귀국 환영회를 열어 주시어 감사합니다.

1년 내내 여름 같은 무더운 지방에 있다 보니 몸도 머리도 둔해진 느낌이지만 내일부터 맑은 정신과 몸으로 업무에 임하겠습니다. 잘 부탁드립니다.

4. 친목회(親睦會)·동창회 때의 인사말

친목회·동창회 때의 스피치

🔷 친목회 때 스피치의 포인트

친목회는 서로 친목을 돈독하게 하는 것이 목적이므로 기본적으로는 부드러운 말로 유머나 위트 있는 스피치를 하도록 합니다.

그러나 동업자 친목회에서의 스피치는 다소 의례적인 것으로 됩니다. 친목을 첫째로 하는 모임이라고는 해도 거기에는 반드시 이해나 생활 문제가 얽히게 되기 때문입니다.

또한 여행, 골프대회 같은 초대 행사에서는 주최자의 스피치는 간단하게 하는 것이 무난합니다.

초대된 측도 호의에 감사하고 즐거운 기분을 솔직하게 말하면 충분합니다.

● 동창회 때 스피치의 포인트

동창회에서의 스피치의 포인트는 다음과 같습니다.

① 밝고 부드러운 말로 하도록 한다.

② 화제가 즐거울 것.

③ 참석자의 연령층의 폭을 고려해서 화제를 선택한다.

④ 자기의 현재에 대해서는 조심스럽게 말한다.

● 동업자 조합 친목회 때 임원의 인사말

우리 조합이 결성된 지도 어언 20여년이 되었습니다. 그동안 우리들은 같은 업계에서 장사를 하고 있는데 자유롭게 정보 교환을 하거나 친목의 기회가 좀체로 없었습니다. 그래서 이번에는 친목도 겸해서 이런 모임을 가지게 되었습니다.

저에 대한 소개가 늦었는데 저는 이번에 간사를 맡게 된 N상회의 ○○○ 입니다.

우리 조합은 여러 선배님들이 노력한 결과 갖은 애로를 극복하고 오늘과 같은 단체로 성장하게 되었습니다. 이것은 오로지 여러 회원님들의 지원에 힘입어 성장하였다고 하겠습니다. 여러분 감사합니다.

80여 조합원 여러분이 상부상조의 정신으로 조합의 사명과 책임을 잘 이해하여 주시어 현재와 같이 단단한 조합이 된 것은 역대 회장님과 이사님과 임원 여러분 그리고 조합원 여러분이 협력에 힘입은 결과라고 믿으며 심심한 사의를 표합니다.

최근 대자본을 배경으로 백화점, 할인 마트의 진출이 두드러지고 있는데 이들과 대항하기 위해서는 소매업자의 단결과 협력이 더욱 필요하게 되었습니다.

환경의 변화에 적응하여 기업 경영의 난관을 극복하기 위해서는 조합의 결속력을 강화하고 새로운 시대의 니즈를 선취하여 업계의 미래상을 확고하게 확립해야 되지 않을까 생각합니다.

이번 모임을 계기로 더욱 친목을 돈독히 하고 조합이 발전할 수 있도록 협조하여주시기 바라며 조합원 여러분의 건승을 빌면서 인사에 대신하겠습니다.

• 단골 거래처 초대회 때 주최자의 인사말

바쁘신 중에도 저희들의 초대 모임에 많이 참석해 주셔서 진심으로 감사를 드립니다.

저희 회사 제품을 취급해 주신 여러분의 고마움에 만분의 일이라도 보답해 드리고자 이 자리를 마련하였습니다.

주최자를 대표해서 인사드리게 된 것을 다시없는 영광으로 생각합니다.

작년에 우리 회사에서는 연간 매출 목표인 ○○억 원을 달성하게 되었습니다. 그 전 해가 ○○억 원이었으니 비슷하다고 할 수 있겠습니다.

그러나 여러분도 알고 계시겠지만 뜻밖의 일로 해서 금년에는 전년도보다 못할 것으로 알고 있었는데 전사원이 노력한 결과 가까스로 전년의 수준에 도달할 수 있었습니다.

이번 사건으로 찾아주시던 고객님들의 발길이 뜸해져서 걱정했는데 저희 회사를 끝까지 아껴주시는 고객님들이 계속 협조해 주시어 가까스로 금년 목표를 달성할 수 있었습니다.

조금 전 여러분들께 드린 것은 금년에 우리 회사에서 개발한 신제품입니다. 내달부터는 본격적으로 시판하게 되어 신문이나 TV에 본격적으로 선전할 예정입니다. 지난 해의 실패를 만회하기 위해서 회사에서 연구를 거듭한 결과로 만들어낸 신제품이어서 품질에는 자신이 있습니다. 여러분의 협력을 부탁드립니다.

오늘은 여러분께서 바쁜 시간을 쪼개어 와주셨는데 대접이 소홀하여 죄송하기 그지없습니다. 천천히 환담을 나누시며 즐거운 자리가 되었으면 합니다.

오늘 참석해주셔서 다시 한 번 감사하다는 말씀을 올립니다.

• 단골 거래처 초대회 때 내빈의 인사말

초대해 주셔서 감사합니다. 초대받은 거래처를 대표해서 인사드립니다.

귀사의 우수한 제품은 우리 도매업자들 간에 평판이 자자합니다. 「좋은 상품을 값싸게」라는 귀사의 슬로건이 제품에도 잘 살려져 있어 소비자의 반응이 좋습니다. 소비자가 좋아하는 상품을 시장에 많이 유통할 수 있다는 것은 우리도 자신하고 있습니다.

작년에는 귀사에 생각치도 못했던 사건이 있었으나 그것도 무사히 극복하게 되었다니 우리는 다행으로 생각합니다. 라이벌 기업이 많은 가운데 그런 일이 있었음에도 불구하고 목표를 달성할 수 있었다는 것은 귀사의 저력을 보여준 것이라고 믿습니다.

좋은 제품을 만들면 반드시 팔리게 됩니다. 이것은 틀림없는 사실입니다.

귀사가 매년 좋은 실적을 올리고 있다는 것은 좋은 상품을 만들기 때문입니다. 앞으로도 잇따라 신제품을 발표하실 것으로 생각되는데 우리도 협력을 아끼지 않겠습니다.

귀사와 우리 도매업을 하는 사람들은 한집안 식구나 다름없습니다. 따라서 서로 부족한 점은 보완해 가면서 발전해 갔으면 좋겠습니다.

귀사의 무궁한 발전이 있기를 기원하면서 인사를 대신하겠습니다.

또 푸짐한 대접을 해 주시어 잘 먹고 가겠습니다.

• 골프경기 때 주최자의 인사말

여러분 바쁘신 데도 불구하시고 우리 회사가 주최하는 골프경기에 참가하여주셔서 고맙습니다.

오늘의 경기는 5회째가 됩니다. 여러분의 협조로 해가 갈수록 성황을 이루게 되었습니다.

오늘은 일기도 쾌청해서 경기하기 좋을 것 같습니다. 오늘 경기는 스코어보다도 참가하는 데 의의가 있다고 하겠습니다. 그렇지만 최고의 역량을 발휘하여 주시기 바랍니다.

이번 경기에 처음 참가한 분을 간단히 소개해 드리겠습니다. 제 왼쪽 바로 옆에 계신 분이 서수준 님으로 핸디는 20이십니다. 서선생님 옆에 서계신 분은 양종국 님으로 핸디 16이고, 또 그 옆에 계신 미모의 여성분은 성혜경 님으로 핸디를 말씀 안하셔서 제가 살짝 여쭈어 보았더니 핸디 19라 했습니다. 홀인원도 한 번 하셨다고 합니다.

이렇게 세 분이 오늘 처음으로 참가하신 분입니다. 룰은 이 골프장의 로컬 룰을 적용하겠습니다.

스코어도 중요하지만 어디까지나 친목을 도모하는 경기이므로 너무 긴장하지 않으셔도 되겠습니다. 그리고 안전하게 플레이해 주실 것을 부탁드리겠습니다.

인사말이 장황해졌는데 그러면 곧 시작하겠습니다.

● 동네 체육대회 때 주최자의 인사말

오늘은 체육 대회를 하는 날씨로는 만점이군요. 바쁘실텐데 동네 체육 대회에 참가하여주셔서 대단히 감사합니다.

저는 이 대회의 집행 위원장을 맡고 있는 박광호라고 합니다. 주최자를 대표해서 인사 올리겠습니다.

이 동네 체육 대회의 목적은 오늘 하루를 다함께 즐기면서 친목을 더욱 돈독히 하기 위한 것입니다. 그러니까 승부에 관계없이 끝까지 즐겨 주십시오.

대회의 진행은 동네 젊은 유지들이 맡겠습니다. 오늘 경기종목은 누구나 참가할 수 있도록 쉬운 경기로 골랐습니다.

그런데 최근에는 건강에 관심이 높아져서 조기(부起)운동이나 조기축구 클럽에 가입하여 열심히 운동을 하는 분이 많습니다. 연로한 어르신들은 근처 학교에 가서 걷기 운동을 하는 분도 많습니다. 또한 노인들은 게이트볼 대회, 어린들은 수영 대회, 테니스 대회, 에어로빅 교실 등 여러 가지를 하고 있습니다.

이번 체육 대회에서는 방금 말씀드린 각 교실이나 클럽에서 평소에 닦은 건강한 모습을 보여 주셨으면 좋겠습니다. 말하자면 이 체육 대회는 우리 동네의 스포츠 제전, 동네 올림픽이라고 하면 너무 거창할까요?

오늘은 또 의무반을 본부석 옆에 대기시켜 놓았습니다. 경기를 하시다가 다치거나 이상을 느끼셨을 때는 바로 의무반을 이용하여 주십시오.

그러면 바로 경기를 시작하겠습니다. 제5회 동네 체육 대회의 개최를 선언합니다.

• 초등학교 동창회 때 폐회 인사말

오늘 참석해 주시어 고맙습니다. 이번만이 아니라 다음 모임 때도 많이 참석해주시면 고맙겠습니다. 제 얘기를 해서 뭣하지만 지금 저의 막둥이가 6학년입니다.

저는 학부형모임의 회장을 맡고 있어서 모교에 대한 근황은 잘 알고 있지만 졸업한 대부분의 친구들은 강당을 새로 지었다든가, 훌륭한 교내 방송시설이 되어 있다거나 그래서 외국의 학교에서도 우리 모교를 견학하러 많이 온다는 것을 잘 모르고 계신 동창분이 많을 줄 압니다.

학교의 선생님들도 우리를 가르치신 선생님들은 한 분도 안 계십니다. 해마다 학구(學區)의 인구가 증가하여 아파트 단지에 거주하는 주민의 동향이 학급 편성에 영향을 주고 있다는 것은 현실적으로 부정할 수 없을 만큼 달라진 점입니다.

저는 이사도 가지 않고 옛날 살던 집에 그대로 살고 있으나 동창들이 여러 지방에 흩어져 살고 있어 동창회를 한다는 것이 여의치 못합니다.

이 점에 대해서 의견이 있는 분은 동창회의 발전을 위해서 한 마디 부탁하겠습니다.

다음 모임 때는 그러한 의견이나 요망 사항을 충분히 살려서 생기를 되찾는 동창회가 되도록 노력하겠습니다. 여러분의 협력을 부탁드리며 오늘 모임을 마치도록 하겠습니다.

● 고등학교 동창회 때 개회 인사말

오늘 모교 창립 60주년 기념 모임에 많은 동창들이 참석해 주셔서 대단히 고맙습니다.

그리고 우리가 재학하고 있을 때 계시던 선생님들을 위시해서 타교로 전출하여 교편을 잡고 계신 선생님과 이미 교직을 떠나신 선생님들도 와주셔서 감사하기 이를 데 없습니다.

우선 큰 박수로 스승님들을 맞아주시기 바랍니다. 선생님들께서는 단상으로 올라와 주시면 고맙겠습니다. 그러면 동창회장으로서 새로 인사를 드리겠습니다.

오늘 모임은 모교 창립 60주년을 기념한다는 큰 목적 외에 기념사업의 주된 사업으로 회관건립을 강력하게 추진하기 위한 모임이기도 합니다.

회관 건립 기념모금 활동은 2년 전 총회에서 결정하여 즉각 모금 활동을 하고 있으며 여러분들의 적극적인 참여로 착착 실적을 올리고 있습니다만 유감스럽게도 기초공사를 시작한 지금까지도 목표액에는 아직 도달하지 못하고 있는 실정입니다.

앞으로 이 회관은 재학생은 물론이고 우리 동창들의 동기 모임이나 반창회를 할 때도 이용할 수 있도록 설계에 반영한 새로운 회관인데 하루 빨리 완성될 수 있도록 더욱 여러분의 협조를 부탁드리겠습니다.

회관 건립 추진위원회에서는 모집 기간을 1년 더 연장해달라고 강력하게 요청하고 있어서 이 자리를 빌려서 여러분께 간곡하게 협조를 부탁드리는 바입니다.

그러면 지금부터 기념파티의 제1부로 들어가겠습니다. 선생님들은 사회자가 한분 한분 소개해 드리도록 하겠습니다.

그리고 선생님들은 짧게 한 말씀씩 해주실 것을 부탁드립니다.

늦게 오신 동창들께서는 졸업기별 테이블로 가시면 되겠습니다.

• 고등학교 동기 동창회 때 근황 보고

○○○ 입니다. 23년만에 동창들과 만나게 되어 무척 반갑습니다. 저는 C조의 7번이었다고 기억합니다. J선생님, 그동안 평안하셨습니까? 아주 건강해 보이십니다.

선생님이나 여러분과는 지금 말씀드렸듯이 졸업한 이후 문자 그대로 23년만의 만남이라서 좀 서먹서먹하기도 하군요. 저는 여대를 졸업하고 바로 결혼했기 때문에 직장에 대한 경험이 전혀 없습니다.

지금 생각해 보면 저도 직장 생활을 했더라면 그리운 동창들과 만날 수 있었을 것입니다.

특히 여자 동창들은 교편을 잡거나 출판사에 다니거나, 자기 사업을 하거나 해서 저와는 다른 세계에서 살고 있어서 저는 무척 외로운 나날을 살아왔습니다.

저는 전업주부로서 제 나름의 긍지를 갖고 살아왔습니다. 아직 아이가 없어서 가사 이외에는 교회 관계의 자원 봉사 활동을 해 오고 있습니다. 푸념 같은 제 얘기를 해서 죄송합니다.

학교를 졸업한 후 세 차례나 주소가 바뀌어 동창회 소식 같은 것도 전혀 받지 못했는데 작년 연말 지금 간사를 맡고 있는 G씨를 우연히 노상에서 만나 이번 모임의 통지를 받게 되었습니다. 너무 오래 제 얘기를 해서 죄송합니다. 이것으로 저의 근황 보고를 마치겠습니다.

• 동창회 간사의 인사말

○○중학교 제10회 동창회에 많이 참석해 주셔서 대단히 고맙습니다. 간사로서 고맙다는 인사를 드립니다. 5년만의 재회인데 여러분 건강하시고 별고 없으셨겠지요.

3년 전에 가진 동창회 때는 많은 친구들이 가까이 살고 있어서 자주 뵐 수 있었는데 그 후 전근이나 결혼 등으로 전국 각지로 흩어져 살게 되었습니다.

이번 모임도 간사로서는 모일 장소나 일시를 가급적 여러분에게 지장이 없도록 애썼으나 여러분의 의견을 다 수렴할 수 없어서 죄송하게 되었습니다.

우리 동기생은 전원이 150여 명이었는데 전국 각지에서 맹활약을 하고 계시다는 소식에 기쁨을 감출 수 없습니다.

대학에 진학한 친구, 직장에 다니고 있는 친구 등 학교를 졸업한 후의 진로가 다양해서 개별적으로 만날 수 있는 친구는 몇 안 됩니다.

더구나 멀리 지방에 살고 있는 동창은 오시기도 힘들 것이라 믿습니다. 그럼에도 불구하고 형편이 닿는 사람만이라도 만났으면 해서 이 자리를 마련하게 되었습니다.

오늘 모임에서 하실 말씀이 있는 분은 누구든지 자유롭게 말씀해 주시면 감사하겠습니다. 그리고 다음 모임에 대해서도 의견이 있는 분은 기탄없이 말씀해 주시기 바랍니다. 가급적 참작하도록 하겠습니다.

간단하나마 인사를 마치겠습니다.

 **동창회에서 간사가 인사할 때의 포인트**

몇 년 만에 만나는 동창이므로 처음에는 역시 딱딱한 분위기입니다. 간사로서는 이런 분위기를 가급적이면 빠르게 즐겁고 밝은 분위기로 바꾸지 않으면 안 됩니다.

우선 가능한 한 부드러운 어조로 틀에 박히지 않은 어조로 인사를 합니다. 의례적인 내용이라면 점점 딱딱한 분위기로 되어버립니다. 물론 인사할 때도 웃음을 잃지 않도록 합시다. 또한 은사에 대한 근황 보고도 빠뜨리지 않도록 합시다.

• 동창회 때 은사의 인사말

저를 기억하세요? 잊지 않았겠지요. 여러분이 호랑이 선생님이라고 했던 백기호입니다. 저는 3년 전에 정년퇴직하여 현재는 안산시에서 살고 있습니다. 오늘 자리를 같이하신 선생님 중에서 지금까지 교직에 계시는 선생님은 조태식 선생님뿐이군요. 세월이 이렇게 빨리 갈 줄은 미처 몰랐습니다.

제10회 동기 동창회의 간사인 홍군으로부터 연락을 받고 이 자리에 왔는데 한 마디 해달라고 해서 무슨 말을 드려야 할지 한참 망설이다가 나왔습니다. 옛날 여러분이 지어준 별명이 호랑이 선생인데 지금은 그럴 기력도 없는 것 같습니다.

오늘 여러분들을 대하고 보니 옛날에 보던 귀여운 소년의 모습은 어디로 가고 건장한 젊은이로 성장하셨군요. 약간 옛날 모습이 있는 분도

있지만 지나가다 못 알아보고 그냥 지나쳐버릴 것만 같습니다.

여러분의 늠름한 모습을 보니 제가 교사로 있기를 썩 잘했다는 생각이 듭니다. 교사는 제자들이 훌륭하게 성장하여 성인이 되는 것을 보는 것이 가장 큰 기쁨입니다. 여러분은 저에게 큰 기쁨을 안겨 주었습니다.

지금 여러분의 자녀들은 옛날 여러분의 연령이 되지 않았나 합니다. 「자식을 가지게 되어서야 처음으로 부모의 사랑」을 알게 된다고 합니다. 여러분도 지금은 그런 것을 느끼게 될 것입니다.

그리고 공부도 중요하지만 그보다 건강이 더 소중하다는 것, 원만한 인간관계, 그런 것이 더 소중하다는 것을 알게 되었을 것입니다.

오랜만에 친구들과 할 얘기가 많을 텐데 너무 시간을 빼앗은 것 같군요. 오늘 함께 지난 날의 추억을 더듬어가면서 마음껏 회포를 풀어보기 바라면서 호랑이 선생의 인사를 마치겠습니다.

5. 신년회 · 망년회 때의 인사말

신년회 · 망년회 때의 스피치

■ 신년회 때 스피치의 포인트

스피치가 필요한 신년회는 대개 회사나 관청에서 하는 신년회입니다. 이런 경우에는 연회석이 아니므로 비교적 엄숙한 분위기 속에서 신년을 향한 희망이나 포부 · 결의 등을 말하게 됩니다.

또 그런 자리에서는 신년의 사기진작을 고무한다는 의도도 있으나 설교조는 금물입니다.

또 때로는 전년도의 업무에 대한 반성 같은 것을 끄집어내는 관리직도 있는데 신년회의 스피치로는 적합하지 않습니다. 지난해의 노고를 치하하는 것은 좋지만 역시 연초의 축하와 아울러 신년도의 포부나 전망 · 결의 등을 중심으로 정리하는 것이 좋겠습니다.

■ 망년회 때 스피치의 포인트

망년회는 신년회처럼 엄숙한 분위기에서 할 필요는 없습니다. 서로 마음에서 우러난 서로 위로해 주는 마음이 있으면 스피치에도 그것이 반영될 것입니다. 가령 1년의 실적이 좋지 않았다 하더라도 그것은 마찬가지입니다.

어두운 화제는 피하고 밝아오는 새해에 대한 힘찬 내용이야 말로 망년회의 스피치에는 어울린다고 하겠습니다.

• 신년회 때 사장의 인사말

사원 여러분 새해 복 많이 받으세요.

이렇게 한 자리에 모여서 함께 신년을 축하하는 축배를 들게 되어 기쁘기 그지없습니다.

작년 한 해는 일찍이 볼 수 없었던 시련의 해였습니다. 그런 가운데서도 이처럼 매출을 올릴 수 있었던 것은 사원 여러분의 부단한 노력으로 분발한 결과라 하겠습니다.

그런데 금년은 잔뜩 흐린 날씨 같은 현상입니다.

이것을 골프에 비유한다면 나이스 샷으로 150야드 이상 볼을 날려 보내도 공이 보이지 않고, 언듈레이션(골프장의 그린 표면에 만든 기복)을 읽을 수 없어서 오른쪽으로 가야 할지 왼쪽으로 돌아야 할지 확실하지 않은 그런 상태라고 할 수 있습니다.

금년에는 정면으로 쳐야 하는 해입니다. 자기 나름대로 비전과 확고한 신념을 가지고 당당하게 정면으로 업무를 추진해 주기 바랍니다.

작년 이상 결실이 있는 해로 되게 하기 위해서는 오늘은 편히 쉬면서 내일을 위해서 에너지를 축적해 두는 것이 좋겠습니다.

- **신년회 때 총무의 인사말**

여러분 새해 복 많이 받으세요.

지금부터 신년회를 가지겠습니다. 사장님의 정력적인 신년 인사를 듣고 아직도 흥분이 가시지 않은 것 같은데 내일부터의 건투를 빌기 위해 조촐한 신년 축하회를 가지고자 합니다.

새해를 시작하는 자리에서 이런 말은 하기 거북하지만 비즈니스 전선은 금년에도 혹독하리 만큼 상황이 좋지 않습니다. 내일부터는 여러분 앞에 격무가 대기하고 있을 것이므로 오늘 모임은 3시에 마치고 산회하겠는데 2차 모임은 적당히 하기를 부탁드립니다.

그렇지 않더라도 여러분들은 단골고객 접대나 초대를 받고 있는 분이 있을 것입니다. 오늘은 사장님을 위시해서 임원의 격려에 흥분된 상태이므로 일찍 귀가하시기 바랍니다. 그러면 사장님의 건배 제의로 금년 신년회를 마치겠습니다.

- **신년회 때 전무의 인사말**

사원 여러분 새해에 복 많이 받으시기 바랍니다. 조금 전 총무도 말했지만 저는 사장님의 말씀에 감동한 사람 중의 한 사람입니다.

올해에는 무슨 일이 있어도 목표를 달성하기 위해서 분투합시다. 제가 여러분께 부탁하는 것은 그것뿐입니다.

저도 분투하겠습니다. 여러분도 꼭 분투해 주기 바랍니다.

그러면 건배!

다시 한 번 여러분 새해에 복 많이 받으십시오!

- **회사 신년회 때 사장의 인사말**

사원 여러분, 신년을 축하합니다.

금년에도 여러분과 함께 신년을 맞이하게 된 것을 기쁘게 생각합니다.

작년은 파란만장한 한 해였으나 여러분의 협력으로 예상 이외의 성과를 거두게 된 것을 진심으로 감사합니다.

예로부터 「1년의 계획은 새해 첫날에 있다」고 했습니다. 여러분도 각자 금년 1년의 계획을 짰을 것으로 알고 있지만 회사로서는 금년에는 작년 이상의 실적을 올려야 되겠습니다.

생산 부문의 충실과 확대를 계획하고 있으나 그에 따른 필요한 인력도 증원하여 사원 한 사람 한 사람의 활력을 최대한 높이지 않고서는 그런 실적은 기대할 수 없을 것입니다.

우리 회사는 다른 회사에 비해서 규모가 작은 회사입니다. 하지만 여러분의 의욕과 바이털리티는 우리 회사의 자랑입니다.

각부, 각과에 금년에 달성해야 할 목표가 있듯이 회사로서는 작년 실적보다 20% 더 높게 목표를 잡으려고 합니다. 이것은 결코 불가능한 수치는 아닙니다. 작년 같은 어려운 상황에도 불구하고 예정했던 목표를 달성하지 않았습니까?

작년에 자기의 목표를 달성하지 못한 분은 금년에는 꼭 자기의 목표를 달성해 주기 바랍니다. 그리고 작년에 자기의 목표를 달성한 사람도 그것으로 자만하지 말고 작년 이상으로 성과를 올려주기 바랍니다.

그리고 회사에 충실해야 하는 것과 아울러 개인적으로도 충실한 한 해가 되도록 노력해 주기 바랍니다.

이상 간단하나마 새해의 출발을 앞두고 새해 인사를 마치겠습니다.

🍷 회사 신년회에서 사장의 인사

신년 인사이므로 금년 1년의 목표나 결의를 말하는데, 명령조로 되지 않도록 합니다. 「…하면 좋겠습니다」, 「…않으면 안 됩니다」와 같은 말로 시종하면 오히려 사원의 의욕을 떨어뜨리게 됩니다.

• 회사 신년회 때 관리직의 인사말

신년 인사를 드립니다.

여러분도 좋은 새해를 맞이하셨을 것으로 압니다.

올봄에는 아시다시피 T시로 우리 부서의 컴퓨터 부문이 이전하기로 되어 있습니다. 업무가 확장될 것이므로 바쁜 한 해가 될 것 같습니다.

저는 항상 여러분께 무리한 요구를 해 왔고 흥분하면 화를 잘 냈는데 그러지 말야겠다고 하면서도 잘 고쳐지지 않는군요. 앞으로 혹시 그런 일이 있더라도 양해하여주기 바랍니다.

새해 벽두에 또 한 가지 부탁드릴 것이 있습니다. 우리 부내의 업무 형태가 약간 달라질 것으로 봅니다. 우리가 하는 일은 횡적 유대가 매우 중요합니다.

따라서 업무 형태에 변화가 있을 때는 의식적으로 더욱 활발한 커뮤니케이션을 할 필요가 있습니다.

올해는 원활한 커뮤니케이션이 이루어지도록 다함께 노력하는 것을 목표로 해주기 바랍니다.

제 얘기가 너무 딱딱해진 것 같은데 올해도 분발해 주기 바랍니다.

• 회사 신년회 때 간사의 인사말

여러분, 신년을 축하합니다.

다같이 잔을 높이 듭시다. 여러분의 건강과 행복을 빌면서 축배를 듭시다.

「신년의 계획은 새해 첫날에 한다.」는 말이 있습니다. 여러분은 금년 한 해 무엇을 계획하고 무엇을 해야겠다고 생각해 보았습니까?

우리들의 인생에 만약 신년이 없다면 그것이야 말로 단조롭고 변화가 없는 것이라고 봅니다. 한 해의 맨 처음에 정월이 있고 해마다 한 해를 마감하는 12월이 있다고 하는 것은 그 사이의 갖가지 행사도 포함해서 인생의 행로에 변화를 가져다주는 것이라고 봅니다.

그런데 총무의 입장에서 어떤 색다른 계획은 없을까 하고 생각해 보았으나 그런 새로운 계획은 잘 떠오르지 않는군요.

무언가 신선하고, 스마트한, 연두(年頭) 소감이라든가 여러분의 꿈을 들어보면서 즐거운 신년모임이 되었으면 좋겠습니다.

🎤 신년회는 밝고 즐겁게

신년회에서의 인사는 형식에 얽매일 필요는 없습니다. 친목회의 일종이므로 우선은 밝고 즐거운 말로 하도록 합니다.

● **역전 시장(驛前 市場) 신년회 때 회장의 인사말**

새해 인사를 드립니다.

새해에는 여러분의 사업이 더욱 번창해 지시기를 기원합니다. 오늘은 바쁘신 가운데도 많이 참석해 주셔서 대단히 고맙습니다.

여러 회원님들과 함께 신년 축하를 할 수 있게 된 것을 진심으로 기쁘게 생각하고 있습니다.

여러분도 다 알고 계시겠지만 우리 시장에서는 회원 모두가 「고객의 입장이 되어 파는 시장」이라는 것을 공동 목표로 하여 보다 좋은 상품을 보다 지렴힌 가격으로 고객들이 살 수 있도록 최선의 노력을 힌 것으로 알고 있습니다.

우리 시장에서 장사를 하고 있는 우리는 역전가(驛前街)의 발전을 무엇보다도 바라고 있습니다. 그런 의미에서도 회원 전원이 한 자리에 모여 서로간의 의사소통을 할 수 있는 신년회는 매우 의의 있는 모임이라 할 수 있습니다.

이처럼 오늘 밤의 신년회는 뜻깊은 자리입니다. 다함께 음식을 드시면서 우리 시장의 발전을 위해서 올해도 함께 노력합시다.

• **실적이 좋은 부서의 신년회 때 부장의 인사말**

신년을 축하합니다.

오늘 따라 여직원 여러분들은 한결 밝고 활력이 넘치는 것 같군요.

여러분께 진심으로 감사를 드립니다. 지난해의 실적평가가 나왔는데 우리 부서가 톱이 되었습니다. 이것은 오로지 우리 부서 여러분이 열심히 노력한 결과라고 믿습니다. 다시 한 번 여러분의 노력에 감사드립니다.

이것은 저만 열심히 일한 것이 아니라 우리가 합심하여 노력했기 때문에 좋은 성과를 올릴 수 있었다고 봅니다. 오로지 회사를 아끼는 여러분의 정성이 어떠했는가를 말해주는 결과라고 믿습니다.

여러분은 부장인 저를 위한 것이 아니라 회사를 위해서 일하였기에 이루어낸 결실이었습니다.

새해에도 자만에 빠지지 않고 거북이처럼 정상을 향해서 매진해 주기 바랍니다.

• **실적이 나쁜 부서의 신년회 때 부장의 인사말**

또 한 해가 밝았습니다. 신년을 축하합니다.

연말에는 이곳저곳 망년회가 겹쳐서 우리 부서만의 망년회는 생략했습니다. 그러니까 우리가 이렇게 한 자리에 모이는 것은 좀 뜸했던 것이 아닌가 생각됩니다.

우리 회사의 작년 실적은 좋은 편이었으나 저의 부덕의 소치로 우리 부서의 실적은 신통치 못했습니다. 올해는 여러분의 가일층 분발을 기대하면서 새해의 희망을 걸어봅니다.

방침이 나빴는지 방법이 나빴는지 여러분들끼리도 의견이 분분할 것으로 아는데 저는 사장님께 이렇게 말씀드렸습니다. 우리 부서의 실적이 제 궤도에 오르는 것은 3년만 기다려 달라고 했습니다. 그 3년째가 금년입니다. 우리 부서의 실적이 실제로 평가되는 것이 바로 금년입니다.

새해를 맞는 자리에서 이런 얘기가 좋은 화제는 아니겠으나 여러분의 의견을 시급히 들어보아야 하겠습니다. 첫날부터 우울한 얘기를 해서 죄송합니다.

우선 내일 아홉시부터 부서 회의와 영업 회의를 갖겠습니다. 오늘은 더이상의 말은 하지 않겠습니다.

앞으로 두 시간은 그런 것은 다 잊고 느긋하게 즐기기 바랍니다.

💐 어느 업종이고 전망이 밝지 않은 어려운 시대입니다.

이러한 어려움을 타개하기 위해서는 회사를 위하여 전원이 발벗고 나서야 하겠습니다. 그러나 이럴때도 총 대장인 사장의 기량이 특히 요구되는 것은 옛날이나 지금이나 똑같습니다.

전사원이 분발할 수 있는 것도 의욕을 상실하는 것도 사장의 총지휘 여하에 달려 있다고 해도 과언이 아닙니다. 이것은 너무나 당연합니다. 그런 당연한 것을 확고하게 사원을 향해서 말하는 것, 그것이 신년 벽두에 사장이 해야 할 첫번째 일입니다. 확고한 태도, 그것이 사원으로부터 신뢰를 받을 수 있는 첫 걸음입니다.

- **회사 망년회 때 사장의 인사말**

직원 여러분, 연말에 얼마나 바쁘셨습니까? 각자 연말 업무에 바쁘신데도 불구하고 망년회에 많이 참석해주어 고맙습니다.

금년 한 해를 뒤돌아보면 실로 여러 가지 어려운 일이 많았습니다. 그런 가운데도 무사히 송년을 맞게 된 것은 기적이 아닐 수 없습니다.

이것은 오로지 사원 여러분의 회사를 아끼는 투철한 정신의 소산이라고 믿어 다시 한 번 고맙다는 말씀을 드립니다.

앞으로 1주일 후면 새해가 밝아옵니다. 이 자리를 통해서 그간의 고생은 깨끗이 잊고 오는 새해에 대비하여 주었으면 좋겠습니다.

오늘 밤은 마음껏 마시고 즐기기 바랍니다. 마음껏 떠들고 한 해의 때를 말끔히 털어버리기 바랍니다.

음식을 앞에 놓고 장황한 말은 하지 않겠습니다. 이것으로 송년 인사를 대신하겠습니다.

망년회에서의 인사

반성, 비판 일변도의 인사는 좋지 않습니다. 1년간을 반성하는 것은 물론 필요하겠지만, 특정 부서나 개인에 대한 비판, 마이너스의 이미지로 반성하는 것만으로는 사원의 사기를 떨어뜨릴 뿐입니다.

- **회사 망년회 때 관리직의 인사말**

금년은 유난히 바빴던 한 해였습니다. 여러분, 한 해 동안 고생이 많았습니다.

여러분과 회식을 하는 기회는 몇 번 있었지만 그 중에서도 망년회는 각별한 자리입니다.

망년회에서는 금년 한 해를 성공한 해로 보는 사람도, 실패한 것으로 보는 사람도 있겠는데 금년 한 해에 겪었던 경험을 살려서 내년에는 모두가 결실이 풍부한 해로 만들어보기로 합시다.

한 해의 노고는 이 자리를 통해서 다 잊고 새로운 에너지를 충전하는 자리가 되었으면 합니다.

그런 의미에서도 오늘은 즐거운 모임이 되어야 하겠습니다. 다행히 사장님의 따뜻한 배려로 요리도 예상 이상으로 풍성하게 장만하였습니다.

마음껏 먹고 마시면서 비약하는 새해를 맞을 수 있기를 바랍니다.

오늘 이 자리는 1년 동안 회사의 발전을 위해서 여러분이 피땀 흘리며 애써주신 노고에 감사하는 망년회입니다.

다같이 건배의 잔을 듭시다.

• 회사 망년회 때 총무의 인사말

연말에 눈코 뜰 새 없이 바쁘신 데도 불구하고 참석하여 주시어 총무로서 고맙다는 인사를 드립니다.

그런데 여러분들은 금년 한 해가 어떠했다고 생각하시는지요? 괴로운 적도 있었을 것이고 기뻤을 때도 있고 여러 가지 일이 있었을 줄 압니다. 어쨌든 금년도 앞으로 1주일 밖에는 남지 않았습니다.

아직 다 마무리하지 못한 일도 있을 줄 알지만 오늘 밤만은 업무에 대한 것은 싹 잊고 다함께 먹고 마시면서 노래도 부르고 서로 간에 못했던 말을 나누었으면 합니다.

마음껏 즐기면서 이 해의 미련은 깨끗이 잊고 오는 새해를 향하여 활력을 충전하는 자리가 되었으면 좋겠습니다.

금년 한 해의 성과가 좋지 못했던 분도, 성과가 좋았던 분도 「인간만사 새옹지마」라는 마음으로 생각하십시오. 오늘 밤만은 그런 기분으로 마음껏 즐기기 바랍니다.

해를 잊는 모임, 문자 그대로 망년회가 되었으면 좋겠습니다. 그러면 건배를 들겠습니다.

• 시장 친목회 망년회 때 회장의 인사말

바쁘신 중에도 체시장 친목 망년회에 참석하여 주서서 감사합니다.

오늘은 장사하는 일에 대해서는 깨끗이 잊고 환담도 나누시고 금년 한 해 동안 쌓였던 피로를 말끔히 씻어내는 자리가 되기를 바랍니다.

회원 여러분도 아시다시피 체시장은 우리 시장을 찾아주시는 단골 고객 외에도 젊은 층의 고객이 많이 늘어났다고 봅니다. 오늘 참석하신 분들 중에는 새로 회원이 되신 분도 몇 분 있습니다. 새 시대에 앞장서서 우리 또한 진취적인 정신으로 무장하여 젊은 회원 여러분과 시장의 발전을 위해서 힘써 주시기 바랍니다.

노래나 춤 등 즐거운 여흥의 자리도 마련하였습니다. 푸근한 마음으로 시간이 허락하는 한 마음껏 즐기기 바랍니다.

그러면 회원 여러분의 건강과 발전을 기원하면서 인사의 말로 대신하겠습니다.

• 망년회 때 사장의 인사말

아직 망년(忘年)의 기분은 안 들지만 밝아오는 새해를 위해서, 그리고 더욱 분발하기 위해서도 오늘 밤만은 유쾌한 밤이 되도록 합시다.

여러분들, 여러 가지로 심려를 끼쳐드린 한 해였지만 조금 전 거래처에 나갔던 K군으로부터 전화가 걸려왔습니다. 연말인데도 주문을 받았다는 보고가 있었습니다.

새해에는 좋은 일이 있을 것 같군요. 금년에 겪었던 우울했던 일들은 말끔히 잊고 새해에 희망을 걸면서 마음껏 드시기 바랍니다.

• 망년회 때 총무의 인사말

거의 다 모이신 것 같아서 예정대로 망년회를 시작하겠습니다. 오늘 모임은 제가 주관할 터이니 술이나 그밖에 필요한 것은 서슴지 마시고 말씀해 주세요.

금년은 참으로 어려운 한 해였습니다. 상여금을 줄 수 있을까 걱정했는데 그래도 사원 여러분께서 분발해주신 덕분에 대과 없이 넘길 수 있었습니다. 이 자리를 빌려서 회사를 대신해서 감사하다는 말씀을 드립니다.

오늘 밤은 모든 액운을 털어버리고 마음껏 마시고 노래도 목청이 터지게 부르시며 에너지를 충전해서 새해에는 더욱 분발해 줄 것으로 믿으며 인사를 대신합니다.

• 망년회 자리에서 내빈의 인사말

내빈이라고 하시니 황송합니다. 저야 말로 귀사의 도움을 받는 처지

인데 이렇게 불러 주셔서 영광으로 생각합니다.

저나 여러분이나 다 어려웠던 한 해였습니다. 이런 자리를 통해서 서로 위로도 하고 더욱 튼튼한 유대를 구축하는 자리가 되었으면 합니다. 못하는 노래지만 한 곡 부를 기회를 주신다면 귀사를 위한 축가라고 생각하고 열심히 부르겠습니다.

망년회 자리에 초청해 주신 것 정말 고맙습니다.

망년회란 문자 그대로 그해에 있었던 괴로운 일이나 즐거웠던 일을 잊기 위해서 열리는 모임입니다. 금년은 금년이고 내년부터는 하나부터 다시 시작하는 것이다……라는 것으로 세계에서는 그 예를 찾아보기 어려운 풍습입니다. 망년회에서는 격식에 구애되지 않고 1년을 되돌아 보면서 곧바로 주연으로 들어갑니다.

이때 총무는 대개 사회를 겸하게 됩니다. 개회하기로 한 시각이 되면 모이는 인원수를 보아 8할 이상이 모였으면 개최합니다. 우선 총무의 사회로 망년회가 진행됩니다.

인사는 내빈, 사장(임원, 부장)으로 이어지고 회사가 망년회 비용의 태반을 댄 경우에는 사원을 대표하여 이 자리를 만들어준 것에 대한 감사를 표하는 곳도 있습니다. 그러나 지나치게 사장에게 고맙다는 인사의 말을 하면 사원 중에는 경영주에게 아부한다고 반발하는 사람도 있습니다. 회사가 회비의 일부를 부담했다는 사실을 알리고 감사의 말도 간단하게 하는 것이 좋습니다.

• 단골 거래처 초청 망년회 때 임원의 인사말

우리 회사 제품을 팔아주시는 여러분께 너무 격조했던 점 죄송하게 생각합니다. 저희 회사 젊은 직원들은 늘 여러분의 신세를 지고 있다고 했습니다. 특히 오늘은 바쁘신데도 불구하도 참석해 주셔서 고맙습니다. 거듭 감사하다는 인사를 드립니다.

금년 저희 회사는 여러분들의 성원으로 좋은 실적을 올리고 있습니다. 오늘 오신 분들께는 새로 출품한 제품을 감사하다는 뜻에서 증정해 드리고자 합니다. 가실 때 짐이 되지 않을지 모르겠는데 꼭 가져가시면 좋겠습니다. 여러분도 이 제품이 인기가 있다는 것은 이미 알고 계실 줄 압니다만 예상을 뛰어넘는 인기를 얻고 있습니다. 추가 주문이 쇄도하여 직원들이 비명을 올릴 정도입니다.

딱딱한 얘기는 이쯤 하고 오늘만은 느긋한 마음으로 함께 즐기셨으면 합니다.

이것으로 제 인사를 끝맺겠습니다.

• 망년회에 초청된 단골 거래처를 대표하여 하는 인사말

○○○ 사장님을 위시하여 직원 여러분, 오늘 우리 거래처를 초청해 주시어 이처럼 성대한 연회를 베풀어주서서 대단히 감사합니다. 따뜻한 배려에 우리는 감사할 뿐입니다. 귀사의 발전은 우리들의 발전이기도 합니다.

우리는 이맘때가 되면 이 날을 손꼽아 기다리고 있습니다. 이런 기회를 통해서 저희들의 고충도 말씀드릴 수 있고 귀사의 사정도 알아볼 수 있습니다.

또한 라이벌끼리인 우리들을 한자리에 초청해 주셔서 서로 친목을 도모할 수 있는 자리도 되고 있습니다. 우리는 금년에 두 차례나 친목 골프도 쳤습니다.

귀사의 업적이 좋다는 것은 우리가 더 잘 알 수 있습니다. 노래방과는 거리가 멀던 P상회의 사장님은 노래 연습을 하여 오늘은 자신 있게 노래를 부를 수 있다고 했습니다.

마음껏 듣겠습니다. 초청해 주셔서 진심으로 감사합니다.

단골 거래처를 접대하거나 접대를 받는 망년회가 있습니다. 이럴 때는 초대한 측의 상사가 금년에는 많은 도움을 주셔서 감사합니다. 라고 인사를 하고 단골 거래처의 답사를 듣고 주연을 가지게 됩니다.

망년회에서는 인사말에 대한 걱정보다는 여흥 시간에 장기자랑이 더 걱정이 됩니다. 그러므로 그런 자리에 참석할 때는 못하는 노래 하나라도 연습을 하고 나가는 것이 좋습니다.

흉허물이 없는 자리라고는 해도 일정한 룰은 있습니다. 특히 같은 업을 하는 다른 회사가 주최한 망년회에서는 자기 회사에 대한 비판은 하지 말아야 합니다. 그러면 경솔한 인간으로 취급됩니다.

6. 조례(朝禮) · 영업 회의 · 연구회 · 주주 총회 때의 인사

• 조례 때 사장의 인사말

여러분 안녕하십니까?

오늘 아침에는 최근 제가 실천하고 있는 「시간의 효과적인 활용방법」에 대해서 말하고자 합니다.

여러분도 업무를 시작하기 전에 그날 자기가 해야 할 일을 정리하여 자기 나름의 스케줄을 짜리라고 봅니다. 그런데 자기가 짠 스케줄이 있지만 계획대로 업무를 추진하기란 어렵습니다.

해야 할 일은 산더미 같은데 그렇다고 시간이 늘어나는 일은 없습니다. 저도 그랬으니까요. 자기가 할 일을 준비하는 단계에서 무엇부터 손을 대야 할지 몰라서 처음부터 의욕을 상실하는 사람이 많습니다.

그러나 이런 사람들의 대부분은 스케줄을 짜는 데 문제가 있습니다.

우선 업무의 우선순위를 정해야 합니다. 물론 업무의 중요성을 구별하기는 어려우나 뒤로 돌리거나 누구한테 부탁할 수 있는 일은 있을 것입니다. 이렇게 업무를 구분함으로써 업무량을 줄일 수는 있을 것입니다.

다음에는 각 업무에 소요되는 시간을 사전에 정해둡니다. 그것도 해야 할 일을 세분해서 10분 단위로 예정을 세워봐 주십시오. 이렇게 함으로써 업무에 탄력이 붙어서 집중력을 지속시킬 수 있습니다.

물론 처음에는 자기가 정했던 시간대로 업무를 수행하는 것은 어려울 것입니다. 그러나 이런 방법으로 지속적으로 일을 하면 자기 자신의 능력을 파악할 수 있고, 효율성 있는 스케줄을 짤 수 있게 됩니다.

하루는 24시간. 24시간 밖에 없는 것인지, 24시간이나 있는 것인지, 그것을 결정하는 것은 자기자신입니다. 한정된 시간을 효과적으로 사용하여 마음에 여유를 가지고 매일매일을 보내야 하지 않겠습니까?

• **조례 때 신입 사원의 인사말**

안녕하십니까? 이번에 영업부에 새로 입사한 ○○○ 입니다.

사원 연수를 마치고 영업부에 배치된 지 3개월이 됩니다. 요새 와서야 러시아워나 작업복 차림에도 차츰 익숙해지게 되었습니다. 처음에는 사무실 내에서 당황할 때가 많았고 불안한 매일을 보냈으나 선배님들의 따뜻한 지도로 가까스로 업무에 차츰 익숙해지게 되었습니다.

하지만 한 사람의 사회인으로 인정받으려면 더욱 배워야 할 점이 많을 것 같습니다. 그리고 지시받은 일만이 아니라 적극적으로 업무를 추진하지 않으면 안 되겠다고 통감하고 있습니다.

저에 대한 소개를 겸해서 최근 제가 무엇을 배웠는지 말씀드리겠습니다.

저는 원래 아침잠이 많아서 학생 시절에는 늘 강의 시간에 맞추기가 바빴습니다. 아침을 먹지 못한 채 학교로 허겁지겁 가는 날이 많았습니다.

그래서인 오전에는 머리가 띵하고 업무 능률이 오르지 않았습니다. 그런데 입사 동기인 C군은 아침부터 활력이 넘쳤습니다. 아침부터 저렇게 활기가 넘치는 것을 보면 어떤 비결이 있지 않을까 해서 물어보았습니다.

답은 간단했습니다. 「출근하기 한 시간 전에 일어나서 아침을 먹는 것」이라고 했습니다. 그때 비로소 저의 아침 습관이 나빴다는 것을 알게 되었습니다.

여러분도 아시겠지만 「그거야 당연한 거지」라고 하실지 모르나 이렇게 해보았더니 확실히 달라졌습니다. 오늘 하루도 열심히 일하겠다는 기분이 들었습니다. 앞으로는 이런 식으로 열심히 노력해야겠다고 생각하고 있습니다.

선배 사원 여러분, 앞으로도 따뜻한 지도 잘 부탁드립니다.

수도 서울의 국제화, 정보화로 금융기관을 중심으로 외자 관계 기업이 잇따라 서울에 사무소를 개설하고 있는 이때, 체빌딩에 그러한 사무소가 대거 입주할 것으로 주목받고 있는데, 인간과 정보의 집적이 새로운 비즈니스를 출현시키고 있는 상황을 보이고 있습니다.

커피 브레이크(coffee break ; 일하는 중간에 커피나 쿠키를 드는 쉬는 시간) 후에 느닷없이 이런 얘기를 꺼내는 것은 외환 사정이나 무역 마찰로 수출주도형 기업이 내수를 중심으로 하고 있는 수도권 시장의 개척에 심혈을 쏟고 있기 때문입니다.

우리는 각자 이 방면의 공부를 적극적으로 할 필요가 있을 것으로 생각됩니다. 그러면 본론으로 들어가서 회의를 진행하기로 하겠습니다.

우리 서울 지점도 체빌딩 주변으로 사무실을 이전해야 하지 않을까 생각됩니다. 체빌딩과 가까이 있는 P빌딩 같은 곳으로 사무실을 옮기는 문제를 진지하게 검토해 볼 필요가 있다고 봅니다.

① 우리 특약점과 더욱 적극적으로 제휴하고 거점 정책을 더욱 명확하게 해야 하겠습니다.

전례 답습적 영업으로는 기대한 만큼의 효과를 올리기 어렵습니다. 상품마다 구체적으로 판매 시책과 예상 판매량을 제시하여 주시기 바랍니다.

② 우리 술을 쓰고 있는 주점과의 파트너십을 확립하고 거점 매장을 가질 것. 조직화의 충실과 점두 진열을 철저히 하고 판촉 기획의 제안이나 공동 기획 작업을 더욱 적극적으로 추진해야 하겠습니다.

③ 음료수 매장 같은 기존 거래처는 물론이고 신규로 개장한 업체의

파악에 더욱 힘써야 하겠습니다.

④ 특수(特需) 판매 전략의 타겟을 설정해서 목표 관리에 철저를 기해야 하겠습니다.

영업력 강화와 효율화 추진 구체적으로는 마케팅 세일즈 즉 공급력, 점포를 활용한 판매 촉진, 점내에서의 가공도를 높이는 프로모션을 고려하여 주점 판매의 조직화, 중점 판매 거점 관리의 강화 등을 꾀해야 하겠습니다.

그러면 각 항목별 토의로 들어가겠습니다.

• 부장 월례회 때 사회자의 인사말

정각 두 시가 되었으므로 ○월 월례회를 시작하겠습니다. 오늘은 순번에 따라 기획 영업부의 ○○부장인 저의 차례가 되어 사회를 맡게 되었습니다. 이미 말씀드려 두지만 오늘 사장님께서는 급한 용무가 있어서 참석하시지 못합니다. 전무님이 사장님을 대신하여 회의 결과를 보고받기로 되어 있습니다.

오늘의 회의 안건으로는,

① 전번에 부장으로 승진한 신프로젝트팀 부장님의 환영

② 전무님의 현황보고와 이 달의 목표

③ 각 부의 현황보고

④ 기타

등으로 되어 있습니다.

토의 안건으로 들어가기 전에 지난 달 월례회 때 최씨로부터 「부장의 월례회가 매월 필요한가?」라는 의견이 있었는데 지난달에는 충분한 토의를 하지 못해서 이달 월례로 넘겼습니다.

利씨가 회의가 너무 많은 것보다는 일을 우선해야 한다는 문제 제기를 한 것에 대해서는 아무도 이의가 없을 것으로 봅니다마는 우선 의견 통일을 해야 할 필요가 있다고 생각합니다.

이 점에 관해서는 전무님으로부터 중역회의에 의견을 타진해 보기로 한 것이므로 특히 의안이 되지 않는다고 하셨습니다. 그 점 양해하여 주시기 바랍니다.

• 영업회의 때 인사말

오늘 회의는 영업개발실의 젊은 직원들과 기타 관련 부서의 입사 경력 3년 이하의 여러분을 대상으로 하여 소집하였습니다.

각 부서에서의 회의와는 달리 어딘지 모르게 신입 사원 연수회 같은 느낌이 들기도 합니다. 그러나 젊음이라든가 경험이 별로 없다는 것을 마이너스 요인이라고는 보지 않습니다. 어느 영화 평론가가 말했듯이 「젊다는 것은 참 좋은 것이다」라고 말하고 싶습니다. 여러분들에게 거는 기대가 크다는 것을 말씀드리는 것입니다.

여러분들도 잘 알고 계시겠지만 세계 경제에 우리나라의 역할이 크게 바뀔 것으로 예상되고 있습니다. 그리고 또 하나, 물건을 만들어 외국에 팔아서 성장을 계속했던 체질 자체를 바꾸지 않으면 안 되게 되어가고 있다는 것입니다. 그야 말로 경제구조의 전환이 요구되고 있습니다. 요구되고 있다기보다는 이러지 않고서는 21세기의 밝은 내일은 없다고 봅니다.

제조업체가 자기들이 만든 상품을 외국에 팔고, 우리는 그것으로 먹고 살았던 우리 자신도 방향 전환이라는 궤도 수정을 하지 않으면 안 되게 되었습니다. 이러한 흐름에 어떻게 대응해 갈 것인가 하는 것이 우리가 당면하고 있는 중대한 과제입니다.

어떻게 해서든지 모든 지혜를 결집해서 새로운 방향을 찾아내어 신속하게 대처해야 되겠습니다. 제가 젊었을 때는 「10년 전은 옛날」이라고 했던 것이 지금은 「5년, 아니 3년 전이 옛날」로 되지 않았나 합니다.

저는 「앞으로는 무엇을 생각할 때 젊음이 요구되고 있다」고 생각하고 있습니다. 그 이유는 간단합니다. 저 같은 연배가 되면 무엇을 생각할 때도 지금까지 해오던 경험 같은 것을 바탕으로 해서 발상하게 됩니다.

그러나 앞으로의 발상은 보다 유연하고 신선하지 않으면 지금 같은 일대 전환기에는 통용되지 않습니다.

그리고 또 하나, 이것은 억지일지 모르겠습니다마는 「패셔너불」하지 않으면 안 되겠습니다. 이런 어려운 시기를 극복하기 위해서 이 회사를 이끌고 나가야 할 이 자리에 참석하신 분들의 책임은 막중하다고 생각됩니다.

그러면 '플래시', '유연성', '패셔널'한 발상과 의견을 자유롭고, 대담하게 나누어 주기 바랍니다.

● **실적이 부진한 부서 회의 때 과장의 인사말**

오늘은 문제점이 있으면 다 깡그리 털어놓고 얘기하게 하라고 부장님은 말씀하셨습니다. 말하지 않아도 원인은 다 알고 있을 줄 압니다. 전무님이나 국장님까지 걱정이 되어 참석하시겠다고 하는 것은 고마운 일이기는 하지만 우리 부서의 실적이 저조한 원인은 뭐니 뭐니 해도 부서원들의 사기 저하에 있다고 봅니다. 이 자리에 모두 앉아 계시지만 각자의 의견을 들어보는 것이 좋겠으나 그 책임은 저에게도 있어서 반성하고 있습니다.

조금 전 국장님으로부터 심한 꾸중을 듣고 몸 둘 바를 몰랐는데 냉정하게 생각해보면 질책을 받아도 변명할 말이 없었습니다. 죄송하다는 말 밖에는 드릴 말씀이 없었습니다.

우리 과장들이 여러분에게 잔소리만 한 것이 아닌가 하고 반성해 봅니다. 그것이 사기를 저하시키게 만들지 않았나 생각해 보았습니다. 여러분들의 건설적인 좋은 의견을 듣고 싶습니다.

회사란 영리를 추구하면서 사원의 생활을 보장해 줄 책임이 있는 조직입니다. 또한 동시에 남녀 사원을 불문하고 어떤 의미에서는 인생의 도장이라고도 할 수 있습니다.

사내에서 자기실현을 추구하는 자야 말로 출세하려고 합니다. 추종하는 것이 아니라 자기의 뜻에 따라 살려고 하는 것입니다. 그러자면 출세하는 방법 밖에는 없습니다. 구폐를 타파하는 것, 거기에 바로 우수한 사원의 가치가 있다고 하겠습니다.

• 연구회 때 사회자의 인사말

여러분 안녕하셨습니까?

바쁘신 데도 불구하고 연구회에 참석하여 주셔서 고맙습니다. 사회와 진행은 제가 맡게 되었습니다. 잘 부탁드립니다.

오늘은 「남자의 요리」라는 주제로 낚시의 명인, 강태공으로 잘 알려진 요리연구가 ○○○ 선생님을 모시고 얘기를 들어가면서 요리의 진수에 접근해 보기로 하겠습니다.

요리란 매우 의미가 깊은 데가 있습니다. 그저 재료를 썰어서 조리하는 것만이 아닙니다. 아이디어나 연구 여하에 따라서는 점점 그 세계가 넓어진다는 것입니다.

앞으로 ○○○ 선생님의 「생선요리」를 실제로 해 보는 강습회도 예정되어 있습니다.

부디 식칼을 사용하는 기술을 배워서 가정에서 그 실력을 발휘하여 부인이나 자녀들을 깜짝 놀라게 해보시지요. 이것은 아빠를 재발견하게 할 수 있는 절호의 찬스가 될 것입니다.

• 간담회 때 주재자의 인사말

여러분, 오늘 밤에는 오랜만에 ○○씨와 利씨도 참석해 주셔서 전회원이 다 참석해 주셨습니다. 회식을 할 때 利씨와 ○○씨의 근황을 여쭈어 보았더니 두 분 모두 출장이 많아서 그동안 참석하지 못했다고 했습니다. 결코 이 간담회가 싫어서 참석 못한 것이 아니라고 몇 번이고 말씀하셔서 안심했습니다.

그리고 우리 간담회의 명칭을 마음에 안 들어 하는 분이 많은 것 같아서 오늘 간담회의 명칭을 바꾸어 보는 것도 좋지 않을까 생각해 보았습니다. 미래학(未來學)이 한창 유행할 때 만든 모임이라서 그때는 좋았으나 유행이 한물 간 지금은 마치 SF연구회 같은 것으로 착각하거나 해서 어쩐지 경박한 명칭으로 되어버리지 않았나 하는 생각이 듭니다. 미리 안내하여 드렸듯이 「손자병법(孫子兵法)」에 관한 강의를 듣게 되겠는데 이것은 한두 번 듣는 것만으로는 이해하기 힘들 것 같아 여기에 선생께서 저술한 책을 갖다 놓았습니다. 간담회가 끝난 후 희망하는 분은 구입하실 수 있습니다.

강의가 끝난 다음에는 ○○씨로부터 최근 미국의 사정을 들어보기로 하겠습니다.

○○씨는 미리 준비해 두셨으면 합니다.

그러면 오늘 강의해주실 강사님을 소개하겠습니다.

🎤 비즈니스맨들 사이에 최근 유행하는 것을 들어보면 가장 인기 있는 것이 비즈니스연구회나 스터디 그룹 같은 것입니다. 이것은 수직적 관계보다는 수평적 관계의 중요성을 절실하게 느꼈기 때문일 것입니다.

한편 그저 모여서 근황을 화제로 하는 모임이 있는가 하면 강사를 초청하여 공부를 하는 모임, 회원끼리 순번을 정해서 강사역을 맡는 모임 등 다양합니다.

사람들 앞에서 말을 잘하는 것이 출세의 첫걸음이라고 한다면 이런 모임은 그런 사람들의 연수의 도장이 되기도 하고, 또는 논문 등을 정리하는 기운이 조성되면 문장력이 향상되고, 지적 단련의 장이 되기도 합니다.

저음으로 참가하는 사람들은 다소 어색해서 인사를 힐 때 주저주저하기도 하지만 스스럼없는 사이이므로 곧 분위기에 익숙해집니다.

수평적 인간 관계에 강해지는 것을 목적으로 하는 모임에서는 한 업종 한 사람으로 회원을 제한하여 동업자가 없도록 배려하는 모임이 있습니다. 이업종(異業種) 중에서 친구를 찾고 싶은 분에게는 그런 모임이 좋을 것입니다.

다소 내성적인 분이라도 말하는 기회를 늘리게 하는 것이 그 모임에 오래 참석할 수 있는 방법이며 모임에서 입을 다물고만 있으면 출석하는 것이 무의미해집니다.

강사에게 반드시 한 가지는 꼭 질문을 합시다. 회원을 감탄시킬 만한 얘기 한 가지는 꼭 해보자고 자기 자신에게 과제를 주도록 합시다. 그런 노력은 반드시 당신을 얘기를 조리있게 할 수 있는 사람으로 만들어 줄 것입니다.

• 초대회 파티 때 폐회 인사

여러분, 하실 얘기가 아직 많으실 줄 알지만 예정했던 시간이 많이 지난 것 같습니다. 헤어지기는 섭섭하나 이것으로 초대회를 끝내기로 하겠습니다.

오늘 여러분께 거듭 설명해드린 신제품에 대해서는 TV나 신문, 잡지, 또는 라디오 등에 적극 선전하겠습니다. 어쨌든 판매하기 쉬운 상품이 될 것이므로 판매에 힘써 주실 것을 거듭 부탁드리겠습니다.

그리고 매스컴에서 나오신 분들께는 오늘 보여드린 이외의 자료나 데이터도 준비해 두었습니다. 이 제품을 기사로 다루실 분들이 더 자료가 필요하시면 저희들에게 연락해 주십시오.

출구에 여러분께 드릴 선물을 마련해 두었습니다. 돌아가실 때는 가슴에 달았던 명찰은 떼어 놓고 꼭 선물을 받아 가시기 바랍니다.

오늘 장시간 시간을 내주셔서 감사합니다.

• 초대 여행을 앞둔 주최자의 인사말

여러분 오늘 참 잘 오셨습니다. 안내를 맡고 있는 H입니다.

우리와 ○○건설회사가 제휴하여 지난 5월 신문 지상에 발표한 「재(財)테크 펜션 경영 체험 여행회」의 신청은 예상외로 많은 신청이 있어서 미리 마감을 하고 추첨을 통해 서른 분을 선정하여 이 자리에 초대하게 되었습니다.

이 광고가 신문에 나가자마자 우리 회사와 ○○건설회사에 문의가 쇄도하여 담당자가 즐거운 비명을 지를 지경이었는데, 신청한 분들에게는 빠짐없이 안내용 소책자를 발송해 드렸습니다.

종전의 펜션과는 다르다는 의미에서 현재 펜션의 경영이 주목받고 있으며 財테크로서의 경영이라는 관점에서 마련한 기획 초대 여행입니다. 더 구체적으로 말씀드린다면 15개동에 대한 펜션 여행입니다.

백문이 불여일견이라고 했습니다. 여러분께서는 고객의 입장에서 체크해 보아 주십시오. 펜션 경영에 경험이 있는 지도자와 함께 펜션 경영의 현실을 살펴보시기 바랍니다.

15개동의 펜션은 지금 성업 중입니다. 희망하는 분은 15개동 전부를 꼼꼼히 살펴볼 수 있도록 스케줄을 조절하겠습니다.

가급적 빨리 현지에 도착하여 소기의 목적을 달성할 수 있도록 관련 회사의 관광버스 중에서도 최고로 디럭스한 버스를 준비하였습니다. 이제부터의 안내는 미모의 가이드양에게 부탁해 놓았는데 질문이나 요망 사항이 있을 때는 가이드양에게 물어보면 되겠습니다. 차내에는 음료도 준비해 두었습니다.

이번의 펜션 경영 체험 여행 중에는 불편한 점이 없도록 세심한 주의를 기울이고 있으므로 안심하고 다녀오실 수 있습니다. 저 외에도 세 사람이 더 함께 가게 됩니다. 설명과 안내가 너무 길어져서 죄송합니다마는 사장님을 대신해서 여러분의 참가를 진심으로 감사하고 있습니다.

감사합니다.

• 상가 친목회 낚시 여행 때 간사의 인사말

여러분 안녕하셨습니까? 아침 일찍부터 상가 친목회의 버스 여행에 참가하여 주서서 고맙습니다. 저는 오늘 여행에 간사역을 맡게 된 B입니다. 잘 부탁드립니다.

작년이나 마찬가지로 올해도 낚시 여행을 계획하게 된 것은 여러분들의 의견과 희망이 있어서입니다. 특히 어린이들도 안전하게 놀 수 있는 장소이기도 해서 그곳으로 낚시 여행을 하게 되었습니다.

낚시도구를 갖고 오지 못한 분들은 현지에서 얼마든지 빌릴 수 있습니다. 그리고 낚시를 해보지 않은 분들은 담당 계원에게 물어보시면 친절하게 가르쳐 줄 것입니다. 또 잡힌 물고기에서 낚싯바늘을 빼지 못하실 때도 말씀만 하십시오. 어머님들도 아셨지요? 그러면 출발하겠습니다.

차 안에서 속이 울렁거리는 분이 계시면 사양하지 마시고 말씀만 하십시오. 멀미약을 준비해 놓았습니다.

조금 있으면 고속도로로 진입하게 되겠는데 휴게소나 화장실에 가고 싶을 때는 가이드가 안내할 테니 잘 들어주시기 바랍니다.

그러면 회장님께 마이크를 넘기겠습니다.

• 상가 친목회 낚시 여행 때 회장의 인사말

여러분, 오늘 당일치기 여행에 많이 참석해 주셔서 고맙습니다. 지금 간사로부터 말씀이 있었듯이 모두 낚시 여행이 좋다고 해서 작년에 이어 두 번째로 낚시 여행을 하게 되었습니다. 아이들이나 여성분들도 충분히 즐길 수 있도록 만반의 준비를 해두었습니다. 필요한 것이 있을 때는 서슴지 말고 말씀해 주십시오.

또한 무사히 상가까지 돌아갈 수 있도록 기원하겠습니다. 그러면 어느 분이 대어를 낚을지 기대해 보면서 인사를 마치겠습니다.

• 목공교실(木工敎室) 품평회 때 인사말

우리가 이번에 기획한 「아들과 아버지의 여름휴가 목공 교실(木工 敎室)」에 많이 참석해 주셔서 고맙습니다. 오늘부터 3일간 아버지와 아들의 공동 작업으로 좋은 추억이 될 작품을 많이 만들어서 부자간의 유대가 보다 확고해져 '남자끼리의 우정' 이 싹트기를 바라면서 환영의 인사를 드립니다.

아버님들 앞에서 저는 상당히 긴장하여 인사를 드렸는데 아들 여러분들은 어떠했는지요? 초등학교 1학년부터 중학교 1학년까지 스무 명의 남자 아이들과 동수의 아버님들이 이렇게 한 자리에 모이고 보니 아주 장관이군요.

다시 한 번 건강하게 인사를 나눕시다. 아버지와 아들이 서로 마주 보고 악수를 한다든가 어깨를 서로 두들겨 주면서 큰소리로 「3일 동안 힘내자! 잘 부탁한다!」고 소리쳐 보겠습니다.

제 소개가 늦어졌는데 저는 이 자연마을의 촌장입니다. 이름은 권오득이라고 합니다. 지금부터는 촌장이라고 불러 주시면 되겠습니다. 아버님들도 그렇게 불러주십시오.

3일간의 스케줄 설명은 여러분을 지도할 담당자가 나중에 상세하게 해드릴 것이므로 촌장인 제가 먼저 말을 하겠습니다. 안내 팸플릿에도 적혀 있습니다만 이것을 다시 한 번 확인하는 뜻에서 말씀드리겠습니다.

이 자연마을은 원래 목재를 산출하는 산으로 둘러싸인 곳에 위치해 있습니다. 요즘 학생들의 집에서 숯은 볼 수 없게 되었습니다. 이 숯을 만드는 곳이 옛날에는 산 속에 많이 있었습니다. 이런 목재와 숯을 주된 산물로 해왔던 마을이 시대가 바뀌어 산에서 하는 일 외에도 일할 장소가 많아져서 지금은 인구가 많아졌습니다. 이곳 면사무소에는 기획 관광과가 있는데 그곳 과장을 중심으로 도시인들에게 더욱 자연을 이해시키자, 자연과 친해질 수 있는 기회를 어린이들에게 제공하자고 생각하여 조성한 것이 이 「자연 마을」입니다. 목공 코스 외에 도예 코스와 목판화 코스가 있습니다.

기회가 있으면 그런 코스에도 참여할 수 있습니다. 3일간의 목공 교실에서 아버지와 아들이 만드는 목공예품은 대소 합쳐서 열개가 됩니다. 커다란 접는 의자를 만드는 방법도 지도원이 친절하고 자세하게 가르쳐 줄 것이므로 만들어 보십시오.

그리고 끝으로 3일간 노력의 결정을 서로 평가하는 콘테스트 품평회에 대한 설명을 하겠습니다.

이것은 우열을 평가하는 것은 아닙니다. 지도원의 평가 카드와는 별도로 아버지와 아들이 솔직하게 대화를 나누어 이 작품은 배울 점이 많구나 하고 감탄한 것에 대한 감상을 적은 카드를 주는 방법입니다. 그리고 작품전시관에 전시하고 싶은 작품에 대해서는 이 촌장이 상장과 부상품을 드립니다.

여러분 사이좋게 열심히 만드시기 바랍니다.

• 지역가꾸기 「품평회」 때 인사말

오늘은 바쁘신 데도 불구하고 많이 와주셔서 대단히 감사합니다. 품평을 해주실 심사위원도 참석해 주셔서 더욱 감사하게 생각하고 있습니다.

지금부터 지역가꾸기 회장님으로부터 인사말씀이 있겠습니다만 이번에 우리 지역으로서는 제1회 품평회가 되겠습니다. 이번에 저희가 열고 있는 「지역가꾸기 특산품전」에는 우리 시로부터 지원도 있어서 한층 충실을 기할 수 있었습니다.

그리고 이 품평회에 곁들여서 새로운 기념사업으로 「지역가꾸기 아이디어 콘테스트」를 실시하게 되었습니다.

지자체와 지역이 일체가 되어 우리 지역의 진흥을 위해서 아이디어를 모집한 결과 실로 50개에 가까운 아이디어가 들어왔습니다. 이미 엄중한 심사가 끝나서 이 자리에서 발표하게 되었습니다.

우리 지역의 특산품전 및 품평회의 특징이라고 하면 대도시에서 귀농한 분들의 활동이 대단했다는 점입니다.

이번에 수상한 아이디어가 좋은 결실을 맺어서 어느 정도 사업화된다면 생활의 안정화로 이어질 것이며, 지역 전체가 이런 아이디어를 살려서 발전할 수 있는 계기로 삼자고 단단히 마음먹고 있습니다. 그러면 선정 결과의 발표가 있겠습니다.

• 품평회 수상자의 인사말

우리 가족이 정성들여 가꾼 포도가 이번 품평회에서 특상을 수상하여 한 해 동안 애쓴 보람이 있었다고 가족 모두 기쁨을 감출 수 없습니다.

다행히 올해는 일기가 좋았고 어느 농가나 다 우열을 가리기 어려울 정도로 포도 농사가 잘 되었습니다.

그런 가운데서 특히 우리가 명예로운 상을 수상하게 되어 감격하고 있습니다.

사적인 얘기를 해서 죄송합니다마는 이 상은 실은 제 아내가 받아야 할 상이라고 생각됩니다. 집사람은 마치 우리가 재배하는 포도가 자기가 낳은 자식인양 온갖 정성을 다해서 가꾸었습니다. 집사람이 정성을 다해서 포도를 가꾸는 모습에는 고개가 숙여졌습니다.

쑥스러운 얘깁니다만은 저는 이 상을 아내에게 드리고 싶습니다.

감사합니다.

• 심포지엄 때 사회자의 인사말

오늘은 연휴 중의 일요일로 바쁜 일도 많으실 텐데 이렇게 많이 참석해 주셔서 고맙습니다.

이번 심포지엄은 ○○○ 협회와 ○신문사의 후원으로 열게 되었습니다.

이번 심포지엄의 테마는 여러분도 알고 계실 줄 믿습니다만 「히트 상품과 현대」로, 작년에 유행을 만들어내신 분과, 히트친 상품을 만든 분을 모시고 최근의 발상법, 현대를 읽는 법, 히트를 친 상품이 태어나기까지의 과정 등을 중심으로 구체적으로 의견을 나누기로 했습니다.

인사가 늦어졌는데 저는 사회를 맡게 된 ○신문의 ○○○ 입니다. 저는 여러분과 이야기를 나누면서 진행과 사회를 보기로 하겠습니다.

히트 상품을 보면 시대를 알 수 있다는 말을 흔히 합니다.

요즘 여러분이 한 자리에 모이기 어려운데 오늘은 용케도 한 자리에 이렇게 많이 오셨습니다. 그러면 참석하신 분들을 우선 소개해 올리겠습니다(후략).

• **주주총회 때 의장의 개회 · 폐회 선언**

회장 ○○○ 입니다.

바쁘신 중에도 여러 주주께서 출석해 주셔서 감사합니다.

지금부터 ○○주식회사 제○○회 정기주주총회를 개회하겠습니다.

오늘의 목적 사항은 소집통지서에 기재한 대로입니다.

저는 정관 제○○조 규정에 따라 의장을 맡게 되었으므로 잘 부탁드립니다.

의안심의에 앞서서 주주 여러분께 의장으로서 부탁이 있습니다.

본 총회의 질서 유지를 위해서 발언은 감사역의 보고, 영업보고서, 대차대조표 및 손익계산서에 대한 보고와 서면 질문에 대한 보고가 끝난 다음에 저의 지시에 따라 하도록 부탁드리겠습니다.

거수(擧手)하여 지명을 받으신 주주분은 출석표의 번호와 성명을 말씀하시고 요점만 짧게 발언해줄 것을 부탁드립니다.

또한 이번 주주총회는 국내법인의 주주총회이므로 일체 한국어로 운영되겠습니다. 따라서 본 총회에서는 한국어 이외의 언어에 의한 발언은 허용되지 않는다는 점을 양해하여 주시기 바랍니다.

본 총회에서 의결권을 가진 주주수는 ○○명, 소유하고 있는 주식수 내에서 본 총회의 의결권을 가진 주식의 총수는 ○○주입니다.

따라서 본 총회의 의안을 심의하는 데 필요한 정족수가 충족되었으므

로 적법하게 총회가 성립되었습니다. (의안심의 생략)

「폐회언선」

이상으로 오늘 회의의 목적사항은 모두 종료되었습니다.

따라서 제○○회 정기주주총회를 폐회합니다.

• 사원여행 때 간사의 인사말

사원 여행의 사회를 맡게 된 ○○입니다.

버스마다 진행을 맡을 도우미가 있으므로 도중에 음료수도 마실 수 있고 노래도 부를 수 있습니다.

메인이벤트의 사회자인 저로서도 안심이 됩니다.

자기가 노래를 부르고 싶은 기분이 없으면 남한테 노래를 부르게 할 수는 없습니다. 제가 우선 한 곡조 뽑겠습니다. 서론이 너무 길어졌는데 오늘 아침 일찍부터 버스 여행에 참가하여 주셔서 대단히 고맙습니다. 이번에는 회사설립 5주년 기념으로 각종 준비를 해왔습니다. 각 좌석마다 번호표를 놓아두었는데 번호표 추첨에 당첨된 분에게는 멋진 경품도 드릴 예정입니다(이하 생략).

• 사원 여행 때 부사장의 인사말

여행 간사의 지명으로 인사를 하겠습니다. 오늘은 세 대의 버스로 사원 여행을 하게 되었는데 회사 설립 당시의 가을 1박 여행은 버스 한 대로도 가능했던 것을 돌이켜보면 창립 5년 만에 이렇게 세 배로 늘어난 직원이 사원 여행을 할 수 있을 만큼 우리 회사가 발전하게 된 것을 사원 여러분과 함께 기뻐합니다.

버스를 타고 오면서 이렇게 성장하게 된 원동력이 무엇일까 생각해 보고, 이것은 역시 전사원이 한 덩어리가 되어 주력 상품의 개발과 판매에 전력 투구를 한 것이 아닌가 라고 명백하게 결론을 내리게 되었습니다.

우리는 흔히 말하는 벤처기업으로서 기술력·기획력·판매력이라는 3위1체의 추진력을 풀 가동시켜 왔는데, 우리와 같은 시기에 다른 분야에서 스타트한 벤처 비즈니스가 수년을 버티지 못하고 탈락하는 가운데 우리는 많은 어려움을 극복하고 오늘 안정된 경영 기반을 구축할 수 있게 되었습니다. 이 자리에서는 일일이 숫자를 들어가며 말할 수는 없습니다. 그것은 여행지에서 하는 연회 자리이기 때문입니다.

그러나 지금까지의 성장이나 성공에 안주해서는 안 되겠습니다. 작은 성공에 안주하다가는 두터운 벽에 부딪쳐 이를 극복하지 못하고 좌절하는 소프트회사가 한둘이 아닙니다. 이들은 왜 그런 국면을 타개하지 못했는가 하면 각종 정보를 종합해본 결과 조직을 구성하고 있는 한 사람 한 사람의 경영자의식이 결여되었기 때문입니다. 이처럼 참여의식이 없으면 바늘구멍 같은 작은 구멍 때문에 댐이 무너질 수도 있으므로 일상 업무에서 확고한 의식을 가지고 행동을 구체적으로 해야 하겠습니다.

저의 말이 너무 장황하면 사회자가 짜증을 낼 것 같아 이 정도로 그치겠습니다.

그러면 차려놓은 산해 진미를 마음껏 들고, 술도 마시고, 노래도 부르면서 즐깁시다. 간사 여러분들도 아무리 바빠도 먹을 것은 먹고 함께 즐

기기 바랍니다.

오늘 사장님은 급한 용무로 참석하지 못하셨는데 잘 놀다 오라는 부탁의 말씀을 부사장인 제가 대신 전해드립니다.

• 연회에서의 건배 제의

오늘 버스 여행을 포함한 창립 5주년 기념여행을 추진하는 입장에 있는 제가 조금 전 간사로부터 건배 제의를 해달라는 부탁을 받았습니다.

선배님 앞에서 죄송하게도 제가 건배를 제의하게 되었습니다. 앞에서 부사장님으로부터 제1회 여행 때는 버스 한 대로 사내 여행을 했다고 하셨는데 처음에는 그랬습니다. 그러던 것이 5년 후인 지금은 이처럼 성대한 연회의 자리까지 가질 수 있도록 사세가 확장되었습니다. 그러면 모두 힘차게 건배의 잔을 들기로 하겠습니다.

창립 5주년을 축하하고 회사의 무궁한 발전을 기원하면서 건배!

감사합니다. 이제부터는 고조된 흥이 깨지지 않도록 즐거운 연회를 갖도록 하겠습니다.

고맙습니다.

• 연회의 마무리 인사말

연회의 흥이 그칠 줄 모르지만 시간이 오래 경과하였으므로 일단 연회는 이것으로 마치겠습니다.

자칭 당수이신 ○○ 부장님이 먼저 손뼉을 쳐주시면 전원이 다같이 '짝짝' 하고 손뼉을 치겠습니다. 연회는 이것으로 마치겠습니다마는 더 마시고 싶은 분은 끼리끼리 마셔도 됩니다.

　그리고 내일 아침에는 이 자리에서 일곱시에 식사를 하겠으므로 아침
을 굶는 분이 없기 바랍니다.

　2차 모임은 이 건물 홀에서 여흥을 가진 후 열시부터 간사의 방에서
갖겠습니다. 물론 그 사이에 각 방에서 음료수도 마실 수 있습니다. 원
하시면 제가 갖다드리겠습니다. 사양하지 마시고 주문해 주십시오.

🎤 사원여행이란?

개인 여행이 자유로워진 현재는 젊은 사원들에게는 별로 인기가 없는 것이 사
원 여행입니다. 하지만 한 버스를 타고 목욕탕에도 함께 들어가고, 널따란 홀에
서 어깨를 나란히 하고 있다 보면 사원 여행의 즐거움을 알게 됩니다.
총무는 출발부터 귀사할 때까지 매우 신경을 써야 하며 힘든 일입니다. 그러나
명총무는 출세가 빠르다고 합니다. 일단 총무를 맡았으면 빈틈없는 준비를 하여
시종 밝고 활달하게 전사원을 리드하기 바랍니다.

🎤 연회(宴會)에서의 인사

연회에서의 좌석 순서는 연회의 분위기를 잘 돋굴 수 있느냐 없느냐의 중요한
요소로 됩니다. 회사측에서 특별한 요청이 있을 때는 별개이지만 참석한 남녀를
엇바꾸어 앉게 하거나 또는 신입 사원과 상사가 섞여 앉게 하거나 하는 것만으
로도 분위기가 달라집니다.
같은 부서나 동료끼리 앉히면 친목을 돈독히 하고 단결을 강조한다는 의미의
목적이 반감합니다. 또한 동시에 상사에게 시비라도 걸려 하는 요주의 인물에
대한 자리도 미리 정해두는 배려도 필요할 것입니다.
연회는 총무가 사회를 맡아서 시작하게 됩니다. 사례에서 볼 수 있듯이 밝은 어
조로 시작합니다.
사장이나 간부의 인사는 부드러운 어조로 회사의 현상을 알리고 이 여행의 목
적이 사원들에게 전달될 수 있게 합니다. 그러니까 망년회와는 다른 면을 강조

하는 것이 좋을 것입니다.

건배 제의도 회사의 발전을 축하하면서 합니다. 「회사의 발전과 사원 개개인의 건강을 기원하면서 건배!」와 같은 식으로 합니다. 시간이 되었으면 연회를 종료시키고 2차 회의 예정 등을 알리거나 하는 것이 좋습니다.

• 단지 내 서클 활동 때 인사말

입회 회원의 인사

여러분, 처음 뵙게 되어 반갑습니다. 저는 ○○○ 라고 합니다. 이번에 단지 내의 바둑 모임에 입회하게 되었습니다. 저는 지난 3월 말 ○○에 살다가 이곳으로 이사하게 되었습니다. 작년에 제 처가 몸이 아파서 입퇴원을 반복하고 있었는데, 마침 이 단지에 살고 있는 딸네 신세를 지게 되었습니다. 덕분에 아내의 병도 차도가 있어서 자택 요양을 하고 있습니다.

제 처도 단지 내 부인회 활동에 참가할 수 있을 정도로 건강이 회복되어 저는 한시름 놓게 되어 가끔 근처 도서관에 다니다가 이 단지에 사시는 A씨와 사귀게 되었습니다. 바둑은 가끔 사위와 두고 있었는데 아직은 서툴기 짝이 없습니다. 바둑은 혼자서 할 수 없는 것이라서 여기에 오면 여러분과 즐겁게 시간을 보낼 수 있지 않을까 해서 가입하게 되었습니다. 여러 회원님들의 지도를 부탁드리겠습니다.

탈퇴회원의 인사

그동안 힘께 지냈던 이 서클에 더 이상 나올 수 없게 되었습니다. 작년부터 ○○에 살고 계신 어머님의 건강이 나빠져서 입원하게 되었습니다. 물론 간병인은 있지만 병원과 가까이 살면서 병원을 왕복하지 않으면 안 될 것 같습니다. 동생도 직장에 나가야 하고 아버님한테만 환자를 돌보게 할 수 없어서 자주 병원 출입을 해야 할 것 같습니다.

서클활동은 주 2회이므로 그냥 다녀볼까 했는데 언제 병원에 가야 할지 모르고 해서 일단 탈퇴하는 것이 좋겠다는 결론을 내리게 되었습니다. 처음에는 다이어트를 위해서 배구를 시작하였는데 여러분과 사귀면서 자녀 양육이나 그밖에 여러 가지 얘기도 할 수 있어서 저로서는 값진 나날이었습니다.

다시 이 서클에 복귀할 수 있도록 체력이 떨어지지 않게 노력하겠습니다. 오래 동안 고마웠습니다.

• ○ ○ 동 운동회 때 폐회 인사

오늘은 우리 동에 살고 있는 어린이나 어르신들이 많이 참석하시어 함께 운동회를 할 수 있어서 우리 집행위원들은 기쁘기 그지없습니다. 날씨 또한 화창했고 다친 분이나 아무런 사고 없이 무사히 끝났습니다. 여러분이 잘 협조해준 결과라고 생각하여 진심으로 감사를 드립니다.

점심시간에는 복지관 어머니들의 장구춤으로 흥을 돋구어 주셨으며 노인정 어른들의 게이트볼 시합도 흥미진진했습니다. 다시 한 번 뜨거운 박수를 보내드립니다. 감사합니다.

이상으로 오늘 운동회를 마치겠습니다. 수고 많이 하셨습니다.

🎤 운동회 같은 행사의 끝장은 매우 시끄럽기 마련이어서 어떤 때는 마무리 인사를 하기조차 힘들므로 폐회인사는 짧게 하는 것이 무난합니다. 동네 여러분

이 많이 참석해주시어 동네 운동회가 성황을 이루었으며 무사히 끝난 것에 대한 감사를 표하고 끝내면 충분합니다.

- **골프대회 주최자의 인사말**

어젯밤에는 비가 억수 같이 퍼부어 걱정했는데 다행히 오늘 아침에는 비가 그쳤습니다. 골프하기 좋은 날씨라고는 할 수 없지만 해가 쨍쨍 내려 쪼이는 날보다는 오히려 덥지 않아서 골프를 치기에는 좋을 것 같습니다.

여러분, 여기 쌓아둔 경품을 보십시오. 이것은 모두 우리 동호회 OB가 기증해준 상품입니다.

오늘은 어떤 분이 반짝이는 우승컵을 타가시게 되는지 자못 궁금해집니다. 2등 이하에도 푸짐한 상품을 드리겠습니다.

그러면 바로 경기를 시작하겠습니다.

- **골프대회 우승자의 인사말**

오늘 골프대회에 초청해 주셔서 감사합니다. 또 이 대회에서 생각하지도 못했던 우승까지 하게 되어 기쁘기 그지 없습니다.

저는 이 대회에 다섯 번이나 참가하고 있었는데 우승을 한 것은 이번이 처음입니다. 이것은 함께 쳐주신 좋은 파트너를 만난 덕분이라고 생각합니다.

실은 집사람도 「당신은 골프를 치러 가면 언제나 성적이 나쁜 적이 없었잖아요. 우승을 할지도 몰라요.」 잠이 덜 깬 눈을 부비면서 이렇게 격려를 해 주어서 어깨가 으쓱해지기도 했습니다.

오늘 우승을 한 것은 쑥스럽지만 승리의 원동력은 이것이었다고 생각합니다. 저는 골프 외에 바둑에도 취미가 있는데 바둑을 잘 두는 비결은 골프에서 말하자면 코스에 나가거나 그린에 나가면 덜렁대지 말고 침착하게 플레이하라는 것이겠습니다. 이 가르침이 도움이 되지 않았나 생각됩니다. 그러나 앞으로는 더욱 연습을 많이 하여 비거리를 늘리고 싶습니다.

제 자랑같이 들리셨겠지만 다음번에 참가할 때는 제가 우승했다고 해서 핸디를 너무 낮추지 말아주기를 간사께 부탁드리는 동시에 앞으로 같이 플레이하는 파트너께는 승부에 너무 집착하지 말고 부드러운 기분으로 치자고 부탁드리고 싶습니다.

• 골프대회 준우승자의 인사말

오늘은 우승을 노리고 쳤는데 이번에도 우승을 하지 못하고 준우승에 그치고 말았습니다. 그러나 핸디로 보더라도 저는 못치는 골프가 아니었습니다. 하지만 준우승으로 만족하고 있습니다.

이 코스는 전에도 몇 번 와본 적이 있어서 저로서는 나름대로 공략법을 세우고 그 공략법 대로 실천했던 것으로 생각합니다. 후반 다섯 번째 홀의 연못이 있는 롱 홀에서 제 1타는 페어웨이 한복판에 떨어져서 거리가 상당히 나왔으나 너무 욕심을 부린 나머지 제 2타가 그린 앞의 연못에 빠졌습니다.

제 4타를 쳤을 때는 그린 가까이 못가서 결국 우승의 찬스를 놓치고 말았습니다. 지금 생각해 보면 너무 실력이 못 미치는데도 모험을 한 것 같습니다. 반면 저와 같이 친 K군은 골프를 시작한지 5개월이 좀 넘었다고 하는데 매너도 좋았고 저보다는 훨씬 젊은 분이라서 볼이 멀리 날아갔습니다. 앞으로는 우리들의 강력한 라이벌이 될 것 같아 경계해야 할 대상인 것 같습니다.

앞으로 이 대회를 더욱 충실하게 하기 위해서는 참가상과 비거리상도 좀더 푸짐한 상으로 하여 시내 가까이 있는 코스에서 사내의 젊은 사람들이 참가하게 하면 어떨까요? 또한 여름휴가 같은 때는 친목을 다지기 위해서 리조트 코스에서 가족동반으로 참가하게 한다면 더욱 충실한 대회가 되지 않을까 생각합니다.

그럴 때는 우리도 간사에게 협력을 아끼지 않겠습니다. 앞으로는 우승을 목표로 틈이 날 때마다 연습장에 가서 실력을 기르려고 합니다. 오늘은 참으로 즐거운 하루였습니다.

감사합니다.

💡 골프대회가 끝난 후의 축하연은 실제 신분의 상하를 따지지 않고, 허물없는 경우가 많고 「우승을 축하해요」, 「고맙습니다」, 「우승을 놓치셨는데 참 아까웠습니다」, 「다음번에는 두고 보세요」 등 가벼운 말로 시종하기 쉽습니다. 이런 것은 골프대회에 참석해 본 분들이라면 누구나 다 경험하였을 것입니다. 골프를 치고 난 다음 어서 빨리 시원한 맥주라도 마시면서 목을 축였으면 좋겠다는 생각이 들 것입니다.

입학식 · 졸업식 · 교내행사 · 기타

Ⅳ. 입학식 · 졸업식 · 교내행사 · 기타

입학식 · 졸업식 때의 스피치

● 입학식 때 스피치의 포인트

입학식은 졸업식과 아울러 학교의 행사 중에서 가장 중요한 행사입니다. 또한 학교 행사일 뿐 아니라 인생의 한 고비를 의미하기도 합니다.

따라서 스피치는 의례적인 것으로 되겠는데 의례에만 시종하지 않고 반짝거리는 말과 마음을 감동시킬 수 있는 에피소드 같은 것을 담는다면 스피치에 더욱 생동감을 줍니다.

초등학교의 입학식에서는 입학하는 어린이에 대한 스피치, 학부모에 대한 스피치를 전후반으로 나누어 하면 알기 쉬운 스피치로 됩니다. 신입생, 특히 초등학교 어린이인 경우에는 학교생활의 분위기를 알기 쉽게 가급적 구체적으로 예를 들어가면서 말하는 것이 좋습니다.

중학교나 고등학교의 경우에는 어느 정도 그 연령에 어울리게 자각심을 심어주도록 하는 내용을 담습니다. 단, 설교조로 되지 않도록 주의합니다.

■ 졸업식에서 스피치의 포인트

6년 간, 또는 3년 간의 노력을 치하하고 축하하는 동시에 다음에는 격려의 말과 희망을 말하고, 기쁨을 함께 한다는 기분을 충분히 나타냅니다.

1. 입학식 · 개교식 · 학교 준공식 때의 인사말

• 유치원 입원식 때 학부모 대표의 인사말

여러분, 안녕하셨습니까?

오늘은 네 살짜리 30명과 다섯 살짜리 40명이 우리 ○○유치원의 새 친구가 되었습니다.

여러분들은 지금까지 단 한 번도 이렇게 많은 친구들과 함께 논 적이 없었을 것으로 압니다. 오늘 아빠나 엄마의 손을 잡고 유치원에 왔을 때 유치원에 있는 그네나 미끄럼틀을 보셨지요? 내일부터는 다함께 넓은 유치원 마당에서 놀 수 있습니다. 오늘 새로 들어오는 여러분들보다 먼저 이 유치원에 다니고 있는 언니나 오빠와도 같이 즐겁게 놀 수 있답니다.

　　유치원에서는 점심 때가 되면 급식 선생님이 만들어주신 음식을 먹게 됩니다. 먹을 때도 친구들과 같이 먹습니다.

　　여러분이 오줌이 마렵다거나 어려운 일이 있으면 엄마 대신 선생님들이 여러 어린이들의 엄마 노릇을 합니다. 어린이는 집에서 「엄마」하고 부를 때가 있습니다. 어떨 때 그러지요? 곤란한 일이 있거나 모르는 것이 있거나 할 때지요. 유치원에서 그럴 때는 「선생님」 하고 부르세요. 「무엇이든지」 선생님은 가르쳐 주실 겁니다.

　　내일부터는 여러분의 집 가까이 유치원 버스가 여러분을 데리러 갑니다. 그러면 「안녕하세요?」하고 큰소리로 인사합시다. 그리고 기운차게 유치원으로 오는 거예요. 유치원에는 즐거운 것으로 가득 차 있습니다. 「오늘 친구가 생겼어요.」, 「오늘은 이런 놀이를 했어요.」하고 집에 돌아가면 엄마나 아빠에게 얘기해 드리세요. 여러분의 엄마나 아빠는 여러분이 어떤 얘기를 하나 하고 기다리고 있습니다.

　　학부모 여러분, 오늘 자녀분의 입원을 축하드립니다.

　　유치원은 여러분들의 자녀가 처음으로 집단생활을 체험하는 장소이므로 걱정도 적지 않을 것입니다. 「특히 유아기에는 신체의 크기 등에 차이가 있는 것은 당연하다」고 아까 원장님께서도 말씀하였습니다. 특히 자녀분을 처음 유치원에 보내시는 학부모 여러분께서는 걱정도 될 것입니다.

　　하지만 이 유치원은 어린이 개개인의 성장과 개성에 맞추어 교육시키고 있으므로 안심하고 자녀들을 맡길 수 있습니다.

　　부모님과 선생이 협력함으로써 어린이들의 교육 환경을 더욱 좋게 만

들어갈 수 있다고 봅니다. 그러기 위해서는 학부모간의 교류와 신뢰가 중요하다고 봅니다만은 그런 점에서도 다양한 행사를 통해서 학부모님도 여러 가지를 배울 수 있는 장소이기도 합니다. 또한 자녀 양육에 대한 의견을 나눌 수 있는 장소라고도 생각합니다.

오늘은 자녀분의 입원을 충심으로 축하합니다.

● 초등학교 입학식 때 교장의 인사말

여러분의 입학을 환영합니다.

오늘부터 여러분은 ○○초등학교 1학년생입니다. 아침에 일어났을 때 비가 내렸어요. 그런데 학교에 올 때에는 날씨가 좋아졌지요? 여러분들이 착한 어린이들이라고 해님도 여러분이 학교에 입학한 것을 축하해주기 위해 활짝 웃는 거랍니다.

여러분의 해맑은 얼굴을 보고 교장선생님도 얼마나 기쁜지 모르겠어요. 왜 그러냐 하면 여러분의 얼굴에 웃음이 떠나지 않아서예요.

여러 어린이들은 오늘부터 초등학생이에요. 친구들도 많이 생겼어요. 오늘은 여러 어린이들의 입학을 축하하는 날이어서 친구들도, 아버지나 어머니도 함께 학교에 오신 특별한 날이에요. 내일부터는 이웃집 형이나 언니하고 함께 사이좋게 학교에 와야 하겠어요.

그렇게 하겠다고 약속할 수 있는 어린이는 '네' 하고 큰 소리로 대답하고 손을 들어보세요.

여러분의 손이 번쩍 올라갔네요. 이제 손을 내려도 됩니다.

이번에는 학부모님들께 인사드리겠습니다. 저는 이 학교의 교장 ○○○ 입니다. 오늘 귀여운 자녀의 입학을 축하합니다.

자녀들의 손을 잡고 「축하한다. 입학을」 하고 위로 팔을 올려 원을 그려 주십시오. 여러분은 부모로서 여러 가지 생각이 드실 겁니다. 우리 아이가 벌써 초등학생이 되었구나 하고 대견한 마음이 드시겠지요. 신입생처럼 긴장해 있는 부모님도 계시는데 아무리 그렇더라도 긴장을 푸세요. 자녀들이 안심하고 학교에 올 수 있도록 교장인 저나 선생님들이 최선을 다하겠습니다.

텔레비전에서 어느 농어촌학교의 선생님 한 분이 혼자서 어린 학생 몇 명을 앞에 앉히고 가르치고 있는 장면을 보신 적이 있을 것입니다. 그런 특수한 학교도 있지만 우리 학교는 그렇지 않습니다.

여러분도 보셨듯이 우리 학교는 교육 환경이 얼마나 좋습니까. 저희들은 부모님들이 안심하고 자녀들을 학교에 맡길 수 있도록 최선을 다하겠습니다.

부모님들에게 부탁드릴 것은 가정에서 부모와 자녀간의 마음의 교류에 신경을 써주시기 바라며, 학교와 학부모와의 교류를 적극 추진하려고 합니다. 얘기가 더 이상 길어지면 어린이들이 힘들어 할 것 같아 이상으로 인사를 마치겠습니다.

끝으로 다시 한 번 말씀드립니다.

입학을 축하합니다!

• 초등학교 입학식 때 교장의 인사말

여러분의 입학을 축하합니다.

여러분은 오늘부터 ○○ 초등학교의 1학년이 되었습니다. 오늘은 입학식이어서 아버지나 어머니도 함께 오셨지만 내일부터는 이웃에 살고

있는 언니나 오빠하고 같이 와 주세요.

초등학교는 지금까지 여러분이 다녔던 보육원이나 유치원과 다른 점이 많이 있습니다. 공부하는 내용이나 여러 가지 활동을 하는 내용들이 유치원보다 더 많고 친구들도 많이 생겼기 때문입니다.

수학을 배우거나, 글씨쓰기 연습을 해야 합니다. 지금까지는 몰랐던 것을 차츰 알게 되니까 재미있을 것입니다. 책도 혼자서 읽을 수 있게 됩니다. 편지도 혼자서 쓸 수 있습니다. 그리고 튤립은 어째서 빨간 색이나 노란 색 꽃을 피우게 되는지, 어째서 하늘에 있는 별은 밤에만 빛을 내는지 그런 것을 알 수 있게 됩니다.

여러분 뒤쪽에 서있는 학생들은 상급생 오빠나 언니들입니다. 그 옆에 서계신 분은 여러분의 선생님이십니다. 만약 학교에서 모르는 것이 있으면 상급생이나 선생님한테 물어보세요. 그러면 내일부터 힘차게 학교에 오세요. 선생님이 기다리고 있겠습니다. 학교에 오실 때는 자동차에 조심하세요.

지금부터는 아버지, 어머니들에게 얘기할 텐데 여러 어린이들은 조용히 해야 됩니다.

학부모 여러분, 오늘 자녀들의 입학을 축하드립니다.

여러분들의 귀여운 자녀들을 앞으로 6년 동안 맡게 되었습니다. 초등학교 6년 동안에는 기초를 배우는 동시에 인간성을 기르는 중요한 시기입니다.

의무 교육이지만 자녀들의 장래를 생각하면 학교와 가정의 긴밀한 관계로 교육하는 것이 필요합니다. 학교와 여러분이 함께 협력하여 어린이들에게 참된 교육을 시키고 싶습니다.

앞으로도 자주 의견을 교환하고 협력해 주시기를 바랍니다.

오늘을 정말 기쁜 날입니다.

• 초등학교 입학식 때 어머니회 회장의 축사

여러분 안녕하세요? 저는 ○○ 초등학교 어머니회 회장인 ○○○ 입니다.

어제는 비가 와서 걱정을 했는데 오늘은 날씨가 좋군요. 하늘에서 해님이 방긋방긋 웃으면서 1학년이 된 여러분을 환영해 주네요. 그리고 여러분이 빨리 왔으면 좋겠다고 선생님과 오빠와 언니가 가슴을 두근거리면서 여러분을 기다리고 있었어요.

여러분의 입학을 진심으로 축하합니다.

여러분은 학교에서 여러 가지 공부를 하게 되겠는데 그것만이 아닙니다. 소풍도 가고, 운동회도 합니다. 어린이 여러분은 지금 저의 얘기를 듣고 있습니다. 저는 그런 여러분을 바라보면서 여러분이 착한 어린이라는 것을 곧 알 수 있었습니다.

이렇게 많은 착한 어린이가 ○○ 초등학교의 새로운 친구가 되었다는 것이 얼마나 기쁜지 모르겠습니다.

그리고 오늘 입학한 어린이들의 부모님들도 어머니회에 들어오셔서 선생님들과 협력하여 어린이들이 안심하고 공부도 하고 무럭무럭 자랄 수 있도록 후원해 주시기 바랍니다.

어머니회에 적극 참여해 주실 것을 부탁드리면서 인사를 마치겠습니다.

- ### 중학교 입학식 때 교장의 인사말

오늘 내빈 여러분을 모신 가운데 본교의 입학식을 갖게 되어 기쁘기 그지없습니다.

신입생 여러분, 입학을 축하합니다.

여러분은 오늘부터 우리 ○○ 중학교의 학생이 되어 여러 가지 새로운 과목에도 도전하게 됩니다. 느닷없이 도전이라는 말이 나와서 여러분은 「큰일 났다.」고 불안해할지도 모르겠습니다.

하지만 걱정할 필요는 없습니다. 여러분의 선배들도 다 도전했으니까요. 그리고 힘은 들었지만 다 무난하게 극복했습니다.

초등학교 때처럼 모든 과목을 담임선생님이 혼자서 다 가르치는 것이 아니라 과목마다 선생님이 다른데, 학습 방법은 조금씩 다르지만 기본을 중시한다는 점에서는 똑같습니다. 그러므로 각 과목의 기초를 처음부터 착실하게 공부하면 다음에는 쉽게 공부할 수 있습니다. 흔히 말하는 「자신을 갖게 되면」 다음의 성공으로 이어지게 됩니다.

그러면 이번에는 좀 다른 각도에서 얘기해 보겠습니다. 여러분은 각자 취미를 갖고 있습니다. 록음악 분야에도 각 밴드의 개성이나 경향 같은 차이가 확실히 있습니다. 너무 어렵게 생각할 필요는 없습니다. 어떤 록 그룹을 좋아하게 되면 좋아하게 된 계기가 있습니다.

선생님은 그 계기를 「정보」라고 생각합니다. TV, 라디오, 잡지 같은 매스미디어를 통해서 우리는 록 이외의 다양한 정보를 얻고 있습니다. 계기는 곳곳에 있으며 우리는 「눈이나 귀나 피부」를 통해서 그것을 캐치합니다.

위성 방송이란 고도로 복잡한 통신 수단을 사용하는 뉴 미디어 중의

하나라고 생각합니다. 그리고 가정에 있는 TV를 늘 보는 도구의 하나로 봅니다. 이것은 모두 도구나 수단인데 위성 방송도 거의 일반화 되어 있습니다.

오늘 입학식에서 왜 뉴 미디어 얘기를 했는가 하면 그것은 영어나 수학을 학습할 때 각기 목표를 갖기 위해서입니다. 흔히 「국제화 사회」라는 말이 사용되고 있습니다. 중학교에서 대학교까지 어떤 목표를 정해서 영어 학습을 하면 이런 「뉴 미디어시대」에 적극적인 국제인으로 살 수 있습니다.

이것은 단순한 꿈이나 동경이 아니라 우주 여행을 지향하는 시대를 목전에 두고 있는 인류의 일원으로서 공부나 스포츠에 전력투구해 보십시다. 21세기에는 우주여행이 현실로 다가오고 어쩌면 같은 중학교에서 공부하던 친구와 우주 개발에 관한 일을 하게 될지도 모릅니다.

이러한 시대에 사랑과 영지(英知), 그리고 용기를 가지고 긍지 높게 살아갈 수 있도록 튼튼한 기초를 마스터해 주기 바랍니다.

그런 모든 열쇠가 이 3년 동안의 중학교 시절에 달려 있습니다. 그런 자각을 하고 스타트하기 바랍니다. 서로 좋은 친구가 되고, 서로 도와가면서 전진하기 바랍니다. 이것으로 여러분의 입학 축하의 인사를 대신하고자 합니다.

• 중학교 입학식 때 교장의 인사말

오늘 내빈 여러분을 모신 가운데 본교의 입학식을 갖게 되어 기쁘기 그지 없습니다.

신입생 여러분, 입학을 축하합니다.

여러분은 오늘부터 ○○중학교의 학생이 되어 초등학교 때와는 달리 각 과목마다 다른 전문 선생님이 가르치게 됩니다.

우선 각 과목의 기초를 튼튼하게 익힙시다. 매일 예습과 복습을 철저히 하면 기초학력이 몸에 붙게 됩니다. 이런 노력 없이는 지식이나 이해력, 사고력, 판단력은 몸에 붙을 수 없습니다. 이러한 학력은 여러분이 어른이 되어 사회로 나갔을 때 큰 도움이 됩니다.

중학생이 되면 키도 훌쩍 크고 체중도 늘어나서 성인에 가까워집니다. 방과 후의 클럽 활동을 통해서 땀을 흘리고 기술을 익히고 신체를 단련하여 몸과 마음을 건강하게 해야 하겠습니다. 야구부, 배구부, 농구부, 축구부 등 어느 클럽에서도 선생님이나 선배들은 여러분이 들어오는 것을 환영할 것입니다.

여러분은 중학교 생활을 하는 동안 공부나 클럽활동을 통해서 두뇌만이 아니라 심신을 건강하게 만들어가게 됩니다.

신문이나 TV에 '따돌림' 문제가 많이 보도되고 있다는 것은 여러분도 잘 알고 있을 줄 압니다. 혹은 여러분 중에는 초등학교 때 따돌림을 당해본 사람이 있을지 모릅니다.

이런 행위는 사람의 마음을 상하게 해서는 안 된다는 것을 잊었거나 그런 마음이 결여된 행위입니다. 사람이 살아가는 이상 인화(人和)는 무엇다도 소중한 것입니다. 친구를 바보 취급한다거나, 그런 말을 하거나, 조롱하는 것은 인간으로서는 아주 부끄러운 행위입니다. 친구들과 화목하게 지내고 힘을 합쳐서 서로 돕고 지낸다면 중학교 생활이 즐겁게 됩니다.

그리고 이제부터 3년 동안 중학교 생활을 통해서 만난 친구들이나 추

억은 고등학교나 대학, 그리고 성인이 되었을 때 매우 소중한 보물이 될 것입니다.

중학교 생활을 통해서 배운 다양한 것들은 인간으로서의 소중한 기초가 됩니다.

여러분 한 사람 한 사람이 미래에 대한 꿈과 희망을 가지고 즐거운 중학교 생활을 할 수 있도록 선생님과 부모님이 도와줄 것입니다. 여러분도 오늘의 신선한 기분을 잊지 말고 밝고 즐거운 중학교 생활이 되도록 노력해 주십시오.

이상으로 여러분의 입학 축하인사를 대신하겠습니다.

여러분 다시 한 번 입학을 축하합니다.

• 중학교 입학식 때 교장의 인사말

여러분, 입학을 축하합니다. 여러분은 오늘부터는 ○○ 중학교의 학생이 되었습니다.

초등학교에서는 최고 학년이어서 하급생들을 여러분이 돌보아 주었으나 오늘부터는 아우의 입장이 되었습니다. 새로운 기분으로 학습과 스포츠에 힘쓰기 바랍니다.

중학교 3년은 의무 교육 최후의 3년이기도 합니다. 중학교를 졸업하고 바로 사회로 나가서 활동하는 사람도 있습니다.

학습면에서도 초등학교 때와는 많이 다르므로 그 점에 대해서 조금 말씀드리겠습니다. 특히 다른 점은 국어, 수학, 사회 등 교과마다 가르치는 선생님이 바뀐다는 것입니다.

중학교에서는 스스로 생각하고, 조사하고, 발견하는 힘을 길러서 응

용하는 습관을 몸에 익히지 않으면 안 됩니다. 외워야 하는 지식의 양도 초등학교 때와는 비교가 안 될 정도로 늘어납니다. 1학년 초기부터 중학생이라는 것을 자각하여 공부하세요. 3년 후의 자기의 진로에 대해서도 조금씩 생각해 두면 좋겠습니다.

그리고 중학교 3년 동안에는 몸도 마음도 훨씬 많이 자라는 시기입니다. 신체를 튼튼하게 단련해 주세요. 또 독서나 좋은 문화와 접하도록 하여 마음을 풍성하게 해야 합니다.

끝으로 참석하신 학부모님께는 제가 지금 한 말을 이해하여 주시고 오늘부터 자녀분이 중학생이 되었다는 것을 자각할 수 있도록 가정에서 충분한 지도를 해주시기를 부탁드립니다. 우리도 전력을 다할 것입니다.

학생 여러분, 앞으로 3년 동안 후회 없는 중학교 생활을 보냅시다.

이것으로 신입생을 맞이하여 드리는 인사로 대신하겠습니다.

• **중학교 입학식 때 운영위원회 위원장의 인사말**

오늘부터 ○○중학교의 학생이 된 420명 신입생 여러분의 입학을 축하합니다.

초등학교 때는 가지각색의 옷을 입고 학교에 다녔지요? 그런데 지금 여러분의 모습을 보면 남학생이나 여학생이나 새로운 교복을 입고 있군요. 가슴에는 ○○중학교의 뱃지를 달고 「나는 ○○중학교의 학생입니다」 하고 자랑하고 있는 것 같습니다. 여러분의 눈매도 이 학교의 뱃지 못지않게 희망에 불타고 있는 것 같습니다.

한편으로는 「초등학교 때 친한 친구들과 한반이 될 것인가?」 아니면

「낯모르는 학생과 한반이 될 것인가?」라든가 「공부가 어려우면 어쩌나?」하고 걱정하는 사람도 있을 줄 압니다.

지금 여러분 앞에 서 계시는 선생님들은 여러분이 「힘내야지」하고 희망에 불타고 있는 학생이 있는가 하면 불안한 기분을 갖고 있는 학생도 있다는 것을 잘 알고 있습니다.

2학년, 3학년이 된 선배들도 1학년 때가 있었으므로 클럽 활동이나 학생 활동 같은 것을 통해서 여러분을 친절하게 지도해 줄 것입니다.

오늘의 희망에 찬 기분을 언제까지나 잊지 말아주십시오. 그렇게 하면 여러분이 2학년, 3학년이 되었을 때 이번에는 선배로서 지금의 여러분처럼 새로 들어온 1학년 후배들을 잘 가르쳐주는 선배가 될 것입니다.

초등학교 때는 자기 일, 학교 일, 친구들에 대한 관심이 대단했습니다. 중학생이 되면 몸도 훨씬 커졌고 신체만이 아니라 주변을 보는 안목도 확 넓어져야 하겠습니다.

여러분의 주변에는 어떤 사람들이 살고 있는지 아세요?

노인이나 어린 아이들, 신체가 부자유스런 사람……. 등 각양각색의 사람들이 살고 있습니다. 여러분은 주변에 살고 있는 사람들에게 눈을 돌려 적극적으로 지역을 위한 활동에 참가하여 주십시오. 자기 일만이 아니라 다른 사람의 입장에 서서 보는 눈을 기르고 마음도 크게 성장하기 바랍니다.

공부, 스포츠, 학교에서 하는 행사 등을 통해서 건강하고 즐거운 중학교 생활을 보내기 바랍니다. 또한, 학부모 여러분에게 육성회를 대표해서 축하의 말씀을 올리겠습니다.

오늘 자녀의 입학을 축하드립니다. 긴장과 불안 속에서도 기쁨이 넘

치는 모습을 저도 겪어보아서 잘 알고 있습니다. 그런 기분을 언제까지고 소중하게 간직하셨으면 좋겠습니다.

운영위원회의 입장에서 요즘 느끼는 것은 현대사회의 부조리가 어린 학생들을 괴롭히거나 잘못된 방향으로 가게 할 수 있다는 것입니다. 부모님들도 자기의 중학교 시절을 기준으로 하여 매사를 생각하면 자녀의 마음을 이해하기 어려울 때가 많을 것 같습니다. 학부모끼리 의견을 나누고 또 선생님들과의 협력이 중요하다고 생각합니다. 운영위원회에서는 전적으로 학생들을 성원해주기 위해 활동하고 있습니다.

부모님들의 협력을 부탁드리면서 축하인사를 마치겠습니다.

• 중학교 입학식 때 운영위원회 위원장의 인사말

여러분, ○○ 중학교에 입학한 것을 축하합니다.

오늘부터 여러분은 중학생입니다. 지금까지는 초등학생이어서 어리광을 부릴 수 있었으나 이제부터는 중학생이니까 의젓해져야 하겠습니다. 그리고 여러 가지 상식이나 사회 조직 같은 것에 대한 것도 공부하게 됩니다.

중학교 3년 동안은 긴 것 같아도 어느새 지나갔는지 모르게 세월은 화살처럼 빠르게 흘러갑니다. 그러니까 더욱 열심히 공부할 필요가 있습니다.

여러분은 중학생이 되었으니 여러 가지로 생각한 것이 있을 겁니다.

가령, 중학생이 되었으니 지금부터 영어를 열심히 공부해야겠다든가 혹은 축구부나 야구부에 들어가서 훌륭한 선수가 되겠다거나하는 어떤 희망을 가지고 있을 것으로 생각됩니다.

만약 그러한 희망을 아직 갖고 있지 않더라도 서두를 필요는 없지만 신중하게 생각하여 자기의 목표를 세워야 하겠습니다.

그리고 그 목표를 중학교에 다니는 3년 사이에 실현할 수 있도록 힘써 주기 바랍니다.

이 3년 동안을 그런 목표를 가지고 노력하는 것과 아무런 목표 없이 지내는 것과는 결과적으로 큰 차이로 나타납니다.

3년 후에는 중학교를 졸업하게 됩니다. 그때 가슴을 활짝 펴고 졸업할 수 있도록 후회 없는 3년을 보내기를 바랍니다.

또한 학부모님 여러분, 그리고 선생님들, 학생들이 만족스런 중학생활을 보낼 수 있도록 보살펴 주십시오. 학생과 더불어 노력해 주셔야 합니다.

유치원 입원이나 입학식에서는 부모나 어린이도 새로운 생활에 대해서 기대와 불안감을 갖게 됩니다. PTA(자모회)나 학부모회 대표의 인사는 옛날에는 길고 장황하게 하는 일이 많았으나 최근에는 학부모에 대해서 말할 때도 아주 짧게 하는 경향입니다.

PTA의 역사라든가 활동 상황, 학교의 방침 등에 대해서는 너무 길게 하지 말고 협력을 부탁하는 정도로 하는 것이 좋습니다.

유치원이나 보육원의 입원식에서는 얘기를 듣는 상대가 서너댓 살의 유아이므로 선생님이 하는 말을 잘 알아들을 수 있도록 쉽게 말하는 것이 중요합니다. 안녕하세요 「대답할 수 있어요?」라고 물어보고 「인사도 잘하네요.」라든가 「힘차게 대답했군요.」라고 칭찬해 줍니다. 손짓발짓을 구사해서 원아들이 알기 쉬운 테마로 얘기해주도록 신경을 써야 합니다.

🎙️ 초등학교에서는 입학에 대해서 불안하고 긴장해서 듣는 어린이도 있습니다. 그럴 때는 「걱정하지 않아도 돼요」라든가 「학교에서는 이처럼 즐겁답니다.」라든가 하고 말해서 학교에 대한 기대감을 심어줄 수 있는 내용을 말해 주도록 합니다.

🎙️ 중학교에서는 학생들의 마음에 남는 테마를 하나로 요약해서 말해 주는 것이 하나의 포인트입니다. 교가(校歌)나 교훈의 유래를 실마리로 한다든가 학생에 관심이 있는 사람에 대한 얘기나 말을 인용하는 것도 좋을 것입니다.

🎙️ 학생이나 원아(園兒)에 대한 인사가 끝났으면 부모에 대한 인사를 하게 되는데 여기서는 「학부모 여러분」이라고 말하는 것이 적절합니다. 현재 학부형이라는 말은 잘 쓰지 않는 것 같습니다.

🎙️ 시대의 요청에 따라 모든 분야에서 전문학교가 탄생하였습니다.
다음에 소개할 사회복지 전문학교도 그 하나입니다. 고령자 사회로 된 사회 정세 속에서 복지사의 양성을 목적으로 발족한 학교입니다.

• 조카의 입학 축하 모임 때 숙부의 인사말

정호의 대학 입학을 축하한다. 정임아, 고등학교에 입학한 것을 축하한다. 어렸을 때는 우리가 같이 놀기도 했는데 요새는 각자 공부하기에 바빠서 좀처럼 만날 기회가 없었지만 오늘 너희 둘이 다 희망했던 학교에 합격해서 이 삼촌은 얼마나 기쁜지 모르겠다.

오늘 보니 두 사람은 모두 다 잘 자랐구나. 재작년에 형님이 세상을 떠나셨으니 정호가 한 집안의 기둥이 되어야겠구나. 이제는 형수님도

안심이 되시겠다. 그리고 정임아, 너도 어머님을 많이 도와드렸겠지.

수험 공부 중에 상을 당했으니 얼마나 가슴이 아팠겠느냐. 그래도 너희 둘은 슬픔을 극복하고 진학의 꿈을 이루었구나. 정호야 부디 충실한 대학 생활을 하기 바란다. 정임이도 열심히 공부할 줄 믿는다. 삼촌의 힘이 필요할 때는 언제든지 연락해라.

정호의 인사

저의 입학을 축하해 주서서 고맙습니다. 그리고 일류 대학에 들어가지 못해서 죄송합니다. 어머님은 그래도 「괜찮아, 괜찮다」하셨습니다. 오늘 모임은 숙부님이 어머님과 상의해서 갖게 되었습니다. 숙부님, 감사합니다.

아버님이 작고하셨을 때 가장 마음이 아팠던 분은 어머니였습니다. 하지만 저와 정임이가 곁에 있어 다소 위안이 되어드린 것 같습니다. 이번에 더 좋은 대학에 합격했더라면 어머니도 흡족하셨을 텐데 송구스럽습니다. 이것이 저의 실력인 걸 어떻게 하겠습니까?

이제부터라도 더욱 열심히 공부하겠습니다. 고맙습니다.

정임의 인사

저희 남매의 합격을 축하해 주시려고 이런 모임을 갖게 해 주서서 감사합니다. 그리고 숙모님, 숙부님 항상 고맙습니다.

저는 중3에 올라가서는 성적이 떨어져서 가고 싶었던 학교에 지원할 때 많이 망설였습니다. 하지만 공부하기 싫어하는 오빠도 수험 공부에 열을 내는 것을 보고 저도 마음을 다잡아먹고 수험 공부에 최선을 다했

습니다. 어머니는 너무 걱정하지 말고 가고 싶은 학교에 원서를 넣으라
고 하셔서 그렇게 하기로 했습니다. 시험을 치고 나서 제가 점수를 채점
해 보아도 가망이 없는 것 같아 낙심하고 있었는데 아버지가 도우셨는
지 합격되었습니다.

어머니 감사합니다. 다른 분들에게도 고맙다는 인사를 드립니다.

고모의 인사

오늘은 정호와 정임의 합격을 축하해 주기 위해 친척들이 모였습니
다. 형님은 손수 음식까지 장만해 주셔서 잘 먹겠습니다. 고맙습니다.
오빠가 세상을 뜨셨을 때는 앞이 캄캄했습니다. 어머니란 정말 강한 것
이어서 아이들을 의지하며 꿋꿋하게 살아가시는 언니를 보니 마음이 놓
일 것 같습니다.

두 조카도 어려운 시기를 잘 이겨내고 각각 상급학교에 합격했으니
얼마나 대견스럽습니까. 가장이 가셨으니 여러 가지로 형편이 어려울
줄 압니다. 조금이나마 다 같이 도와드리도록 노력하겠습니다. 형님, 힘
내세요. 정호야, 정임아 고모는 너희들의 합격을 진심으로 축하한다.

• 사회 복지 전문학교 개교식 때 인사말

오늘은 참으로 경사스런 날입니다.

사회 복지 전문학교 교사(校舍)의 완공과 아울러 개교식을 갖게 된 것
을 축하하는 동시에 이러한 학교가 탄생한 것을 기쁘게 생각합니다.

우리나라는 경제 성장과 더불어 유사 이래 고령자 사회로 진입하고
있는 오늘날, 그 대응책의 일환으로 생겨난 것이 사회 복지사의 양성이

며, 따라서 본교의 개교는 앞으로 우리 사회에 대한 공헌도가 지대할 것으로 봅니다.

본교는 사회 복지사의 양성을 목적으로 처음으로 인가된 학교로서 보건복지부의 엄격한 심사를 거쳐서 지정되었습니다.

이 새로운 시설에서 학교 당국의 우수한 지도와 관리 하에 학습과 실기를 연마하여 건학 정신인 「노령자나 장애아를 도와주는 지식과 기능」을 가진 인재양성에 성과를 거둘 수 있다고 믿고 있습니다.

앞으로 귀교의 발전과 함께 우수한 졸업생이 많이 배출되기를 바라면서 축하의 말을 마치겠습니다.

2. 졸업식 때의 인사말

• 보육원 졸업식 때 학부모 대표의 인사말

원장님을 위시해서 여러 선생님들, 오래 동안 아이들을 맡아주셔서 고맙습니다. 여러분의 노고로 무사히 보육원 생활을 마치고 이런 좋은 날을 맞이하게 되었습니다.

조금 전에 아이들의 당당한 작별인사의 말을 듣고 이 아이를 처음 입원시켰을 때의 생각이 났습니다. 참으로 감개무량했습니다. 선생님들의 노고에 다시 한 번 깊은 감사를 드립니다.

제 아이의 경우 0 세아 반부터 6년 동안이나 신세를 졌습니다. 처음에는 앉는 것도, 걸음마하는 것도 다 집에서가 아니라 보육원에서 배웠습

니다. 물론 그런 것을 보고 자기 아이처럼 기뻐한 것도 선생님들이었습니다. 이런 아이들을 처음 본 것도 기뻐해 준 것도, 친자식처럼 기뻐해 주신 것은 선생님들이었습니다. 아이들의 성장을 기뻐해 주고 칭찬해 주시는 선생님들의 애정 속에서 무럭무럭 성장을 거듭할 수 있었다고 봅니다.

물론 이곳은 유아교육을 시키는 곳이지만 식사도 하고, 낮잠도 자고, 간식도 주어 아이들의 생활의 장소이기도 했습니다. 부끄러운 얘기지만 부모가 가르치지 않았어도 신발을 가지런히 놓는다든가, 심부름을 한다든가 일상적으로 하는 일도 할 수 있게 되었으며, 「안녕」하고 인사도 할 수 있는 아이로 성장했습니다.

부모가 시켜야 할 교육을 선생님의 지도하에 집단생활 속에서 몸에 익히게 되었다고 감사하고 있습니다.

선생님들이 정성을 다하여 준비해 주시는 갖가지 행사에서도, 어린이들은 해마다 성장을 보였습니다. 특히 운동회나 학예회에서는 나이에 비해서 나이 이상으로 잘했습니다. 선생님의 노고에 너무너무 감사하게 생각하고 있습니다.

그리고 아이들은 보육원을 무엇보다도 좋아했습니다. 어렸을 때는 부모와 헤어지는 것이 싫어서 울기도 했는데 나이가 들수록 자기가 어렸을 때처럼 늦게 입원한 아이들을 다독거리거나 함께 놀아주거나 하는 것을 볼 수 있었습니다. 보육원 전체가 많은 형제자매의 모임 같았습니다.

어린이로서는 이렇게 친해진 친구들이나 선생님과 헤어지는 것이 섭섭하겠지만 많은 추억을 가슴에 담고 초등학교 1학년에 들어가야 한다

고 믿고 있습니다. 선생님들 정말 고맙습니다. 6년이란 긴 세월을 따뜻
하게 보살피고 가르쳐주신 지도에 심심한 감사를 드립니다.

• 초등학교 졸업식 때 교장의 인사말

여러분의 졸업을 축하합니다. 6년 동안 참으로 노력 많이 하였습니다.
드디어 여러분은 우리 초등학교와는 작별하게 되었습니다.

여러분은 두 번 다시 초등학생으로 이 학교로 돌아오는 일은 없을 것
입니다. 다음에 이 학교를 찾아올 때는 졸업생의 입장에서 오게 될 것입
니다. 참 작별이 아쉽군요 그렇지만 여러분은 희망으로 가슴이 부풀어
있을 것입니다.

마치 작은 둥지에서 무한한 창공으로 날아가는 작은 새처럼 여러분은
오늘 초등학생이라는 둥지에서 날아가게 된 것입니다. 푸른 하늘을 마
음껏 날아다니십시오. 새의 날개는 어디까지든지 날 수 있습니다. 여러
분, 작은 새처럼 하늘을 날아다니십시오. 여러분들은 무한한 가능성이
있습니다. 크게 날갯짓을 하면서 무한한 가능성에 도전해 주십시오.

저는 지금 생각합니다. 여러분은 6년 전 교문을 통해서 학교에 들어와
서 우리 초등학교에 입학하였습니다. 그때도 여러분은 희망에 부푼 가
슴을 안고 있었습니다.

그런데 지금은 똑같은 문을 빠져나가 둥지를 떠나고 있군요.

가슴을 활짝 펴고 당당하게 둥지를 떠나십시오. 그리고 이 초등학교
에서 공부한 것을 가슴에 새기고 중학생이 되더라도 자신감을 잃지 말
고 학업에, 그리고 스포츠에 힘써 주세요. 여러분이 초등학교를 졸업할
때는 가장 높은 상급생이었으나 중학교에 들어가면 가장 아래 학년이

됩니다. 중학교에 들어가서 어려움에 닥쳐서 고민하거나 곤란을 겪을 때도 있겠는데 그럴 때 6년간 이 초등학교에서 공부했던 일이나 열심히 노력했던 것을 상기하면서 그런 곤란을 극복해 주기 바랍니다.

학부모님 여러분께 말씀드리겠습니다.

자녀분들의 졸업을 축하합니다. 우리는 6년 동안 여러분들의 귀한 자녀를 맡아왔는데 만족스런 교육을 해 주었는지 어떤지 걱정이 됩니다. 선생님들은 열심히 하느라고 했지만 미진한 점도 많았을 것입니다. 이 자녀들이 이번에는 중학교에 진학 할 텐데 앞으로는 지역 활동 등을 통해서 교류를 활발하게 했으면 좋겠습니다. 앞으로도 자녀 교육에 힘써 주실 것으로 믿습니다.

졸업생 여러분이 보다 좋은 중학생활을 할 수 있기를 빌면서, 그리고 여러분의 건강과 앞으로의 활약을 기원하면서 축하 인사를 끝맺겠습니다.

• 초등학교 졸업식 때 교장의 인사말

오늘 졸업하는 95명의 졸업생 여러분, 빛나는 졸업장을 받고 학교를 떠나는 여러분의 졸업을 축하합니다.

여러분은 언제나 명랑하고 솔직한 마음으로 열심히 공부했으며, 학교 생활에서도 모범을 보여 주었습니다. 여러분들은 스스로 공부했으며, 친구들이나 하급생들에게도 친절하게 배려했습니다.

이 「다정함과 의젓함」이 ○○초등학교의 전통을 지키고 발전시켰습니다. 특히 금년에 최고 학년이 되어서는 모두가 한마음이 되어 노력한 한 해였습니다.

「도움이 되어드릴 일은 없을까」하고 추운 겨울 날 친구들 몇이서 며칠 동안이나 바닥청소를 한 학생들, 큰 눈이 내리던 날 아침 누구보다도 일찍 등교하여 어린 후배들이 등교하기 편하도록 눈을 쓸기 시작하자 친구들도 나와서 함께 눈을 쓸었지요. 후배들이 「이것 좀 가르쳐달라」고 하면 가르쳐 주었고, 특별 활동 같은 때는 학급 전체가 준비를 도와주었으며, 어린이회 임원들이 상의해서 교통지도를 하고 계신 할아버지들에게 머플러를 선사한 따뜻한 이야기 등 좋은 일을 한 사례는 얼마든지 있습니다. 또 감동적인 장면도 있었습니다. 감독도 없이 자기들 스스로 팀을 만들어 시민 체육대회에 나가 시합에 이겼던 일, 자기들이 반주도 하여 아름다운 노래를 들려주던 합창 연습 장면 등.

이렇게 함께 땀을 흘렸고, 후회의 눈물이나 기쁨의 한때를 맛보았으며, 친구와의 만남을 소중히 하면서 많은 감동을 체험했습니다. 이런 어려움을 견디어낼 수 있는 강한 마음이나, 남을 배려하는 따뜻한 마음을 많이 체험하였으니 앞으로 중학생이 되어서도 착실하게 자기의 길을 스스로 걸어갈 수 있으리라 믿습니다. 진정한 우정이 싹트고 평생의 친구를 사귀는 것은 중학생 때입니다. 좋은 친구는 기쁨을 배로 하고 슬픔을 반으로 합니다.

제가 중학생 때 저를 격려해주었던 말을 여러분께 선사하겠습니다. 「정신일도 하사불성(精神一到 何事不成)」, 즉 정성을 다하여 열심히 하면 못 이루는 것이 없다는 뜻입니다.

여러분들의 따뜻한 마음은 좋은 교풍으로 여러분의 후배들에게 영원히 이어질 것입니다. 여러분의 졸업식을 진심으로 축하합니다. 다정하고 의젓한 중학생으로 성장하기를 빌겠습니다.

• 중학교 졸업식 때 교장의 인사말

졸업을 축하합니다.

여러분은 오늘 의무교육을 마쳤습니다. 지금까지는 의무교육이라는 틀 속에서 생활해왔으나 앞으로는 자기의 책임하에 무엇이든지 할 수 있습니다.

고등학교에 진학하는 것도, 또 취직을 하는 것도, 자기의 인생은 자기 손으로 열어가야 한다는 점에서는 똑같습니다.

실패도, 성공도 책임은 모두 자기가 지게 됩니다. 노력해서 보상을 받는 것도 자기이고, 나태하여 실패하는 것도 자기입니다. 매우 자유롭기는 하지만 그만큼 정신을 바짝 차리지 않으면 안 됩니다.

하지만 여러분은 지난 3년간 열심히 노력하였습니다. 그런 투지력만 있다면 어떤 어려운 일이라도 헤쳐 나갈 수 있다고 믿습니다.

그런데 졸업하는 여러분들이 꼭 기억해 두어야 할 것이 있습니다. 그것은 「절대로 희망을 버리지 말고 목표를 잃지 말라」는 것입니다. 그 어떤 난관이 있더라도 희망을 버리지 마십시오. 아무리 슬픈 일을 당하더라도 희망을 잃지 않도록 하십시오.

희망을 버리지 않고 목표를 가지고 노력한다면 그것은 반드시 실현될 수 있을 것입니다.

인생의 가치는 학력이나 돈의 유무로 결정되는 것이 아니라 자기의 인생을 얼마나 뜻있게 보냈느냐에 따라서 결정됩니다.

여러분은 새로운 인생의 문으로 들어서고 있는데 뜻있는 인생을 살아가기를 바라면서 축하의 말로 대신하겠습니다.

여러분의 졸업을 축하합니다.

그리고 졸업식장에 오신 학부모님들에게도 축하드립니다.

오늘 졸업하는 여러분은 중학교 3년간의 생활에 종지부를 찍고 새로운 인생을 걸어가게 됩니다.

지난 3년 동안 여러 가지 일들이 있었겠지만 이제는 모든 것이 추억으로 남게 되었습니다. 그러나 이것으로 모든 것이 끝난 것은 아닙니다. 아니, 오히려 이제부터가 진정한 의미에서 여러분의 인생입니다.

육상 종목의 하나로 3단뛰기가 있습니다. 그것은 홉·스텝·점프의 순으로 달리는 운동입니다. 초등학교를 홉하는 단계라고 한다면 여러분은 지금 스텝을 마친 단계에 와 있다고 할 수 있습니다. 다음은 크게 도약하는 점프의 단계입니다.

고등학생으로 점프하는 사람도 있을 것이고, 그대로 실제 사회에 나가 점프하는 사람도 있을 것입니다. 보다 높게 점프하려면 온힘을 낼 필요가 있습니다. 다른 사람의 힘을 빌릴 수는 없습니다. 자기의 힘으로 하지 않으면 안 됩니다.

늘 다니던 학교를 떠나 새로운 세계로 점프하려면 용기가 있어야 합니다. 현재 여러분의 심경도 절반은 가슴을 두근거리고, 절반은 불안한 마음을 안고 있지 않을까 생각됩니다. 하지만 그것은 어쩔 수 없습니다. 불안한 것은 당연합니다. 왜냐하면 사람은 불안하니까 그것을 극복하려고 최선을 다해서 노력하게 되기 때문입니다.

여러분, 앞으로도 다양한 장면에서 불안을 느낄 때가 있을 것입니다. 그럴 때야 말로 노력해야 합니다. 자신감이 있으면 무슨 어려움이 닥치

더라고 당당하게 해낼 수 있습니다. 중요한 것은 노력해야 된다는 것입니다. 불안에 떨면서 노력하지 않는다면 발전할 수 없습니다.

여러분은 젊습니다. 실패를 두려워하지 않고 큰 성장을 하기 바랍니다.

끝으로 졸업생 여러분의 눈부신 장래와 건강을 빌면서 축하의 말로 대신하고자 합니다.

고맙습니다.

• 중학교 졸업식 때 교장의 인사말

이렇게 화창한 날 내빈 여러분을 모시고 본교 제15회 졸업식을 갖게 된 것을 더 없이 기쁘게 생각합니다.

방금 졸업장을 받은 250명의 졸업생 제군, 여러분의 졸업을 축하합니다. 그리고 학부모 여러분께도 충심으로 축하드립니다.

돌이켜볼 때 여러분이 3년 전에 본교에 입학했을 때 본교는 초창기여서 주변에서 인기 없는 중학교라는 낙인이 찍혀 있었습니다. 여러분이 입학할 때 우리가 굳게 다짐한 것은 이들 신입생이 3학년이 되었을 때는 이 학교를 쇄신시켜 좋은 학교가 되는 것이었습니다.

여러분은 학교 당국의 기대에 잘 따라주었습니다. 학습에서, 운동에서, 그리고 특별 활동에서 멋진 성과를 올려 주었습니다. 본교가 그런 지 3년이 지난 지금 지역의 신뢰가 회복되었고 시내에서도 좋은 학교로 평가받게 되었습니다.

이것은 모두 오늘 졸업하는 여러분이 중심이 되어 열심히 노력해준 덕분이므로, 다시 한 번 여러분께 감사하다는 말씀을 드립니다. 여러분

앞에서 지금 저의 마음을 스쳐가는 것은 이 3년 동안에 여러분의 학우가 두 사람이나 세상을 떴다는 것입니다. 이 졸업식장에 두 사람의 모습이 보이지 않는 것은 참으로 유감스럽지 않을 수 없습니다. 여러분은 이 일을 통해서 지구상에 한 사람밖에 없는 자기의 소중한 생명이라는 것을 배우게 되었으리라고 생각합니다.

따라서 다른 사람의 생명도 존중하지 않으면 안 된다는 것을 아셨을 것으로 생각됩니다. 그렇습니다. 여러분, 자기만이 아니라 타인에 대해서도 배려하는 인간이 되어주시기 바랍니다.

아프리카 흑인의 아버지로 칭송받는 슈바이처(Schweitzer)는 젊은 나이에 자기는 30세까지는 자기의 학문이나 연구를 위해서 살겠다고 생각했습니다. 그러나 30세가 지난 다음에는 타인에게 봉사하는 사람이 되겠다고 결심하였습니다. 그는 30세를 넘어서자 백인에게 착취당하여 고통받는 아프리카의 흑인들에게 봉사하기 위해서 바흐의 세계적인 파이프오르간 명수로서의 명예도 헌신짝처럼 버리고, 신학자로서의 지위도 버리고 의학을 공부하여 콩고강 유역인 란마바렌으로 들어가서 흑인의 친구가 되어 일생을 봉사했습니다.(중략)

졸업생 여러분, 사회에 나가서 언젠가 자기의 행복을 위해서가 아니라 타인에게 봉사하는 인간이 될 수 있기를 기도합니다. 각자 가는 길은 다르더라도 자기에게 주어진 장소에서 남을 배려하면서 살기 바랍니다.

끝으로 작별의 자리에서 영국의 천문학자 허셸(Herschel)의 말을 선물로 드리겠습니다. 아시다시피 허셸은 태양계의 천왕성 등을 발견하였으며, 또 아프리카 남단에 수년간 체재하면서 남반구의 성좌를 전부 베낀 사람이며, 이 일로 해서 선박의 항해를 안전하게 할 수 있게 되었습

니다. 또 리빙스턴(Livingston)의 아프리카 탐험도 이것 때문에 가능할 수 있었다고 합니다. 이처럼 이 세계를 위해서 큰일을 하고 세상을 떠났습니다.

「나의 친구여! 우리가 죽을 때는 우리가 태어났을 때보다 조금이라도 이 세상을 좋게 하고 죽어야 하지 않겠는가!」라고.

이처럼 멋졌던 분을 생각하면서 졸업생 여러분의 건강을 빕니다.

졸업식 같은 때 유명한 사람의 행적을 들어서 하는 축사는 졸업생들에게 뜨거운 감동과 용기를 갖게 합니다.
여기서는 슈바이처의 에피소드와 허셸의 에피소드를 들어서 말하고 있는데 자기자신이 감명을 받았던 말이나 명언·격언은 축사의 내용을 생동감 있게 해주고 졸업생들에게는 지적 자극도 줄 수 있습니다.

• **중학교 졸업식 때 운영위원회 위원장의 인사말**

오늘 시장님을 비롯하여 내빈 여러분을 모신 가운데 여러분의 졸업을 축하하는 말씀을 하게 된 것을 기쁘게 생각합니다.

오늘 영광스런 졸업장을 받은 ○○ 중학교의 졸업생 여러분, 운영위원회를 대표해서 졸업을 축하합니다.

졸업생 여러분들은 3년 동안 학업 면에서나 운동을 통해서 ○○ 중학교의 명성을 떨치게 하였습니다. 본교의 전통을 잘 지켜주어 고맙습니다. 저는 기쁜 마음 섭섭한 마음이 반반입니다. 즐거웠고 힘들었던 추억을 가슴에 안고 떠나는 여러분께 최후의 축하를 드리고 싶습니다.

저는 기회 있을 때마다 말해 왔지만 그것은 라 폰텐의 우화(寓話)인 「매미와 개미」, 「나귀와 아버지와 아들」 이야기로, 사람은 각자 사는 방법이 있다는 얘기를 했었지요. 의무 교육을 마치고 각자의 길로 나가게 되는 여러분들은 자기가 믿는 길로 자신 있게 나가기 바랍니다.

제군들이 1학년이었을 때 졸업식에서 이솝 이야기인 「개와 그 그림자」를 제가 영어로 말했던 것을 여러분도 기억하는지 모르겠군요. 미국에서 여러분들에게 영어를 가르치러 오신 토마스 웩슬러 선생에게 제가 배운 것입니다.

그 후 전입생도 있었고 그때는 영어를 배우기 시작한지 얼마 안 되었지만 고등학교에 들어가게 될 여러분이라면 충분히 이해할 수 있을 것이므로 잘 들어봐 주세요.(중략)

어떻습니까? 이 이야기에서 말해 주듯이 자기에게 맞는 길로 욕심 부리지 말고 자기 나름의 페이스로 나가도록 노력해 주십시오.

진심으로 여러분의 졸업을 축하합니다. 그리고 이 자리를 빌려서 학부모 여러분께도 축하인사를 드리겠습니다.

오늘은 귀여운 아드님의 졸업식입니다. 3년 전의 장난꾸러기가 훌륭하게 성장하여 몰라볼 정도로 되었습니다. 이것은 오로지 학교와 가정, 여러분이 학생들을 위해서 노력하고 실천해 주신 결과라고 생각합니다.

교장 선생님을 비롯하여 여러 선생님들의 열의가 넘치는 지도에는 머리가 숙여질 뿐입니다. 다시 한 번 깊은 감사를 드립니다. 이 아이들이 졸업한 후에도 이 아이들의 좋은 상담역이 되어 이끌어 주시기를 간청합니다.

자, 이제 작별의 시간이 다가왔군요. ○○ 중학교의 발전과 졸업생 여

러분의 건강과 앞날의 행운을 기원하면서 축하의 말로 대신합니다.

졸업생 여러분, 잘 가세요.

• 교사 신축 준공식 때 운영위원회 위원장의 인사말

오늘 ○○ 초등학교가 준공하게 되어 운영위원회 위원장으로 축사를 드리게 되었습니다.

우리가 염원했던 신축 교사가 준공되어 여러분을 모시고 준공식을 갖게 된 것을 여러분과 함께 기뻐해 마지않습니다. 공사 관계자 여러분 및 시교육위원회 여러분과 교직원 여러분, 정말 훌륭한 교사가 준공된 것에 대해 육성회를 대표해서 감사드립니다.

아시다시피 우리 지역에는 지금까지 초등학교가 한 곳 밖에 없었습니다. 근년 주택건설이 활발해져서 아파트가 들어서는 등 인구가 급증하고 있는데도 불구하고 초등학교가 한곳뿐이어서 학생들이 콩나물 교실에서 공부해 왔습니다. 늦게나마 이렇게 훌륭한 교사를 신축할 수 있어서 여간 다행스럽지 않습니다. 이번 학기부터 학생들은 새로운 교실에서 편안하게 공부할 수 있게 되었습니다.

우리가 학교에 다닐 때는 목조 건물이어서 추운 겨울에는 벽틈이나 문틈으로 찬바람이 들어오는 교실에서 추위에 잔뜩 움츠리고 시린 손을 호호 불면서 공부하던 시절 생각이 납니다.

그런데 요즘은 학교 건물이 모두 철근 콘크리트로 지은 건물이어서 찬바람도 들어오지 않고 난방이 잘 되어 추위를 모르고 공부할 수 있게 되었습니다.

우리 ○○ 초등학교도 철근 4층 건물로 바깥 소음을 차단할 수 있도록

이중 창문으로 되어 있습니다. 교육 환경이 아주 쾌적해져 학습 능률도 높일 수 있고 운동장에서 마음껏 뛰어놀 수 있게 되었습니다.

겉모양은 제대로 갖추어졌으나 실내 장식이나 교육 용구의 정비 등 아직 할 일은 많이 남아 있습니다.

다행히 교장선생님을 비롯해서 선생님 여러분들이 열심이시고 학생들도 새로 지은 교실에서 공부하게 되어 마음이 들떠 있습니다.

운영위원회로서도 최대한 협력할 것입니다. 간단하지만 이것으로 신축 축하인사를 마치겠습니다.

• 학교 개교기념식 때 내빈의 축사

방금 소개받은 ○○○입니다. 오늘은 ○○ 초등학교가 개교 3주년이 되는 날입니다. 축하드립니다. 이 학교가 개교했을 때 우리가 함께 심었던 나무가 몰라보게 훨씬 자란 것을 보면서 기쁨을 감출 수 없습니다.

저는 요즘 ○○ 초등학교의 어린이들은 인사성이 좋다는 말을 자주 듣습니다. 고적대도 이제는 자리가 잡혀 입학식이나 운동회에서 흥을 돋굴 수 있게 되었습니다. 이것은 오로지 교장선생님이나 선생님 여러분들의 노력의 결과라고 믿습니다. 저도 손자가 이 학교에 다니고 있어서 더욱 감사하게 생각하고 있습니다. 아직은 신설 학교라서 운영위원회도 자리 잡기 어려울 텐데 육성회 회장님의 적극적인 활동으로 다른 학교의 육성회 못지않게 활발하게 운영되고 있다고 들었습니다. 앞으로 더욱 활발한 활동을 하시기를 빕니다.

오늘은 창립 세 돌을 기념하는 날이라서 축사를 드렸습니다.

다시 한 번 ○○ 초등학교의 개교 3주년을 축하합니다.

제5장

완쾌 · 위문 · 문병 · 위로의 말

Ⅴ. 완쾌 · 위문 · 문병 · 위로의 말

위문 · 위로의 기본 화법(話法)

🔷 따뜻한 마음을 어떻게 전하는가

회사에서 건강 진단 결과 입원가료가 필요한 A군의 병실에 직장 동료들이 위문 차 왔습니다. 병상에 누워 있는 비즈니스맨으로서는 가장 걱정이 되는 것이 역시 자기가 맡아 하던 업무와 자기의 자리에 대한 것입니다.

A군은 「회사 일도 바쁠 텐데 동료들에게 폐를 끼쳐서 미안하다」고 몇 번이고 말했습니다. 「그런 것은 걱정하지 말고 어서 낫기나 해」하고 동료들이 말했습니다. 병상에 있는 친구를 안심시키려고 그랬는지 Y군은

이렇게 말했습니다.

「일 같은 것은 걱정하지 않아도 돼. 자네 한 사람 빠졌다고 걱정할 필요는 없어. 우리가 다 할테니까. 하루 빨리 병이나 고칠 생각을 해」이런 말을 듣고 환자는 안심했을까요?

이튿날 이번에는 과장이 병문안을 왔습니다. 환자가 먼저번처럼 폐를 끼치게 되어 죄송하다고 미안해하자, 대뜸 하는 첫마디 말이 「자네가 나오지 못해 걱정이야. 빨리 완쾌해서 출근하라구.」 안심하라고 말하지 않은 것이 환자에게는 가장 듣기 좋은 위로의 말이었습니다.

이런 말을 해야 된다는 것은 알고는 있겠지만 막상 이런 경우를 당했을 때 환자의 마음을 편안하게 하는 말을 할 수 있을까요? 자기의 따뜻한 마음을 상대방에게 어떻게 하면 전해줄 수 있는지 알아두어야 합니다. 적어도 다음의 세 가지만은 반드시 유념해 두기 바랍니다.

 격려의 말은 상대방의 입장이 되어서 할 것

인간이란 너무나 성급한 것 같습니다. 상대방의 말을 듣기도 전에 자기의 생각을 말해버리는 경향이 있습니다.

「힘내세요.」, 「그런 말을 하면 안 됩니다.」

정면으로 힘내라고 격려하는 말을 하는 사람이 많은데 이렇게 하면 당신에게 자기의 마음을 열지 않습니다.

격려란 슬픔이나 절망으로부터 일어설 수 있도록 도와주는 것입니다. 만약 당신이 상대방의 입장이라면 어떤 기분일까, 무슨 말을 하는 것이 좋은지 생각해보아야 합니다.

그렇게 말하면 혹시 자기는 암이 아닐까 불안에 떨고 있는 환자에게

「걱정 마, 힘내라구」라고 말하기보다는 상대방과 똑같은 증상의 사람이 의외로 병을 이겨낸 실례 같은 것을 자연스럽게 얘기해 주는 것이 환자에게 격려가 됩니다.

이혼의 슬픔에 젖어 있는 여성에게 「지금은 이혼시대야, 어쩔 수 없는 일인데 그만 단념하는 게 좋아.」라고 말하기보다는 「당신도 알고 있는 ○○씨가 이번에 재혼했잖아. 상대가 일곱 살이나 연하라지 뭐야. 무척 행복해하는 것 같더군. 당신도 나이 같은 것은 신경 쓰지 않아도 돼. 좋은 혼처가 나타날 거야.」라고 희망적인 말을 해 주면 자기도 그럴 수 있을지 모른다고 생각하게 됩니다.

상대방의 입장에서 말하는 것, 이것은 격려가 될 뿐 아니라 대화의 기본 중의 하나입니다.

■ 위로의 말은 듣는 사람의 입장을 생각하여 한다

사람을 위로할 때는 부드러운 마음으로 대하고, 사용하는 말을 골라서 화제를 택해야 합니다. 그것은 상대방이 어떤 기분으로 들을지 모르기 때문입니다.

같은 말이라도 듣기에 따라서는 전혀 다른 결과로 나타나는 경우가 있습니다.

문화 강좌에서 사귀게 된 5, 6명의 여성들이 남편이나 자기의 자녀에 대해서 한참 잡담을 하고 있을 때, 아무 말도 하지 않고 수심에 잠겨 있는 여성이 있었습니다.

그것을 보고 「댁의 아이는?」 하고 물었을 때, 「저는 독신이에요.」, 「아니 아직도 독신이라고?」하고 다시 묻자, 「저는 아직 미혼이에요」라고 말했습니다. 그러자 이 말을 들은 A녀가,「어? 한 번도 결혼하지 않았다니! 저는 세 번이나 결혼했는데」라고 했습니다. 그러자 미혼여성은 고개를 푹 숙이고 말이 없었습니다.

이번의 경우에는 악의 없이 말한 것이라고는 해도 「남의 입장은 생각하지도 않는 여자」라는 생각을 갖게 했습니다. A씨는 듣는이의 입장을 전혀 배려하지 않았던 것입니다.

아기를 유산한 부인에게 「아직 젊은데 또 좋은 아기를 가질 수 있을 테니 훌훌 털어버리고 건강이나 돌봐요.」라는 말을 듣고 위안을 받는 사람이 있는가 하면 「어쩌면 그렇게 쌀쌀하게 말할 수 있을까 또 낳으면 된다니」하고 더욱 슬퍼하는 사람도 있습니다. 「슬플 때는 실컷 우는 게 좋아요.」 이렇게 말했을 때 고마워했다는 사람도 있습니다. 이런 것으로 보았을 때 남을 위로한다는 것이 얼마나 어려운 일인지 모릅니다. 「참 안됐군요. 드릴 말씀이 없네요.」 이렇게 말하는 것이 가장 무난하지 않을까요.

◗ 상대방의 말을 들어줄 것

말을 들어주는 것은 매우 위안이 됩니다. 말을 들어보면 상대방의 마음도 알 수 있고 내가 어떤 말을 하면 좋을지도 알 수 있습니다. 자기가 말을 하기보다는 상대방이 말을 많이 하게 합니다. 이럴 때는 세 가지 점에 유의할 것.

1. 상대방에게 말을 시킬 것. 정말 그렇군요. 그야 무리도 아니지요 하고 상대방의 말에 맞장구를 쳐주면서 말을 할 것.

2. 상대방의 얼굴을 쳐다보면서 성의 있게 말을 들을 것.

3. 상대방의 말에 이해를 표시할 것. 위로나 격려는 자기의 의견을 먼저 말하기보다는 우선 상대방의 기분을 파악하는 것이 중요합니다.

1. 완쾌를 축하할 때의 인사말

• 완쾌를 축하하는 인사말

오늘 ○○○ 부장님의 완쾌를 축하하는 모임에 여러분이 오셔서 발기인 일동을 대표하여 깊은 감사를 드립니다.

8개월이라는 긴 입원생활을 극복하고 ○○○ 부장님은 지난 목요일 무사히 S대학 병원을 퇴원하셨습니다.

하루 속히 이날이 오기를 고대하던 우리로서는 완쾌를 축하해 드려야겠다고 생떼를 쓴 결과 이런 자리를 마련하게 되었습니다.

돌이켜보면 지난 4월 10일이었습니다. ○○○ 부장님을 모시고 함께 술을 마셨던 일, 평소에 남달리 건강하셨던 부장님이 그날은 어쩐 일인지 술을 사양하고 머리가 아프다고 하셨습니다.

우리는 부장님의 건강에 좀 더 신경을 썼어야 했습니다. 부장님의 병세가 심상치 않은 것은 20분 후부터였습니다.

구급차에 실려서 S대 병원으로 옮기자마자 그대로 입원하게 되셨습니다. 그때 우리가 받은 쇼크는 이만저만이 아니었습니다. 부장님이 입원하고 있는 동안 일이 산더미처럼 쌓이게 되었습니다.

우리는 다시 한 번 부장님의 공과 사에 걸친 위대함을 느낄 수 있었습니다.

하루가 천추 같다는 말이 있는데 우리가 부장님이 어서 퇴원하시기를 바라면서 건강한 모습을 보고 싶은 생각은 그야 말로 하루가 천추 같았습니다.

부장님이 안 계시던 지난 8개월 동안 우리 나름으로 일을 해왔습니다. 부장님처럼 완벽하지는 못했어도 가까스로 합격점은 받지 않았는가 생각하고 있습니다. 그러니 전처럼 무리하지 않으셔도 우리가 웬만한 일은 처리할 수 있게 되었습니다.

부디 언제까지고 건강해주시기를 바랍니다. 결코 무리해서는 안 되겠습니다. 저희들은 부장님이 항상 건강하신 것만으로도 격려가 됩니다. 부장님의 가족분들도 저희와 같은 생각일 줄 압니다.

간단하나마 오늘은 부장님의 완쾌를 축하드리면서 저의 인사를 마치겠습니다.

부장님의 완쾌를 다시 한 번 축하드립니다.

완쾌를 축하할 때는 감사하는 기분이 첫째
투병 중인 환자를 격려할 때나 완쾌 축하의 자리에서는 솔직하게 감사하는 기분을 표합니다. 내용은 짧아도 상관없습니다. 진실이 담긴 말을 골라서 합니다. 또한 건강의 고마움과 앞으로의 결의 같은 것도 말하도록 합니다.

상사의 완쾌를 축하할 때 지나친 표현을 삼간다
상사의 완쾌를 축하할 때 축하의 말이 오버해지기 쉽습니다. 과도한 표현은 듣

는 이의 마음을 상하게 합니다.

또한 책임있는 자리에 있을수록 빨리 직장에 복귀하고 싶어 할 것입니다. 그러므로 완쾌 축하에서는 「하나도 둘도 무리하지 않기를….」를 배려하는 마음을 잊지 말아야 합니다.

• 친구의 인사말

○○○씨, 완쾌를 축하합니다.

○○○씨가 입원하자 여간 걱정이 되지 않았는데 오늘 이렇게 건강한 모습을 볼 수 있어서 안심이 됩니다.

투병 생활 반년. 꽤 오랜 입원 생활이었습니다. 그동안 가족들께서는 말로 다 표현을 할 수 없는 심통(深痛)한 심정이었을 것으로 사료됩니다. 병이 나면 본인만이 아니라 주위 사람들까지도 마음을 아프게 합니다.

그런데 이렇게 건강한 모습으로 퇴원하시어 가족과 못다한 얘기도 즐겁게 할 수 있게 되었습니다. 이것이 무엇보다도 좋은 요법이며 그 어떤 명의도 흉내낼 수 없는 치료법이라고 저는 생각합니다.

이번에 반년에 걸친 오랜 입원 생활을 마치고 무사히 퇴원하셨는데 중요한 것은 이제부터라고 생각합니다. 이것은 본인이나 가족분들이 더 잘 알고 계시겠지만 부디 무리하지 마시고 지금보다 더욱 건강에 유의하셔야 하겠습니다.

간단하나마 이것으로 완쾌 축하의 말로 대신하겠습니다.

• 본인의 감사 인사

여러분, 바쁘실 텐데도 불구하고 저의 완쾌를 축하해 주서서 고맙습니다. 저의 완쾌를 축하해주기 위해 귀한 시간을 내주셔서 고맙습니다.

또한 입원 중에는 많은 성원을 보내주신 것 깊이 감사합니다. 의식이 없었을 때 많은 분들이 와주셨다는 말을 나중에 듣고 여러분들의 두터운 우정을 가슴 깊이 새기고 있습니다. 정말 감사합니다.

여러분의 성원으로 무사히 퇴원할 수 있었으며 이처럼 건강을 회복하게 되었습니다. 아직 한동안은 자택 치료와 통원 치료를 해야 되겠지만, 2주 후에는 출근도 가능할 것으로 여겨집니다. 그때부터는 일상생활로 완전히 되돌아가는 것입니다.

틀에 박힌 말이겠지만 병이 나서야 처음으로 건강이 얼마나 소중한가를 알게 되었습니다. 정말 그랬습니다.

저의 경우는 평소의 격무가 원인으로 긴급 입원을 하게 되었으나 입원한 후 한동안은 제가 해오던 일이 걱정이 되어 이런 병쯤은 빨리 나아야지 하고 고집을 부렸습니다.

병실로 일을 갖고 오게 하여 해야겠다고 생각했을 정도였습니다. 그런데 그렇게 생각하면 할수록 묘하게 몸은 더 천근만근이 되고 머리가 무거워졌습니다.

모든 것을 다 잊고 치료에 전념하지 않으면 평생 동안 이 병은 낫지 않는다는 의사의 엄포에 결국 치료에 전념하기로 결심했습니다. 그랬더니 이상하게도 증세가 좋아지기 시작하였습니다.

병이 나서 얻은 것이 하나 있습니다. 그것은 저 자신의 인생을 진지하게 반성해볼 수 있었다는 점입니다.

하루 종일 병상에 누워 있으면서 지금까지의 저의 인생을 여러 가지로 되돌아보게 되었습니다.

이상하게도 후회는 없었습니다. 열심히 일해왔구나 라는 것을 실감했습니다.

일을 할 때도 지금까지는 내가 하지 않으면 마음이 놓이지 않았는데 오히려 제가 입원한 동안 제가 하던 일을 여러분이 열심히 해 준 것을 감사하며 눈물이 날 정도로 기뻤습니다.

오늘은 지금까지 여러분이 염려해 준 고마움에 조금이라도 보답하고 싶어서 약소한 자리를 마련하였습니다. 변변치 않지만 즐거운 마음으로 들어주셨으면 고맙겠습니다.

정말 감사합니다.

* **완쾌를 축하하는 자리에서 상사의 위로 인사**

오늘 ○○군의 완쾌를 축하하는 모임을 갖게 된 것을 기쁘게 생각합니다.

우리는 이 날이 어서 오기를 가족 못지않게 목이 빠지게 기다려 왔습니다.

그러니까 꼭 한 달 전이었군요. ○○군이 근무 중에 다쳤을 때 저는 회사 일로 외출 중이었는데 사고 소식을 듣자마자 일도 보지 않은채 회사로 달려왔습니다.

그랬더니 ○○군은 벌써 구급차에 실려서 병원으로 갔다고 해서 병원 담당의사한테 물어봤더니 왼쪽 손목이 골절인데 다행히 후유증은 없을 거라고 해서 안심이 되었습니다.

그러나 다친 곳이 손목이라서 앞으로 일에 지장이 없도록 회복되기만 바라고 있었습니다.

이런 사고는 기계 고장으로 인한 것이 명백합니다. ○○군에게는 정말 죄송하게 되었다고 공장의 관리자로서 심심한 사과를 드립니다.

그런데 오늘 이처럼 완쾌된 몸으로 직장에 복귀하였군요. 진심으로 퇴원을 축하합니다.

이번 사고를 계기로 소 잃고 외양간 고치는 격이 될는지 모르겠으나 가일층 공장의 안전 관리에 힘쓰고, 기계의 고장은 물론이고 그 밖의 안전 관리에도 만전을 기하도록 노력하겠습니다. 여러분들도 그 점에 대해서 좋은 의견이 있는 분은 기탄없이 말씀해 주시기 바랍니다.

오늘은 직장동료 여러분들도 ○○군의 완쾌를 축하해 주십시오.

○○군, 진심으로 완쾌를 축하합니다.

• 완쾌 축하 모임 때 본인의 감사 인사

저를 위해 이처럼 축하의 자리를 마련해주시어 진심으로 감사하다는 말씀을 드립니다.

오늘 저의 완쾌를 축하하는 모임을 해 주신다고 하기에 저는 끝까지 사양했습니다마는 회사 여러분들의 강권에 못 이겨 이 자리에 나오게 되었습니다.

이번에 제가 뜻하지 못했던 사고를 당했을 때 사장님을 비롯해서 회사 간부 여러분께서 분에 넘치는 배려를 해 주시어 대단히 감사합니다. 한 달 동안 회사에 많은 폐를 끼쳤습니다. 대단히 죄송스럽고 송구스럽기 짝이 없습니다. 다행히 다친 곳도 완쾌되어 전이나 다름없이 일할 수 있게 되어 저 또한 무척 기쁩니다.

입원 중에는 문병도 해 주셨고 격려 말씀도 많이 해 주셨습니다.

여러분께 진심으로 깊은 감사를 드립니다.

2. 화재나 천재 지변을 당했을 때 위로의 인사말

• 화재를 당한 사람을 위로하는 인사말

조금 전 K씨로부터 댁에 화재가 났다는 말을 듣자마자 차를 타고 달려왔습니다.

정말 뭐라고 위로의 말을 드려야 좋을지 모르겠습니다.

어쩌다가 이런 일을 당하셨는지 믿기지 않습니다.

제가 무엇을 도와드리면 되겠습니까? 가재도구가 물에 다 젖었군요. 자세한 것은 모르지만 우선 저의 집에라도 옮겨놓을 것이 있으면 제 차에 싣고 갖다 놓겠습니다.

하지만 아침에 출근하고 나온 집이 잿더미로 변했으니 얼마나 가슴이 아프시겠습니까.

아깝고 원통하겠지만 그런 기분을 말끔하게 털어버리고 새출발을 하신다고 생각하세요.(중략)

오늘은 제가 곁에 있어도 별 도움이 되지 않을 것 같아 그냥 가겠습니다만 도와드릴 일이 생기거든 곧 연락주세요. 밤중에라도 달려오겠습니다.

힘을 내세요.

• 화재를 당한 사람을 위로하는 인사말

이런 끔찍한 일을 당하고 얼마나 놀라셨겠습니까! 하지만 사장님이나 여러분들이 무사하시니 천만다행입니다. 회사에서 화재가 났다는 뉴스를 접했을 때는 부산에 출장차 내려가 있었던 관계로 빨리 달려오지 못해 죄송하기 짝이 없습니다.

회사 직원들도 많이 걱정하고 있습니다. 저희 사장님도 빨리 와 봐야겠다고 하시면서도 급한 회사 일로 우선 오늘은 제가 사장님을 대신해서 찾아뵙게 되었습니다. 급한 용무를 마치고 사장님도 달려오시겠다고 했습니다.

뒤처리로 눈코 뜰 사이가 없으시더라도 너무 무리는 하지 마십시오. 오늘은 인사만 드리고 가겠습니다. 바쁘신 일에 방해가 되지 않았나합니다.

• 집 근처에서 화재가 발생한 친구를 위로하는 인사말

오늘 아침 신문을 보니 자네 집 근방에서 큰 불이 났다고 해서 무척 놀랐네. 우선 전화를 걸어서 확인해 보려고 해도 전화선이 어떻게 되었는지 전화가 불통이었어.

전화가 불통인 것을 보면 꽤 큰 화재가 난 것 같아서 좌불안석하다가 아들이 운전을 하게 하여 허겁지겁 달려왔네.

차를 타고 오면서도 두근거리는 가슴을 억제하고 제발 자네네 집이 무사하기를 빌었네.

자네가 살고 있는 동네에 가까이 오자 사람들이 술렁거리고 검은 연기가 아직도 오르고 있더군. 다행히 자네 집은 그대로 있어서 안도의 숨

을 쉴 수 있었지.

무척 놀라고 당황했겠지만 천만 다행이네. 자네는 불안해서 어젯밤 한숨도 못잤을 거야. 이제는 걱정하지 않아도 될 것 같네. 한숨 푹 자고 나면 풀릴 거야.

• 집 근처에서 화재가 발생한 직장 상사를 위로하는 인사말

다치지 않으신 것만도 다행입니다. 다행히 화재는 면하였으니 안심하십시오.

하지만 이웃집에 불이 났으니 얼마나 놀라고 당황했겠습니까? 화재는 정말 무섭습니다. 바람이 불지 않아서 그나마 다행이었습니다. 바람이라도 불었더라면 어떻게 되었겠습니까?

불은 순식간에 옆집으로 번졌을 것이고 온 동네가 쑥대밭이 되었을지도 모릅니다. 이제는 안심하시고 편히 쉬십시오. 위문객들이 몰려올 것 같아서 저희들은 이만 회사로 돌아가겠습니다.

엉겁결에 오다 보니 빈손으로 왔습니다. 나중에 다시 오겠습니다.

뒷마무리를 하시자면 힘드실 텐데 일과 후에 다시 와서 도와 드리겠습니다.

「불행 중 다행」이라는 말과 「도움이 되어드리고 싶습니다.」라는 말을 넣습니다.

화재 같은 재해를 당한 사람을 위로할 때는 「불행 중 다행이어서」라는 말을 덧붙이는 것이 좋습니다. 그리고 소식을 듣고 즉각 달려왔다는 것도 덧붙이는 것

이 좋습니다. 위문품 같은 것은 나중에 해도 됩니다. 이런 자리에는 오래 있는 것보다는 인사를 마쳤으면 빨리 나오는 것이 좋습니다.

🎙 도와드릴 생각이 있으면 즉석에서 그 뜻을 전하고 「무엇을 도와드리는 것이 좋겠습니까?」라고 물어보고 「필요하시면 연락주세요.」하고 돌아옵니다.

🎙 화재 문안에 대한 답례 편지의 예

이번 화재 시에는 바쁘신 데도 불구하고 오셔서 위로의 말씀을 해 주시어 용기를 얻게 되었습니다.

한밤중에 일어난 불이라서 순식간에 집이 전소되었습니다. 저나 가족들 중 다친 사람이 없어서 다행입니다.

처음에는 경황도 없을 뿐더러 걱정이 태산 같았으나 여러분의 따뜻한 위로의 말에 이제는 복구 작업도 순조롭게 되어가고 있습니다. 대충 정리되는 대로 감사의 자리를 마련하겠습니다. 감사하다는 마음을 우선 서신으로 올리게 된 것을 죄송하게 생각합니다.

정말 감사했습니다.

🎙 재해시의 위문품

화재나 풍수해를 당한 경우에는 가까이 살고 있다면 복구 작업을 도와주는 것이 우선입니다. 그럴 때는 당장 먹을 수 있는 음식이나 빵, 음료수 같은 것을 갖고 가는 것이 좋습니다.

위문품은 피해 상황을 확인한 후 후일 필요할 것으로 예상되는 것으로 합니다. 재해로 가재도구를 몽땅 잃었을 때는 수저, 찻잔 등 일용 잡화에 이르기까지 다 필요합니다. 또 어린이나 노인이 있을 때는 일시적으로 자기 집으로 데리고 와서 같이 지낼 수 있게 하는 것도 좋습니다.

다행히 피해가 부분적일 때는 현금으로 하는 것이 도움이 될 것입니다.

의류 담요 같은 침구, 타월, 내의류 등 · 식품류 쌀, 조미료, 통조림, 인스턴트 식품 등 · 일용품 주방 용구, 비누, 칫솔 등

- **산불로 집이나 논밭이 피해를 입은 사람을 위로하는 인사말**

예상치도 못했던 이번 산불로 얼마나 놀라셨습니까?

설마 산불이 나리라고는 누가 알았겠습니까! 그렇게 정성들여 가꾸었던 농작물이 잿더미로 변했으니 뭐라고 위로의 말을 드려야 좋을지 모르겠습니다.

바쁘게 오다 보니 빈손으로 오게 되었습니다. 불편한 것이 있으시면 말씀해 주십시오. 곧 갖다 드리겠습니다.

이럴 때일수록 정신을 바짝 차리고 차근차근 정리하시고, 절대 무리하지는 마십시오. 건강을 잃으면 아무 것도 할 수 없습니다.

하루 속히 복구되기를 빕니다.

- **수해를 입은 사람을 위로하는 인사말**

이번 홍수에 막심한 피해를 입으셨다니 뭐라고 위로의 말을 드려야 할지 모르겠습니다. TV 뉴스에서 ○○지방에 태풍이 지나가게 될 것 같다는 것을 듣고 걱정은 했습니다만 설마 이처럼 ○○천이 범람할 줄은 꿈에도 생각하지 못했습니다.

더구나 그 피해가 댁에 미칠 줄이야……. 지금도 생시인지 꿈인지 전혀 믿기기 않습니다.

하룻밤 사이에 집도 세간도 다 떠내려갔으니 이럴 수가 있습니까?

다만 가족이 무사하다니 여간 다행이 아닙니다.

앞으로 수해 복구 작업을 하시자면 고생 또한 클 것입니다. 제가 도울 수 있는 것이 어떤 일인지 모르겠습니다만 빨래할 것이나 밥을 지어드리는 것이라도 돕고 싶습니다.

사양하지 마시고 말씀하세요.

오늘은 급한 마음에 빈손으로 왔습니다마는 다음에 옷가지나 일용품을 갖고 다시 오겠습니다.

• **태풍 피해를 입은 사람을 위로하는 인사말**

어젯밤의 태풍이 이처럼 큰 피해를 줄 줄은 아무도 예상하지 못했습니다.

날이 밝아서 보니 선생이 사는 동네가 홍수로 쑥대밭이 되었더군요. 사람이 희생되지 않은 것은 천행이었습니다.

바로 전화를 드릴까 했으나 전화가 불통이었습니다. 또 열차도 다니지 않아서 위로차 들리려고 해도 바로 갈 수가 없었습니다.

빨리 가려고 해도 갈 수 없었고 아무런 도움이 되어드리지 못했습니다. 피해가 너무 컸군요.

불행 중 다행이라고 할까! 가족이 무사하시다니 조금은 안심이 됩니다. 제가 무엇을 도와드리면 좋겠습니까? 말씀하시면 최선을 다하겠습니다.

그리고 필요한 것이 무엇인지 몰라서 옷가지와 당장 필요한 일용품을 좀 가지고 왔습니다. 이거라도 소용이 되실지 모르겠군요.

너무 지체하면 오히려 복구 작업에 폐가 될 것 같아 이만 일어나겠습니다.

🎤 재해를 위문할 때의 포인트

화재나 수해를 당한 사람을 위문할 때의 포인트는 빠르면 빠를수록 좋습니다. 이럴 때 피해를 당한 사람들은 얼마나 힘을 얻는지 모릅니다.

위문할 때는 위문품을 갖고 가는 것도 좋은데 먼저 어떤 것이 필요한지 확인한 다음에 갖고가는 것이 좋습니다. 침구나 의류가 좋은지 혹은 식료품이 좋은지 확인하지 않고서는 알 수 없습니다.

위문을 갈 수 없을 때는 전화나 편지를 쓰는 것이 좋습니다. 그런데 화재로 집이 다 탔거나 홍수 피해를 입었을 때는 편지나 전화는 잘 통하지 않을 뿐더러 또 통할 수 있더라도 그것은 실례입니다.

역시 직접 찾아가서 하는 것이 좋습니다. 전화나 편지로 해도 무방한 것은 이웃집이 화재가 났거나 가까이서 재해가 났을 때입니다

위문을 받았으면 반드시 직접 찾아가서 감사하거나 감사하다는 편지를 씁시다.

3. 문병할 때 하는 위로의 말

• 암으로 입원한 상사를 위문할 때의 인사말

부장님 좀 어떠십니까?

빨리 병문안을 했어야 했는데 늦게 찾아뵈어서 죄송합니다.

수술경과가 좋다는 말을 전해 듣고 안심이 되었습니다. 회사에서도

부장님을 걱정하고 있는데 수술이 성공적이었다는 말을 듣고 모두 마음을 가라앉히고 일을 하고 있습니다.

오늘은 제가 직원들을 대표해서 부장님을 뵈러 오게 되었습니다. 부장님은 안색이 전보다 훨씬 좋아 보이십니다. 부장님의 건강이 좋아지신 것을 보았으니 돌아가서 기쁜 소식을 부원들에게 전하겠습니다. 모두들 무척 기뻐할 것입니다. 부장님이 안 계시는 동안 우리는 더 열심히 일하려고 노력하고 있습니다. 하지만 부장님이 안 계시니 일이 제대로 굴러가지 못하는군요.

제발 하루 속히 완쾌하여 출근하시기 바랍니다. 부장님의 호통 소리를 듣지 않으면 하루가 시작되는 것 같지 않다고 하는 사람이 있는가 하면 힘이 빠진 듯이 어깨를 축 늘어뜨리고 있는 직원도 있습니다.

평소부터 질병과는 거리가 멀었던 부장님이 이렇게 병상에 누워 계시니 얼마나 답답하시겠습니까? 좀 지루하시겠지만 평소에 해 오시던 어려운 일을 좀 쉰다고 생각하시고 몸조리에 힘써 주시기 바랍니다.

저의 아버지도 50세 때 부장님 같은 병으로 병원에서 수술을 받으셨으나 완쾌해서 지금은 전보다도 더 열심히 일하고 계십니다. 오히려 나쁜 곳을 도려낸 덕으로 더 건강해지신 것 같습니다. 그동안 회사 일에 골몰해서 편히 쉴 틈이 없었으니 이참에 편한 마음으로 몸조리를 하십시오.

제가 너무 오래 있으면 더 힘드실 것 같아. 오늘은 이만 돌아가겠습니다.

앞으로도 자주 찾아뵙겠습니다.

🎤 문병할 때는 이런 위문품을

문병을 하러 갈 때는 흔히 꽃을 가지고 갑니다. 생화는 가지를 잘라서 갖고 오기 때문에 「생명을 자른다.」고 해서 싫어하는 환자도 있습니다.

또 화분에 담은 꽃은 「뿌리가 있어서」 병이 오래 간다고 싫어하는 사람도 있으므로 주의해야 합니다. 환자가 별로 그런 것에 개의치 않는 한자나, 중증 한자가 아니거나, 혹은 며칠 후에는 퇴원하기로 되어 있는 경우에 꽃을 가져가면 병실의 분위기가 훨씬 밝아지고 환자의 기분도 좋아집니다.

특히 여성 환자는 꽃을 가져가면 좋아합니다.

🎤 문병의 기본은 뭐니 뭐니 해도 성의가 중요합니다. 위문품의 호화로움이나 값이 비싸야 하는 것이 아니라 마음이 담긴 것으로 합니다. 만약 환자가 골프를 좋아하는 사람이라면 골프공을 선물하고 하루 속히 나아서 골프를 칠 수 있게 되기를 바란다고 하면 좋을 것입니다.

🎤 환자도 실용적인 것을 좋아하는 것 같습니다. 가령 친한 친구라면 가운이나 파자마, 타올, 내의 같은 것이 좋습니다. 이런 것은 퇴원한 후라도 얼마든지 쓸모가 있어서입니다.

🎤 환자의 병에 따라서는 식사를 할 수 없는 경우도 있습니다. 과자나 과일 같은 것도 위문품으로는 일반적으로 많이 사용되고 있는데 오히려 불필요한 것으로 될 때도 있습니다. 그리고 똑같은 위문품만 쌓여 있으면 처치곤란이 될 뿐입니다.

🎤 환자를 문병할 때 돈을 놓고 가는 경우가 많아지고 있습니다. 오히려 돈이 더 좋은 경우도 있을 것입니다. 그러나 너무 많은 돈은 오히려 생각해 볼 일입니다. 위안이 될 정도로 하는 것이 좋습니다. 가급적이면 돈을 전할 때는 꽃다

발과 함께 주거나 실용적인 물건과 함께 주면 환자도 부담을 느끼지 않아서 좋습니다.

• **교통사고로 입원한 환자를 문병할 때의 인사말**

○○○ 씨, 통증이 심하시지요? 참 어처구니가 없군요. 조금 전에도 ○○○ 씨를 만났었는데 교통사고를 당하셨다니 믿기지 않는군요. ○○○ 씨가 교통 사고로 입원하였다는 말을 들었을 때는 여간 놀라지 않았습니다.

지금 보니 수술 같은 것은 하지 않아도 될 것 같네요. 상처가 가볍다고 의사가 말했습니다. 불행 중 다행이긴 하지만 정신적으로 쇼크가 컸을 겁니다.

가벼운 골절이라도 완쾌되자면 시간이 꽤 걸릴 것으로 압니다. 조급해하지 마시고 느긋하게 완전히 나을 때까지 조심하십시오. 병상에 누워 있기 지루하겠으나 제가 자주 오겠습니다. 회사 일이나 업무에 대해서도 걱정하지 마시고 장기 휴가를 얻었다고 생각하세요.

허겁지겁 오다 보니 빈손으로 왔네요.

수일 내에 다시 오겠습니다. 가족 분들도 간병에 고생이 많으실 걸로 아는데 건강에 유의하시기 바랍니다.

속히 완쾌하시기를 바라면서 그만 가보겠습니다.

• **교통 사고로 입원한 직원을 문병할 때의 인사말**

생각했던 것보다도 건강해 보여서 안심이 되는군요. 사고 연락을 받

고는 저도 쇼크가 컸습니다. 다리가 후들후들했습니다. 병실로 오기 전에 의사선생을 만나서 병세를 알아보고서야 안심이 되었습니다.

수술도 성공적으로 되었다고 하더군요. 사고에 대한 것은 싹 잊어버리고 몸조리만 잘하면 될 것 같습니다.

수술 직후에는 몸을 움직이는 것이 불편할 겁니다. 그래도 조심하지 않으면 회복이 늦어진다고 했습니다. 젊으니까 회복도 빠를 것입니다. 예정보다도 퇴원이 빨라질지도 모릅니다.

가족이나 회사에 대해서는 다 잊고 편안한 마음으로 몸조리나 잘 하십시오. 못다 한 일은 퇴원 후에 하면 되니까요.

🎙 문병할 때의 에티켓

환자를 병원으로 문병하러 갔을 때 환자와의 관계, 질병의 종류, 증세 등을 충분히 고려하여 갑니다. 면회 사절이라는 상황에도 불구하고 느닷없이 가는 것은 실례입니다.

면회를 가기 전에 전화로 병원의 규칙을 확인하고, 정해진 면회 시간 내에 가도록 합니다. 또 환자와의 관계에 따라서 다르겠지만 토요일·일요일이나 휴일에는 가족을 비롯해서 친한 사람들의 면회가 있으므로 피하는 것이 좋습니다. 환자가 지쳐 있을지도 모릅니다.

병원에는 오래 있을 곳이 못됩니다. 진심으로 환자의 용태를 걱정하고 있더라도 병문안은 성의를 전달하고 격려해 주었으면 바로 나오도록 해야 합니다.

문병을 갔을 때 잊기 쉬운 것이 같은 병실에 입원한 환자에 대한 인사와 배려입니다. 끝나고 나올 때는 「방해가 되지 않았는지 모르겠습니다. 부디 건강하십시오」라고 말하고 나오십시오. 또 환자와의 관계가 그리 깊지 않더라도 간호사를 보았으면 「수고가 많습니다. 잘 부탁합니다.」라는 인사를 잊어서는 안 됩니다.

🌷 가족에 대한 배려를 잊지 말 것

① 사고로 입원한 환자를 문병할 때는 꼭 복장을 갖추어 입어야 할 필요는 없습니다. 소식을 듣고 곧바로 문병을 왔다는 것을 말해야 합니다. 또한 환자의 가족이나, 간병인에 대한 배려도 잊어서는 안 됩니다. 인사의 말미에 꼭 격려의 말을 붙이도록 합시다.

② 회사의 동료나 상사가 문병을 가면 환자는 자기가 맡아 하던 일을 하지 못해서 폐를 끼치고 있는 것이 아닌가 하고 신경이 쓰입니다. 특히 사고인 경우에는 갑자기 일에 지장을 주게 되었으므로 신경이 쓰이게 됩니다. 회사나 업무와 관련된 사람이 문병을 오는 경우에는 이 점에 주의합시다.

「일에 관한 것은 걱정하지 말고 치료나 잘 받으라고」 하는 말 외에 「휴가를 얻었다고 생각하고 몸조리나 잘 하십시오」라고 말해주는 것도 좋을 것입니다.

🌷 하루 속히 복귀를 바란다는 말을 해줄 환자를 문병할 때 중요한 것은 당신이 없으니까 일이 스무스하게 되어가지 않는다고 말해주고 환자의 포지션이 중요하다는 것을 암시해 줍니다. 「당신이 있으나 없으나 일에는 지장이 없다」는 식의 뉘앙스는 피해야 합니다.

3. 좌천·낙선·실패·파혼·이혼을 위로하는 인사말

• 좌천된 사람을 위로하는 인사말

가까이 모셨던 부장님이 먼 곳으로 자리를 옮기게 되셨다니 섭섭한 마음 금할 수 없습니다. 집사람도 걱정하고 있습니다.

이런 일은 매년 있어 왔지만 이때가 되면 직장인들은 모두 마음이 들뜨게 됩니다. 마음 편한 사람은 아무도 없습니다. 그렇기는 하지만 이번

인사이동은 너무나 뜻밖이었습니다.

설마 부장님이 인사이동이 되실 줄은 꿈에도 생각하지 않았습니다. 그렇게 생각하는 것은 저만이 아닙니다. 모두 그렇게 생각하고 있습니다. 어쩌면 그때 그 일로……? 하고 여길지도 모르겠으나 저는 그렇게는 생각하지 않습니다. 부장님이 내린 그때의 판단과 조치는 틀리지 않았으며 그때의 입장이라면 그렇게 할 수 밖에 없었을 것이라는 의견이 압도적으로 많았습니다.

이번의 인사이동을 그때 일과 결부시켜 생각하시지 말았으면 합니다. 새로 전임하는 곳은 일하기 편하다고 들었습니다.

지금까지의 실적을 생각하면 부장님의 장래에 기대를 거는 사람들도 많이 있을 것입니다.

부장님의 실력은 누구나 다 인정하고 있으므로 힘내십시오. 미력한 저이지만 도움이 되어드릴 일이 있으면 무슨 일이고 말씀해 주십시오.

부디 건강에 유의하시고 새로운 근무처에서 좋은 활동을 하시기를 빕니다.

분명히 좌천이라는 것을 알고 있으면서 영전인 것처럼 위로해 주는 사람이 있습니다. 이것은 위로가 되지 않습니다. 본인은 인사이동에 대해서 집히는 데가 있을 것이므로 그런 마음을 배려해 주는 것이 좋습니다.
「이번 인사이동은 그 일과는 관계가 없다」
「당신의 실적은 모두가 다 인정하고 있으니까」
라고 말하는 것이 적절한 위로의 말입니다.

- 이번의 인사이동은 파벌 싸움에 희생된 것입니다만…….
- 이것은 오히려 운이 트일 찬스로 될 테니까…….
- 재기의 구체적인 안이 세워졌을 때는 저도 힘이 되어드리겠습니다.
- 원인을 이것저것 생각하지 마시고 기분을 일신하여 재출발을…….

• 선거에서 낙선한 사람을 위로하는 인사말

이번에는 참으로 유감스럽습니다. 그처럼 열심히 뛰셔서 누구나 승리가 틀림없다고 예상했었는데 억울하다는 생각만 듭니다.

선생의 패인에 대해서 이러쿵저러쿵 말하는 사람도 있으나 이번 선거 때 선생의 맹활약에 이론을 달 사람은 아무도 없을 줄 압니다.

하지만 승부란 한때의 운(運), 특히 선거는 투표함 뚜껑을 열기 전에는 아무도 장담 못하니까요.

이번 선거에서는 운이 없었다고 생각하시고 그동안 쌓였던 피로를 푸시고 다음 선거 때 새로 도전할 수 있도록 투지를 기르시기 바랍니다.

앞으로도 전이나 다름없는 활동을 하실 것을 우리는 기대하고 있습니다. 다음 선거에서는 반드시 승리의 월계관을 쓰시기를 기원합니다. 또한 그때는 우리들도 힘껏 도와 드리겠습니다. 지금 이상으로 똘똘 뭉쳐서 힘이 되어 드리겠습니다.

부디 낙담하지 마시고 힘내세요.

🎙 선거에서 낙선한 사람을 위로하는 말

- 승패는 운
- 신인에겐 불리하고 현역이 유리
- 꾸준한 활동과 유권자에게 PR을
- 차기 선거를 위해서 투지를 불태우기를
- 패인분석은 구구하겠으나 그것은 제쳐두고
- 우선 충분한 휴식을 취하고 다음 선거에 도전할 수 있도록 힘을 저축하시기를
- 승리의 관을 쓸 때까지

위로의 말은 진심에서 우러난 말이라는 태도가 중요합니다. 선거란 이해가 얽힌 것이어서 천편일률적으로 하기 쉬운데 다음 기회도 있을 것을 고려해서 지나치게 자극적인 말이 되지 않도록 주의해야 합니다.

• 도산한 사람을 위로하는 인사말

이번에 불행한 일을 당하셨다니 무어라 위로의 말을 드려야 좋을지 모르겠습니다.

원체 경제가 바닥을 치고 있는 때라 누구나 다 겪는 어려움입니다. 정부를 비롯해서 국정 전반에 걸쳐서 제대로 굴러가지 않고서는 어쩔 도리가 없습니다.

그러니 이것도 경영자로서 겪는 귀중한 체험이라 생각하시고 새로운 계획을 세우실 것으로 믿습니다.

내일을 아무도 장담할 수 없는 시대입니다. 하지만 실의에 너무 빠져서는 안 됩니다. 별로 도움은 드릴 형편이 아니지만 미력하나마 조금이라도 도움이 되어드렸으면 합니다.

한동안 시련이 많겠지만 선생의 뛰어난 바이털리티로 헤쳐 나갈 수 있다고 봅니다.

선생의 분투를 기원합니다.

• 사업에 실패한 사람을 위로하는 인사말

청천벽력이란 이런 것을 두고 말하는 것일까요? 귀사에 관한 소식을 듣고 저는 제 귀를 의심했을 정도였습니다.

사장님이 오늘까지 쌓아올린 사업이 수포로 돌아갔으니 얼마나 마음이 아프시겠습니까!

도대체 어디에 문제가 있었을까요? 저로서는 상상도 못할 일이었습니다.

누구보다도 신중하고 돌다리도 두드려보고 걷는다는 분으로 알려지신 사장님인지라 더욱 놀랐습니다.

이 업계는 호황이라고 알고 있었는데 이렇게 될 줄은 정말 꿈에도 몰랐습니다.

하지만 사장님은 원체 완벽한 계획을 세울 수 있는 분이시니 꼭 재기하실 것으로 저는 믿습니다.

제가 할 수 있는 일이라면 힘이 되어드리겠습니다.

사양치 마시고 말씀해 주십시오. 차분하게 앞으로의 대비책을 강구하시기를 기원하면서 위로의 말로 대신하겠습니다.

재기를 촉구하는 격려의 말
상대방이 실의의 밑바닥에 있을 때라도 든든한 격려의 말을 해주도록 합시다.

「미력하나마 힘이 되어드렸으면 합니다」라고 말하는 것은 적절한 위로의 말입니다. 「내가 있으니까 걱정할 것 없어」라고 허풍을 떠는 것은 별 믿음을 줄 수 없습니다.

그러므로 위로의 말을 할 때는 목소리도 작게 하는 것이 실의에 빠져 있는 사람에게 위안을 줄 수 있습니다. 힘찬 목소리로 말하면 더 격려가 될 것 같은데 이것은 오히려 역효과를 냅니다.

가령 마음의 병이나 고민이 있는 환자를 치료하는 의사에게 요구되는 것은 상대방의 얘기를 잘 들어주는 것이 가장 효과적인 치료법이라고 합니다.

이런 경우 의사는 대개 조용히 환자의 말을 듣는데, 이 방법은 불행을 당한 사람을 위로할 때 참고가 됩니다. 따뜻한 한 마디에 슬픔이나 고통을 함께 해주는 듯한 태도를 보여주는 것만으로도 용기를 얻을 수 있습니다.

「힘내세요.」 하고 큰소리로 말하면서 어깨를 툭 치거나 하면 격려가 되는 것으로 알고 있는데 그러면 오히려 낙담해 버리는 결과로 되므로 주의해야 합니다.

그리고 끝으로 살며시 어깨에 손을 올려 놓거나 악수를 하고 나서 헤어지면 나중에까지 성의를 느낄 수 있습니다.

• 시험에 실패한 아이의 부모를 위로하는 인사말

아드님이 시험에 실패하셨다니 얼마나 마음이 아프시겠습니까? 한번쯤 인생을 우회해보는 것도 어떤 면에서는 인생에 좋은 교훈이 될 것입니다. 그런 경험을 해보는 것도 귀중한 인생의 경험이 된다고 합니다.

처음부터 순탄한 코스로만 나가는 것보다도 인생의 어려운 고비를 경험해보는 것은 보약이 될 수 있습니다.

이번의 경험을 살려서 1년 동안 열심히 노력하면 좋은 결실이 있을 것이 틀림없습니다.

너무 아드님을 야단치지 마시고 더욱 격려해 주세요. 어머니 이상으로 아드님은 더욱 실의에 빠져 있을 것입니다……. 내년에는 틀림없이 합격할 것입니다.…….

• 시험에 실패한 사람을 위로하는 인사말

얼마나 마음이 아프겠는가! 자네라면 문제없을 거라고 생각했는데 정말 놀랐네. 하지만 인생은 칠전팔기라는 말도 있지 않은가. 한두 번 실패했다고 주저앉으면 안 되네.

이 실패를 디딤돌로 삼아서 한 해만 더 열심히 노력하면 내년에는 반드시 지망하는 학교에 합격할 수 있을 테니까.

최근의 시험 제도에도 문제가 많은 것 같아. 실력이 있는 데도 반드시 합격되는 것이 아니잖아? 자네처럼 실력이 있는 데도 합격하지 못한 사람은 한둘이 아니야.

좌절하지 말고 힘을 내기 바라네.

나는 자네가 이런 일로 좌절하지 않을 것으로 믿고 있네. 장담하지만 자네는 꼭 합격할 것이라고 확신하고 있네. 아쉽기는 하지만 이번의 실패를 교훈 삼아 내년에는 틀림없이 합격한다는 신념을 가지고 노력해 주기 바라네.

자네는 대기만성형일 거야. 걱정할 것 없어!

• 파혼(破婚)한 사람을 위로하는 인사말

사람과 사람의 만남에는 참으로 알 수 없는 점이 있습니다.

결혼의 경우에는 옛날부터 깊은 인연이라는 것이 있는 것 같습니다.

제가 듣기로는 상대가 아주 마음에 드는 남자라고 해서 꼭 좋은 인연

이라고는 생각되지 않습니다.

결혼은 일생의 문제이므로 심사숙고하여 결정하는 것이 첫째라고 생각합니다.

그런 점에서 이번 파혼은 오히려 잘된 일인지도 모릅니다. 당신은 매우 매력적이니까 앞으로도 기회는 많을 줄 압니다.

부디 낙담하지 마시고 좋은 분을 만나기를 기원합니다.

• 파혼(破婚)한 사람을 위로하는 말

이번 혼담은 좋은 인연이라고 좋아했는데 무척 실망하셨을 겁니다.

그러나 결혼은 인연이 있어야 된다고 하듯이 혼담이 있다고 해서 결혼이 성사되는 것은 아닌 것 같습니다. 저는 태어날 때부터 질긴 인연의 끈으로 묶인 상대가 있다고 생각합니다.

그 끈은 눈에는 보이지 않는 것이어서 자칫하면 좋은 인연으로 착각하여 돌이킬 수 없는 인생을 보내게 되는 경우도 종종 있습니다.

그런 점에서는 그 인연의 끈을 다시 재점검해 볼 수 있으므로 오히려 다행한 일일지도 모릅니다. 당신의 눈은 정확하다고 확신하기 때문에 낙담 같은 것은 하지 않습니다.

반드시 천생연분을 만나게 될 것이므로 서둘지 말고 천천히 행복을 찾아보기 바랍니다. 당신처럼 멋진 사람을 찾으려는 상대가 아직 미혼으로 있을 것입니다.

이런 말이 있지 않습니까.

「결혼하기 전에는 두 눈을 똑바로 뜨고 상대방을 판단하고 결혼한 후에는 한쪽 눈은 감고 상대를 보라」고.

당신은 두 눈을 똑바로 뜨고 이번의 인연을 살펴보았을 것이고 그 결과가 이렇게 나타났으므로 오히려 잘된 일일지도 모릅니다.

우리도 앞으로 좋은 인연을 만나도록 노력합시다. 또 이번 일로 해서 부모님이나 가족들에게는 여러 가지로 죄송하게 생각하지만 우리가 다시 밝은 표정으로 돌아갔을 때 가족들은 모두 안도의 한숨을 쉬게 될 것입니다.

부디 좋은 재출발이 되기를 빕니다.

파혼당하는 측의 입장을 생각하여 파혼하려는 사람은 다음과 같이 말하는 것이 상대방의 마음을 덜 상하게 하지 않을까요.

- 저에게는 너무 과분한 인연이어서
- 배려해주시는 것은 고마우나 저는 지금 저의 장래를 진지하게 생각해 보고 있어서
- 본인이 경제적으로 독립한 다음에 라고 완강하게 말해서
- 만나보니 저에게는 너무 과분한 것 같아 자신이 없어서
- 과거에 사귀던 사람을 완전히 잊을 수가 없었는데 그러면 실례가 될 것 같아서
- 독신 생활에 너무 익숙해져서 혼담은 없었던 것으로 하고 싶어서

• 이혼한 사람을 위로하는 인사말

결국 결심하셨군요. 고통이 많았을 것입니다. 얼마나 고통스러웠겠습니까! 짐작이 가고도 남습니다.

이것도 긴 인생의 한 시련이라고 하겠습니다. 불행임에는 틀림없겠으

나 서로 으르렁거리면서 한지붕 아래서 살기보다는 각자 자기의 길을 가는 것이 훨씬 전향적일지도 모릅니다.

그런 점에서는 이번의 이별이 두 사람에게는 결코 마이너스는 아닐 것입니다. 오늘부터는 자기 힘으로 당당하게 걸어가세요.

• **이혼한 사람을 위로하는 인사말**

행복한 결혼으로 알고 있었는데 이런 결과로 되어 유감이군요.

그러나 이번 불행의 원인은 당신에게 있지 않다는 것은 명백합니다. 당신이 원만한 결혼 생활을 위해서 얼마나 노력했으며 애썼는지는 나를 비롯해서 주위의 아는 사람들은 다 인정하고 있습니다.

이혼을 잘 했다는 것이 아니라 자기의 인생을 소중히 해야 한다는 것은 결코 부끄럽거나 편견에 사로잡힌 것이라고는 생각하지 않습니다. 이 경험을 인생의 양식으로 삼아서 부디 충실한 인생을 만들어가기 바랍니다.

• **혼담(婚談)을 취소할 때 사과의 인사말**

전번에는 바쁘신 데도 불구하고 제 딸의 혼사를 주선해 주서서 대단히 고마웠습니다. 선을 본 ○○○군은 매우 준수한 신랑감이어서 저도 흡족했고 안심이 되었습니다.

그런데 딸아이의 말로는 신랑감이 너무 수준이 높아서 사양하겠다고 합니다. 이번 일은 너무 죄송합니다. 그러니 이번 혼담을 없었던 일로 할 수 밖에 없겠습니다.

이번 일로 애써 주셨는데 면목이 없게 되었습니다. 하지만 마땅한 혼처가 있으면 앞으로도 소개해 주셨으면 합니다. 죄송합니다.

● **혼담을 끊을 때는 이런 말로**

지난번에는 좋은 사람을 소개해 주셔서 대단히 고마웠습니다.

제 자식은 올해 나이가 스물일곱이라서 부모된 입장에서는 하루 속히 짝을 지어주고 싶었습니다. 그런데 아들녀석은 좀 더 독신으로 지내고 싶어 하는군요.

자식이 부모의 마음을 어찌 알겠습니까? 정말 너무 철부지인 자식입니다. 며느리감으로는 마음에 쏙 들었는데 아들녀석은 좀 더 생각해 본 다음에 결정을 하겠다니 그것은 상대방에게 실례가 될 것 같고 해서 이번 일은 없었던 일로 해야겠습니다.

제 입장만 말씀드려서 죄송하게 되었습니다.

앞으로도 잘 부탁드립니다.

무슨 일이나 거절하는 일은 무척 죄송스럽고 어려운 일입니다. 그것이 좋은 일이든, 보증인을 서달라고 할 때나 돈을 빌리러 왔을 때 거절하는 입장에 있는 사람은 어떤 말로 거절해야 좋을지 여간 거북하지 않습니다.

특히 혼담 같은 경우는 상대가 마음에 들지 않을 때라도 정면으로 「싫다」고 말할 수는 없습니다.

이럴 때 흔히 사용되는 말로 「인연이 없다」라고 합니다.

본인이 마음에 없다고 직설적으로 말하지 말고 「좋은 배필이지만 인연이 닿지 않는 것 같아서」라든가 그런 표현으로 거절하는 것이 좋습니다.

- **불륜(不倫)이 발각된 친구를 위로하는 인사말**

자네의 고민에 동정은 하지만 뭐라고 위로의 말을 해야 할지 모르겠네.

세간에서는 자네의 행위를 불륜이라고 비난하는 소리가 파다하나 자네로서는 순수한 사랑이었다고 말하고 싶을지도 모르겠네.

그러나 이유야 어떻든 아내가 있는 이상 자네는 세간의 비난을 피할 수는 없을 걸세.

결혼 제도라는 것이 참으로 까다롭거든. 이번 일은 자네가 큰 실수를 저지른 거야.

들키지 않으면 괜찮다는 것은 아니지만 아내 외의 여성을 사랑하자면 그 나름의 각오가 필요할 거야.

일단 발각이 되면 그 다음에 일어나는 일은 옛날이나 지금이나 똑같아.

이렇게 된 이상 그 어떤 설교도 무용지물이겠지. 부인과 헤어지거나, 불륜을 한 여자와 갈라서거나, 아니면 당분간 별거하면서 냉각기를 갖는 수밖에 없겠지.

여자란 누구나 다 궁지에 몰리면 가만히 있지 않아. 누구든지 궁지에 몰리면 발악을 하지. 이럴 때는 부인과 그 여자에게 머리를 숙이고 백배 사죄할 수밖에 없어.

단, 이 일이 회사에 알려지지 않도록 하게. 그것만은 막아야 해.

만약에 발각되었으면 사표를 써가지고 다녀야 하네. 일단 엎지러진 물이니 다시 주어담을 수도 없고 냉정한 마음으로 부인과 잘 타협하는 것이 중요할 거야.

🍶 이런 문제는 동병상련의 기분으로 자기의 체험을 말해 주는 것도 좋지만 너무 깊숙이 개입하면 오히려 상황을 악화시킬 수 있으므로 조심해야 됩니다.

🍶 별거하거나 하여 냉각기를 갖도록 하는 것이 효과적일 수 있습니다.

🍶 불륜을 저지른 상대방이 사회적으로 타격을 받지 않도록 본인을 대신해서 설득해 주는 것도 친구로서 해 볼 수 있을 것입니다. 그러나 너무 주위에서 나서서 중간 역할을 해주려다가 긁어 부스럼을 만들 수 있으므로 이런 문제는 당사자끼리 만나서 해결하게 하는 것이 좋습니다.

• 결혼하지 못한 친구를 위로하는 인사말

결혼을 하지 못한다고 끙끙 앓을 필요는 없어. 초조해할 필요도 없고. 결혼 적령기란 사람에 따라 각양각색이잖아. 결혼해야겠다고 결심했을 때가 자네의 결혼 적령기니까.

결혼을 빨리 했거나 늦게 했거나 결혼 생활에는 아무런 지장도 없을 테니까.

요즘에는 이혼이 늘어난다고 하는데 그 가운데는 흔히 말하는 적령기를 너무 의식하여 조급하게 결혼을 서둘렀다가 파탄을 한 사람이 얼마나 많은가. 그럴 바에야 서두를 필요가 없지 않겠어? 자네처럼 자기의 입장이나 조건, 또는 신념에 따라 지긋이 때를 기다려 하는 결혼은 그럴 위험이 적을 거야.

하지만 상대를 만날 찬스는 많을수록 좋겠지. 자기 스스로 찾아보는 것도 좋고, 맞선 같은 기회를 적극적으로 활용하는 것도 좋겠지. 어쨌든

그런 찬스를 많이 갖도록 노력하는 것이 어떨까?

「자기에게 잘 맞는 이성이 이 세상에는 반드시 한 사람은 있다.」고 하잖아. 그런 상대를 만날 때까지 초조해할 필요는 없다고 봐. 틀림없이 만날 수 있다는 믿음을 갖는 것이 중요하거든.

• 늦게까지 결혼하지 않은 친구를 위로하는 인사말

「좋은 아내를 얻으려거든 밭에서 일을 하는 여성 중에서 고르는 것이 좋다」고 어느 러시아의 작가는 말했습니다.

당신은 틀림없이 그러한 신념을 가지고 결혼을 생각하는 것이 아닐까요? 우리 주위에는 많은 여성이 있습니다. 그런데 어째서? 하는 물음을 귀에 못이 박힐 정도로 들었을 것입니다. 세간의 습관이나 편견에 좌우되지 않고 결혼을 생각하는 당신은 훌륭합니다. 그렇지만 나는 이렇게 말하고 싶습니다.

사람이란 혼자서는 살아갈 수 없습니다. 좋은 배우자를 얻음으로써 인생은 더욱 충실해지는 것입니다. 혼자서 살아가는 것도 어떤 면에서는 중요한 가치가 있다고 하겠으나 둘이서 구축해 가는 인생에는 더욱 중후한 맛이 있습니다. 결혼을 전향적으로 생각하고 행복한 인생을 보내기 바랍니다.

• 우승을 놓쳤을 때 해주는 위로의 인사말

오늘은 굉장히 힘들었을 줄 안다.

기대했던 우승을 하지 못해서 섭섭한 마음이 드는 것은 나도 제군들과 마찬가지야. 꼭 우승을 해야 한다는 기대를 갖고 있었던 만큼 제군들은 더욱 부담이 컸을 줄 알아. 그런 점에서 제군들이 우승을 놓친 것을 아쉬워하는 것은 당연할 거야.

비록 승부의 세계에서는 패했지만 제군들의 투지는 대단했어.

예선에서부터 결승에 오를 때까지 멋진 경기를 통해서 관중을 열광케 해주었고 응원하는 사람들에게 희망과 기쁨을 주었으니까.

이번 경험을 통해서 톱의 자리에 오른다는 것이 얼마나 어려운 일인가를 뼈저리게 알게 되었을 줄 안다.

어떤 일에서 성공을 거두어 목적을 달성하려면 많은 노력과 고통이 따른다는 것을 알게 되었을 것이다. 밤낮을 가리지 않고 노력했더라도 불행하게도 우승을 하지 못할 때가 있기 마련이다.

승패는 운에 달렸다고 하는데 확실히 운에 좌우되는 승패도 없는 것은 아니다.

여러분은 이번 시합을 위해서 노력한 연습의 성과를 충분히 발휘했다고 본다. 이번 시합에 패한 것은 승리의 여신이 우리 편이 아니었다고 생각하자.

이번에 졌다고 낙담하지 말고 더욱 연습을 철저히 해서 다음 시합에 대비해 주기 바란다.

그러기 위해서는 이번 시합에 대해서 냉정하게 평가해 보고 반성해야 할 점은 고치고 극복해 나가도록 전력을 다하기 바란다.

그리고 패했더라도 결코 좌절하지 않는 강한 정신력과 끈기, 그리고 항상 도전하려는 왕성한 에너지를 가지고 끊임없이 노력해 주기 바란다.

다행히 우리 학교는 여러분의 눈부신 활약으로 전국적으로 이름을 날

리게 되었다. 나는 여러분을 지도한 사람으로서 고맙게 생각하고 있다. 오늘은 정말 잘 싸워주었다. 며칠 푹 쉬고 기운을 회복하여 새로운 기분으로 다음 시합에 대비해주기 바란다.

• 입상하지 못했을 때 위로하는 인사말

너무 낙담하지 말기를 바랍니다.

승패는 운이라고도 합니다.

아무리 우수한 실력이 있더라도 행운의 여신이 우리 편이 아닐 때는 생각지도 못한 결과로 될 때가 있습니다.

저도 여러분과 같은 실력이라면 입상은 문제없다고 생각했는데 이런 결과로 된 것을 아쉽게 생각하고 있습니다.

어쩌면 심사위원이나 심사 방법에 문제가 있었던 것은 아닌지 모르겠습니다.

아무튼 여러분은 최선을 다했습니다. 그러니 다시 한 번 도전해보기 바랍니다.

앞으로도 열심히 노력하기를 부탁드립니다.

패했을 때는 침체해진 분위기를 바꾸어 주는 것이 무엇보다도 중요합니다. 「이번에 패한 것에 대해서는 저 또한 아쉽게 생각합니다.」와 같이 일체감을 전한 다음 비록 패하기는 했어도 큰 성과가 있었다고 칭찬해 줍시다.

노력이나 흘린 땀에 대해서 칭찬해 주는 것이 중요합니다. 「승패는 운이다」라는 말도 이럴 때 위로의 말로 많이 쓰이고 있습니다.

• **옆집 아이에게 상처를 입혔을 때 부모가 사과하는 말**

정말 죄송하게 되었습니다. 댁의 아이를 다치게 해서 뭐라고 사과의 말씀을 드려야 할지 모르겠습니다. 어처구니없는 짓을 하게 되었군요.

다친 상처는 어떻습니까? 큰 상처가 아니었으면 좋겠는데…….

병원에 가서 치료는 받으셨는지요? 아기가 다쳤다는 말을 듣고 허겁지겁 달려왔는데 다시 오겠습니다.

오늘은 우선 죄송하다는 인사를 드리려고 이렇게 급히 왔습니다. 치료비는 저희들이 부담하겠습니다.

죄송하다는 말 부인께도 전해 주셨으면 합니다.

• **말썽꾸러기 자식 때문에 사과할 때의 말**

드릴 말씀이 없군요.

정성드려 가꾸신 나무의 가지를 꺾었다니 아무리 철없는 아이의 짓이라도 용서할 수 없는 일이지요.

지금 아이를 데리고 왔습니다. 저도 야단을 쳤습니다마는 무섭게 혼을 내 주세요.

제 아이도 다시는 그런 짓을 하지 않겠다고 저한테 약속했습니다.

아이를 키우는 입장에서 너그럽게 용서해 주시기를 바랍니다.

• **아이의 잘못을 사과하는 말**

아이를 잘 감독하지 못해서 폐를 끼치게 되었습니다.

참으로 죄송합니다. 평소에 남한테 폐가 되는 일을 해서는 안 된다고 가르쳐 왔는데 그런 짓을 했다니 아직도 교육이 덜 된 것 같습니다.

저도 큰 쇼크를 받았습니다. 어쩌다가 그런 짓을 했는지 아이에게 물어보고 다시 와서 사과드리겠습니다.

뭐라고 말씀을 드려야 좋을지 모르겠습니다.

🎙 문병할 때의 에티켓

문병할 때는 우선 병세에 대해서 물어봅니다.

병의 성질이나 용태에 따라서는 문병할 때 환자를 배려하는 마음이 중요합니다. 또 문병이 환자의 생활리듬을 해치게 하거나 환자를 피로하게 하지 않도록 면회시간에 유의해야 합니다.

병원에서는 면회 시간이 정해져 있는 경우가 많으므로 그 시간에 할 것.

가정에서 요양하고 있을 때라도 이른 아침이나 식사를 할 때, 휴식시간은 피하고 면회는 15분이나 20분 정도로 끝내도록 하는 것이 좋습니다.

병실에 오래 있으면서 환자를 피로하게 하거나 병세에 대해서 꼬치꼬치 물어보거나 하지 말 것. 가급적 밝은 화제로 대화를 나누는 것이 좋습니다.

면회할 때의 복장은 너무 화사한 옷은 피하고 짙은 화장이나 액세서리, 향수 같은 것은 자제하는 것이 좋습니다.

면회를 마치고 나올 때는 가족이나 간병하는 사람에게도 수고한다는 인사를 하고 같은 병실에 있는 환자들에게도 「방해가 되지는 않았는지 모르겠습니다.」 「빨리 건강을 회복하시기를」 하는 인사를 잊지 말 것.

장기요양을 하는 환자에게는 시간이 흐를수록 문병 오는 사람이 줄어들어서 환자가 쓸쓸할 때가 많습니다.

자주 문병을 가거나 편지를 하는 것도 환자를 기쁘게 해줍니다.

5. 금전거래를 할 때의 인사말

• 돈을 빌릴 때

○○○님 안녕하셨습니까? 오늘은 긴히 부탁할 일이 있어서 찾아뵙게 되었습니다.

실은 얼마 전 저의 집 증축 공사도 끝나서 가까스로 집안일도 대충 정리되어 한숨 돌렸다고 여겼는데 아들이 갑자기 「결혼을 하겠다.」고 해서 며느리 될 처녀를 만나보니 아들이 좋은 여자를 사귄 것 같아 저나 안사람이나 두 사람을 결혼시키기로 하였습니다.

그러나 너무 갑작스런 일이라 아무런 준비도 해놓지 못한 형편입니다.

더구나 공사 대금 잔금을 치르고 나니 아들 결혼자금은 미처 생각지도 못했습니다. 아들이 자기가 모아둔 돈만으로는 태부족이라고 하니 걱정이 이만저만이 아닙니다.

그렇다고 결혼 자금을 다 마련할 때까지 기다리라고 할 수도 없는데다 아들은 해외 근무로 얼마 후에는 떠나야 합니다.

그래서 말씀드리는 것인데 한 2천만 원만 변통해 주실 수 없을까 해서 부탁드려 보는 것입니다.

12월에 상여금이 나오면 그 중에서 우선 6백만 원은 갚을 생각이고 나머지는 내년 1월부터 7월까지 나누어 갚으려고 합니다.

또한 실례인 줄은 아오나 이자도 드릴 생각입니다.

우리 부부는 부모님을 일찍 여의어서 이런 것을 누구와 의논할 데가

없군요. 죄송한 말씀입니다마는 부탁드리는 것입니다.

선처해 주시면 고맙겠습니다.

🎤 돈을 빌려달라고 할 때의 요령

① 돈을 빌리려고 하는 이유를 가급적 구체적으로 말하여 필요성을 강조한다.

② 변제 계획을 구체적으로 제시하고 상대방이 변제에 대한 불안감을 없게 한다.

③ 「당신만 믿는다」는 점을 강조한다.

④ 다소나마 이자를 붙여서 갚겠다는 뜻을 덧붙인다.

이상과 같은 것이 돈을 빌릴 때의 요령이 됩니다.

무슨 일이고 남에게 부탁할 때는 상대방의 입장이 되어 말하는 것이 중요합니다. 돈을 빌려줄 사람은 「돈을 빌리려고 하는 이유가 사실일까」, 「어째서 자기에게 돈을 빌리려 하는가.」, 「틀림없이 갚을 수 있을 것인가」를 생각해 볼 것입니다. 이럴 때는 상대방이 믿을 수 있게 하는 것이 요령입니다.

그런 믿음을 주지 못한 채 높은 이자를 주겠다는 말만 강조하면서 돈을 빌려달라고 하는 사람이 있는데 그것은 오산입니다.

위의 예문에서는 돈을 빌려야 하는 이유, 변제 계획이 구체적이고 상대방에게 믿음을 주게 하는 부분도 잘 나타나 있습니다.

돈을 빌려달라고 하는 것은 말을 꺼내기도 어렵지만 상대방 역시 거절한다고 말하기 어렵습니다.

사태가 이렇게 되지 않게 하는 것이 중요한데, 그래도 빌려야 하는 경우에는 성의를 다해서 부탁해 보는 방법밖에는 없습니다.

성의가 통할 수 있는지 없는지는 평소 당신이 어떻게 처신해 왔는가에 달려 있습니다. 그러니까 남으로부터 신뢰를 얻을 수 있도록 평소에도 진실 된 행동을 해야 합니다.

• 돈을 빌려달라는 것을 거절할 때

○○○ 선생님, 오늘 이렇게 오시게 해서 죄송합니다. 어제 전화로 말씀하신 돈 말입니다마는 십만 원이나 이십만 원도 아니고 2천만 원이라니 저로서는 그럴 형편이 못됩니다.

어제 저의 자식이 차를 사고 싶은데 천만 원만 달라고 하는 것을 돈이 없어서 5백만 원 밖에는 해주지 못했습니다. 아시다시피 저의 회사도 최근에는 불황이 계속되어 관리직의 수당을 대폭 삭감한 형편입니다. 요즘은 매달 매달 견디어 나가는 것조차 힘듭니다.

하루 이틀 사귄 처지도 아니지만 어떻게든 힘이 되어 드려야겠다고 노력해 보았으나 힘이 되어드릴 수 없군요. 이런 저의 입장을 너그럽게 이해하여 주셨으면 합니다.

🍷 돈을 빌려달라는 부탁을 할 때 거절하는 요령
① 「좀 생각해 보겠습니다」와 같이 애매한 대답을 하지 말고 분명하게 할 것
② 상대방에게 허점을 보일 것 같은 말은 하지 않아야 합니다. 돈이 없으면 빌려줄 여유가 없다는 것을 구체적으로 말해주면 상대방도 어쩔 도리가 없습니다.
③ 돈을 빌려달라고 하는 사람도 상당히 고민한 끝에 왔을 것이니 그 사람의 감정이 상하지 않게 납득이 가도록 말해주어야 합니다.
돈을 빌리러 온 사람은 상당히 기가 꺾여 있을 텐데 그런 사람에게 쌀쌀한 말투로 거절하는 것은 그 후의 인간관계를 저해할 염려가 있습니다.
상대방의 입장에서 공손하게 거절해야 합니다.
그러나 이것은 '애매' 하게 말하는 것이 아니라 명확하게 말하지 않으면 안 됩니다. 조금이라도 기대감을 갖게 해서는 안 됩니다.

또 거절을 당한 것에 원한을 갖고 있는 사람도 있습니다. 거절하는 이유를 보다 구체적으로, 그리고 「부탁을 들어주지 못해서 미안하다는」 기분을 담아서 말해주는 것이 중요합니다. 묘한 얘기지만 거절할 때는 빌리러 온 사람보다 더욱 겸손한 태도로 거절하는 것이 후에 화근을 남기지 않습니다.

애매한 언질은 주지 말고 확실하게 거절할 것.

● **대출 보증인이 되어달라고 부탁할 때**

○○○ 님에게는 언제나 신세를 지고 있습니다. 실은 오늘 긴요한 부탁을 드리려고 찾아뵈었습니다.

저는 두 아이가 있어 네 식구가 살고 있는데 아파트에서 살기에는 집이 너무 좁아졌습니다. 조금 넓은 집은 없을까 찾고 있었으나 좀처럼 제 형편에 맞는 집도 없고 또 그런 집이 있더라도 집세가 너무 비싸서 빌리기 어려웠습니다. 그래서 집사람과 상의해서 이번에 단독 주택을 사려고 했습니다. 며칠 전 부동산 중개인이 한 집을 소개해 주었습니다. 집사람도 함께 가보고 마음에 들어서 계약했습니다.

은행에서도 대출해 주겠다고 해서 안심했는데 은행에서 연락이 오기를 지방에 있는 부모는 보증인을 설 수 없으니까 서울에 거주하는 사람을 보증인으로 세우라는 것이었습니다. 그렇지 않아도 선생께는 평소에도 신세를 지고 있는데 보증인을 부탁할 마땅한 곳도 없어 보증인이 되어주실 수 없을까 하고 찾아뵙게 되었습니다.

대출할 액수는 삼천만 원입니다. 상환방법은 매달 50만원으로, 저희 부부의 수입으로도 충분히 상환할 수 있습니다. 결코 폐를 끼칠 염려는 없습니다.

제가 안심하고 이런 부탁을 드릴 수 있는 분은 선생님 밖에는 없습니다. 제발 부탁합니다.

• 대출 보증인을 서달라는 부탁을 거절할 때

○○○ 님, 전번에 편지로 부탁하신 대출 보증인 건인데 죄송하지만 보증인만은 설 수 없습니다. 양해하여 주시기 바랍니다. 저의 집에서는 증조부께서 어떤 분의 보증인이 되었다가 집까지 날려버린 일이 있어서 할아버지나 아버지 대부터 저까지도 「보증을 서는 일은 절대 하지 마라」라는 것을 가훈처럼 여기며 살아왔습니다. 저 또한 선대로부터의 가업을 이어받아 운영하고 있는 이상 가훈을 지키지 않으면 안 됩니다. 다른 일이라면 어떻게든 힘이 되어드리겠지만 이것만은 양해하여 주시기 바랍니다.

🌷 대출 보증인을 부탁할 때의 요령
① 상대방에게 절대 폐가 안 된다는 것을 설득력 있게 표시하고 불안감을 갖게 하지 말아야 한다.
② 상대방이 충분히 보증인이 될 수 있나는 것을 강조한다.
③ 보증인이 되어줄 수 있는 사람은 당신밖에는 없다는 것을 강조한다.
보증인을 부탁하는 일은 흔히 있는 일이기는 하지만 그렇다고 쉽게 부탁할 수 있는 것도 아닙니다. 보증을 서는 사람은 직접 자기의 주머니에서 현금이 나가는 것이 아니라서 의뢰하는 사람도 안이하게 생각하기 쉽습니다.
그러나 의뢰를 받은 사람의 입장은 심리적으로 중압감을 느끼게 된다는 것을 잊어서는 안 됩니다. 따라서 돈을 빌릴 때나 마찬가지로 세심한 배려를 해야 합니다. 상환에 차질이 없는 소액의 대출이라도 금융 기관으로부터 대출을 받을

때는 보증인을 요구하기도 합니다.

이런 경우에는 거의 형식적인 보증인이 되는 것이므로 간단한 선물이라도 갖고 가면 웃으면서 서 줄 수 있겠으나 몇 천만 원을 대출할 때는 상환기간도 길어서 이런 대출에 보증을 서 달라고 하면 상대방은 상당한 심리적 불안감을 갖게 된다는 것을 인식하지 않으면 안 됩니다.

위 예문의 경우에는 매월 상환하는 액수가 얼마 되지 않는다는 것을 강조하여 총상환액에 대하여 보증인이 불안감을 갖지 않게 하고 있습니다.

또 이런 보증은 대개 친형제한테나 부탁하는데 그럴 수 없는 사정을 구체적으로 말해주어 상대방의 「어째서 나에게?」라는 의문을 풀어주려 하고 있으며, 끝으로 최근의 상대방에 대한 자기의 신뢰를 강조하여 거절하기 곤란한 상황을 만들고 있습니다.

🎤 대출 보증인을 거절하는 요령

대출 보증은 그 행위가 돈을 빌려주는 것이 아니어서 안이하게 생각하기 쉽습니다.

그런데 요즘 보증인이라고 하면 99%가 연대보증인입니다.

보증인과 연대 보증인의 차이는, 보증인인 경우에는 채권자로부터 채무변제를 요구받았을 때 우선 본래의 채무자에게 변제요구를 주장할 수 있는데 반하여 연대보증인인 경우에는 채권자로부터 직접 채무변제를 요구받으면 그 요구에 응해야 합니다.

따라서 의뢰자, 즉 본래의 채무자에게 상당한 자산이 있다 하더라도 간단히 연대보증을 맡아서는 안 됩니다.

또 주택담보대출 같이 상환 기간이 긴 경우도 있는데 상대방과의 인간관계가 언제 나빠질지도 알 수 없으므로 맡지 않는 것이 좋습니다. 또 처음에 말했듯이 직접 돈을 꾸어주는 것이 아니어서 거절할 이유를 말하기도 막연합니다.

따라서 이 경우의 거절 이유는 의뢰자가 더 이상 말할 수 없게 분명하게 말해주어야 합니다.

구체적인 거절 이유로는 예문에서처럼 「부모의 유언이다」라든가 「한번 보증을 서면 계속 서게 되므로 서지 않겠다」라고 개인적인 주의주장을 할 수 밖에 없습니다.

그런데 상대는 당신을 보증인으로서의 요건을 충족하고 있는 사람으로 평가하여 의뢰하는 것이므로 냉정하게 거절하는 것만은 피하도록 합시다. 「정말 죄송합니다만은 이것만은 양해하여 주시기 바랍니다.」라는 식으로 거절하기 바랍니다.

• 빚 갚기를 독촉할 때

○○○ 님 갑자기 전화를 드려서 죄송합니다.

실은 전날 빌려드린 돈을 갚겠다는 날이 지났는데 아무런 연락이 없어서 전화를 하게 되어 미안합니다. 그 후 별고는 없었는지요? 저도 최근 아들이 집을 사겠다면서 계약금을 치러야 한다기에 빌려드린 돈을 받았으면 합니다.

만약 다 돌려주실 형편이 아니라면 우선 일부라도 주셨으면 좋겠습니다. 물론 형편이 어려울 것으로 생각되어 이자는 받지 않을 테니 다소나마 입금시켜 주셨으면 좋겠습니다.

아들 얘기로는 이달 말까지 계약금을 치러야 한다고 하니 이달 말 안에 입금시켜주셨으면 하고 부탁드립니다.

🎙 빚갚기를 독촉할 때의 요령

① 감정적으로 상대방의 약속불이행을 책망하지 말고 어째서 기한 내에 갚지 못했는지 들어보도록 한다(이렇게 함으로써 상대방의 사정을 이해하려는 태도를 보인다).

② 돈을 써야 할 데가 있다는 것을 절실하고 구체적으로 호소한다.

이것은 상대방이 약속을 지키지 못했을 때 처음으로 발생한 사태이므로 처음부터 감정적으로 나오는 것은 좋지 않습니다.

감정적으로 말했다고 해서 돈을 받을 수 있는 것은 아닙니다. 상대방에게 말할 때는 그런 목적도 생각하여 말하지 않으면 안 됩니다. 따라서 오만하게 말할 것이 아니라 상대방에 대한 이해를 보이면서 독촉할 필요가 있습니다.

악의가 아니라면 상대방도 갚지 못한 사정이 있었을 것이므로 돌려받아야 할 사정이 자기도 절실하다는 것을 상대방에게 충분히 납득할 수 있게 알릴 필요가 있습니다.

상대방이 염치가 있는 사람이라면 기한 내에 갚지 못할 사정이 있을 것이라고 생각하지 않으면 안 됩니다. 경우에 따라서는 상대방이 도저히 갚을 수 없는 상황에 있을 경우도 많다고 생각됩니다.

이럴 때 무턱대고 갚을 것을 강요하는 것은 좋은 방법이 아닙니다.

이럴 때일수록 진정한 신뢰 관계가 구축되는 것이므로 훗날을 생각하여 상대방을 따뜻하게 지켜보아야 할 때도 있습니다.

• 차용금의 상환 연기를 부탁할 때

○○○ 님 지난번에는 무리한 부탁을 드려서 죄송하기 짝이 없습니다.

선생님의 배려로 아들의 결혼식은 무사히 마쳤습니다. 다시 한 번 감사하다는 말씀을 드립니다. 그리고 이것은 약소합니다만 가족들과 잡수시기 바랍니다.

그런데 저는 오늘 사과를 드려야 할 것 같습니다. 전번에 돈을 빌릴 때 12월에 상여금이 나오면 500만 원을 우선 갚겠다고 말씀드렸는데 원체 불황이라서 저의 회사에서는 상여금을 주지 못한다고 하면서 떡값 정도만 주었습니다. 그래서 약속드린 500만 원을 돌려드리겠다는 약속을 지키지 못하게 되었습니다. 서둘러 마련한 것이 200만 원입니다. 나머지 300만 원은 1월 중에 해드리도록 하면 어떻겠습니까? 그리고 나머지는 아들과 상의해서 반드시 매월 갚아 나가겠습니다.

너그러운 마음으로 양해하여 주시면 고맙겠습니다.

💐 차용금의 상환 연기를 부탁할 때의 요령

① 반드시 상환 기간이 되기 전에 연기해 줄 것을 부탁한다. 상환 기간이 지난 다음에 부탁하면 상대방이 믿으려 하지 않는다.

② 편지나 전화로 하지 말고 반드시 직접 상대방을 찾아가서 연기해 줄 것을 부탁할 것. 한 번 약속을 지키지 못하였으므로 돈을 빌릴 때보다 더 성의를 표할 필요가 있다.

③ 가급적이면 빌린 돈의 일부라도 돌려주면서 상대방을 안심시킬 것.

차용금의 상환 연기는 돈을 빌릴 때보다 더 어렵습니다. 자기가 약속을 어겼기 때문에 자기에 대한 상대방의 신뢰도가 그만큼 떨어졌다고 생각하지 않으면 안 됩니다. 따라서 빌릴 때보다 더욱 조심해서 감정적인 응어리를 남기지 않도록 주의할 필요가 있습니다. 반드시 상대방이 독촉하기 전에 상환 연기를 부탁할 것. 그리고 어째서 상환을 연기해 달라고 하는지를 상대방이 납득할 수 있도록 싱세하게 설명해 주이야 합니다.

또 그저「조금만 기다려주세요」라고 말해서는 상대방도 믿으려 하지 않을 것이므로 자기가 틀림없이 상환할 수 있는 시기를 분명하게 말하는 동시에 일부라도 상환해 주면서 성의를 보이지 않으면 안 됩니다.

상환 연기를 부탁할 때는 부탁하는 사람도 정말 괴로운 심정일 것입니다. 그럴 때일수록 인간의 진가를 발휘할 수 있습니다. 타인으로부터 신뢰를 상실하는 일이 없도록 신경을 써야 합니다.

제6장

문상(問喪) · 조사(弔辭) · 영결식 때의 인사말

Ⅵ. 문상(問喪) · 조사(弔辭) · 영결식 때의 인사말

문상 · 영결식 때 스피치의 기본

살아 있는 사람으로서 가장 애도하고 슬퍼하는 사람은 고인과 친했던 사람이나 고인과 관계가 있는 사람일 것입니다.

나이가 많아질수록 그런 슬픈 일과 직면하는 일이 많아지고, 문상할 때나 영결식에서 조사(弔詞)를 할 때가 흔히 있습니다.

추도사 같은 것은 두루마리에 쓴 것을 갖고 가서 낭독할 때가 많은데 갖고 가지 않는 경우도 있습니다. 무슨 말을 할 것인지 준비하지도 않습니다. 그날, 그때 그 순간, 고인의 추억을 열심히 되새기면서 고인과 대화하려고 노력하는 사람도 있습니다. 조사란 고인과 마지막으로 하는 말이며, 그와 동시에 참석한 살아 있는 사람들에게도 말하는 것이기 때문입니다.

● 형식이 아니라 진솔한 말로 하는 것이 예의

대개 관혼상제의 의식에서는 「형식」에 따라 하려고 합니다. 특히 인사나 스피치는 형식에 따라 하는 것이 예의라고 생각하고 있습니다. 그러나 너무 형식에 사로잡히면 중요한 「마음」이 보이지 않게 됩니다. 말이란 자기표현입니다. 현재 자기의 마음을 상대방에게 전하기 위한 것입니다. 연설도 아니고, 혼자서 하는 말도 아니며, 형식적인 인사말 같은 문구를 나열하는 말도 아니며, 자기 자신의 진솔한 말로 고인에게 말하는 것이야 말로 진짜 예의일 것입니다.

「형식」이 없으면 무슨 말부터 해야 좋을지 모르겠다는 분도 있는데, 그런 일은 결코 없습니다. 가령 눈앞에 보이는 것에 대해서도 무엇이든지 말하면 됩니다. 그날의 날씨에 대해서도 개였거나, 비가 내리거나, 바람이 불거나 폭풍이 몰아칠 때도 있을 것입니다. 비가 오는 날이라면 「오늘은 고인의 죽음을 슬퍼해서인지 비까지 내리는 군요」라고 서두를 꺼낸다면 참석한 조문객들의 마음을 대변해주는 좋은「형식」이라고 생각합니다. 틀에 박힌 말보다는 고인과의 추억 중에 비와 관련된 것은 있을 것입니다. 가령 고인과 「억수 같이 퍼붓던 빗속을 달려갔던 일이 생각납니다.」라든가 「자네의 인생 중에는 많은 비가 내렸었지. 비가 내리는 날이 있었기에 우리는 건강하게 살 수 있었어. 오늘도 비가 내리는군. 자네와 함께 최후의 비를 맞아보세.」라는 말도 나올 수 있습니다.

「고인의 자는 듯한 얼굴을 대하니 슬프기는 하지만 마음이 편안해지는 기분도 드는군요.」 조사에서는 「기쁘다」는 말은 써서는 안 된다고 합니다. 그러나 고인과의 한때를 추억하는 마음에서 「기쁘다」고 했다면 미사여구를 나열하거나, 칭찬하거나 예의적인 눈물 짜는 말보다는 고인을 기쁘게 해줄 수 있을 것입니다. 슬픈 날이니까 슬픈 생각을 하려고 해도 진짜 슬픔은 잘 전달되지 않습니다.

그리고 장례나 영결식은 보통 날과는 다른 날입니다. 평일에는 가지각색의 색깔이 있는데 장례식 날에는 색깔이 없습니다. 검은 장막, 검은 상복, 구두도, 넥타이도 검정색, 그리고 백과 흑의 세계로 환원되는 날입니다.

그럴 때 고인이 좋아하던 색깔을 추억해 봅니다. 청색을 좋아했다, 녹색 옷을 즐겨 입었다면 색을 통해서 고인을 말할 수도 있을 것입니다. 자기의 관찰력과 상상력을 총동원해서 열심히 「그날」, 「그때」를 소중히 하는 것이 좋은 스피치를 할 수 있는 요령이라고 생각합니다.

■ 「감심(感心)」케 하는 것보다는 「감동(感動)」을 주는 스피치를

감심케 하는 스피치를 하느냐, 감동케 하는 스피치를 하느냐에는 큰 차이가 있습니다. 형식에 따른 스피치라면 막힘없이 잘할 수 있을 것입니다. 능숙한 말이라고 감탄하겠지만 그 사람이 고인의 죽음에 즈음하여 무엇을 생각하고, 무엇을 느꼈는지 전혀 전달되지 않습니다. 그보다는 자기의 연령이나 몸에 익힌 예의·예절에 따르면서 자기가 느꼈던 것을 솔직하게 말하는 편이 훨씬 더 진실이 담겨져 있어서 감동을 줍니다.

결혼식에서도 내빈의 어떤 멋진 축사보다도 부친이나 친척이 참석자에게 말하는 최후의 인사말이 더 감동을 주게 됩니다. 그것은 정직하고 솔직한 말이기 때문입니다. 조사도 마찬가지입니다. 인간은 이런 형식에는 감심은 하지만 공감은 하지 않습니다. 마음이 있으면 형식이 따를 수 없는 고인에 대한 말을 할 수 있습니다. 당연히 고인에게 하는 말이지만 유족에 대한 배려나 참석한 조문객에 대해서 실례가 되지 않도록 해야 합니다.

두루마리에 써서 영정에 바치는 조사의 형식도 중요할지 모르나 종이에 쓰자면 당연히 전날 쓰게 됩니다. 미리 쓴다는 것은 고인에 대한 말이 아니라 자기가 빠지지 않고 참석했다는 것을 알리기 위한 것입니다. 그러기 위해서는 형식에 따라 하면 되므로 자기의 솔직한 마음과는 동떨어진 것이 됩니다. 이런 것이라면 누가 조사를 해도 똑같은 것으로 되고 맙니다. 조사를 써야 할 때는 이런 점에 특히 주의해야 합니다.

말은 태어나는 것입니다. 미리 준비해서 암기한 것을 말하려고 하면 결코 좋은 말이 되지 않습니다. 지금 이 순간에 떠오른 것을 말하면 됩니다. 거기에 예의나 예절이 필요하다면 정확한 발음으로 정확하게 말할 수 있으면 됩니다.

그렇지만 모든 사람들이 다 자기표현을 잘하는 것은 아니며, 더구나 사람들 앞에서 말하는 것은 쉬운 일이 아니며 실수하고 싶지도 않습니다. 잘하기 위한 샘플 같은 것이 필요해서 이런 책도 있게 된 셈인데 잘해서 감심케 하기보다는 서툴더라도 감동을 줄 수만 있다면 더 좋다고 생각합니다.

하고 싶은 말은 많은데 말이 서툴다. 그래서 몇 분 동안 잠자코 조용히 묵념을 올려도 멋진 조사가 아닐까요? 서툴기는 하지만 조사를 해달라는 부탁을 받았으니 뭐라고 해야겠는데 판에 박힌 무난한 조사를 하기보다는 차라리 고인을 위해서 묵념을 올리는 편이 낫습니다. 참석자한 사람 한 사람 다 고인에게 하고 싶은 말은 있을 것입니다. 조사는 참석자를 대표해서 하는 경우도 있습니다. 말이 서툴러서 말이 막히거나 말을 하지 못하고 우두커니 서있었다고 합시다. 그 시간이 짧은 5초라도 당사자로서는 굉장히 길게 느껴질 것이지만 참석자의 마음이 말로 되어 침묵의 공간을 메워줄 것입니다.

마음에서 우러난 말이라면 참석자도 자기의 마음속에서 하고 싶은 말을 찾아낼 것입니다.

말을 하다가 막혀서 가만히 있어도 실패한 것은 아닙니다. 말을 잃은 자기를 표현하면 됩니다.

그런 자신감이 있으면 됩니다. 세련되고 익숙한 조사보다 땀을 흘리면서 자기의 말을 찾아서 하는 조사. 어느 쪽이 감동을 줄 것인지는 자명합니다.

조사를 하다가 말이 막혔다고 부끄럽게 생각하는 자체가 고인에 대한 실례입니다.

그렇다고 형식이나 의례를 부정하는 것은 아닙니다. 형식은 인간의 지혜가 낳은 산물입니다. 사람을 배려하는 마음, 자연과의 조화를 생각해서 형식은 태어났습니다.

그 형식이 태어난 마음을 모르는 채 형식의 형태만 흉내 내서는 안 된다는 것입니다.

중요한 것은 하드가 아니라 소프트입니다.

1. 문상(問喪)할 때의 인사말

🍂 문상할 때 애도의 말(여섯 가지 참고 예)

〈참고 예 1〉

이번의 불행을 충심으로 애도합니다. 얼마나 마음이 아프시겠습니까? 춘부장께서 병환이시라는 것은 정말 몰랐습니다. 그런 연락을 받았을 때는 정말 놀랐습니다.

아직도 한창 연세이고 다방면에서 활약하셨는데 아까운 분을 잃게 되었습니다.

〈참고 예 2〉

얼마나 애통하셨겠습니까? 지난 주 병원으로 문병을 갔을 때는 매우 건강해보여서 안심했는데 참으로 유감스럽군요. 너무 낙담하지 마시기 바랍니다.

〈참고 예 3〉

전화를 받고 너무 놀랐습니다. 며칠 전 역전 슈퍼에서 만났을 때는 「다음 달에는 제주도로 여행을 간다.」면서 좋아하셨는데 도저히 믿기지 않습니다.

충심으로 고인의 명복을 빌겠습니다.

〈참고 예 4〉

얼마나 상심이 크시겠습니까? 뭐라고 위로의 말씀을 드려야 좋을지 모르겠습니다.

귀여운 아드님을 남겨둔 채 떠나신 남편 분이 눈을 감기 어려웠을 것을 생각하면 눈물을 주체할 수 없습니다. 제발 마음을 단단히 가지셔야 합니다. 제가 도와드릴 일이 있으면 말씀해 주세요.

〈참고 예 5〉

전화를 받자마자 달려왔습니다만 뭐라고 위로의 말을 드려야 할지 생각이 나지 않는군요. 너무나 갑작스런 일이라 눈앞이 캄캄해질 뿐입니다.

한창 활동하실 연세에 참으로 유감스럽습니다. 충심으로 명복을 빌겠습니다.

〈참고 예 6〉

이제 ○○ 군은 영영 돌아오지 못하는 저 세상으로 가버렸군요. ○○ 군은 언젠가 학교에서 돌아오는 길에 「나는 엔지니어가 되고 싶어」라고 눈을 반짝거렸는데 이것도 물거품이 되고 말았군요.

그처럼 큰 꿈을 갖고 있던 ○○ 군이 갑자기 가다니 믿기지 않습니다.

저는 ○○ 군의 친구로서 아무런 힘도 되어드리지 못했습니다. 그것이 너무 후회스럽습니다.

지금은 그저 슬프기만 하지만 어젯밤에는 밤새도록 울었습니다. 정말로 슬프고 애통합니다.

• 어머니를 여읜 사람을 위로하는 인사말

갑작스런 부보(訃報)를 접하고 얼마나 놀랐는지 모릅니다. 참으로 인자하셨던 어머님이셨습니다. 저 같은 사람도 자식처럼 아껴주시던 분이라서 항상 존경해 왔습니다.

언젠가는 감사하다는 말씀을 드리려 했었는데 이렇게 일찍 떠나시다니 가슴이 아픕니다.

가족 분들의 극진한 간호도 보람 없이 가셨으니 자식 된 분의 애통해하는 마음이야 얼마나 크시겠습니까?

뭐라고 위로의 말을 드려야 할지 모르겠습니다.

그 애통한 마음 어찌 다 말로 표현할 수 있겠습니까마는 부디 무사히
모시기를 바랍니다.

• **남편을 잃은 부인을 위로하는 인사말**

갑작스런 일이라 너무 놀랐습니다. 얼마나 심통하시겠습니까?

어떤 말을 드려야 위로가 될지 모르겠습니다.

며칠 전에 뵈었을 때도 그런 얘기는 전혀 없었지 않았습니까? 제가
도움이 되어드릴 수 있는 일이 있으면 도와드리겠습니다. 말씀해 주십
시오.

• **부모를 잃은 사람을 위로하는 인사말**

사업상 많은 신세를 지고 있는 ○○○ 입니다. 어떤 위로의 말을 드려
야 할지 모르겠군요.

얼마 전 병원으로 문병차 찾아뵈었을 때는 밝게 웃으셨고 기력도 좋
아지신 것 같았는데 참으로 안 되었습니다.

가족분들의 간병도 소용없이 갑자기 운명하셨으니 오죽 애통하시겠
습니까?

하지만 너무 낙담하지 마시고 기운을 차리시기 바랍니다.

• **자식을 잃은 부모를 위로하는 인사말**

○○군을 잃었다는데 너무 놀랐습니다.

얼마나 애통하시겠습까?

뭐라고 위로의 말을 드려야 할지 모르겠습니다.

○○군의 명복을 빌겠습니다.

• 자식을 잃은 친구를 위로하는 인사말

뭐라고 위로해야 좋을지 모르겠네.

부인은 어떠신가?

부인을 위로해 드릴 수 있는 사람은 자네뿐일세. 자네 또한 괴롭겠지만 부인을 잘 위로해 주게.

그리고 나한테 부탁할 것이 있으면 말해주게. 미력이나마 도와주겠네.

빈소(殯所)나 장례식에 문상하러 갔을 때는 갑작스럽게 소식을 전해 듣고 왔다는 말을 잊지 말고 합시다.

고인이 생전에 친하게 지냈던 사이라면 한시 바삐 문상을 가는 것이 중요합니다.

문상을 가서는 우선 고인에 대한 애도의 말과 고인과 관련된 에피소드 같은 것이 있으면 이것도 덧붙여서 말하는 것이 좋습니다.

또한 간병 등으로 지쳐있는 가족들을 배려하는 말도 잊어서는 안 됩니다.
「애써 간호한 보람도 없이…….」
이런 말을 하면서 가족을 위로해 줍니다.

그리고「도움이 필요하시면 말씀해주세요.」하고 돕겠다는 뜻을 전하는 것도 중요합니다. 어쨌든 장례 준비로 부산할 테니 방해가 되지 않도록 하는 것도 중요합니다.

• 자식을 잃은 아버지를 위로하는 인사말

어떤 위로의 말을 드려야 할지 모르겠군.

　자네 집에 가면 「아저씨 오셨어요?」하고 반갑게 인사를 하던 말이 아직도 귀에 쟁쟁하다네. 정말 믿기지 않아.

　내가 그 어떤 위로의 말을 해도 자네 귀에는 들어오지 않을 거야.

　하지만 하루 속히 슬픔에서 벗어나야 하네. 자네 부인이나 따님을 생각해서라도 자네가 정신을 차려야 하니까. 필요하다면 언제라도 달려오겠으니 필요할 때 연락해 주기 바라네.

 위로의 말

틀에 박힌 듯한 어색한 위로의 말은 위로가 되지 않습니다. 또 큰 소리로 말하는 것도 위로가 되지 않습니다. 목소리를 낮추어 소곤거리듯이 말하는 것이 위로의 말을 할 때의 기본입니다.

절친한 친구 사이라면 많은 말이 필요 없습니다. 살며시 상대방의 어깨에 손을 얹기만 해도 상대방에게는 위로가 됩니다.

또 마음을 터놓고 자기의 슬픔을 털어놓고 싶어 할 때는 잘 들어줍니다. 슬픔을 함께 한다는 것이 최대의 위안이 됩니다.

왜 죽었는지 사인(死因)을 꼬치꼬치 물어보는 것도 삼가야 합니다.

슬픔에 젖어 있는 부모로서는 사인을 아무리 설명해 주어도 슬픔은 가라앉지 않습니다.

• 부하의 영전에서 상사가 조의를 표하는 인사말

　다시없는 귀중한 직원을 잃게 되어 슬픔을 감출 수 없습니다.

　그리고 애통하기 그지없습니다. 돌이켜보았을 때 고인은 입사 이래 원만한 인품과 연구열이 대단해서 많은 부하 직원으로부터 존경을 받아

왔으며, 회사의 발전에 지대한 공헌을 하여 그 업적이 높게 평가되어 왔습니다.

한편 가정에서는 좋은 아버지로서 2남1녀를 훌륭하게 가르쳤으며 좋은 남편으로서도 정평이 나 있었습니다.

이처럼 훌륭한 인물이었던 고인이 이렇게 빨리 세상을 떠날 줄은 누가 예상이나 했겠습니까?

지난번에 병원으로 문병 갔을 때는 생각했던 것보다도 혈색이 좋았고 해서 곧 회복할 것으로 믿고 있었습니다.

부인의 극진한 보살핌으로 수술 경과가 좋아서 이제 정양(靜養)만 잘하면 회사에 출근할 것으로 믿고 있었습니다.

그러던 것이 이처럼 갑자기 떠날 줄이야! 유가족의 비통한 마음은 더할 나위도 없을 것이고 우리 회사로서도 큰 인재를 잃게 되어 애통하기 그지없습니다.

지금은 너무 애통하여 애도의 말도 하지 못하겠습니다.

유가족 여러분께서는 너무 비통한 나머지 건강을 잃지 않기를 바랍니다.

금후 유가족 여러분의 생활에 대해서는 회사로서도 최선을 다하겠다는 사장님의 말씀이 있었습니다.

부디 편안하게 잠드시기를 빕니다.

상사나 사장 등 회사 간부가 하는 조사에서는 고인의 생전의 업적을 칭송하는 것이 잊어서는 안 될 중요한 포인트입니다.

그와 동시에 「뒷일은 걱정 없이 편안히」라는 식으로 유족에 대해서는 회사로서
도 최선을 다하겠다는 말을 하는 것이 중요합니다.

단순한 위로의 말이나 애도의 말에 그치지 않도록 주의해야 하겠습니다. 그런
의미에서 이 조사에서 보듯이 「뒷일은 걱정 말고」라든가 「최선을 다할 생각」이
라는 인사말은 매우 적절다고 생각됩니다.

2. 조문객(弔問客)에 대한 감사의 말

• 고인 남편의 감사 인사

오늘 바쁘실 텐데도 불구하고 시간을 내어 제 처를 위해 문상까지 해
주셔서 대단히 감사합니다.

제 처가 입원 중에는 여러분의 뜨거운 성원으로 본인도 하루 빨리 완
쾌하려고 노력했으나 결국 병을 이기지 못하고 여러분의 기대에 보답하
지 못했습니다. 저 또한 매우 안타깝게 생각하고 있습니다.

아내는 임종할 때까지도 자기가 직접 그동안 고맙다는 인사를 하고
싶다고 했으나 그러지 못한 채 저세상으로 가고 말았습니다.

이 자리를 빌려서 고인 대신 입원 중에 문병해 주신 여러분께 깊은 감
사를 드리며 죄송하다는 말씀을 드립니다.

고인과 저는 20년 동안 부부로 함께 살아왔는데 40대의 젊은 나이에
아내를 먼저 보낼 줄은 생각지도 못했습니다.

그러니까 지금부터 1년 전 아내가 불치의 병이 들자, 저는 지푸라기라

도 잡고 싶은 심정이었습니다. 「하느님 제 아내를 구해주십시오.」하고 병상에 있는 아내 곁에서 몇 번이고 기도를 했습니다.

병세가 악화하면서 임종까지는 정말 어찌할 바를 몰랐습니다. 투병 생활을 통해서 마음속으로 제가 아내를 사랑했다는 것을 새삼스럽게 알게 되었습니다. 아내는 지금도 저의 마음속에 살아 있습니다.

오늘은 이렇게 문상해 주셔서 대단히 감사합니다.

• 고인 아들의 감사 인사

여러분, 오늘은 바쁘신 가운데도 이렇게 문상해 주신 것 고맙게 생각합니다.

아버님이 1년 동안 입원 생활을 하셨다는 것은 여러분도 다 알고 계실 줄 압니다만, 어젯밤 갑자기 용태가 나빠져서 오늘 새벽 4시30분에 운명하셨습니다.

아버님은 그동안 다니던 회사를 정년퇴직하시고 제2의 인생을 시작하려는 시기에 요양 생활을 하다가 갑자기 가시게 되었습니다. 저 또한 오래 오래 사시면서 손자들 재롱도 보시고 했더라면 얼마나 좋았을까 하는 아쉬움이 큽니다.

그러나 인명은 재천이라는 것을 고인의 편안한 모습을 지켜보면서 다시 한 번 생각하게 되었습니다.

여러분의 후의에 다시 한 번 고개 숙여 감사드립니다.

옆방에 간단한 음식을 차려 놓았습니다. 고인과의 추억을 회상하시면서 드셨으면 고맙겠습니다.

• 고인 아버지의 감사 인사

여러분 바쁜 일도 많으실 텐데 와 주셔서 고맙습니다.

오늘 세상을 떠난 제 아들은 올해 나이 열 살입니다. 젊다기보다는 아직 어린 소년입니다. 저는 꿈인지 생시인지 전혀 믿기지 않습니다.

제 자식은 1년 전 불치의 병이라는 선고를 받았으나 아들을 살리기 위해 최선을 다했습니다. 아들은 불치의 병인지도 모르고 장차 축구선수가 되겠다고 운동에 열심이었습니다. 훌륭한 축구선수가 되는 것이 꿈이었는데 반년 전부터는 공을 차야 할 오른쪽 발이 아프기 시작하여 병마와의 싸움이 시작되었습니다.

그런 뜻을 펴지 못한 짧은 인생이었습니다. 아들은 저승에 가서도 공을 찰 것입니다. 그리고 우리가 저승에 갔을 때는 훌륭한 선수가 되어 있을 것으로 믿고 있습니다.

• 고인 친척의 감사 인사

갑작스런 비보를 듣고 이렇게 와 주셔서 너무 감사합니다. 유족을 대신해서 제가 대신 감사하다는 인사를 올립니다.

오늘 오전 다섯 시에 숙부님의 급변을 듣고 허겁지겁 달려왔을 때는 이미 불귀의 객이 되셨습니다. 가족들이 지켜보는 가운데 온화한 표정을 짓고 계셨습니다.

숙부님은 매우 엄격한 성격이셨는데, 특히 일에 대해서는 더욱 엄한 분이셨습니다.

숙부님은 그런 성격처럼 사흘 전까지만 해도 열심히 일을 하셨다고 합니다. 어쩌면 행복한 생애였을지도 모르겠습니다.

이것도 여러분의 덕분이라고 유족 일동은 진심으로 감사하고 있습니다.

간소하나마 주안상이 준비되어 있습니다. 숙부님이 좋아하시던 약주를 드시면서 고인을 추모하여 주셨으면 고맙겠습니다.

• 상주의 감사 인사

유족과 친척을 대표해서 인사 올립니다.

오늘 아버님의 장례식에 바쁘신 데도 불구하고 많은 분들이 와 주셔서 대단히 감사합니다.

생전에 아버님께 베풀어주신 호의와 특히 오늘, 분에 넘치는 조문에 고인도 기뻐하실 줄 믿습니다. 아버님은 향년 79 세이십니다.

79 세라는 나이는 인간의 한평생으로 볼 때 천수를 다하신 것으로도 볼 수 있습니다.

그러나 유족들의 솔직한 심정은 좀 더 건강하게 사셨으면 얼마나 좋았을까 하고 아쉬울 뿐입니다. 수년 전부터는 손자를 데리고 노는 것을 낙으로 노년을 즐기셨는데 지난달 말부터 감기로 건강이 나빠지더니 그것이 악화되어 결국 갑자기 돌아가시게 되었습니다.

좀 더 사시면서 무럭무럭 자라나는 손자도 보시고 제가 사회에서 활동하는 것도 보셨으면 좋았을 텐데 하는 아쉬움이 큽니다.

오늘은 여러분이 지켜보시는 가운데 엄숙한 장례식을 치루게 되었습니다. 이것은 모두 여러분이 고인을 아끼시는 후의라고 생각하며 감사를 드립니다.

대단히 고맙습니다.

• 상주의 감사 인사

오늘 여러 가지 일로 바쁘신 데도 문상을 와 주셔서 대단히 감사합니다.

아버님은 5년 전부터 투병 생활을 해 오셨는데 입퇴원을 반복하시더니 요즘에는 더욱 기력이 떨어져서 가족들도 못 알아볼 정도로 위중하셨습니다. 하루 속히 건강을 되찾아 가족들에게 호통을 치셨으면 하고 바랐으나 허사였습니다.

원체 고령이어서 점점 병세가 위독해 지시더니 끝내 불귀의 객이 되셨습니다.

80년이라는 아버님의 생애는 파란만장하였으나 여러분의 도움으로 대과 없는 인생을 보낼 수 있게 된 것을 감사드립니다.

아버님이 편안히 황천길을 가실 수 있도록 명복을 빌어 주셨으면 합니다. 시간이 허락하시는 분께서는 박주지만 드시면서 고인과의 추억을 더듬어 주셨으면 합니다.

오늘은 여러 모로 감사합니다.

• 상주를 대신하여 하는 인사말

오늘 바쁘신 중에도 형님의 빈소를 찾아주셔서 감사합니다.

마땅히 상주가 인사를 드려야 하겠으나 형수님은 고령이신 데다가 너무 충격이 심하여 누워 계십니다.

갑작스럽게 돌아가시다 보니 쇼크가 크셨던 것 같습니다. 형수님은 치료를 받고 계십니다. 하지만 차츰 정신을 차리고 있으니 걱정 안 하셔도 되겠습니다.

사정이 이러해서 제가 상주를 대신하여 인사를 드리게 된 것을 너그럽게 양해하여 주시기 바랍니다.

앞으로도 유족에 대해서 따뜻한 성원을 보내 주신다면 큰 힘이 되겠습니다.

조문을 와 주셔서 대단히 감사합니다.

• 조문객(弔問客)에게 하는 상주의 감사 인사

고인의 아들 되는 ○○○ 입니다.

오늘은 특히 연말이라 눈코 뜰 사이도 없으실 텐데 이렇게 와 주셔서 문상해 주시니 아들로서 뭐라고 감사의 말씀을 드려야 좋을지 모르겠습니다.

그리고 이런 저런 궂은일도 마다하지 않으시고 도와주신 분들에게도 이 자리를 빌려서 감사를 드립니다.

고인께서는 오늘 아침 여섯 시에 잠자듯이 숨을 거두셨습니다. 향년 89 세로 작년에는 멀리 살고 있는 자식들도 다 모여서 미수(米壽)를 축하해 드렸습니다.

아버님은 이웃 어른 분들과도 친하게 지내셔서 편안한 만년이었습니다. 고인을 대신해서 감사하다는 말씀을 드리겠습니다.

옆방에 음식을 좀 준비하였습니다. 저녁 식사도 안하셨을 텐데 드시고 가셨으면 고맙겠습니다.

• 조문객(弔問客)에게 하는 상주의 감사 인사

바쁘신 데도 불구하고 아버님의 빈소를 찾아주신 여러분께 진심으로 감사를 드립니다.

고인도 여러분의 후의에 매우 고마워 하실 줄 압니다. 밤도 깊어 가는데 그만 돌아가 주셨으면 합니다.

발인은 내일 아침에 할 예정입니다. 장지에는 오시지 않아도 되겠습니다.

날씨가 추워지는데 감기에 조심하시고 안녕히 가십시오.

• 조문객(弔問客)에게 하는 상주의 감사 인사

바쁘신 가운데도 이렇게 문상해 주시어 고맙고 감사합니다. 어젯밤부터 용태가 갑자기 나빠지시더니 오늘 새벽 운명하셨습니다. 잠자듯이 떠나시어 천만다행이라고 생각합니다.

어머님은 「미련 없이 가련다.」고 입버릇처럼 말씀하셨지만 향년 65세이십니다. 좀더 사셨으면 했는데 뜻대로 되지 않는군요.

병상에 계신지 2년 반. 각오는 하고 있었으나 막상 당하고 보니 애통함을 금치 못하겠습니다.

원로에 와 주신 분들께는 더욱 송구스럽습니다.

어머님은 20년 전 아버님과 사별하시고 저희 남매를 키우고 가르치느라 고생을 많이 하셨습니다.

우리 남매는 이제 제법 자식 구실을 하게 되어 어머님을 잘 모시려고 했는데 참으로 안타깝습니다.

어머님이 운명하신 것은 새벽 네 시. 마치 미소를 짓고 계신 듯 편안한 표정이었습니다. 거듭 감사의 말씀을 드립니다.

3. 조사(弔辭)

• 사원의 장례식 때 사장의 조사(弔辭)

회사를 대표해서 ○○○ 군의 영전에 삼가 애도를 표합니다.

돌이켜보건대 ○○○ 군이 우수한 성적으로 ○○대학을 졸업한 후 우리 회사에 입사한 것은 5년 전이었습니다. 실전 경험은 없었으나 이해가 빠르고 모든 면에서 두드러진 그의 존재는 우리 회사에서는 없어서는 안 될 사람이었습니다. 타인에게는 부드럽고 자기 자신에게 엄격한 자세는 저를 포함해서 전사원의 모범이 되었습니다. ○○○ 군은 실제로 팔방미인처럼 활발하게 활동하여 풍부한 아이디어를 행동으로 보여 주었으며, 우수한 수많은 소프트를 내놓았습니다. 그런 젊고 유능한 사원이었습니다.

소프트웨어 회사라는 성격상 근무 시간이 불규칙하고 장시간 집중력이 필요한 격무였으나 그럼에도 불구하고 불평 한 번 없이 묵묵히 맡은 일을 다 했습니다.

언젠가 제가 아파서 회사에 나오지 못했을 때는 병원까지 와서 문병을 해주어 큰 위로가 된 적도 있습니다. ○○○ 군의 웃는 얼굴에는 이상한 매력이 있어서 병실의 음산한 공기가 말끔히 사라졌습니다. 그러던 그가 돌아올 수 없는 먼 곳으로 가버렸다니 도저히 믿기지 않습니다.

그가 이런 훌륭한 청년으로 성장한 것은 그의 노력은 물론 양친께서 훌륭한 가정교육을 시켰기 때문이라고 생각합니다.

향년 28 세. 장래가 유망한 사회인으로 많은 실적을 올렸으나 ○○○ 군이 불귀의 객이 되었다니 너무나 아깝습니다.

이런 훌륭한 아드님을 잃게 된 부모님의 슬픔은 얼마나 크시겠습니까. 말로는 다 표현할 수 없을 것입니다.

하지만 이제는 우리의 손이 미치지 못하는 먼 나라로 떠나고 말았습니다. 우리가 할 일은 오직 마음을 단단히 먹고 슬픔으로부터 하루 속히 벗어나는 것이겠습니다. ○○○ 군, 저세상에서 편안하게 그리고 행복하게 지내기를 바라며 미력하나마 슬픔에 젖어 있는 가족들을 지켜드릴 것을 약속합니다.

🌷 조사(弔辭)

조사는 고인에게 바치는 말로 장례식 때 낭독됩니다.

유족으로부터 의뢰가 있을 때는 흔쾌히 받아들이도록 합니다. 물론 유족으로부터의 의뢰가 없더라도 할 수 있습니다.

조사에서는 고인의 생전의 업적을 칭송하고, 고인의 인품을 기리는 말을 합니다. 또한 남겨진 유족에 대한 위로의 말이나 격려의 말을 덧붙이는 것도 좋을 것입니다.

• 부하의 영전에 바치는 조사

삼가 고인의 영전에 조사를 드립니다.

저는 5년 전 고인이 결혼할 때 중매인이 되었었지요. 그러던 제가 고인의 영결식에서 조사를 할 줄이야. 인생의 무상함을 한탄할 뿐입니다.

○○○ 군은 향년 38 세. 한창 일할 나이인 군의 급서는 회사로서는 물론이고 사원 일동으로서도 애석하게 생각하지 않을 수 없습니다.

군은 1981년 대학을 졸업하자마자 우리 회사에 입사한 이래 회사의 발전을 위하여 열심히 노력한 우수사원으로서, 회사로부터의 신뢰는 물론이고 후배로부터 존경을 받아왔습니다. 근무 중에 불의의 사고를 당해 세상을 떠난 5월 10일을 저로서는 평생 잊을 수 없을 것입니다.

당신은 업무에 누구보다도 열심이었습니다. 우리 회사의 중견 사원이기도 해서 집에서 편히 쉴 겨를도 없었을 것입니다. 가족 분들에게는 미안했지만 군의 장래를 위해서는 열심히 일해야 한다고 집에 일찍 갈 수 없도록 하였습니다. 그러나 이렇게 일찍 갈 줄 알았더라면 사랑하는 부인과 더 많은 시간을 가지면서 화목하게 지낼 수 있도록 배려해 드렸어야 했는데 후회가 됩니다.

어린 자녀를 남겨둔 채 훌쩍 떠나간 남편을 잃은 부인의 슬픔과 불안은 짐작하고도 남지만 모쪼록 어린 자녀를 위해서라도 마음을 단단히 먹고 굳세게 사셔야 합니다. 비록 힘은 미약하지만 저희들도 최선을 다할 것입니다.

○○○ 군, 그동안 고생 많았습니다. 저세상에서라도 편히 잠들기를 빕니다.

• **발인(發靷)할 때 상주의 인사말**

바쁘신 가운데도 이렇게 많이 와 주셔서 감사합니다.

지하에 계신 고인의 혼령도 흡족하시리라 믿습니다.

선친께서는 지난 9월 29일 ○○의료원에서 가족들이 지켜보는 가운데 잠자듯이 67년의 생애를 마감하셨습니다.

재작년부터 앓고 있던 간장(肝臟)이 원인이었던 것 같은데 서거하시게 된 직접적인 원인은 심부전증(心不全症)이었습니다. 그러나 오랜 투병 생활이었음에도 불구하고 별 고통 없이 편안한 얼굴로 운명하신 것을 우리 가족들로서는 다행으로 생각하고 있습니다.

선친이 생존 시에는 여러분께 많은 신세를 진데다 입원 중에는 자주 문병해 주시어 진심으로 고마웠다는 인사를 드립니다.

오늘부터 아버님이 안 계시게 된 저희 집은 더욱 쓸쓸한 가운데 아버님이 남겨놓으신 갖가지 유지와 지도에 힘입어 가족 모두 힘을 합쳐 하루 속히 이 슬픔으로부터 벗어나도록 하겠습니다.

부디 앞으로도 변치 않는 관심을 가져주실 것을 진심으로 부탁드립니다.

간단하나마 이것으로 상주로서의 도를 마치겠습니다.

대단히 감사합니다.

• **고인 상사의 조사**

○○○군의 영전에서 삼가 명복을 빕니다.

○○○군은 우리 회사에 입사한지 13년이 되었습니다. 영업부의 중견 사원으로서 후진을 리드해 가는 우리 회사의 호프였습니다.

그러던 당신이 돌연 병으로 훌쩍 떠나시니 우리는 망연자실할 뿐입니다.

정말 아까운 인재였습니다. 언제나 투지에 불타 있었으며 어떤 난관에 봉착하더라도 뚫고 나가던 당신의 모습을 두 번 다시 볼 수 없게 된 것을 생각하면 비통함으로 저의 가슴은 미어질 것 같습니다.

지금 당신과 지냈던 나날들을 더듬고 있는 우리로서는 가슴이 아플

뿐입니다.

또한 집안의 대들보였던 당신을 잃은 유족들의 마음은 오죽하시겠습니까?

그러나 언제까지고 당신을 떠나보낸 우리가 슬픔에 젖어 있기만 하는 것을 당신은 바라지 않을 거라고 생각합니다.

당신은 틀림없이 「이제 슬픔을 거두고 행복을 찾기 위해 열심히 해주세요.」라고 천국에서 말하고 있겠지요.

당신은 언제나 그런 사람이었습니다. 자기를 희생해서라도 남을 위해서 일하려는 사람이었습니다. 당신은 성실하고 마음이 따뜻한 사람이었습니다. 당신이 남겨주신 그런 생활 태도를 우리도 본받아야 하겠습니다.

회사에서의 상하 관계를 떠나서 좀 더 당신과 오래 함께 일했더라면 하는 후회도 듭니다.

○○○군, 편안히 잠들기를 다시 한 번 빕니다.

🎤 상사의 조사

상사이기에 할 수 있는 조사가 있습니다. 그것은 고인의 사내에서의 업무 활동을 간단한 에피소드를 섞어가면서 소개하는 것입니다. 물론 구체적인 업적이 있으면 그것도 소개하도록 합니다.

에피소드는 이것저것 하지 말고 하나로 집약하고, 애매모호해지지 않도록 조심해야 합니다.

• 고인 아들(喪主)의 인사말

오늘 저희 아버님 장례식에 참석해 주서서 감사합니다. 가족을 대표해서 인사드립니다.

아버님은 72년의 생애를 통해서 성실과 향학, 지혜를 좌우명으로 해서 살아오셨다고 생각됩니다.

저는 어렸을 때 아버님과 놀았던 기억이 전혀 없습니다. 아버님은 매일 일에만 몰두하셔서 365일 거의 저와 만난 적이 없습니다. 저는 어린 마음에 아버님은 일 밖에 모른다고 불만이 많았습니다.

그리고 틈틈이 탁구나 복싱 등 여러 가지 취미를 갖게 되셨습니다. 그러던 아버님이 그때 일을 제가 여쭈어보면 그때가 그립다는 듯이 자세히 말씀해 주셨습니다. 그때가 아버님의 전성기가 아니었는가 생각됩니다.

최근 아버님은 시조(時調) 모임에 나가시는 것을 취미로 하셨습니다. 그리고 어머니와 같이 여기저기 여행을 다니셨고, 읽을 만한 책이 있으면 사 와서 어머니께 읽어보라고 하셔서 시력이 떨어진 어머님을 힘들게 하셨습니다. 아버님은 좋은 아내를 만나서 행복한 한평생을 보내셨다고 봅니다.

저희 형제는 힘을 합쳐서 아버님께 해드리지 못했던 효도를 어머님께 해드릴 생각입니다. 부디 아버님은 떠나셨더라도 두터운 호의와 지도를 해 주시기를 부탁드립니다.

바쁘신 데도 불구하고 아버님 장례에 참석해 주셔서 대단히 고맙습니다.

• 고인 은사의 조사

삼가 ○○○군의 영전에서 애도를 표합니다.

갑작스런 비보(悲報)에 슬픈 마음 억제할 길 없군요.

작년에 열렸던 동창회 때는 오랜만에 만난 제자들과 얼마나 즐거운 한때를 보냈습니까? 정말 믿기지 않는군요.

그렇던 군이 비행기 사고로 가셨다니 그저 묵묵히 머리만 숙일 뿐입니다.

고등학교 시절의 군은 클럽 활동에 열중했지요. 해질 무렵 운동장에 서있던 군의 뒷모습은 지금도 잊을 수 없습니다.

무슨 일에나 전력투구하지 않으면 못 견디던 성격이어서 부상을 당한 적도 한두 번이 아니었습니다. 그런데도 나약한 모습을 보이지 않으려 한 군이었습니다.

군은 럭비부의 주장으로 부원을 잘 통솔하였고, 인간적인 매력이 넘쳤습니다. 그러던 군이 건설 회사에 입사하여 댐 공사를 하러 간다는 소식을 듣고 군의 활약을 기대했는데 정말 유감스럽습니다.

한창 일할 나이에 산화(散華)해버린 젊은 한 생명의 미처 다하지 못한 말, 미처 다하지 못한 일도 많았을 것입니다. 군이 학창 시절에 열심이었던 모습은 언제까지고 저의 마음속에서 지워지지 않을 것입니다.

군에 대해서는 아무리 말해도 석별의 슬픔을 지워버릴 수 없습니다.

○○○군, 편안하게 잠들기 바랍니다.

• 고인 선배의 조사

고(故) ○○○군의 장례식에 참석하여 삼가 조의를 표합니다. 군의 부보(訃報)를 접하고 너무나 의외여서 망연자실한 나머지 눈물조차 나오지 않았습니다.

　군과 이렇게 빨리 이별할 줄이야 누가 예상이나 했겠습니까? 이런 슬픈 자리에서 작별의 인사를 해야 합니까? 저와 ○○○군은 대학 산악부의 선후배 사이였습니다. 군은 매우 판단력이 빠르고 행동력이 뛰어난 사람이었습니다. 산을 진정으로 사랑하는 좋은 친구였다고 할 수 있습니다.

　○○○군은 산에 오르는 것만이 아니라 식물에 관한 흥미가 대단해서 이름 모를 작은 꽃이나 풀을 찾아보고 그것을 채집하였습니다. 큰 몸집에 어울리지 않게 매우 착한 성격의 소유자였습니다.

　또, 군은 노래도 잘해서 모두 지쳐 산비탈에 누워 있을 때면 하늘을 바라보면서 노래를 불러서 모두에게 힘을 낼 수 있게 하였습니다. 내성적이었던 제가 많은 사람들과 대화를 나누게 된 것도 ○○○군에게서 받은 영향이 컸던 것 같습니다.

　돌이켜보면 군처럼 누구에게나 명랑하게 대할 수 있고, 남을 배려해주는 마음은 쉽게 찾아보기 어려울 것입니다.

　우리는 군에게서 받은 교훈을 마음에 새기고 살아가야 할 것 같습니다. 그리고 각자 사회에 도움이 되는 인간으로, 그리고 타인에게 힘이 되어주는 인간이 될 것을 다짐합니다.

　저 역시 언젠가는 군의 곁으로 가게 되겠지요. 잠시의 이별이라고 생각합니다.

　부디 편안한 여행이 되기를 빕니다.

• 고인 후배의 조사

선배님의 영전에서 깊은 슬픔에 젖어 최후의 작별 인사를 드립니다.

선배님은 우리들에게는 그야 말로 친형님 같은 선배였습니다. 우리는 치중학교 때 선후배 사이로 함께 배구부에서 운동을 하여 배구부를 정상으로 끌어올렸습니다.

어언 20년 전의 일이 되었습니다마는 지금도 학창 시절의 한때가 즐거운 추억으로 남아 있습니다. 그것은 또한 선배님을 잊지 못할 존재로 마음에 각인시켜주고 있습니다. 선배님은 우리 후배들을 항상 격려해 주고 친절하게 지도해 주셨습니다.

학교를 졸업하고 사회인이 된 지금도 우리는 자주 만나 옛 우정을 돈독히 나누었습니다.

지금 우리들은 「의지할 수 있는 형님」을 잃고 어찌할 바를 모르고 있지만 열심히 살아가겠습니다.

부디 안심하시고 편안하게 잠드소서.

• 친구 부인에 대한 조사

삼가 부인의 영전에 작별의 인사를 드립니다.

○○군과는 고등학교와 대학을 같이 다녔습니다. 그 이래 오늘에 이르기까지 둘도 없는 친구로서 지내오고 있다는 것은 고인도 잘 알고 계실 것입니다.

처음 ○○군으로부터 부인을 소개받은 것은 4년 전이었습니다. 우리 둘이서 술을 마시기로 한 장소에 갔을 때 ○○군이 고인을 모시고 왔을 때의 그 첫인상을 저는 지금도 잊지 못합니다. 결혼한 후에도 제가 댁으로 가면 언제나 반갑게 맞아 주셨고 맛난 음식도 대접해 주신 부인께 많은 폐를 끼쳐 왔습니다.

그처럼 상냥하고 건강했던 부인이 여름 감기로 석 달 전에 입원하셨습니다. 그때 부인은 반신마비가 되어 갖은 방법을 다 써서 치료했으나 회복이 어려웠던 것 같습니다.

부인은 눈물을 흘리면서 ○○군에게 미안하다면서 재기를 위해 애썼으나 그 때의 고통은 얼마나 심했겠으며 힘들었을까요? 결국 불귀의 객이 되고 말았군요.

앞으로는 더 이상 부인의 따뜻한 대접을 받을 수 없게 되어 더욱 애통합니다. 최후까지 병마와 싸웠던 부인은 정말 훌륭했습니다. 그리고 발병한 3개월 동안 매일 병원으로 출퇴근하면서 부인을 간병한 ○○군의 지극한 정성은 사랑하는 사람에게 당연히 그렇게 해야 할 일이지만 머리가 숙여집니다.

아직 아기도 없고 이제부터 시작하려고 하는 신혼 가정에 하늘이 내린 처사는 너무나 가혹합니다.

고락을 같이 하면서 인생을 함께 보냈어야 할 사랑하는 부인을 갑자기 잃은 ○○군 앞에서 저는 어떤 말로 위로를 드려야 할지 모르겠습니다. 부인이 ○○군의 손을 꼭 잡은 채 최후를 맞았다니 저는 눈물을 감출 수가 없습니다.

하지만 ○○군은 의지가 강한 사람입니다. 틀림없이 이 불행을 잘 극복하고 재기할 것입니다. ○○군의 곁에서 지켜보겠습니다. 부인도 높은 곳에서 ○○군을 지켜주십시오.

편안히 잠드시기를 빌면서 작별의 인사로 대신하겠습니다.

- 친구의 조사

○○군, 자네도 저 세상으로 가고 말았는가!

우리가 만난 것은 6·25 전쟁이 일어나던 해 고등학교에 입학했을 때였지. 전란 속에서 학교를 졸업한 후 전선에서, 혹은 전후의 어려웠던 혼란기를 극복하고 열심히 살아왔던 우리였었네. 자네는 그 후 경찰에 투신하여 한눈 한번 팔지 않고 누구보다도 부지런하게 살아왔었지.

자네는 학창 시절 축구를 잘해 인기 있는 선수였었어. 모든 사람의 인기를 한 몸에 받았던 공격수였어.

우리가 영광의 우승컵을 모교에 안겨준 것도 자네의 힘이었네. 그것은 축구만이 아니라 자네의 인생에서 불굴의 정신으로 일관되게 살 수 있도록 한 원동력이었는지도 몰라.

그 후 자네가 경찰에 투신하여 국가를 위해서 봉사할 수 있었던 것도 학창 시절에 닦은 스포츠 정신의 발로였다고 보네.

우리는 시대의 슬픔을 가슴 깊이 공유하고 있었어. 근래에 공직을 떠난 자네는 건강이 나빠지자 동창회에도 나오지 못할 때가 많았었지.

그러나 자네에 대한 우리들의 우정은 조금도 소원해진 것이 없었다네.

자네의 부보를 듣고 자네도 예상하지 못했을 정도로 많은 동창들이 자네의 황천길을 전송하려고 왔네.

우리 급우(級友)들이 앞으로 해야 할 일은 자네가 남기고 간 자네의 부인과 자네의 아들에게 힘이 되어주는 것이야. 자네의 영전에서 맹세하겠네.

이제는 걱정 말고 편안히 쉬게. 잘 자라 친구여!

- **고인 동료의 조사**

삼가 고인의 영전에 애도를 표합니다.

○○군, 당신은 어찌하여 그리도 빨리 가셨습니까? 그렇게 건강한 몸으로 매일 출근하던 군이 저세상으로 가다니 도저히 믿을 수 없습니다. 나는 영업부, 당신은 기획부로 부서는 달랐어도 업무가 끝나면 우리는 회사의 바둑 동호회에서 내기 바둑을 두었지요.

바둑 내기가 끝나면 대포집에서 한 잔 나누며 피로를 풀곤 했지요. 우리는 묘하게 의기투합하여 평생의 벗으로 생각하고 있었는데 갑작스런 부보를 받고 보니 아연해질 수밖에 없었습니다.

당신은 직원들에게는 인기가 최고였습니다. 맡은바 업무에 둘째가라면 서러워할 정도로 충실했으며 다른 사람의 일이라면 자기 일처럼 앞장서서 잘 보살펴 주었지요. 바둑 모임에서도 회사의 부장으로서 좋은 분위기가 되도록 항상 애써 왔습니다. 나는 당신이 내 친구라는 것을 항상 자랑스럽게 여겨 왔습니다.

나는 잦은 감기로 결근할 때도 있었으나 이처럼 별 탈 없이 지내는데 건강했던 당신이 먼저 유명을 달리하다니 사람의 운명은 알 수 없나봅니다.

몇 달 전부터 당신의 안색이 나빠 보이기에 좀 쉬는 것이 어떠냐고 했을 때도 「내가 자랑할 것은 건강 밖에는 없다」고 하면서 대수롭지 않은 듯 말하던 당신이었습니다. 지금 곰곰이 생각해보니 그때 좀더 강력하게 당신의 건강을 챙겨 주었더라면 하는 아쉬움이 있습니다.

현대의학으로도 피할 수 없는 잔혹한 운명에 나는 슬픔과 분노를 느낍니다. 한 집안의 대들보가 허무하게 가셨으니 유족의 낙담은 얼마나

크시겠습니까?

우리 동료들도 힘이 될 수 있는 한 도와드리려고 합니다.

부디 편안히 잠드소서.

거듭 ○○군의 명복을 빕니다.

● 친구에 대한 조사

○○양, 당신의 영전 앞에 서서 당신의 영정을 쳐다보니 눈물을 감출 수가 없습니다. 당신은 너무 홀연히 이 세상을 떠났습니다.

그날 밤 우리는 정말 오랜만에 만날 기회를 마련하여 식사를 같이 하면서 가까운 시일 내에 다시 만나기로 약속하고 작별했습니다. 그런 당신이 우리와 만나던 날 밤 교통사고를 당할 줄이야 누가 상상이나 했겠습니까? 너무나 가혹한 운명의 신이 원망스럽습니다.

당신과 자주 만날 기회를 만들지 못했던 것은 당신이 하는 일이 너무 바빴기 때문입니다. 3년 전 당신이 잡지의 편집 일을 하고부터는 매일 업무에 바빠했으니까요. 평범한 주부가 된 나는 그런 당신이 부럽고, 무척 자랑스러워 보였습니다.

언제나 어떤 목표를 정해 놓고 그 목표를 위해서 매진했으며, 그것을 달성하면 또 다른 목표를 세우던 당신이었습니다. 그러한 일에 집중하여 주위 사람들을 배려하지 않았다는 것이 아니라 그것은 쾌활하고 시원시원한 당신의 성격 탓이었을 것입니다.

어제까지도 틀림없이 어떤 목표를 가지고 그것을 달성하고 있는 중이었을 것으로 압니다. 그렇게 생각하니 더욱 아쉽고 다시 눈물이 솟습니다.

아무리 인생은 무상하다고 하지만 당신이 유명을 달리한 지금처럼 인생의 덧없음을 통감한 적은 없습니다.

○○양, 당신은 이제 돌아오지 못한다는 것을 나는 나 자신에게 말하고 있습니다. 하지만 내 마음 속에 당신은 계속 살아 있을 것입니다.

부디 편안히 잠들기를 빕니다. 충심으로 당신의 명복을 빌겠습니다.

• **친구에 대한 조사**

○○○군, 당신의 갑작스런 부보에 나는 그저 망연해 있을 뿐이네. 자네의 영정 앞에 서 있어도 도저히 믿기지 않는 기분이네. 누구보다도 터프하고 「내 밑천은 건강뿐이야.」라고 자랑하던 자네가 불치의 병으로 가다니…….

올해도 열심히 살자고 둘이서 잔을 들던 것이 불과 두 달 전이 아니던가! 사람의 명이 한정되어 있다는 것은 알고 있네만 자네는 한창 일할 나이인 42 세가 아닌가! 죽기에는 너무 젊다는 말일세. 그때도 건강에는 자신이 있다고 말했던 자네였어. 지금도 한 손을 내밀고 흰 이빨을 보이면서 악수를 청하던 자네가 내 앞에 나타날 것만 같네.

우리가 利고등학교를 졸업하고 대학에 진학하려고 서울로 올라왔던 것도 20년의 세월이 흘렀네. 대부분의 친구들은 대학을 나오자 고향으로 돌아갔으나, 자네와 K군과 나, 이렇게 세 사람은 서울에 남아 살면서 일이 있을 때마다 서로 격려해 주던 사이였지.

자기 자신에게는 지나칠 정도로 엄격했고, 타인에게는 관대했던 자네는 친구의 문제라면 자기 일처럼 걱정해 주고 격려해 주었었어. 그리고 아무리 술을 많이 마셨어도 자네의 걸음걸이는 한 치도 흐트러진 적이

없었네. 그런 우정에 힘입어서 나는 지금까지도 고향으로 돌아가지 않고 서울에서 살아갈 수 있었다네.

가족을 아끼는 자네는 일 이상으로 가정을 소중히 여겼었지. 자네의 지갑 속에는 항상 가족사진이 들어 있었던 것을 나는 알고 있네.

아름다운 부인과 아직 학업을 마치지 못한 아들을 남겨두고 떠나는 것이 자네로서는 무엇보다도 가슴 아픈 일이었을 것이라고 생각하네.

미력이나마 자네의 우정에 보답하기 위해서라도 가급적이면 자네의 부인과 아들에게 힘이 되어주어야겠다고 생각하고 있네. 그러니 이승의 일은 걱정하지 말고 편안히 가게. 그곳에서라도 부인과 아들을 다정하게 지켜봐 주게.

언젠가는 우리도 그곳으로 가게 되겠지. 다시 만날 때까지 기다려 주게.

🌷 친구의 조사

조사를 쓸 때 고인에 대한 존칭은 님, 선생 등이 있는데 친구인 경우 영전에서 친근함을 나타낼 때는 군(남성의 경우)일 것입니다.
조사의 내용에는 고인과의 우정을 재확인하는 듯한 에피소드, 고인의 사람 됨됨이 같은 추억 등을 삽입하는 것이 좋습니다.

• 고인 친구의 조사

○○○군, 당신의 부보를 받고부터 말할 수 없는 슬픔에 젖어 있습니다.

당신의 병상에 가서 보고 회복되기를 바랐던 나날이 무심하게도 너무도 빨리 이렇게 작별의 말을 하게 될 줄이야! 참으로 유감스럽습니다.

돌이켜보면 S대학의 동창으로서 함께 H전력회사에 입사하여 있다가 당신은 그 당시 X재단의 ×××상무이사 밑에서 일하게 되었고 C건설회사로 자리를 옮긴 나는 영업 담당자로서 당신의 지도에 힘입은 바 컸습니다.

당신네 집과 우리 집안은 전부터도 가까이 지내던 사이였을 뿐 아니라 내 동생이 결혼할 때 중매까지 서준 일도 있고 공사간에 두루 친교를 돈독히 해왔던 사이였습니다.

지난 9월 중순경 병상에 있던 당신을 찾아갔을 때 당신과 함께 전력회사에 입사한 이래 40여년 만에 우리는 오래오래 얘기를 나누었지요. 젊었을 때의 추억, 고령기에 이른 각자의 심경, 사업 경영에 대한 이야기 등을 화제로 하면서 당신이 일했던 X재단에서 당신이 얼마나 헌신적으로 일했는지도 알게 되어 감탄을 금할 수 없었습니다.

그리고 다시 만났던 지난 9월 28일 내가 돌아올 때 악수를 나누던 당신의 따뜻한 온기가 가시기도 전에 이런 비보를 받게 될 줄이야. 동기동창인 내가 당신의 가족 말고는 최후의 면회자가 되었다는 것만 보아도 당신과는 깊은 인연이 있었다고 새삼 생각하게 됩니다.

학교 경영에 헌신한 당신의 정열과 큰 공적도 앞으로도 길이 남을 것입니다.

현재 모교의 이사로서 학교 경영의 일익을 담당하고 있는 나로서는 당신을 통해서 배워야 할 점이 많았으나 이제는 그것도 바랄 수 없게 되었습니다.

하지만 당신의 온화한 풍모와 항상 연구를 게을리 하지 않는 정신, 사람들의 어려운 사정을 잘 풀어주는 좋은 인품, 그 내면에 깃들어 있는 확고한 신념을 상기해 보는 것으로 나는 격려되고 용기를 얻으려 합니다.

당신을 떠나보내는 지금, 당신의 가족을 비롯하여 많은 분들의 슬픔을 접하니 더욱 숙연해집니다.

하지만 오늘을 기해서 작별하지 않으면 안 되겠습니다. 친구들을 대표해서 미력하나마 당신의 유지(遺志)를 이어받으려고 다짐하면서 생전의 우의에 감사와 애도를 담아서 작별의 말을 대신하겠습니다.

부디 편안히 잠드시기를 친구여!

• **고인 친구의 조사**

○○군의 영전에 삼가 애도를 표합니다.

65년의 생애를 마감하고 편안한 나라로 떠난 내 친구여!

나는 자네의 친구가 되었다는 것을 다시없는 행운이었다고 지금도 생각하고 있습니다.

돌이켜보건대 당신과의 끈끈한 우정이 싹튼 것이 어언 40년이 넘었습니다. 그때 우리는 젊은 청년이었지요. 그때 우리는 싸우기도 했고 술도 많이 마시러 다녔습니다. 정말 즐거웠던 나날이었습니다.

당신은 마음이 통하는 소중한 친구였습니다. 나는 그 40여 년의 우정에 깊은 감사를 표하고 싶습니다. 정말 고마웠습니다.

하지만 노후에도 우리의 우정을 변치 말자고 얼마 전에도 서로 다짐했습니다. 그러나 이제 우리는 이 세상에서는 두 번 다시 만날 수도 없고, 함께 술잔을 나눌 수도 없게 되었다고 생각하면 쓸쓸하고 허전하기 이를 데 없습니다.

당신의 부보를 받았을 때 한 순간 내가 꿈을 꾸는 것은 아닌가 의심하였습니다. 당신이 죽다니 그건 거짓말이다. 당신은 병상에 있더라도 틀림없이 툭툭 털고 건강한 몸으로 다시 만날 수 있을 것이라고 그렇게 믿고 있었습니다. 한 달 전만 해도 당신은 건강하지 않았습니까? 언제나 건강을 자랑하던 당신이 이렇게 갑자기 떠나다니 도저히 믿기지 않습니다.

참으로 사람의 운명은 덧없는 것 같습니다.

평균수명이 80 세 가까이 연장되었다는데 당신은 뭐가 그리 급해서 앞서 갔습니까. 남기고 싶은 일도 많았을 텐데 너무 아쉽습니다. 하지만 뒷일일랑 다 잊고 홀가분한 마음으로 극락의 나라로 가십시오.

작별 인사를 하기는 괴롭지만 작별의 순간이 된 것 같군요. 하지만 이것은 잠시의 이별일 뿐, 우리는 더 좋은 세상에서 다시 만날 것을 약속하면서 먼 길을 떠나는 벗에 대한 조사를 대신하겠습니다.

• 고인 친구의 조사

친구 ○○군의 영전에 삼가 애도를 표합니다.

○○군, 내 말이 들립니까?

나와는 오래 동안 친구로 지내왔던 ○○군, 지금 이렇게 작별하지 않으면 안 된다는 것을 안타깝게 생각합니다.

산 사람은 언젠가는 죽기 마련이라고 합니다마는 ○○군의 죽음은 너무도 빨랐습니다.

인생은 이제부터라고 하는 시점에서 어째서 유명을 달리하는 먼 여행을 떠났습니까?

기억이 나십니까? 우리 두 사람이 30대 초반에 처음 테니스 시합을 했던 때를. 그때 우리는 너무 긴장해서 헛손질이 많았지요. 그래도 군은 얼굴이 벌개서 열심히 볼을 쫓아갔지요. 남에게 지기를 싫어했던 군의 모습을 두 번 다시 못보게 되었구나 생각하면 눈물을 주체할 수 없습니다. 슬픈 가슴을 주체할 수 없습니다.

○○군, 천국에 가시거든 좋은 친구를 만나 마음껏 테니스를 치세요. 저 또한 어쩌면 십여 년 후에는 천국에 가겠지요. 그러면 거기서 함께 칩시다. 그때가 오기를 기다리면서 실력을 길러둡시다.

○○군이 우리에게 남겨주신 생전의 미소. 그리고 무슨 일에서도 끝까지 해내려고 하는 투지. 우리는 그것을 결코 잊지 못할 것입니다.

20여 년에 걸친 우리들의 우정에 깊이 감사하며 이제 그만 작별하겠습니다.

부디 편안하게 잠드소서.

우정을 다짐한다.

절친한 친구와의 영원한 이별은 매우 슬픈 것입니다. 하물며 고인이 젊은 나이에 유명을 달리했다면 슬픔은 더욱 클 것입니다. 그런 때의 조사에서는 고인이 살아 있는 것처럼 조사를 하는 것도 무방합니다. 그리고 고인이 된 후에도 변치 않는 우정으로 묶여 있다는 것을 강조합니다.

• 고인 부하의 조사

○○ 과장님의 영전에 과원들을 대표하여 작별의 인사를 드립니다.

과장님, 왜 이렇게 갑자기 가셨습니까?

저희 과원 일동은 과장님이 입원하고 계시는 동안 모든 일을 차질 없이 하기 위해서 얼마나 더 열심히 일했는지 모르시겠지요.

과장님은 툭하면 저희들에게「뭐니 뭐니 해도 건강이 제일이다」라고 말하셨는데 이렇게 허무하게 가실 줄은 아무도 몰랐습니다.

과장님을 잃은 가족들은 얼마나 애통하시겠습니까? 저희들은 부하들을 아껴주시던 과장님을 다시는 뵐 수 없어 가슴이 미어질 것 같습니다. 과장님은 엄하시면서도 인정이 많으셨고, 저희들을 따뜻하게 친동생처럼 지도해 주셨습니다.

언제나 맡은 바 일을 깔끔하게 처리하시던 과장님의 업무 자세는 우리가 이상으로 삼아야 할 점이었습니다. 「우리도 과장님처럼 일하자.」는 것이 우리들의 목표였습니다.

그래서 더욱 슬픔을 감출 수 없습니다. 저희들은 과장님이 못다 하신 업무를 탈 없이 완수해 갈 작정입니다.

과장님, 편히 잠드시기를 빕니다.

• 고인 제자의 조사

선생님, 저는 지금 선생님의 영전에 서서 눈물을 감출 수 없습니다. 지금도 선생님이 인자하게 웃으시던 얼굴이 떠오릅니다. 그런 선생님을 다시는 뵈올 수 없다니 도저히 믿기지 않습니다.

여러분도 아시다시피 선생님은 여행을 좋아하셨습니다. 저도 6년 전부터 종종 선생님과 같이 여행을 했는데 선생님은 말씀을 하실 때도 설교조로 말하지 않았습니다. 선생님과 여행을 가서 낚시를 했는데 하루 종일 한 마리도 낚지 못했던 일, 밤이 새도록 당신의 청춘시절에 있었던 얘기를 해 주시던 것들이 잇따라 떠오릅니다.

선생님은 엄격하면서도 남의 과실에 대해서는 언제나 관대하셨고 호의로 대해 주셨습니다.

확고한 신념으로 일관하셨던 행복한 노신사, 이런 것들이 선생님에 대한 이미지였습니다. 선생님은 언제까지고 우리들의 마음 속에 살아 계셨으며 우리를 지켜보아 주실 것으로 믿고 있었습니다.

이런 선생님의 기대에 벗어나지 않도록 열심히 살겠습니다.

선생님 편히 잠드소서.

• 고인 4촌의 조사

고인의 영전에 조사를 바칩니다.

고인과 저는 사촌 사이로 한 동갑이었습니다. 한창 일할 나이에 떠나다니 슬픔을 감출 수 없군요..

당신은 지금 가족, 친척, 친구, 이웃 등 많은 사람들의 애도 속에 머나먼 여행길에 올랐습니다.

고인과 저는 한 고향에서 친형제처럼 지내 왔습니다. 장난이 심했던 저와는 달리 냉정하고 공부에 열심이었지요.

우리는 산 밑 개천에 가서 고기를 잡기도 하고 뱀을 잡거나 하면서 하루 종일 놀았습니다. 밤에 몰래 남의 참외 밭에 들어가서 참외 서리를 하다가 주인한테 들켜서 혼쭐이 난 적도 있었습니다.

대학을 나와서는 신문사에 입사하여 매일 업무에 시달렸던 것 같습
니다.

밤낮이 없을 정도로 바쁜 생활의 연속이었습니다. 그래도 틈이 나면
역사 연구에 몰두했다고 합니다. 고인은 매사에 정력적이었습니다.

주위 사람들이 빨리 결혼하라고 해도「아직 하고 싶은 일이 많아
서……」라고 말했습니다. 고인은 과로였던 것 같습니다.

좀더 일찍 결혼해서 고향에 계신 부모님을 기쁘게 해 드렸어야 했는
데 이렇게 일찍 떠나다니 가슴이 쓰립니다.

고인이 못 다한 일까지도 제가 해야 할 것 같습니다.

편안한 여행을 떠나기를 빕니다.

• **고인이 어린 경우에 하는 조사**

○○양, 뭐가 그렇게도 급해서 벌써 천국으로 갔나요?

그처럼 활기차게 뛰어놀았는데 참으로 믿을 수가 없네요. 그런데 ○
○양은 우리들이 보는 앞에서 조용히 잠들어 있습니다. 이제는 더 이상
○○양이 깔깔거리고 웃던 웃음소리도 들을 수 없네요. 불러 봐도 대답
이 없네요.

○○양은 근처 공원에서 즐겁게 줄넘기를 하거나 가위바위보를 했지
요. ○○양은 이웃집 사람들로부터도 귀여움을 독차지했습니다. 노래는
또 얼마나 잘 불렀습니까? 참으로 명랑한 어린이였습니다. 부모님은 당
신을 얼마나 사랑했습니까? 그런데 이런 사람들을 놔둔 채 어째서 혼자
떠났습니까?

어린 싹이 한창 무럭무럭 자랄 나이에 이렇게 훌쩍 가버렸으니 부모

님은 얼마나 애통해 하겠습니까? 저도 목이 메입니다.

○○양, 부디 천국에 가서 편히 잠들기를 빕니다.

• 회사장(會社葬) 때 사원 대표의 조사

오늘 ○○○사장님의 장례식에서 사원을 대표해서 삼가 석별의 조사를 드립니다.

사장님의 갑작스런 서거에 접하여 저희 사원 일동은 슬픔을 감출 수 없습니다.

돌이켜보았을 때 사장님은 기개가 대단하면서도 인정이 많은 분이셨습니다. 37 세 때 근무하시던 S물산을 그만두고 이 회사를 설립하셨습니다.

그 이래 30년 동안 치열한 경쟁 속에서 항상 타사보다 한 발 앞서 가셨으며 어려운 고비마다 강한 의지와 부단한 노력으로 돌파하셨습니다.

저희들은 사장님의 삶을 통해서 업무에 대처하는 자세와 인생을 살아가는 자세를 배워 왔습니다. 사장님은 경영의 스승이시며 인생의 스승이셨습니다.

한편 사장님은 너그럽고 겸손한 인품의 소유자셨습니다. 어떤 사원에게도 만나면 「수고하네.」라는 말을 잊지 않으셨으며, 사원들의 대소사에도 항상 응원을 아끼지 않으신 인정이 많은 분이셨습니다.

지금 우리 업계는 여러 가지로 어려운 문제에 직면하고 있습니다. 이런 어려운 때에 사장님이 떠나신 것은 우리 회사만이 아니라 업계 전체의 손실입니다.

그러나 사장님의 위대한 업적은 영원히 남을 것으로 확신합니다. 그

리고 사장님의 교훈은 우리들 마음속에 계속 살아 있을 것입니다.

저희들이 할 수 있는 것은 사장님의 유지(遺志)와 유업(遺業)을 이어받아 사원 일동이 일치단결하여 회사를 더욱 발전시켜 나가는 것입니다.

삼가 사장님의 명복을 빌면서 아울러 사장님의 생전의 업적에 경의를 표하면서 작별의 조사로 대신하고자 합니다.

● **거래처 사장에 대한 조사**

△ △ 출판사 ○○○사장님의 영전에 애도를 표합니다.

저는 사장님의 영전에서 최후의 작별을 드리게 되었는데 생전의 사장님은 누구보다도 건강하셨고 회사의 발전을 위해서 혼신의 힘을 다 기울이셨습니다.

작고하시기 전날까지도 정력적으로 진두지휘하시던 사장님이 이렇게 가시다니 저는 그저 망연하여 깊은 슬픔에 젖어 있을 뿐입니다.

더구나 우리나라 출판계의 거목이시던 사장님을 떠나보내는 유족들이나 회사 여러분들의 슬픔은 또한 얼마나 크시겠습니까?

돌이켜보면 사장님은 1960년대 중반, 회사를 창립하여 40여 년에 걸쳐서 회사의 발전을 위해 남다른 노력을 해 오셨습니다.

사장님은 항상 업계의 동향에 민감하게 대응해 오셨으며 활판 문화에서 전산을 이용한 편집 체제를 도입하는 등 선구적인 역할을 해 오셨습니다.

또한 경험과 감각에 의존해 왔던 편집 작업을 과학적인 공정을 세워서 품질을 관리하는 체제를 확립해 놓으셨습니다.

그리고 출판문화의 발전을 위해서 남다른 공적을 남기셨으며 우수한

양서 출판에 심혈을 경주하셨습니다. 사장님의 아버님은 우리 인쇄소의 조판과장을 거쳐 전무님으로 재직한 인연도 있어서 사장님은 저희 회사와는 아주 가까운 관계였습니다. 저희 회사가 활판 인쇄에서 전산 조판으로 전환하는 데도 큰 힘이 되어 주셨습니다.

회사와 업계의 발전을 위해서 의욕적으로 활동하신 사장님이 60을 갓 넘긴 연세에 가시다니 참으로 애통합니다.

사장님의 유지(遺志)는 전무님을 위시하여 훌륭한 사풍 속에 육성된 사원 여러분의 결속된 힘으로 훌륭하게 이어갈 것으로 확신합니다.

사장님 부디 편안하게 영면하시기 바랍니다. 다시 한 번 사장님의 영전에 명복을 빌면서 조사를 대신하겠습니다.

🎤 장례 준비

상주는 유족의 대표로서 고인을 대신해서 문상을 받는 입장에 있습니다.
특히 고인이 생전에 지정하지 않은 이상 고인과 가장 혈연이 가까운 사람이 상주가 됩니다. 부부 중 한 사람이 죽었을 때는 배우자, 배우자가 없을 때는 아들이 연령순에 따라 맡습니다.
또 자식이 없을 때는 형제자매의 순으로 상주를 맡고, 아이가 죽었을 때는 아버지나 어머니, 부모가 없을 때는 그 형제자매의 순으로 상주를 맡습니다.
다음에는 장례를 차질 없이 진행하기 위하여 잡일을 분담할 필요가 있으며 다음과 같은 역할을 정해 두면 편리합니다.

🎤 장례위원장

친족이나 친구 중에서 이런 행사에 경험이 있는 사람으로, 고인의 집안 사정을 잘 아는 사람에게 부탁하며 장례위원장이 장례 전체를 지휘하게 됩니다.

♣ 접대계

조문객의 접대. 당일 밤샘을 하는 조문객이나 장례를 위해서 일하는 사람들을 위하여 간단한 식사나 술, 음료 같은 것을 준비합니다.

♣ 회계 및 접수계

회계는 친족이 담당하는 것이 좋으며 조문객의 접수를 기록합니다.

• 거래처 사장에 대한 조사

삼가 ○○○사장님의 영전에서 마지막 작별 인사를 드립니다.

○○○사장님이 우리 식품업계에 남기신 공적은 너무도 큽니다. 경제 호황으로 들떠 있을 때도 사장님은 그 물결에 안주하지 않고 새로운 제품 개발에 힘을 쏟으셨습니다.

경제가 어려워져 업계 전체가 침체기에 빠졌있을 때도 계속 신제품을 출시하여 활력을 되찾곤 하셨습니다.

항상 겸손한 자세로 묵묵히 한눈파는 일 없이 당신의 신념에 따라 살아오신 사장님, 사장님의 앞을 내다보시는 예리한 선견지명을 상실한 우리 업계는 큰 어려움을 겪게 되었습니다.

저희들은 사장님의 경영 철학을 본받아 더욱 분발하여 업계를 발전시켜 나갈 것입니다.

이것만이 사장님의 유지에 보답하는 길이라고 믿고 있습니다.

사장님의 편안한 영면을 기원하면서 작별의 인사로 대신하고자 합니다.

• 은사에 대한 제자의 조사

○○○ 선생님, 선생님의 영전에 삼가 아룁니다.

선생님을 아무리 불러 보아도 그토록 밝고 힘차셨던 선생님의 음성은 들리지 않습니다. 얼마 전까지도 저희들의 모교에서 후학을 가르치셨던 선생님이 S대 부속 병원에 입원하신 것은 무덥던 7월 중순 경이었습니다.

수술 후의 경과가 좋다고 들었는데 갑자기 용태가 나빠져서 운명하셨다고 들었습니다.

선생님이 맡으셨던 국사 시간은 교과서 그대로 하는 수업이 아니었습니다. 우리나라의 역사상 중요한 인물을 흥미진진하게 말씀해 주실 때는 그런 인물이 과거의 인물이 아니라 우리 눈앞에 살아 있는 인물로 착각하리만큼 생동감이 넘쳤습니다. 공부에 흥미가 없는 학생들도 선생님의 수업 시간이 되기를 기다리고 있었습니다.

또한 선생님은 학문 분야에서만이 아니라 개인적인 상담을 할 때도 친부모처럼 자상하게 대해 주셨습니다. 선생님은 항상 「타인의 말에 흔들리지 말고 자기의 머리로 생각하고 자기의 마음으로 결정하여 행동하는 사람이 되라. 그렇게 되었을 때 한 사람의 인간이 될 수 있는 것이다.」라고 하시던 말씀이 지금 귀에 쟁쟁합니다.

우리들은 사회에 나와서야 그때 선생님이 하시던 말씀의 의미를 깨달을 수 있었습니다. 비록 선생님은 가셨지만 앞으로도 이 말은 우리들이 자기가 가야 할 방향을 결정할 때 지침이 되어 주리라 믿습니다.

선생님은 우리들 한 사람 한 사람의 개성을 잘 통찰하시어 우리 한 사람 한 사람을 모두 끔찍하게 아껴 주셨습니다.

선생님이 뿌린 씨앗은 제자들의 마음속에서 무럭무럭 자라나고 있습니다. 선생님은 아직도 우리들에게 가르쳐 주실 것이 많으셨을 텐데 오늘 이렇게 슬픈 날을 맞이하게 되었습니다.

선생님, 앞으로도 저희들은 선생님이 뿌려주신 씨앗을 훌륭하게 가꿀 것입니다. 이런 저희들을 천국에서 지켜봐 주시기 바랍니다.

선생님 밑에서 공부하던 그날을 회상하면서 선생님의 명복을 빌겠습니다.

• 은사에 대한 조사

○○○ 선생님, 저는 지금 선생님의 영전에서 최후의 작별 인사를 드리고 있습니다.

선생님이 병환으로 시립 병원에 입원하신 것은 작년 11월 갑자기 쌀쌀해진 어느 날이었습니다. 얼마 전 저희들이 병문안을 갔을 때는 「곧 퇴원할 거야. 그러면 또 야단을 쳐야겠다.」고 웃으시면서 농담조로 말씀하셨는데 엊그제 저녁 때 뜻밖에도 선생님이 별세하셨다는 슬픈 소식을 듣게 되었습니다. 너무 놀라서 어찌할 바를 몰랐습니다.

저희들을 가르치실 때 선생님의 표정은 아주 엄격하셨지요. 하지만 수업이 없을 때는 항상 웃음을 지으시며 너그럽게 말씀하시곤 했습니다. 이제 선생님이 웃으시던 얼굴도 두 번 다시 볼 수 없게 되는 것일까요? 더 이상 선생님의 지도를 받을 수 없는 것일까요?

매년 이맘 때 하는 발표회가 얼마 남지 않았습니다. 선생님은 병상에 계시면서도 발표회가 걱정이 되어 준비가 어떻게 잘되고 있는지 염려하셨습니다.

마지막 순간까지 제자들을 염려해 주신 선생님께 보답하기 위해서라도 이번 발표회는 반드시 훌륭하게 해 내겠다고 각오를 단단히 하고 있습니다.

선생님, 선생님이 좋아하시던 수선화가 한창 흐드러지게 피어 있습니다. 겨울철 찬 냉기 속에서도 아름답고 청초하게 피어 있는 수선화는 마치 선생님의 인품을 대변해 주고 있는 것 같습니다.

선생님, 선생님의 영전에 삼가 작별을 고합니다. 편안히 잠드소서.

• 은사에 대한 조사

○○○ 선생님 영전에 마음으로부터의 애도를 드립니다.

제가 선생님으로부터 가르침을 받은 것은 학문만이 아니었습니다.

「제군들, 인생에는 전진만이 있을 뿐이다. 그러므로 앞으로, 앞으로. 이것만이 있을 뿐이야.」라고 말씀하시던 것이 아직도 귀에 생생합니다.

저는 실의에 빠져 있을 때나 사회에 뒤떨어져 있다고 느낄 때 늘 선생님이 해주셨던 그 말씀을 생각해 봅니다.

그래서 언제까지고 슬픔에 젖어 있지 않고 앞을 향해 걸어가겠습니다.

선생님 부디 편히 잠드소서.

• 은사에 대한 조사

선생님의 영전에 삼가 충심으로 애도를 표합니다.

제가 선생님으로부터 받은 가르침은 학문만이 아니었습니다. 수업을 하는 사이사이에, 혹은 방과 후에 저희들과 차를 마시면서, 때로는 술을 마시면서 시간 가는 줄 모르고 이야기를 주고받았습니다. 그럴 때 우리들은 아버지보다도 연세가 많으셨던 선생님께 버릇없는 말을 했던 것을 죄송하게 생각합니다.

그럴 때도 선생님은 언제나 참으시고 다정하게 들어주셨습니다.

이제야 선생님의 넓으신 도량과 관대하신 인간성을 깨닫게 되었습니다. 사회에 나와서 어려운 일을 당할 때마다 저는 그때의 선생님을 떠올리면서 「이 세상에는 선생님 같은 사람도 없다.」는 것을 절실하게 느끼게 되었습니다.

「무슨 일이고 열심히 해야 한다! 전력을 다하여 자기의 인생을 개척하라!」선생님은 늘 그렇게 말씀하셨습니다.

지금 사회에 나와 보니 선생님이 하셨던 그 말의 무게가 피부에 절실하게 와닿습니다.

선생님, 오늘처럼 슬픔을 느끼는 것은 저로서는 처음입니다. 눈물을 주체할 수 없습니다. 하지만 언제까지나 울고만 있을 수는 없습니다. 「항상 가슴을 활짝 펴고 전진하라.」 하시던 선생님의 가르침에 따르지 않는 것이 되기 때문입니다.

선생님의 가르침을 가슴에 새기고 앞으로 전력을 다하여 인생을 열어나갈 것입니다.

선생님의 영전에서 맹세하겠습니다. 선생님 고맙습니다.

그리고 편안히 잠드소서.

• **교장 선생님에 대한 제자의 조사**

교장 선생님, 제자들을 대표해서 삼가 선생님의 서거를 애도하며 영전에 작별 인사를 올립니다.

선생님은 35년이란 긴 세월 동안 교직에 계시면서 많은 제자들을 훌륭하게 가르치셨습니다. 선생님이 저희 학교에 계실 때는 30대의 젊은 선생님이셨습니다.

선생님은 늘「공부만 잘한다고 훌륭한 사람이 되는 것은 아니다.」라는 교육 방침으로 지식과 아울러 체력 단련의 중요성을 역설하셨습니다.

저처럼 공부에 취미가 없는 학생들에게는 선생님의 그 말씀이 얼마나 반가웠는지 모릅니다. 자신을 잃지 않고 3년간 선생님 밑에서 공부한 것이 얼마나 자랑스러웠는지 모릅니다.

선생님은 교장 선생님이 되신 후에도 그러한 교육 방침으로 일관해서 사회의 일꾼이 될 수많은 제자들을 길러 주셨습니다.

엄격하면서도 따뜻하고 고결한 선생님의 인품은 많은 학생들이나 졸업생은 물론이고 학부모님들도 한결같이 선생님을 칭송하고 있습니다.

선생님, 너무나 아까운 나이에 떠나셨습니다. 왜 그렇게 빨리 가셨습니까? 선생님의 투철한 교육 방침으로 더 많은 일꾼을 길러내지 못한 것이 너무 아쉽습니다.

더없이 훌륭하신 선생님을 잃은 지금, 선생님의 제자들은 선생님의 유지를 받들어 면학에 힘쓰고 튼튼한 몸으로 살아가려고 합니다.

선생님 편안히 잠드소서. 그리고 언제까지고 제자들을 지켜봐 주십시오.

• 사장의 장례식 때 사원의 조사

오늘 利주식회사 ○○○사장님의 회사장(會社葬)에 즈음하여 사장님의 영전에 서서 사원을 대표하여 작별 인사를 드립니다.

생자필멸, 회자정리(生者必滅, 會者定離)라 하지만 평소에 그처럼 건장하셨던 사장님께서 가족들의 정성스런 간호에도 불구하고 유명을 달리하신 것은 참으로 애통하고 가슴 아픈 일이 아닐 수 없습니다. 저희 사원 일동은 진심으로 사장님의 서거를 애도합니다.

사장님은 지금부터 40년 전 선대 사장님의 사업을 이어받아 현재에 이르기까지 항상 利주식회사와 함께 해 오셨다고 해도 과언이 아닙니다. 오일 쇼크의 어려웠던 시기를 불굴의 투지로 극복하시고 회사의 발전을 위해 불철주야 애쓰셔서 지금은 사원 수만 하더라도 천 명이 넘는 업계 최고의 회사로 만들어 놓으셨습니다.

사장님은 저희 사원들로서는 부모 같은 분이며 인생의 지도자셨습니다. 저희들은 이러한 사장님 밑에서 일하게 된 것을 자랑과 기쁨으로 알고 일해 왔습니다. 특히, 우리들이 감탄하는 것은 사원들에 대한 관용과 업무에 대한 남다른 정열이었습니다. 저희가 수차에 걸쳐서 일을 잘못하여 사장님의 심한 꾸중을 들을 것을 각오하고 사장실을 노크했을 때, 사장님은 우리들의 변명을 듣고 나서 실패는 성공의 어머니가 된다고 오히려 위로와 격려를 해 주셨습니다.

사장님은 아무리 하찮은 직원의 말이라도 경청해 주셨습니다. 사장님의 이처럼 넓으신 도량이 얼마나 우리들의 사기를 북돋아 주셨는지 모릅니다.

지난날의 추억이 떠오르면 떠오를수록 사장님의 서거가 더욱 가슴을 아프게 합니다. 전인미답이었던 곳에 길을 뚫어서 우리들에게 커다란 기쁨과 자신감을 가질 수 있게 하신 사장님께 사원들은 뜨거운 감사를 드립니다.

우리들은 후계자를 중심으로 일치단결하여 더욱 업무에 충실할 것을 약속드립니다.

사장님, 편안히 잠드소서. 충심으로 사장님의 명복을 빌면서 조사를 마치겠습니다.

• 사장의 장례식 때 사원의 조사

삼가 ○○○사장님의 영전에서 사원을 대표하여 작별 인사를 드립니다.

사장님은 지난 9월 20일 불의의 교통 사고로 유명을 달리하게 되셨습니다. 저희 사원들은 너무 놀라운 소식을 듣고 비탄에 쌓여 있습니다.

사장님은 45세라는 젊은 나이에 사장으로 취임하셔서 현재까지 탁월한 수완으로 사세 확장과 발전을 위해 매진해 오셨습니다. 또한 우리 사원들은 필설로는 다 표현할 수 없을 만큼 많은 은혜를 입어 왔으며 그러한 사장님을 아버지처럼 생각하면서 일을 해오고 있었습니다.

더욱이 저희들이 감탄하지 않을 수 없었던 것은 업무에 대한 사장님의 정열과 기백입니다. 이러한 정열과 기백이야 말로 利제화 주식회사가 발전할 수 있었던 번영의 밑거름이라고 해도 과언은 아닐 것입니다. 사장님은 늘 「미술가가 캔버스를 마주보고 전심전력으로 붓을 들고 그림을 그리듯이 모든 생산자가 업무에 임한다면 모든 제품의 질은 향상될 것이다.」라고 조회 석상에서 자주 말씀하셨습니다.

지금 「利제화의 제품은 양심적이다.」, 「利제화의 제품은 우수하다」는 평판을 들을 수 있게 된 것도 다 이러한 사장님의 탁월한 경영 방침의 소산이라고 생각합니다. 저희들은 이러한 사장님을 모시고 일하게 된 것을 자랑으로 생각하고 있습니다.

하지만 사운이 한창 번창하는 시기에 이런 불행을 당하여 유명을 달리하게 되신 것은 너무도 애통하기 그지없습니다. 사장님이 남기신 업적은 우리 회사의 주춧돌이 될 것이고, 사장님의 업적은 길이 남을 것입니다.

우리 사원 일동은 사장님의 유지를 이어받아 회사의 발전을 위하여 매진할 것입니다. 사장님도 높은 하늘나라에서 우리를 지켜봐 주십시오.

사원 일동을 대표하여 삼가 고인의 명복을 빌면서 애도의 뜻을 표합니다.

• 사장의 장례식 때 부하의 조사

오늘 ○○○사장님의 영전에 삼가 애도의 뜻을 표합니다.

○○○사장님의 갑작스런 부보에 우리 사원 일동은 깊은 슬픔과 실의에 빠져 있습니다.

아직도 젊으신 사장님의 죽음은 우리 사원들뿐만 아니라 사회나 업계로서도 더할 수 없는 큰 손실입니다.

사장님은 문자 그대로 회사의 대들보였으며, 정신적인 지주로서 사원들의 마음 속에 너무 크게 존재하고 있었습니다. 사장님의 냉철한 판단과 정확한 결단으로 우리 사원들은 혜택 받은 좋은 환경에서 일해 왔던 것입니다.

사장님은 몸소 제 일선에서 일하셨으며, 훌륭한 모범을 보여 주셨습

니다. 그러나 일단 일을 떠나서는 원숙한 선배로서 수많은 교훈을 시사해 주셨고, 농담으로 우리들의 긴장을 풀어 주셨습니다.

지금 사원 일동은 깊은 슬픔에 잠겨 있습니다마는 언제까지고 비탄에 빠져 있을 수만은 없습니다.

이럴 때일수록 일치단결하여 업무에 임하는 것이 사장님의 유지에 보답하는 길이라고 생각합니다.

「힘내라구, 자네라면 할 수 있어.」라고 사원 한 사람 한 사람을 격려해 주시던 모습을 가슴에 새기면서 우리는 내일부터 다시 열심히 노력하겠습니다.

사장님이 편안하게 잠드시기를 빌면서 조사를 마치겠습니다.

• 상사의 장례식 때 부하의 조사

○○○부장님의 영전에 애도를 표합니다.

저는 부장님과 같은 부서에 근무한 H입니다. 입사 이래 부장님께 많은 지도를 받은 것을 늘 감사하게 생각하고 있었습니다.

부장님이 신병으로 요양 중인 것은 알고 있었습니다마는 이렇게 빨리 가실 줄은 몰랐습니다.

완쾌하시어 저희들을 이끌어주실 줄 알았는데 이렇게 가시다니 정말 애석합니다.

진심으로 명복을 빌겠습니다.

• 상사의 장례식 때 부하의 조사

○○과장님, 어찌하여 그렇게 빨리 가셨습니까? 과장님은 항상 우리들

에게 「급하면 돌아가라」고 하시지 않았습니까?

어찌하여 과장님은 병마에 대해서는 돌아서 가지 않으셨습니까. 죽음이 뭐가 그렇게 좋다고 서둘러 가셨습니까?

정말 안타깝고 슬픕니다. 하지만 저희들은 이런 슬픔을 가슴에 담고 내일부터 과장님의 유지에 보답하겠습니다. 한마음으로 일하겠습니다.

하늘나라에서도 우리들을 지켜봐 주시기 바랍니다.

끝으로 유족분들에게는 마음으로부터의 위로를 드리며 작별의 인사로 대신하겠습니다.

과장님 편히 쉬십시오.

🍷 부하로서 사장이나 상사에 대한 조사를 할 때 예를 다 갖추어 하는 경우와 슬픈 감정을 솔직한 감정을 토해 내는 경우가 있습니다.
조사를 받는 고인의 입장에 따라 다르겠으나 사장이나 중역 등 기업 간부의 장례식 때는 어느 정도 예에서 벗어나지 않도록 할 필요가 있을 것입니다.
그런 점에서는 「삼가 영전에 애도의 뜻을 바칩니다.」라고 시작함으로써 틀에 박힌 조사, 혹은 작별의 인사를 할 수 있습니다.
한편 「과장님!」 하고 시작하는 경우에는 솔직하게 슬픈 감정을 내뱉는 조사로 넙니다. 친구나 동료가 죽었을 때의 직별 인사는 복받치는 슬픔을 솔직히 영전에서 토해 내는 것도 감동적입니다.

• 사고로 죽은 친구에 대한 조사

○○군, 다시는 돌아오지 못하는 군의 영전에 최후의 작별을 하지 않

으면 안 되겠네.

군의 부보를 받고 한 순간 나는 내 귀를 의심하였어. 그리고 눈앞이 캄캄해졌네. 서있을 수가 없을 정도로 큰 쇼크를 받았네.

그 순간의 놀람은 도저히 말로는 표현할 수도 없네.

엊그제, 우리는 오랜만에 만나서 그동안의 근황을 물으면서 차를 마셨었지. 그리고 재회를 약속하고 헤어졌는데 자네가 교통사고를 당했다니!

나는 그런 것도 모르고 오랜만에 만난 자네의 반짝이던 눈빛을 생각하면서 유쾌한 기분으로 집으로 돌아갔었네.

집에 막 도착하자마자 받은 것이 자네의 부보였네. 이런 일이 있어도 되는 것인가? 나는 몇 번이고 이렇게 중얼거렸네. 나는 자면서도 그런 잠꼬대를 할 것만 같네.

○○군, 어찌하여 그렇게 서둘렀는가? 나의 이 찢어질 듯한 가슴의 통증이 얼마나 심할 것이라는 것을 알았으면 다시 한 번 힘차게 나를 불러보게.

내가 어떻게 해야 자네가 그런 말을 할 수 있을까? 나는 어찌 해야 좋을지 모르겠네. 내 마음이 이럴진대 지금까지 자네를 길러 주신 자네의 부모님 마음은 오죽하겠는가?

하지만 어쩌겠는가? 자네 역시 가슴이 아프겠지. 이제 그런 말은 그만 두세. 자네가 부모님께 하고 싶었던 말이 무엇인지 나는 알아. 우리는 자네가 했던 효도의 만분의 일도 할 수 없겠지. 하지만 최선을 대해서 자네의 부모님께 해드리고 싶네.

부디 편안하게 천국으로의 여행을 떠나기 바라네. 잘 가게 친구야.

- 산에서 조난당한 친구에 대한 조사

○○군, 자네가 그렇게 좋아하던 산에서 두 번 다시 돌아올 수 없다는 말인가?

하지만 나는 그것을 믿을 수 없네. 신중하고 치밀하게 계획을 세워서 안전을 확신하고 간 자네가 전처럼 「글쎄 비를 만났잖아. 그래서 하루 늦었던 거야」 라면서 검게 탄 얼굴로 지금 내 앞에 나타날 것만 같네.

우리는 서로 독신이라는 홀가분함에서 자주 만나 술잔을 나누었었지. 그리고 산에서 돌아온 자네는 아주 활력이 넘쳤고 명랑해서 나로서는 다시없는 좋은 술벗이었네.

등산은 물론이고 스포츠와는 인연이 없는 나였지만 자네와 같이 있으면 나도 스포츠맨이 된 것 같은 느낌이 들었지. 자네와의 추억담은 한두 가지 아니었어.

겨울산처럼 깨끗하고 여름산처럼 시원한 자네의 영령 앞에서 지금 나는 마음으로부터의 애도를 올리고 있네.

그러면 ○○군, 편안히 잠들기를 비네.

조사(弔辭)는 죽은 사람에게 바치는 말이므로 죽은 직후에 하는 것입니다. 그러므로 죽은 지 한참 후에 하는 것은 추도문(追悼文)이라고 생각하는 것이 좋을 것입니다.

조사는 말하듯이 하는 것이 아니라 읽는 것인데 최근에는 말하듯이 하는 조사가 많아지고 있습니다.

어쨌든 형식에 얽매일 필요는 없습니다.

사자의 영전에서 생전에 고인과 있었던 추억을 말하고 충심으로 애도의 뜻을 전하고 작별의 인사를 하면 되지 않을까요?

극단적으로 말해서 「안녕!」이란 한 마디로도 됩니다.

그러나 유족에 대한 위로의 말도 조사에는 필요합니다.

「힘내시기를」이라든가 「하루 속히 슬픔에서 벗어나기를」과 같은 말로 기분을 전하도록 합시다.

• 죽은 어린 아들에 대한 아버지의 조사

아들아, 너는 지금쯤 천국의 계단을 올라가고 있겠지. 도중에 길을 잃고 울고 있지는 않겠지.

네가 혼자서 여행을 하는 것은 이번이 처음일 거야. 그런데 어째서 너 혼자 여행을 떠났단 말이냐? 아빠는 도저히 이해할 수 없구나.

아들아, 괜찮으냐? 이 아빠는 지금 너의 영전에 서 있단다.

지금부터 이 아빠가 하는 말을 잘 들어다오!

너는 참으로 이 아빠에게는 착한 아들이었어. 아빠와 엄마는 너를 끔찍히 사랑했었어. 너는 명랑하게 큰 소리로 「아빠!」하고 불렀었지.

지금도 눈을 감으면 너의 건강한 모습이 떠오른다. 요란하게 문을 열고 뛰어 들어오는 너의 모습이 아빠의 눈을 빛나게 해주었어.

네가 이렇게 갑자기 가버리자 아빠나 엄마는 그저 망연히 서있을 뿐이란다. 무엇을 생각하고 무엇을 하려고 해도 머리도 마음도 텅 비어 있는 것 같다.

교통 지옥에 희생된 너무나 어린 너의 생명. 오래오래 살아서 우리의 기쁨이 되어주었더라면 얼마나 좋았을까! 우리는 너를 꼭 살려주고 싶었었다.

아빠와 엄마는 이것이 운명의 장난이라고는 도저히 생각할 수 없구나. 너처럼 어린 생명이 위험에 빠지지 않는 세상이 되어야겠다. 그런 세상이 되도록 어른들은 힘쓰지 않으면 안 되겠다.

정말 죄송하다. 아빠를 용서해다오! 아빠는 그런 위험에 대해서 너무 무관심했던 것을 후회한다.

너는 그런 중요성을 몸으로 가르쳐 주었어. 결코 너의 죽음이 헛되지 않게 할 것을 약속하마. 비록 너는 죽었지만 너는 언제까지나 아빠와 엄마의 마음 속에 살아 있는 거야.

아들아, 무사히 천국으로 가다오! 너무너무 귀여운 우리 아들, 편히 잠들어 다오!

• 죽은 어린 아들에 대한 아버지의 조사

○○○아, 너와 마지막 작별을 하기 위해 아버지는 지금 여기에 서 있단다.

너는 어째서 좀 더 오래 살아 주지 못했느냐? 어째서 훨씬 자란 모습을 아버지에게 보여 주지 못하느냐?

아버지와 어머니는 너를 잃고 모든 희망을 잃은 것 같다. 너는 우리 집안의 보물이었어.

이 세상에서 다시없는 보물이었지. 어째서 너는 병마에 쓰러졌느냐?

정말 불쌍한 아들아, 너를 끝까지 지켜주지 못한 이 아버지를 용서해다오.

지금 눈을 감으면 너의 웃는 얼굴이, 그리고 화난 얼굴이, 우는 얼굴이 어른거린다. 작고 귀엽던 고사리 같던 너의 손, 쭉 뻗은 다리, 어느

하나라도 사랑스런 금지옥엽 같은 너였어.

우리는 결코 너를 잊지 못할 것이다. ○○아, 천국에서 행복하게 살아
라! 안녕! 이것이 아버지의 마지막 인사다.

자식에 대한 조사는 언제 들어도 가슴을 도려내는 듯한 애절함이 담겨 있
습니다.
사랑하는 아들을 떠나보내는 조사에는 어떤 형식 같은 것이 있을 수 없습니다.
테마나 내용에 얽매일수록 냉정해지지 않습니다.
하고 싶은 못 다한 말을 마음 내키는 대로 털어놓을 수밖에 없습니다.
그러나 마지막에는 「천국에 가서 편안히 잠들어 다오」라고 마치는 것을 잊지
말도록.

4. 유족의 인사

유족(遺族)의 인사 - 기본과 포인트

■ 유족 인사의 기본 형식

유족이 인사할 때의 기본형은 대개 다음과 같이 되겠습니다.

① 참석자에 대한 인사의 말

② 사망에 이르기까지의 상황 설명(간결하게)

③ 고인과 관련된 에피소드나 생전의 업적 등을 말한다.

④ 생전에 고인이 신세를 진 것, 장례에 참석해 준 것에 대한 감사를
   표한다.

⑤ 맺음말 (「오늘은 대단히 감사했습니다.」 등)

이 순서에 따라 인사말을 구성해 보겠습니다.

우리는 여러 가지 경우에 다양한 인사나 스피치를 하게 되는데 「유족
의 인사」만큼 슬프고 쓰라린 것은 없습니다.

그러나 장례식에서는 심정이 쓰리고 슬프더라도 참석자에 대해서는
참석해 주신 데 대한 감사의 뜻과 예절을 차리지 않으면 안 됩니다.

감사나 인사의 말은 진심으로 감사하다는 마음이 담겨져 있으면
됩니다.

장례식은 이 세상에서 고인과 마지막으로 작별하는 자리이기도 합니
다. 참석한 분들에게는 감사의 인사를 하는 동시에 고인과의 작별의 말
을 합니다. 장례식에서는 가족이나 유족이라도 고인의 생애나 업적을
칭송하는 것은 매너에 위배된 것은 아닙니다. 물론 지나친 표현은 삼가
하는 것이 좋습니다.

■ 장례위원장이 인사를 하는 경우

회사장(會社葬)이나 단체장(團體葬)에서는 장례위원장이 인사를 하는
경우가 있습니다.

장례위원장은 유족측일 것이므로 고인과 유족을 대표해서 인사를 하
게 됩니다.

장례위원장은 인사의 내용에 대해서 미리 유족과 상의해둡니다.

● 고인이 생전에 요직에 있었을 경우

고인이 생전에 높은 지위에 있었을 경우에는 장례 때 공인(公人)으로서의 입장을 부각시켜야 합니다.

이럴 때 참석하는 사람은 고인의 사업과 관련이 있는 사람이거나 저명한 인물이 될 것입니다.

따라서 당연히 장례식의 분위기도 달라집니다. 조사는 공적 의례로 되는 경우가 많고, 고인의 업적에 중점을 두게 됩니다. 이것은 생전의 사회적 지위로 볼 때 부득이합니다.

이럴 때는 유족의 인사도 다소 의례적으로 되지 않을 수 없습니다.

그러나 그럴 때라도 고인의 인간성을 칭송하고 애통한 마음을 말하는 것이 중요합니다.

● 아버지의 영전에서 상주(長男)의 감사 인사

날씨도 추운데 원로에, 더구나 바쁘신 데도 불구하고 와 주신 여러분께 심심한 감사를 드립니다.

아버님의 96년간의 생애는 파란만장한 세월이었습니다. 지난 1세기 동안 두 차례의 세계 대전, 피비린내 나는 민족상잔(民族相殘)의 6·25 전쟁 등 끔찍했던 세월을 살아오셨습니다. 그 사이 여러분의 후의와 성원 속에 천수를 다하신 것을 감사하고 있습니다.

노환으로 입원하시는 동안 「아버님, 어서 훌훌 털고 일어나셔야지요.」하고 말씀 드렸더니 아버님은 빙그레 웃으시며 「이제 갈 사람은 미련 없이 가야지.」라고 하셨습니다. 아버님은 떠날 때가 되었다는 것을 직감하고 계셨던 것입니다.

아버님의 생애는 고통의 연속이었습니다만 그래도 만년은 행복하셨던 것으로 생각됩니다. 이것은 전적으로 여러분이 성원해 주신 힘이라고 생각됩니다.

이제 남은 저희들을 생전의 아버님처럼 지도하여 주시기를 간절히 부탁드립니다.

간단하나마 이것으로 인사를 대신할까 합니다. 아버님의 장례에 참석하여 주셔서 대단히 고맙습니다.

• 고인 아들의 감사 인사

바쁘신 데도 불구하고 아버님의 장례에 참석해 주신 여러분께 감사의 인사를 드립니다.

지금부터 석달 전 회사에서 퇴근하시다가 갑자기 쓰러지셨을 때는 여러분께 심려를 끼쳐드려 참으로 죄송스럽게 생각하고 있습니다.

그 후 잠시 회복 기미를 보였으나 병마를 이길 수는 없었습니다. 아버님은 어제 오후 운명하셨습니다.

그동안 여러분께서 찾아주신 것이나 병문안 해 주신 고마움을 이 자리를 빌려서 감사드립니다.

아버님은 50대 중반의 한창 왕성한 활동을 할 수 있는 연세였습니다. 병상에 누워 계시면서도 당신의 병고를 호소하기보다는 그저 「미안하다」는 말만 되풀이하셨습니다.

하시던 일이나, 남겨두신 어머니나, 우리 자식들 걱정만 하고 계셨습니다. 그러나 저도 이제는 장성하여 한 사람의 사회인이 되었으므로 앞으로는 어머님을 편히 모시고 동생들을 위해서 열심히 살겠습니다.

그러나 아직 철부지입니다. 여러분, 아버님과의 우정을 생각하셔서 지켜봐 주시고 지도해 주실 것을 부탁드립니다.

오늘 참석해 주셔서 참으로 고맙습니다.

• 고인 아들의 감사 인사

오늘은 바쁘신 데도 불구하고 저의 아버님 장례에 참석하여 주셔서 대단히 감사합니다.

아버님이 더 오래 건강하게 사시기를 바랐으나 그런 바람도 헛되게 병마에 쓰러져 불귀의 객이 되고 말았습니다. 저승으로 떠나시는 이 자리에 생전에 가까이 지내시던 여러분들이 따뜻한 전송을 해 주셔서 아버님도 흡족하시리라 믿습니다.

이것으로 아버님은 여러분과 영영 작별하게 되겠습니다.

선친을 대신해서 생전에 베풀어주신 후의에 진심으로 감사를 드립니다.

아버님은 50대 중반의 한창 일할 나이셨습니다.

병상에 계시면서 병고를 호소하시기보다는 그저 「큰일이다, 해야 할 일이 태산 같은데…….」라고 못다 하신 일을 어머님이나 저희들 자식들에게 넘겨주는 것이 마음에 걸리셨던 것 같습니다.

하지만 저희 남매도 이제 어린아이가 아닙니다. 저희들이 이어받아 해 나가야겠지요. 하지만 젊고 철없는 저희들을 지금보다도 더 성원해 주셔야 하겠습니다.

오늘 이렇게 많이 참석해 주시어 대단히 고맙습니다.

• 상주의 감사 인사(長男)

인사드리겠습니다.

저는 고인의 장남 되는 ○○○입니다.

오늘 아버님의 장례식에 바쁘신 데도 불구하고 많이 참석해 주셔서 감사합니다.

선친께서 회사를 설립한 것은 40년 전이었습니다. 문자 그대로 혼자 힘으로 출발하셨기 때문에 현재와 같은 회사를 만들기까지는 몇 차례나 좌절과 위기가 있었다고 들어왔습니다. 그것을 돌파할 수 있었던 것은 한마디로 말해서 참석해 주신 여러분의 도움이 있었기에 가능했을 것으로 알고 있으며 다시 한 번 감사를 드립니다.

아버님은 항상 「건강이 재산이다!」라고 입버릇처럼 말씀하실 정도로 건강에 남다른 신경을 써오셨고, 지금까지 몸이 아파서 누우신 적도 거의 없었던 분이 병마를 이겨내지 못하시고 두 달 동안 병상에 계시더니 결국 불귀의 객이 되고 말았습니다.

하지만 작년에는 미수(米壽) 축하 잔치를 무사히 넘기신 것을 생각하면 이것도 천수(天壽)라고 위안을 삼을 수밖에 없습니다.

아버님은 인간관계를 매우 중요하게 생각하고 계셨습니다. 상인(商人)은 누구에게든 미움을 사면 안된다고 말씀하셨습니다. 「어떤 사람은 좋아하고 어떤 사람은 미워하거나 하면 인간으로서 덜 된 사람이다, 어떤 사람이든지 반드시 장점은 있을 것이니 그 사람의 장점을 좋아하면 되는 거다. 그러면 어떤 사람이고 다 좋아하게 될 것이고 그런 기분은 상대방도 알게 되어 원만한 관계로 된다.」고 하셨습니다.

앞으로는 제가 아버님의 유지를 받들어 회사를 이끌어갈 것입니다.

아버님을 떠나보내는 슬픔은 크지만 슬퍼만 하고 있을 수는 없습니다. 새로운 각오로 아버님의 사업을 이끌어 가야겠다는 각오는 되어 있습니다. 아버님 생존 시에 베풀어주신 후의를 생각하셔서라도 저에게도 따뜻한 배려와 지도를 부탁 올리겠습니다.

오늘은 여러분의 도움으로 대과 없이 장례를 마칠 수 있게 되었습니다. 마음으로부터 감사를 드립니다. 간단하나마 이것으로 유족과 친족을 대표하여 감사하다는 인사를 드립니다.

고맙습니다.

• 아들의 감사 인사

오늘은 날씨가 나쁜데도 불구하고 고인의 장례식에 참석하여 주시어 진심으로 뜨거운 감사를 드립니다.

잠드신 아버님도 무척 기뻐하실 것으로 압니다.

아버님은 두 달간이라는 짧은 투병 생활 끝에 운명하셨습니다. 아직 못다하신 일도 많으실 것으로 생각됩니다.

아버님은 근래 「나는 너의 어머니와 같이 죽을 거야.」라고 하셔서 어머님을 더욱 낙담케 하셨습니다. 어젯밤 아버님이 운명하시자 어머님은 정신을 차리지 못하고 자리에 누워 계셔서 여러분께 인사를 못 드리는 점 죄송하게 생각합니다.

너그럽게 용서하여 주시기 바랍니다.

저는 아직 젊은 몸이라 무엇부터 어떻게 처리해야 할지 갈피를 못 잡겠습니다.

여러분께서는 이런 철부지인 저희들을 아버님이 살아계실 때처럼 따뜻하게 지도 해 주시기를 간청하면서 인사를 대신하겠습니다.

　감사합니다.

🎤 상주의 인사

장례식의 최후에는 장례위원장이나 상주가 인사를 합니다. 인사의 내용과 주의할 점을 들어보겠습니다.

① 장례식에 참석해 주신 분들에게 감사하다는 인사를 한다.
② 고인이 생전에 신세를 진 데 대한 감사를 표하고 고인과 관련된 에피소드를 삽입한다.
　그때는 고인의 인품이나 최근에 고인이 한 말을 담는 것이 좋다.
③ 앞으로도 유족에 대한 변치 않는 후의를 부탁한다.
④ 너무 슬퍼서 목이 메어 잘 알아들을 수 없게 될지도 모르겠으나 또렷한 말로 해야 한다.

• 고인 남편의 감사 인사

인사드리겠습니다.

저는 고인의 남편 되는　○○○ 입니다.

오늘은 바쁘신 데도 불구하고 많은 분들이 참석해 주시어 진심으로 감사를 드립니다. 또한 많은 조의금이나 조화를 보내 주시어 감사를 드립니다.

고인이 된 저의 처는 향년 72세. 행복한 만년을 보내다가 저와 자식들이 지켜보는 가운데 운명한 것은 고인의 복이라고 생각합니다. 우리 부

부는 삼남매를 길러서 지금은 제각기 가정을 갖고 있습니다. 제 처는
「할머니, 할머니」하고 따르는 귀여운 손자들을 돌보면서 지내는 것이
낙이었습니다.

수명이 허용된다면 앞으로 5년이고, 10년이고 더 살면서 손자들이 장
성하는 것을 지켜보았으면 더없이 좋았을 텐데 하는 아쉬움도 없지 않
습니다.

아내는 죽음을 목전에 두고 「저는 행복하게 살았어요. 여한은 없어
요.」라고 말했을 정도였으니 이 죽음은 행복한 죽음이었다고 해야 되
겠습니다.

저로서는 정직하게 말해서 아내를 먼저 떠나보내고 나니 가슴 한구석
이 텅 빈 기분입니다. 하지만 제게 남겨진 시간을 소중하게 사는 것이
떠난 아내를 위해서도 좋을 것이라고 믿고 살아갈 작정입니다.

고인의 생전에 여러분이 보여 주신 후의에 고인을 대신해서 심심한
감사를 드리면서 인사를 마치겠습니다.

● **고인 남편의 감사 인사**

오늘은 바쁘신 중에도 와 주셔서 대단히 감사합니다. 덕분에 제 처의
장례를 차질 없이 잘 치를 수 있게 되었습니다. 여러분의 전송을 받게
되어 고인도 무척 기뻐할 것으로 압니다.

제 처는 6개월 동안 병석에 있었습니다. 끈질긴 투병, 간호에도 소용
없이 어젯밤 여덟 시에 불귀의 객이 되고 말았습니다. 병세가 악화되고
부터 우리 두 사람은 하느님께 빌 뿐이었습니다.

가족이 지켜보는 가운데 임종하였는데 모든 고통에서 해방된 편안한

표정이었습니다. 하지만 아내는 올해 나이 마흔 살, 저로서는 아쉬움이 너무 큽니다.

이제부터는 자식들과 아내의 몫까지 행복하게 살아야 하겠습니다. 천국에 간 아내도 그렇게 되기를 바랄 것입니다.

여러분, 아내가 있을 때와 마찬가지로 지켜봐 주시고 성원해 주신다면 더 바랄 게 없겠습니다.

장례에 참석하여 주신 것 다시 한 번 감사를 드립니다.

• 고인 남편의 감사 인사

비가 내리는데도 불구하고 참석해 주시어 진심으로 감사를 드립니다.

제 아내는 25년 간 초등학교 교사로 근무하고 있었습니다. 훌륭한 선생님과 제자들에 둘러싸여 해왔던 교직 생활을 아내는 무척 보람으로 알고 있었습니다.

병석에서도 아내는 어서 병이 나아서 아이들을 만나야 할텐데 하고 입버릇처럼 말했습니다. 그리고 자기가 하던 일을 마무리하지 못해서 무척 신경을 쓰는 것 같았습니다.

그런 일도 마무리하지 못한 채 먼 길을 떠나지만 이렇게 많은 분들의 전송을 받으면서 떠나게 되어 고인도 기뻐하리라 믿습니다.

오늘은 대단히 감사합니다.

• 고인 부인의 감사 인사

저는 고인의 처 되는 ○○○ 입니다.

오늘 고인의 장례식에 정중한 조문을 해 주셔서 감사합니다.

제 남편은 오래 동안 병석에 있었는데 반드시 재기할 것으로 저나 본인도 믿고 있었던 만큼 참으로 유감스럽습니다. 사람은 한 번은 죽기 마련이라 하지만 고인은 올해 나이 46 세입니다.

고인은 늘 「남자란 일하는 보람」으로 사는 거라고 해왔던 만큼 한창 열심히 일할 나이에 병석에 눕게 되었으니 얼마나 안타까웠겠습니까?

지금에 와서 말해 무엇하겠습니까마는 아이가 장성할 때까지만 살았어도 덜 원통하겠습니다.

오늘 고인과 평소부터 가까이 지내시던 분들이 지켜보는 가운데 떠나게 된 것은 고인으로서도 다행이라고 여길 것입니다. 참석해 주신 여러분께 고인을 대신해서 뜨거운 감사를 드립니다.

저는 힘없는 여자의 몸이지만 아이를 훌륭하게 키울 작정입니다. 고인의 생전에 베풀어 주셨듯이 남은 저희들에게도 조언과 지도를 부탁드립니다.

● **고인 부모의 감사 인사**

오늘은 바쁜 중에도 오셔서 제 아이의 명복을 빌어주시어 고맙습니다. 여러분의 배려로 발인을 하게 되었습니다. 여러분의 전송을 받았으니 고인도 매우 기뻐할 것으로 생각합니다.

아들은 어제 오전 아홉 시 예상치도 못한 사고로 스물네 살이란 한창 나이에 유명을 달리하였습니다.

아들은 고등학교를 졸업하자 고향을 떠나 낯선 고장에 가서 대학을 마쳤습니다. 축산 관계의 일을 하는 것이 아들의 꿈이었습니다.

그 대학은 아들의 꿈을 이룰 수 있는 가장 좋은 학교였습니다. 졸업

후 자기가 희망했던 축산과 관련된 일을 할 수 있게 되어 부모로서는 더 없이 대견해 보였습니다.

이제부터 아들의 앞길이 확 펴질 것만 같았습니다. 그런 자식을 생각하면 더욱 슬픔을 주체할 수가 없습니다.

그러나 제가 아무리 슬퍼 해도 아들이 되살아날 수 있겠습니까? 지금도 「아버지!」하고 부르는 소리가 들려올 것만 같습니다. 이제 저는 아들의 몫까지 열심히 사는 수 밖에는 없겠지요.

횡설수설하는 인사가 되고 말았습니다. 죄송합니다.

짧은 생애였지만 그동안 여러분들의 보살핌에 다시 한 번 감사를 드립니다.

• 고인 친척의 감사 인사

고인의 친척을 대표해서 인사드리겠습니다.

고인의 조카 되는 사람입니다. 이렇게 무더운 날씨에도 불구하고 참석해 주시어 감사합니다.

어제 아침 여덟 시 반, 숙부님의 급변 소식을 듣고 허겁지겁 병원으로 달려갔더니 이미 운명하셨습니다. 가족들이 지켜보는 가운데 숙부님은 편안히 잠들어 계셨습니다.

숙부님은 여러분도 아시다시피 취미가 다양했고 호기심이 많은 분이셨습니다. 특히 생물에 조예가 깊으셨으며, 저는 보지도 못했던 희귀한 동물이나 식물 얘기를 하시곤 했습니다.

한편 숙부님은 노력가셨고 건강은 타고난 분이셨습니다. 아마도 몸에 이상이 있었음에도 무리를 하신 것 같습니다.

숙부님은 향년 57세로 너무 일찍 떠나셨습니다. 무리하면 안 된다고 가족들이 말했지만 숙부님은 당신의 건강만 믿고 건강을 돌보지 않으셨던 모양입니다. 이것도 천명이 아닐까요.

앞으로는 숙모님을 중심으로 숙부님의 유지를 받들어 유족들이 합심해서 살아가야 할 것 같습니다. 여러분, 전이나 다름없는 성원을 부탁드립니다.

오늘은 바쁜 중에도 장례에 참석해 주셔서 대단히 감사합니다.

• 장례식 때 장례위원장의 인사말

외람된 줄 알면서 한 말씀 올리겠습니다.

바쁘신 중에도 오늘 故 ○○○ 님의 장례식에 참석해 주시어 상주를 비롯하여 친족 일동을 대신해서 깊은 감사를 드립니다.

저는 장례위원장을 맡게 된 ×××입니다.

여러분의 따뜻한 배려로 고인의 장례 의식을 잘 마무리하게 되었습니다.

이번 장례식은 고인의 뜻을 존중하여 평소에 가깝게 지내시던 분들에게만 부고를 했는데 이렇게 많은 분들이 참석해 주신 것은 고인의 덕망이 높았음을 말해주는 것이 아닐까 생각해 봅니다.

그리고 염치없는 부탁이지만 비록 고인은 저세상으로 가셨지만 남은 유족들에게 변치 않는 성원을 부탁드립니다.

장례식에 참석하여 주신 것을 다시 한 번 감사드리면서 인사에 대신하겠습니다.

감사합니다.

• 장례식 때 장례위원장의 인사말

故 ○○○ 님의 장례식에 바쁘신 데도 불구하고 많이 참석해 주시어 진심으로 감사드립니다.

유가족과 친척 일동을 대신해서 다시 한 번 감사를 드립니다.

돌이켜보았을 때 고인과 저는 실로 50년이라는 긴 세월 동안 친구로서, 때로는 싸우기도 했고, 또 때로는 함께 기뻐했으며, 함께 울기도 한 사이였습니다. 그야 말로 혈육 이상으로 가깝게 지냈던 사이였습니다. 서로가 다 50 줄에 들어서자, 「이보게, 만약 내가 죽거든 자네가 장례위원장이 되어주게.」라고 말하면서 술잔을 나누었습니다.

그러나 정말 죽음이 임박했다는 생각은 들지 않았으므로 이렇게 말했던 것은 농담으로만 여겨왔습니다. 그런데 이것이 이번에는 사실로 되고 말았습니다. 친구와의 약속 대로 이런 역을 맡게 되었습니다마는 친구를 떠나보내는 저의 슬픔은 감출 수 가 없군요.

천성적으로 명랑하고 소탈했던 고인이었기에 더욱 가슴이 쓰립니다.

고인이 바라던 대로 장례위원장의 역할을 제대로 했는지 모르겠습니다마는 친구의 장례를 무사히, 그리고 성대하게 치를 수 있었던 것은 참석해 주신 여러분 덕분이라고 진심으로 감사할 뿐입니다.

또한 유족에 대해서는 앞으로도 변치 않는 우의와 성원을 부탁드립니다.

오늘은 대단히 감사했습니다.

• 장례식 때 장례위원장의 인사말

오늘 칙주식회사 故 ○○○ 사장님의 장례식에 많이 참석하여 마지막

가는 길을 전송해 주시어 감사합니다.

덕분에 성대한 장례식이 된 것을 장례위원장인 저는 물론이고 유족들과 친척 일동은 깊은 감사를 드립니다.

고인께서는 利주식회사를 당대에 이만큼 키우신 분으로, 매우 도량이 넓고 입지전적 인물이었습니다. 고인인 남기신 많은 유산을 앞으로 더욱 발전시키기 위해서 우리 사원 일동은 이 자리에서 일치단결하여 노력할 것을 다짐합니다.

- ### 회사장(會社葬) 때 장례위원장의 인사말

오늘 주식회사 利의 故 ○○○ 전무님 장례식에 많이 참석해 주시어 대단히 감사합니다.

더욱이 마지막 가시는 길에 전송까지 해주시어 고맙습니다. 여러분 덕분에 성대한 장례식이 되었습니다.

유족 및 친척 일동을 대신해서 심심한 감사를 드립니다.

제가 말씀드리지 않더라도 고인은 매우 도량이 넓고 자잘한 일에 구애받는 분이 아니었습니다. 이런 분이 떠나셨다니 여간 유감스런 일이 아닙니다. 오늘 이처럼 성대한 장례식이 된 것을 고인도 지하에서 만족해 하실 것으로 믿습니다.

우리 사원 일동은 하루 속히 이 슬픔에서 벗어나서 업무에 매진하는 것이야 말로 고인에 대한 가장 큰 보답이라고 생각합니다.

사원 일동은 생전의 고인을 본받아서 앞으로 더욱 정진할 것입니다. 부디 편안히 잠드소서.

참석하신 여러분! 유족에 대해서도 변치 않는 우의를 부탁드리면서 인사의 말로 대신하고자 합니다.

오늘은 대단히 감사했습니다.

5. 추도회에서의 추도사(追悼辭)

• 사십구재(四十九齋) 때 친구의 추도사

故 ○○○ 군의 사십구재에 친구로서 한 마디 인사를 드리겠습니다.

○○○ 군과 저는 회사의 동료로서 25년 동안 함께 일해 왔습니다.

○○○ 군은 홍보실의 우수한 스태프일 뿐 아니라 사원들로부터 존경받는 사내의 자주적 스터디 그룹의 운영위원장을 맡는 등 장래성이 촉망되던 인물이었습니다.

○○○ 군은 성인의 포용력과 청년의 호기심을 아울러 갖고 있어서 상사나 젊은 직원들로부터도 신뢰를 받았습니다.

우리들은 어려운 일이 닥치면 「○○○ 군과 상의해보자」라고 말했습니다.

하늘나라에서도 생전처럼 신뢰를 얻고 있을 것이 틀림없습니다. 성실하게 살아온 ○○○ 군과의 추억을 여러분과 함께 잊지 않고 소중하게 간직하고자 합니다.

유족 여러분의 발전과 행운을 빌면서 ○○○ 군에 대한 저의 추도사를 마치겠습니다.

• 1주기(一周忌) 때 참석자의 추도사

삼십년 지기의 친구였던 ○○군이 세상을 떠난 지도 벌써 1년이란 세월이 흘렀군요.

오늘 아침 창밖의 나무를 보니 파릇파릇 새싹이 돋아나고 있었습니다. 문득 저는 대학 시절의 악동들과 봄나들이를 하던 2년 전의 봄날 저녁이 떠올랐습니다. 그때 ○○군은 마시던 술잔을 든 채「밤 벚꽃은 어떤 꽃에서도 느낄 수 없는 황홀한 풍취가 있지……」하고 심각한 어조로 말했습니다. 우리도 모두 한 순간 멈칫하면서 창밖에 흐드러지게 핀 밤 벚꽃을 바라보았습니다. 그런지 얼마 안 되어 병으로 쓰러져 작년 봄 ○○군은 불귀의 객이 되고 말았습니다. 53 세라는 나이는 유명을 달리하기에는 너무 아까운 나이었습니다.

그러나 호쾌한 ○○군의 웃음소리, 그리고 봄날 밤에 보았던 섬세한 군의 표정은 저의 기억 속에 확고하게 박혀 있습니다.

○○군의 명복을 비는 동시에 유가족 여러분의 발전을 기원하면서 추모의 말로 대신하겠습니다.

• 1주기 때 내빈의 추도사

○○○ 군이 세상을 떠난 지도 어언 1년이 되었습니다. 1년 전 ○○○ 군의 장례 때는 종일 비가 내려서 을씨년스러웠다고 기억하고 있습니다. 그런데 1주기가 되는 날인 오늘은 바람도 없고 포근한 날씨여서 어쩌면 ○○○ 군이 하늘나라에서 미소 짓고 있는 것이 아닌 가 생각됩니다.

1년 전에 떠나간 ○○○ 군의 모습이 지금도 문득 떠오릅니다. 그런데 그것은 乽주식회사 사장이던 ○○○ 군의 모습이 아니라 수십 년 전 학생 시절의 젊은 ○○○ 군의 모습이었습니다.

처절했던 6·25 전쟁 때 조국과 민족을 위해서 싸우던 그는 휴전이 되어 돌아와서 혼신의 힘을 다해서 회사를 일으켜 세웠습니다.

○○○ 군이 세상을 떠난 지도 1년, 부인을 비롯하여 유족 여러분들은 그 슬픔을 극복하고 오늘 이 자리에서 건강한 모습으로 다시 서게 된 것을 저로서는 다시없는 기쁨이 되겠습니다. ○○○ 군도 머나먼 곳에서 나마 지켜보고 안심할 것으로 생각됩니다. ○○○ 군의 1주기를 맞이한 자리에서 두서없는 말이나마 ○○○ 군을 추모하는 말로 대신하고자 합니다.

• 1주기 때 친구의 추도사

○○○ 군, 자네가 세상을 떠난 지도 어언 1년이란 세월이 흘렀네.

자네를 떠나보낸 후 한동안 자네가 없는 쓸쓸함을 바쁜 일을 하면서 잊으려고 했었네. 그런데 그렇게 안 되더군. 문득 자네의 모습이 떠오를 때는 허탈한 심정을 어쩔 도리가 없었네. 자네는 지금도 나의 좋은 친구로서 내 마음 속에 함께 살아 있다네.

자네의 부하들은 생전의 자네의 가르침을 잘 살려 자네의 은혜에 보답하려는 듯 전 사원이 열심히 일하고 있다네. 정년을 눈앞에 두고 있는 내게도 과연 자네처럼 좋은 후배들의 기억에 남을 수 있을지 자네의 생전을 회상해 보면서 오늘 여기에 함께 와 있네.

오늘 자네의 1주기를 기하여 우리가 같이 자네와의 지난날을 더듬게 해준 것을 감사하면서 추모의 말로 대신하겠네.

• 부친의 1주기에 드리는 추도의 말

여러분, 오늘 바쁘신 데도 불구하고 선친의 1주기에 참석해 주셔서 감사합니다.

선친의 생존 시에 후의를 베풀어 주신 여러분이 참석하셨으니 선친께서도 기뻐하고 계실 것으로 압니다. 세월은 화살처럼 빠르다고 하는 말이 있는데 벌써 1년이 되었습니다.

생각해 보면 선친의 일생은 평범하다는 한 마디로 표현할 수 있습니다. 그러나 평범하다는 것이 얼마나 소중한 것인지 선친이 작고하신지 1년이 지난 지금에야 실감하게 되었습니다. 저도 아버님을 본받아 평범하면서도 정직, 성실하게 가업을 이끌어가기 위해 노력하겠습니다.

다행스러운 것은 온 가족이 모두 건강하고 막내딸도 올봄에 대학을 나와 회사에 다니고 있습니다.

여러분도 아시다시피 선친께서는 친구 분들과 어울리기를 좋아하셨습니다. 변변히 차린 것은 없으나 담소도 나누시고 아버님과의 추억담이라도 들려 주셨으면 고맙겠습니다.

참석해 주셔서 정말 고맙습니다.

• 동생의 1주기 때 하는 추도의 말

오늘은 아우의 1주기라서 여러분을 모시게 되었습니다. 바쁘신 가운데도 많이 참석해 주시어 고맙습니다.

아우가 간지도 1년이 흘렀는데 아우를 잊지 않고 와 주셔서 뭐라고 감사해야 할지, 지하에서 아우도 기뻐할 것으로 생각됩니다.

아우가 떠난 지 1년이 지나서야 집안도 차츰 안정을 되찾게 되었습니다. 아우의 큰 아이는 올 봄에 대학을 졸업할 예정으로 있습니다. 조카 녀석은 아버지가 남겨놓은 사업을 조금이라도 더 발전시키는 것이 아버지의 은혜에 보답하는 길이라고 각오가 대단합니다. 둘째 조카도 제 어머니를 잘 위로해 주고 학업에 열중하고 있습니다. 학교를 나와 사회인이 되어 활동하자면 아직도 미숙하기 짝이 없습니다.

여러분께 도움을 청할 일이 많을 줄 아는데 자식처럼 생각하시고 잘 부탁드리겠습니다.

오늘은 약소하나마 음식을 장만하였습니다. 고인을 기리시면서 생전의 추억담이라도 나누셨으면 합니다. 그것이 고인에 대한 가장 좋은 추모가 될 것 같습니다.

감사합니다.

● 은사의 3주기 때 추도의 말

○○○ 선생님이 작고하신지도 어언 3주기를 맞이하게 되었다고 생각하니 세월의 빠름을 새삼스럽게 느끼게 됩니다.

그런데 이렇게 제자들이 모이고 보니 지금이라도「다들 모였구나」하시면서 웃음 띤 얼굴로 들어오실 것만 같습니다.

그것은 저의 마음속의 선생님이 항상 저와 가까이 계시며, 멀리 가신 것으로는 생각되지 않기 때문일 것입니다. 이 자리에 모인 분들은 눈에 보이는 선생님은 이미 안 계신다 하더라도 선생님의 마음, 정신 같은 것은 각자의 마음속에 살아 있다는 것을 느끼고 있기 때문이라고 생각됩니다. 그렇다면 선생님은 아직도 살아계신 것이나 다름없습니다. 이렇게 생각할 때 인간의 생명의 영원성을 느끼지 않을 수 없습니다.

저는 선생님을 생각할 때마다 마음속에 선생님이 되살아나는 것을 느끼게 됩니다. 그것은 언젠가 선생님이 밀레의 그림 이야기를 해 주시던 때의 일이었습니다.

선생님은 밀레의 《만종(晩鐘)》이나 《이삭줍기》에 대한 얘기를 해 주시다가 끝에 가서는 이렇게 말씀하셨습니다.

「나는 농가에서 태어났으니까 자기가 뿌린 씨앗이 잘 자라서 풍성하게 열매가 맺기를 빌지 않고는 못 견디지. 농부의 마음을 잘 알 것만 같아. 농부는 대지에 씨를 뿌리고 정성껏 가꾸지만 교사도 인간의 마음속에 지식이나 정조(情操)의 씨앗을 뿌려서 가꾸는 셈이니까」라고 하셨지요.

저는 그때 자기의 제자가 성장하기를 기원하는 듯한 기분으로 우리 제자들을 지켜봐 주시던 선생님의 존재에 깊은 감명을 받게 되었습니다. 그리고 선생님께 보답하기 위해서라도 열심히 노력하자고 생각했습니다.

선생님이 우리들의 마음속에 살아 계시다는 것은, 다시말해 선생님이 뿌린 씨앗이 저의 마음속에서 자라나고 있다라고 말해도 좋을 것입니다. 저는 이 씨앗이 훌륭하게 자라주기를 바라고 있었습니다.

선생님의 3주기에 즈음해서 마음속에 담아두고 있던 추억의 일단을 말씀드리는 것으로 선생님을 추모하고자 합니다.

● **후배의 3주기 때 하는 추도의 말**

「죽은 사람은 세월이 흐를수록 잊게 마련」이라고 하지만 오늘 ○○○ 군의 3주기에는 장례식 때나 마찬가지로 많은 분들이 오신 것을 보면 생전의 ○○○ 군의 인품을 짐작할 수 있을 것 같네.

○○○ 군이 떠난 지도 어언 2년. ○○○ 군은 편안히 잠을 자고 있겠지? 군은 이따금 눈을 뜨고 부인이나 利양이 잘 살고 있는지 지켜보고 있을까? 하지만 ○○○ 군, 안심하게나. 자네의 부인은 참으로 훌륭하게 지난 2년 동안을 잘 살아오셨네. 그 슬펐던 장례식 때 세 살밖에 안 된 귀여운 자네의 딸은 장례에 참석한 사람들의 눈물을 흘리게 했는데, 지금은 다섯 살이 되었네. 어쩌면 그렇게도 자네를 빼닮았는지 모른다네. 利양은 편모슬하에서 자랐다고는 여겨지지 않을 정도로 밝고 활달한 귀여운 아이로 자라고 있다네. 부인의 그간의 고초는 이루 다 형언키 어려웠을 걸세. 그러나 利양은 자기를 위해서 일을 계속하고 있는 어머니의 모습에서 귀중한 것을 배우고, 귀엽고 튼튼한 소녀로 성장할 것으로 우리는 확신하네. 이 자리에는 자네를 길러주신 부모님도 와 계시네. 부인과 利양은 앞으로도 열심히 살아갈 것으로 믿고 있으니 안심하게나.

• **사장의 3주기 때 하는 추도사**

여러분, 오늘은 利주식회사의 창립자시며 사장이시던 故 ○○○ 님의 3주기를 맞이하여 공사간에 바쁜 중에도 많이 와 주셔서 진심으로 감사합니다.

「세월은 화살 같다」든가 「세월은 흐르는 물 같다」고 하는데 우리 회사의 대들보셨던 전 사장님이 작고하신지도 어언 2년이 되었습니다. 지난 2년간 사원들은 일치단결하여 사장님의 유업을 지키기 위하여 전력을 다하고 있습니다. 다행스럽게도 현재 회사는 원활하게 운영되고 있으며 장래의 전망도 밝은 것 같습니다. 회사가 이렇게 된 것은 여기 참석해

주신 여러분들의 도움이 컸다는 것을 이 자리를 빌려서 감사드립니다.

작고하신 사장님의 업적에 대해서는 새삼스럽게 말할 필요도 없겠으나 보잘 것 없던 중소 기업에 불과했던 이 회사를 업계의 톱으로 성장시킨 배경에는 작고하신 사장님의 투철한 선견지명과 도전 정신. 그리고 부단한 노력이 있었기에 가능했던 것입니다.

호황기도 지나 지금은 경제 여건이 전보다 못한 어려운 시기로 접어들었습니다. 이런 때가 오리라는 것을 사장님은 이미 10년 전부터 꿰뚫고 계셨습니다. 판매 체제의 확립과 상품의 충실화에 힘을 기울이신 것은 그러한 예측에 기초해서였을 것입니다. 회사의 백년지대계를 구축하고 착실하게 운영해 오신 사장님의 위업은 우리 회사의 역사에 계속 이어져갈 것이라고 생각합니다.

오늘 추도회를 계기로 우리는 사장님의 후덕을 기리며 그 교훈을 상기해 가면서 회사의 발전을 위하여 가일층 노력하겠습니다.

앞으로도 여러분의 따뜻한 성원과 지도를 부탁드리겠습니다.

오늘 참석해 주시어 대단히 감사합니다.

• 친구의 3주기(三周忌) 때 참석자의 추도사

싱그러운 신록의 계절이 되자 ○○군의 3주기가 돌아왔군요.

○○군과는 입사 이래 8년 동안 함께 일해 왔습니다.

똑같은 일을 8년 동안, 그것도 같은 사람과 똑같은 일을 한다는 것은 극히 드문 일입니다. 그러나 ○○군은 최고의 파트너였습니다. 연구열이 대단했을 뿐 아니라 매우 온순한 인품이어서 미숙했던 저는 여러번 ○○군의 도움을 받아야 했습니다.

아마 ○○군으로서는 제가 좋은 파트너가 아니었을 것입니다. 지금도 저는 그것을 죄송스럽게 생각하고 있습니다.

함께 열심히 일했던 그 8년 동안 저는 ○○군으로부터 많은 것을 배웠습니다. 「떠나간 사람은 잊게 마련」이라고 하지만, ○○군을 만나서 다행이었다는 기분은 2년이 지난 지금까지도 달라지지 않았습니다.

횡설수설한 것 같아 죄송합니다. 이것으로 ○○군을 추모하는 말을 마치겠습니다.

編著者 略歷

반광식(潘洸植) ; 飜譯家 自由寄稿家

　월간〈自由文學〉기자, 월간 〈野談과 實話〉 편집부장,
　월간 〈音樂教育〉 주간, 세광음악출판사 편집국장,
　(社團法人) 자치발전연구원 편집국장 역임.

【역서 · 집필서적】

　《오디세이아》, 《癌病棟》, 《아메리카의 悲劇(상 · 하)》, 《他人의 피》,
　《맥아더 回顧錄(상 · 하)》, 《地方分權推進과 自治體職員》(전8권)

　《音樂 教養文庫》(전39권), 《石笑 金宇龍 自敍傳》, 《鋑濟 人生白書》

성공하는 리더의
스피치 식사/인사/연설

발 행 자 : 남　　용
편 저 자 : 반 광 식
발 행 처 : 일신서적출판사
주　　소 : 121-855
　　　　　서울 마포구 신수동 177-3
등　　록 : 1969. 9. 12 No. 10-70
전　　화 : 영업부 / 703-3001~5
　　　　　편집부 / 703-3006~8
　　　　　FAX / 703-3009

ISBN 978-89-366-1542-0
Copyright ⓒ by ILSIN 1995

값 18,000원　　　　　　　　*잘못 만들어진 책은 교환해드립니다.